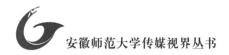

安徽师范大学传媒视界丛书

论国家品牌传播

LUN GUOJIA PINPAI CHUANBO

舒咏平◎著

安徽师范大学出版社
ANHUI NORMAL UNIVERSITY PRESS

·芜湖·

责任编辑:王　贤
责任校对:胡志恒
装帧设计:王晴晴　冯君君
责任印制:桑国磊

图书在版编目(CIP)数据

论国家品牌传播 / 舒咏平著. —芜湖:安徽师范大学出版社,2022.1(2023.7重印)
(安徽师范大学传媒视界丛书)
ISBN 978-7-5676-4255-3

Ⅰ.①论… Ⅱ.①舒… Ⅲ.①品牌 – 传播 – 研究 – 中国 Ⅳ.①F279.23

中国版本图书馆 CIP 数据核字(2021)第 023763 号

本书由首批部校共建新闻学院专项经费资助出版

论国家品牌传播

舒咏平　著

出版发行:安徽师范大学出版社
　　　　芜湖市北京东路 1 号安徽师范大学赭山校区　　邮政编码:241002
网　　址:http://www.ahnupress.com/
发 行 部:0553-3883578　5910327　5910310(传真)　E-mail:asdcbsfxb@126.com
印　　刷:苏州市古得堡数码印刷有限公司
版　　次:2022 年 1 月第 1 版
印　　次:2023 年 7 月第 2 次印刷
规　　格:787 mm × 1092 mm　1/16
印　　张:23.25
字　　数:378 千字
书　　号:ISBN 978-7-5676-4255-3
定　　价:69.00 元

总　序

　　安徽师范大学新闻与传播学院成立于2010年5月，原名传媒学院，2015年1月改为现名。学院是学校应用性专业综合改革试验田，承载着创新办学模式和人才培养模式的使命。2013年，学院与中国人民大学、南京大学、武汉大学等高校新闻学院一起，入选中宣部、教育部10所部校共建新闻学院试点单位。根据部校共建新闻学院的协议精神，中共安徽省委宣传部和安徽师范大学围绕建设一流新闻学院、培养卓越新闻传播人才这一目标，共建管理体系、共商培养方案、共建核心课程、共建双师队伍、共建实验基地、共建研究平台，投入专项资金，推动新闻与传播学院加速发展成为特色鲜明、国内一流的现代化新闻与传播学院。

　　学院现有教职员工96人，其中专职教师（含实验系列）80人，正高职13人（含高级记者1人），副高职28人，博士（含在读）40人，博士后4人，博士生导师4人，硕士生导师35人，国家级领军人才1人、邹韬奋奖获得者1人、安徽省学术和技术带头人2人，二级教授1人，国务院特殊津贴专家2人，皖江学者特聘教授1人。学院现有新闻学、广告学、网络与新媒体、文化产业管理、摄影、动画、播音与主持艺术、航空服务艺术与管理等本科专业，以及中韩动画、中英新闻等合作办学形式。新闻学入选国家"双万计划"一流专业建设点，新闻学、动画、摄影专业为省特色专业，播音与主持艺术为安徽省综合改革试点专业。拥有新闻传播学、戏剧与影视学2个一级学科硕士学位点，新闻与传播、广播电视2个专业学位硕士点，"文艺、文化与传播"博士招生方向，"马克思主义新闻学与意识形态建设"目录外二级点。获得省级一流专业、省级教学团队、省级教学成果奖、省级"六卓越一拔尖"卓越人才培养创新项目、省重大教改项目、省示范实验实训中心、省校企合作实践教育基地等60项省级质量工程；承担了17项国家社科基金项目、近40项省部级科研项目以及30余项应用研究课题和社会服务项目。学院建有安徽省重点人文社科基地——"创意产业发展研究中心"。学院是中网联网络传播专业委员会首批成员单位，拥有首批"安徽省青少年网络素养教育基地"；拥有安徽省网络舆情调查与分析研究中心、安徽师范大学经致科技文化传播有限公司、安徽师范大学"创意港"省级众创空间、"新时代中国国家品牌传播协同创新中心"校级科研平台等。

自部校共建新闻学院工作开展以来，学院依托部校共建新闻学院的平台资源，发挥省属重点师范大学学科较为齐全的传统优势，确立"人文与科学并重、理论与实践结合"的目标定位，坚持以学科建设引领专业、学位点建设的发展之路。广大师生围绕马克思主义新闻观和中国特色社会主义新闻传播理论进行系统设计，开展专题研究，撰写了系列论著；打造课程群，组建专门教学团队，建设名师工作坊，编写了系列专业教材；进行创、采、写、摄、编、播、评、管一体化实践，取得了系列创作成果。学院在此基础上，策划了"安徽师范大学传媒视界丛书"，呈现学院在部校共建新闻学院工作中科研、教学、实践方面的成果。

出版"安徽师范大学传媒视界丛书"，旨在充分发挥部校共建新闻学院的平台优势，在新闻传播、品牌传播、媒介文化、艺术传播等研究领域，促进高显示度的标志性成果产生，形成相对明确的学术格局，打造部校共建的安徽师范大学新闻与传播学院学术品牌。我们将以丛书出版为推动，强化团队建设，合理布局研究方向，突出研究的前沿性，将新闻传播学建设成省内一流、国内知名学科；不断提升团队科研能力，凝练研究方向，强化成果的学术水平，将戏剧与影视学建设成目标明晰、特色鲜明的学科；共同打造特色鲜明、优势明显的文化传播学研究团队。

根据学院规划，"安徽师范大学传媒视界丛书"分为学术成果、教材、艺术作品三个子系列。这其中既有学院特聘教授、学术骨干的精品，又有学术新锐、新传学子的力作；既有科研领域的最新探索，又有教学方面的长期思考；既有研究思考的宏观论述，又有实践育人的具体案例；既有隽永文字的深邃详述，又有优秀图片的精彩呈现……综合反映了学院师生在部校共建新闻学院建设中的理论与实务成果。

　　"安徽师范大学传媒视界丛书"是部校共建新闻学院"十个一工程"中重点项目之一。对此，安徽省委宣传部新闻处给予了充分肯定，并提出了指导性意见。学校领导以及相关职能部门一直关注新传学院的建设与发展，"传媒视界丛书"的出版正是他们的关心的成果之一。新传学院汇聚了新闻传播、品牌传播、艺术传播、文化传播等领域人才，展示出人文与艺术兼容、理论与实践并重的学科发展特色，呈现出"求真、至善、尚美、笃行"的学院文化风貌。学院成立了"安徽师范大学传媒视界丛书"编委会，负责进行丛书的评选等工作。第三届编委会成员由杨柏岭、张师帅、沈正赋、马梅、赵昊、秦枫、丁云亮、朱晓凯、肖叶飞组成。同时，在策划"传媒视界丛书"的过程中，得到学院师生的大力支持，保证了丛书的质量。最后，特别要感谢安徽师范大学出版社领导对这套丛书出版的高度重视，感谢责任编辑为丛书出版所付出的辛勤劳动。我们将以"传媒视界丛书"为抓手，探索学院转型发展之路，以不辜负师生对学院发展的期待。

"安徽师范大学传媒视界丛书"编委会

二〇二一年九月

我的品牌观十要点(代序)

在近20年的品牌传播研究以及品牌建构实践中,本人逐渐形成了自成体系的一系列品牌观点与思想,这里则将最核心的十要点作以提炼与表达:

1.品牌是信誉主体与信任主体的关系符号,有着鲜明的正价值、正能量,兼顾多方利益,同时又是品牌主综合竞争力的集中体现。品牌属于品牌主,这毫无疑问,但需要品牌产品的消费者、使用者,以及社会上目标人群对它充满信任并予以务实合作,这才构成品牌的价值,其体现出来的是高度凝练的品牌符号。习近平曾经说道:"品牌是一个企业技术能力、管理水平和文化层次乃至整体素质的综合体现。"因此我们更可以将这种综合竞争力付诸品牌符号之上。

2.品牌不能有短板,其长板需长到极致,他人难以企及。如果品牌存在任何明显的瑕疵,就会被消费者或社会公众发现,且在信息社会会即时被放大扩散,这就会给品牌造成危机,甚至被清除出品牌之列。同时,品牌的个性、特长又必须特别鲜明,并形成自身的核心竞争力,否则,品牌同样不再是品牌。

3.品牌不仅形成溢价,而且给消费者带来多重价值,能让消费者买了还想买，转身还要说好，即成为品牌忠诚的消费者与拥护者。当品牌口碑形成时，企业营销就能形成长短期效益兼顾的良好态势，同时品牌良好的赢利空间，将推进品牌不断创新、提升品质，从而进入可持续良性发展的境地。

4.品牌产品消费没有国界，但品牌的创造者有国别。一个国家的产品品牌，总是负载着这个国家的民族智慧、文明精神，并在造福于人类物质生活与精神生活的同时，在细雨无声中最有效地传播着这个国家的文化。美、英、德、法、日、韩等国家的成功品牌无不验证了这一点。对于中国来说，众多自主品牌正行进在向国际市场攀登之路上，将在国际竞争中逐渐取得主动，同时也将有效地传播华夏文明，塑造中国国家形象。

5.优秀的企业及其产品是我们通常认识的品牌，但不同的机构、组织、服务等只要存在主体性，且存在主体性正向价值的追求，也同样可视作品牌。如学校、医院、演出团体、体育机构、科研单位、公益组织、公共服务等，其中的佼佼者无疑即品牌。如此，我们就可以通过主体性的视角来更深刻地认识并建构品牌。

6.国家同样是硬实力与软实力综合在一起的品牌，而且"国家品牌"表达了这个国家对于硬实力与软实力融合发展的重视，表达了这个国家既不妄自菲薄又不盛气凌人，且取信于人、平等竞争、共同发展的理念。从品牌视角来审视，中国最具有品牌国家的逻辑基础。"国家品牌"概念来自20世纪品牌来源国、国家形象的研究。西方学者曾提出"国家品牌六维度模型"，认为国家品牌由出口、文化传统、旅游、政府治理、投资与移民、国家居民这六个维度构成。但本人认为，中国的"道路自信、理论自信、制度自信、文化自信"，"和平共处，共同发展"，做"负责任的国家"，"秉持人类命运共同体理念，进行大国责任担当"，这才是国家品牌魅力所在。也就是说，一个内部存在制度性分裂、习惯性否定，且缺乏国际公信力的国家，就不可能以品牌国家予以称谓。

7.新媒体演进使得广告走向品牌传播，消费者也由广告"信息邂逅"走向对于品牌传播的"搜索满足"。传统的立足于大众媒体的广告模式，其本质属于"信息邂逅"，即广告信息与毫无准备的消费者是不期而遇的，而品牌传播对于消费者来说则为"搜索满足"，消费者为了消费需求主动进行品牌信息搜索并获得满足。显然，视消费者为消费信息搜索的主动者，对其给予品牌传播的信息供给与满足需求，正是新媒体时代新常态。

8.当品牌主自身也能运用自有媒体进行品牌传播时，广告产业向品牌传播服务转型则势在必行，即向品牌主提供全面、系统的品牌传播服务成为广告业转型之必然取向。品牌传播服务形态将鲜明地体现于五个方面：基于大数据的品牌闭环管理、需求丰富化的品牌再定位、传播信息再造的品牌内涵优化、O2O（线上到线下）一体化的品牌聚合传播、品牌自媒体矩阵规划与指导代理。

9.个人品牌是一种客观存在。个人品牌的建构不仅成为产品品牌或组织品牌的微观支撑，同时也成为信息时代最活跃的品牌主体。每个人均是追求实现自我价值，即个人品牌的成功，而在每个人所在的岗位上，理论上人人均可能成为品牌。无论是教师、医生、演员、运动员、政府部门主官、企业家，还是一般企业员工、政府公务员、个体从业者、团队中的配角、家庭主妇，只要有着诚信待人、岗位尽责、务实利他的精神与作为，同样也能成就人生的个人价值及其品牌。

10."品牌化发展理念"理应成为我国新时代社会发展需秉持的理念。因为品牌化发展理念不仅将指导我国企业坚定信念，走自主创新、自主品牌道路，在提升供给侧品质、满足市场的同时，更自信地走向国际市场，为国家形象建构做出贡献，而且品牌化发展理念将以现代语境之语言及内涵，引领每一个中国人进行思想境界的升华、行为的自律自觉，在打造个人品牌的同时，将个人价值融入自主品牌及国家品牌的建设中。可以说品牌化发展理念对个人、组织、国家三个层面进行了命运一体化、信誉一体化的融合与引导，以引导全体中国人自觉建构品牌，为人类发展做出贡献。

目　录

- **下编　品牌传播与新媒体广告**

上　编

国家品牌传播

SHANG　BIAN

GUO JIA PIN PAI
CHUAN BO

论国家品牌传播

——信息社会语境下价值导向的国家传播

【摘要】我国国家传播范式已由单向度宣传走向双向性传播，而在传播学的视野中"国家"主体则经历了"产品原产国形象"、国家形象到国家品牌的过程。品牌，作为传播主体信誉与接受主体信任的关系符号，具有价值导向性，且已成为信息社会语境下使用频度甚高的概念。由此国家品牌传播乃是信息社会语境下具有鲜明价值导向性的国家传播，其具有以国家正向价值建构为本位、"双向对称"沟通为原则、国家维度多元主体传播的特点。国家品牌传播实践领域主要有国家核心价值观认同的国民精神引导、国家品牌的国际传播、国家层面的舆情采集分析等。

【关键词】国家品牌；国家品牌传播；国家传播；信息社会语境；价值导向

一、"国家品牌传播"概念的提出

2015年6月，由国务院新闻办公室主办，中国外文局和外文局对外传播研究中心承办的第四届全国对外传播理论研讨会在重庆举行，主题是"构建融通中外的对外话语体系"，且专门设置了"城市形象与国家品牌传播"分论坛。值得注意的是，这里的"国家品牌传播"概念乃是官方率先提出。这无疑是个信号："国家品牌传播"乃是国家利益所需，是国家发展的战略。截至2016年6月，期刊网"国家品牌传播"主题词下只有5篇文章，显然其研究文章尚少，但已经开始起步。其中王建宁所撰写的《"中国"国家品牌传播的几点思考》一文中就明确提出："要准确树立中国的海外形象，就要精心打造中国这个品牌。"①显然，要打造中国国家品牌，国家品牌传播就是重要的实践方式与研究领域。

有学者写道："国家品牌的研究过程主要经历了一个由产品的原产国形象、国家形象，到国家品牌的过程。"②也就是说，"国家品牌"概念的诞生本身就是学科研究逻辑性推进的最新成果。早在1965年，学者在研究中美洲共同市场的贸易增长时，发现一个国家的形象鲜明地影响着消费者的偏见，由此便第一次引入"国家形象"概念。③由于国家形象对于各个国家展开国际市场营销具有背书效应，④学者们探讨在影响国际市场营销的诸多因素中，产品及品牌的"来源国效应"吸引了越来越多人的注意。⑤我国学者黄合水通过实证也指出："来源国效应的产生与来源国的国家形象有关，且品牌来源国、产品制造国、产品设计国、产品装配国等均分别对产品质量的评价产生影响。"⑥值得注意的是，这里是出于产品国际营销而引发对产品或品牌"来源国"的研究，并由此派生出了"国家形象"概念。"国家形象"在我国得到关注并引发了研究热潮，则在21世纪初国家提出"软实力"建设之后。目前不仅一大批论著得以问世，而且对该领域展开研究的一些高校还纷纷建立国家形象研究机构，如清华大学成立了国家形象传播研究中心，华中科技大学牵头建立了国家传播战略协同创新中心。

① 王建宁：《"中国"国家品牌传播的几点思考》，《经济视角》，2011年第6期。

② 韩慧林、孙国辉：《国家品牌研究述评与管理启示》，《现代管理科学》，2014年第9期。

③ Schooler Robert D.Product bias in the central American common market. Journal of Research in Marketing, 1965, Vol.2：394-397.

④ Abhilash Ponnam, Roy Subhadip IUP. Indian consumers' perception of country of origin on organizational capabilities. Journal of Management Research, 2009, Vol. 8(10)：63-72.

⑤ Khalid I. Al-Sulaiti, Michael J. Baker. Country of origin effects：a literature review. Marketing Intelligence&Planning, 1998, Vol. 16(3)：150-155.

⑥ 黄合水：《产品评价的来源国效应》，《心理科学进展》，2003年第6期。

论国家品牌传播

对应国家形象建构，国家传播也应运而生。2013年就有专家提出了"国家传播"，并界定为"国家传播是由国家（政府和其他社会组织）实施或引导展开的，反映国家意识形态和国家意志的系统化的社会传播活动"。同时认为："当原始社会逐步过渡到了部落联盟形式的早期国家之后，与国家相关的、传播国家政治化信息的'国家传播'活动，就开始出现了。"而"在整个的大众传播时代里，'国家传播'仍是社会传播的重要任务，在国家需要的时候，不管传媒业有怎样的'媒介立场'，它还是要服从这一需要的，而且在关键时刻这甚至是社会传播的最主要任务"[①]。更有学者从我国国家传播范式上提出：我国的国家传播正在实现战略转型，即从宣传走向传播，从传播走向修辞；因为"传播不带有任何强迫的意味，传者和受众之间的角色关系是平等的"，而"修辞则更强调传播的针对性和效果指向"。[②]显然，以国家为主体的国家传播，虽然随着国家的存续一直就在以不同方式进行着，但只是到了媒体高度发达、传播方式已经多元化的今天，才正式走进了研究者的视野。

如果说，"国家传播"是一种客观存在，其实践的目标指向是建构"国家形象"，更是建树"国家品牌"。因为，国家形象还有着正负优劣之分的中立性、凸显形象认知的表层性，但国家品牌则具有正向价值导向性、本质内涵与外在形象的统一性。任何一个国家实施战略性传播，其根本目的无疑是建构、树立自身的正面形象，希望自身的价值得到国内外受众由衷的认可。这份建树与认同就是国家品牌。习近平曾就企业品牌说道"品牌是一个企业技术能力、管理水平和文化层次乃至整体素质的综合体现。从一定意义上说，品牌就是效益，就是竞争力，就是附加值"[③]。在2016年6月国务院颁发的文件中更是开篇就明确指出"品牌是企业乃至国家竞争力的综合体现"[④]。显然，作为一个国家综合素质得到正向认知的"国家品牌"，既代表了国家利益，也正契合信息社会品牌化生产、品牌化消费、品

---

① 黄也平：《软传播：新世纪中国"国家传播"的方式选择》，《吉林大学社会科学学报》，2013年第3期。

② 陈汝东：《论我国国家传播范式的战略转型：从宣传走向传播，从传播走向修辞》，《今传媒》，2014年第3期。

③ 习近平：《干在实处　走在前列——推进浙江新发展的思考与实践》，中共中央党校出版社2006年版，第146—147页。

④ 国务院办公厅：《关于发挥品牌引领作用推动供需结构升级的意见》，http://www.gov.cn/zhengce/content/2016-06/20/content_5083778.htm.

牌化生存与发展的语境。由此，"国家品牌"日益成为学者们研究的关注重点。

截至2016年6月，知网期刊涉及"国家品牌"主题词的论文有771篇。学者们认为：从20世纪80年代开始，品牌理论研究对象从最初的产品品牌和服务品牌拓展到个人品牌（Person Branding）和区域品牌（Place Branding），而国家品牌就属于区域品牌的一种。国家品牌就是一个国家在其他国家公众认知中形成的总体印象。一个国家的品牌形象一旦形成，人们就会带着对这个国家的总体印象去看待来自这个国家的公民、企业、产品和服务等一切事物。也就是说，一个国家的整体品牌形象将对该国的政治、经济、社会等各方面均产生影响，这就是所谓"国家品牌效应"（Nation Brand Effect，NBE）。①英国学者西蒙·安霍尔特曾提出一个"国家品牌六边形模型"，该模型认为国家品牌是人们对该六边形中六个维度的国家竞争力理解的总和，六维度分别为：出口、文化传统、旅游、政府治理、投资与移民、国家居民。自2005年起，安霍尔特以在多个国家进行在线问卷调查的方式测量50个国家（地区）的国家形象，并据此发布年度"安霍尔特·捷孚凯国家品牌指数"，给出这50个国家（地区）的国家形象整体排名及其在六个维度上的单项排名，产生了较广泛的国际影响。②在进入21世纪后，已经有越来越多的国家开始通过实施国家品牌化（Nation Branding）来营造和维护本国的良好形象和声誉。韩国还于2009年设立了直属总统的国家品牌委员会，谋求从国家层面系统性地提高其国际形象和地位。而在我国，2015年在北京隆重召开了"国家品牌与文化论坛"，且发布了"国家品牌与国家文化软实力研究"成果。

由于"国家品牌是一个多层面、多维度和情境相关的概念"③，其"既包括基于消费者角度理解的在产品评价基础上形成的对某个国家的国家品牌形象认知，又包括消费者对该国的经济水平、政治地位、文化环境等其他因素而形成的总体感知"④，因此"国家品牌"研究已经在多个领域展开。对于新闻传播学科来说，"国家品牌传播"显然就是责无旁贷的使命，

① 张鹏：《国际营销中国家品牌效应的应对策略》，《经济论坛》，2013年第9期。

② 转引自[俄]A.B.格鲁莎：《国家品牌：现代条件下国家形象的塑造技巧——以意大利为例》，王丽梅、薛巧珍编译，《国际新闻界》，2008年第11期。

③ 杨一翁、孙国辉：《国家品牌效应及其调节变量研究》，《企业经济》，2016年第3期。

④ 韩慧林、孙国辉：《国家品牌研究述评与管理启示》，《现代管理科学》，2014年第9期。

就是学科研究的战略性领域。习近平曾明确指出：宣传工作对内需"弘扬主旋律，传播正能量"，而对外则需"创新对外宣传方式，着力打造融通中外的新概念新范畴新表述，讲好中国故事，传播好中国声音"。[①]而"国家品牌传播"正是这样一个符合习近平讲话精神的新概念。所谓品牌，即信息社会使用频度甚广的主体性语言概念，是诸多具有主体背景且承载正向价值的内容及现象的符号化呈现，是信誉主体与信任主体的关系符号。[②]如果说"国家传播"概念具有鲜明的从国家利益出发的取向，有以我为主之倾向、国家民族主义之嫌，那么"国家品牌传播"则是以国家的正向价值能获得国际社会、国内民众的由衷认可、敬重为前提，以信息社会语境下主体信息向"品牌"集聚并付诸受众为导向，与公众双向沟通的传播实践。正是基于如上认识，我们郑重地提出了"国家品牌传播"。

二、国家品牌传播的特点

任何主体性事物之所以能成为"品牌"，首先是品牌符号指代的内涵富有普遍的正向价值，其实现了品德、品质、品性的内在一体化；其次是该品牌符号的能指与所指，得到了受众相对广泛的正向认可与赞赏性建构。如此，"国家品牌"则不仅仅是国家形象具有正向价值的客观对象，还具有鲜明的正价值导向、得到国内民众与国家社会的认可与赞赏，并自觉建构出来的国家主体之信息符号。在现代信息社会，"品牌"成为指代各类值得肯定的主体之信息符号，是信息社会越来越频繁使用的主体性指代的概念，也是信息传播全部使命所在。由此"国家品牌传播"成为契合信息社会语境，且具有价值导向作用的国家传播。国家品牌传播由此派生出如下三大特点：

（一）以国家正向价值建构为本位

品牌专家大卫·艾格曾指出：品牌就是一个成功的符号，能在消费者心目中整合并强化为一个品牌的认同，并且让消费者对于这个品牌的认同

① 习近平：《在全国宣传思想工作会议上的讲话》，《人民日报》，2013年8月19日。
② 舒咏平：《品牌即信誉主体与信任主体的关系符号》，《品牌》，2016年第1期。

更加印象深刻。①也有学者从品牌本质上提出：品牌是包括组织与个人在内的品牌主，以可以进行传播流通的符号能指以及符号所指的内在事物（产品、服务、行为等）通过消费扩散，而在消费者或接受者那里产生的倾向性的印象，是品牌主与以消费者为核心的受众进行的一种聚焦性的信誉约定。②可见，品牌是对一个主体进行正向价值肯定的信息符号，其不仅仅体现于企业而且体现于国家。但是这种体现我们需认识到，它是体现于受众的心理建构中，是他人认可的产物。也就是说，真正的品牌不是自诩、自封的，而是受众由衷认可且集体建构的。

正由于品牌是正向价值建构的产物，无形中就形成了对于品牌正向价值肯定与引导之特性，并由此产生一种品牌效应或品牌势能。所谓品牌效应或品牌势能，指的是品牌能引导消费者对于品牌符号元素（人物、精神、价值行为）有赞同、崇拜等正面认知。③也正是品牌的这种正向价值效应或势能，富有远大理想的中外企业则无一例外地把品牌作为发展核心战略。同理，国家品牌传播也是以正向价值引导一个国家的民众来创造国家正向价值的品牌化凝结，并通过品牌传播来赢得国际社会的敬重。由此，国家正向价值的建构自然成为国家品牌传播的目标本位。

国家品牌的构建与传播，对内起到鼓舞士气、凝聚共识、团结奋斗、共建美好家园的强大动员作用；对外起到打造我国在国际上的正面形象，树立大国责任意识，认同中华民族文化价值等外塑作用。习近平提出"坚持中国特色社会主义道路自信、理论自信、制度自信、文化自信"，实现"不仅造福中国人民而且造福世界人民的中国梦"，以及党中央倡导的"富强、民主、文明、和谐，自由、平等、公正、法治，爱国、敬业、诚信、友善"社会主义核心价值观，自然导向中国的品牌自信，也自然成为中国国家品牌传播正向价值的核心内涵，成为中国国家品牌建构的价值取向。中国特色社会主义道路作为多元世界政治格局中的一个单元，它的成功与成就是需要接受世界检验的，是需要通过传播而获得世界人民的认同与接受的。"中国梦"和"社会主义核心价值观"具有鲜明的中国特色、闪耀着中国智慧和中国精神，同样需要得到世界的认知和理解，这些都是中国在

① ［美］大卫·爱格：《品牌经营法则：如何创建强势品牌》，沈云等译，内蒙古人民出版社1999年版，第54页。

② 舒咏平：《品牌：传受双方的符号约定》，《现代传播》，2011年第2期。

③ 胡易容：《传媒符号学——后麦克卢汉的理论转向》，苏州大学出版社2012年版，第182页。

世界上的"品牌"和"名片"，是国家品牌传播的符号与象征。

（二）以"双向对称"沟通为原则

在大众媒体环境下，单向度的宣传扩散，虽然能达到迅速形象信息告知，并进行舆论引领的作用，但这种片面的、单向度的宣传所强调的是灌输和反复报道，在实际传播过程中，其效果往往不是非常明显，甚至比预期的效果相去甚远或大打折扣。由于媒体自身的特性，需提供多方面自由发声的平台，因此以"双向对称"为沟通原则的传播成为人们能够普遍接受的理论工具。随着数字化媒体的迅速发展，媒体使用成为每一位主体人的传播资源。如此，如何使国家品牌在对内获得更多国民正向价值认知的前提下，以行动为之优化、以话语为之传播，这就需要国家品牌传播与民众能形成"双向对称"的良性互动。而对外，国家品牌要获得国际社会的认可与敬重，也需要通过"双向对称"的传播沟通，赢得更多的认知、理解、肯定与支持。

从传播学上来看，受众一般是指信息传播的接收者和接受者，在整个信息的传播过程和环节中属于被动的一方。也正因为如此，我们往往把报纸的读者、广播的听众和电视的观众统称为受众。多维的信息消费者组成的受众是传播反馈的核心环节，传播效果必须从受众的反应中进行评价，受众是决定传播活动成败的关键因素。在信息高度发达的今天，社会的诸多现象均已品牌化，因此，品牌传播的对象只能是受众，在品牌传播中，必须努力强化品牌和受众之间的关系。然而，到了新媒体时代，由于信息的传授双方已经发生了根本的改变，大众不再是单纯的信息接收者和接受者，同时也成为信息的生产者和传播者，他们既消费信息，也生产和传播信息。因此，从"双向对称"沟通或身份置换、身份等同的原则出发，我们把具有被动身份的受众改称为具有主动意识的"用户"，用户所强调的更多是选择、反馈和体验，所以更符合"双向对称"沟通的条件和要求。这样，在新媒体时代的品牌传播中，我们需要具有互联网思维，更加强化品牌和用户之间的关系。

由于信息在传播过程中注重的是来自受众反向的信息反馈和信息的双向对称沟通，因此国家制度层面的顶层设计或国家意义上的战略传播，对内要建立在本国国民普遍能够认同和接受的基础上，对外要让世界上绝大多数国家或地区的政府和民众能够理解、认可和支持。就以南海仲裁案的传播为例，我国所采取的传播策略是：对内，从历史和法理的双重角度全面阐述我国南海主权和领土主张，获得国内一致赞同。对外，针对不同国家和地区采取不同的传播策略，针对东盟国家，我们从历史继承的角度阐述自古以来南海就是我国的传统渔场；针对美国、日本等域外国家，我们则从维护1982年通过的《联合国海洋法公约》和东盟与中国2002年签署的《南海各方行为宣言》的严肃性和公正性出发，坚决捍卫我国南海立场。这种传播带来的结果是，世界上有70多个国家以不同的方式表达理解和支持中国在南海问题上的正当立场。不仅如此，2016年7月23日至8月3日，我国有关部门还在美国纽约时报广场"中国屏"，播放关于南海主权和主张的视频宣传片，以每天120次的频率密集播出。在视频中采访了包括英国伦敦经济与商业政策署前署长、英国工党影子内阁外交国务大臣、巴基斯坦驻华大使和中国南海研究院院长在内的各国政要和专家学者，让他们相继出镜从不同视角阐述了中国对南海诸岛的主权所具有的足够历史和法律基础，向全球受众介绍中国对南海诸岛拥有合理合法、无可争议的主权，澄清了所谓南海仲裁案的闹剧真相，重申对话协商才是妥善处理南海争议的途径。①防止西方媒体对南海仲裁案的歪曲报道，或者由于信息不对称造成的误解、误报，误导受众。此举就是践行以"双向对称"为沟通原则的传播。

（三）国家维度多元主体传播

虽然作为一个主权国家，其国家品牌传播的核心主体是中央政府及其相应的机构。但国家层面的传播从来就不是顶层少数人的职责，而应是从国家维度出发的多元主体的权益与义务。

正如国家既需要官方外交，更需要企业合作、文化交流、商贸旅游、民间交往等多形式的公共外交。在信息高度发达的今天，社会的诸多现象均已品牌化，"品牌"的指代已经从企业、产品走向城市品牌、区域品牌、院校品牌、团体品牌、个人品牌等社会品牌。由此，富有国家品牌背书的任何社会品牌传播，均可视作国家品牌的传播主体。体现到国家品牌传播领域，则不仅需要国家领导人、国家机构、中央媒体担负着传播主体责任，同样需要这个国家的每一个组织、每一位国民来自觉实施多元主体的传播。

① 李畅翔：《南海主题宣传短片亮相纽约时报广场》，新华社，2016年7月26日电。

过去我们常常把传播主体狭隘地理解为传播机构和传播媒介，实际上传播媒介已经广泛地渗透到社会的机理和"皮肤"里，表现得更加宽泛和多元。我们不妨从国家、社会和公民个人三个维度来分析国家品牌的多元主体传播。

从官方外交来看，国家主要领导人的出访、接见外宾、共同会见记者、发表联合声明、到访问国发表主题演讲，以及在到访国家或地区的主流媒体上发表文章，深刻阐述我国治国理政的理论与实践，展示大国的形象。外交部、国防部等国家主要涉外部门举办新闻发布会与记者招待会，就国内外关心与关注的内政外交发布信息，回答记者提问，阐述国家的态度与立场。这些都是国家层面的政治传播，对于塑造国家品牌、展示国家姿态、树立国家形象、传播中国声音起到了重要的推动作用。

从行业层面来看，中国的企业及企业产品走出国门，融入国际市场，也是在间接传播中国的国家品牌和形象。企业从事产品生产和经营的资质、能力与水平，企业产品的质量与规模，均构成了中国企业在海外的品牌与信誉。中国企业走出国门往往把社会效益放在首位，或者坚持社会效益大于经济效益的原则，从某种意义上来说，资本的输出、劳动力的输出、产品的输出，便意味着文化的输出、理念的输出、价值观的输出。最明显的莫过于孔子学院在世界各地开花结果，孔子学院就是向海外传播中国传统优秀文化的重要载体。中国先进的教育理念、个性化的教育方法经过几千年的培育和涵养，对于世界来说是一笔宝贵的精神财富，有利于推动世界文化的大繁荣、大发展，促进异质文化之间的相互激荡与彼此交融，这便是中国文化作为优质文化对于世界文化传播、传承与发展所作出的巨大贡献。

从个人角度来看，每年都有许多国人纷纷到国外求学深造、访问交流、观光旅游等，实际上每个人都是国家形象的代言人。国人在海外的一言一行都代表着国人形象，在目的地或目标国的人心目中或印象中，每个人的言行都被打上了来源国浓厚的色彩和烙印。因此，对于每一个国人来说，自从跨出国门的那一刻、那一步起，你就不仅仅是一个简单的个体，而且是开始在替中国国家品牌与国家形象背书，在自觉或不自觉地从事国家品牌与形象的传播。

三、国家品牌传播的实践空间

国家治理与发展，其面广事繁，其运行的本身无一不体现在国家品牌传播上，由此国家品牌传播实践空间也同样无限广阔。但这里，我们结合"国家品牌传播"概念的首次提出，则认为可将其实践空间或实践领域主要概括为如下三个方面：

（一）国家核心价值观认同的国民精神引导

对于任何一个国家而言，加强对其国民进行爱国主义教育都是天经地义的，是维护国家统一民族团结，促进国家民族繁荣发展的重要精神依托，那么这种教育以及教育内容的传承与普及就离不开传播，传播的内容既包括国家层面的制度传播，也包括思想传播和文化传播。

古代国家传播以多样的形式、权威的内容在传统法律的传播中居于中心地位，而专制社会中的国家传播，其核心载体则是体现皇权至上、优先于普通法律的君主诏书。①这种对内传播是一种自上而下的垂直式传播，与国家行政管理的方式基本保持一致，在特定的历史时期和特定的社会语境下自有其传播的形态、特点及其效果，也是能够得到国民认可的一种传播方式，传播的效果往往也是十分明显的。

以国家核心价值观认同来进行国民精神的引导，成为国家品牌传播的首要实践领域。②在中国，我们的核心价值观就是凝练为二十四个字的社会主义核心价值观，它已经成为国民的精神支柱，是引导国家、社会与公民个人走向文明与发展的重要基石和价值取向，是凝聚人心和形成共识的精神基础，因而成为我国对内传播的重要内容。传播的任务和使命就是让社会主义核心价值观不仅深入人心、化为理念，而且还要转化为一种自觉行动，作为一盏航灯引导我们奋斗和发展的方向，作为一把尺子来衡量和检验我们工作所取得的实际效果。

联系到我们的新闻舆论及其传播工作，与社会主义核心价值观形成同构的就是对马克思主义新闻观的接受、养成与自觉实践。马克思主义新闻

---

① 李畅翔：《南海主题宣传短片亮相纽约时报广场》，新华社，2016年7月26日电。
② 王飞：《西方国家传播核心价值观的经验与启迪》，《山西高等学校社会科学学报》，2015年第8期。

观是指导我国新闻舆论工作的"定海神针"，无论是对于新闻传播理论研究，还是对于新闻传播人才的培养教育，抑或是对于新闻传播实践来说，无疑都是纲领性的文献和指南，它是新闻传播领域统一意志、统一行动的核心价值观。我们知道，新闻可以反映舆论、引导舆论乃至制造舆论，而舆论是社会公众观察外界的重要窗口，是社会公众行为决策的信息基础。在当代社会中，舆论对政治运行、社会进步、文明传承具有重大影响，作为舆论工具的新闻成为不可替代的社会公器。①因此，对于新闻舆论工作者来说，如何利用手中的传播工具加强舆论引导至关重要。国人对国家核心价值观的认同与践行，从某种程度上来看就是依赖大众传媒的及时、正确、合理的引导，尤其是新媒体时代，面对社会矛盾纷繁复杂的局面，网络舆情汹涌澎湃，各种信息真假难辨，莫衷一是，如何做到以不变应万变，坚持社会主义核心价值观就成为一大法宝和一把利剑。正如习近平在2016年2月19日召开的党的新闻舆论工作座谈会上所强调的那样："要深入开展马克思主义新闻观教育，引导广大新闻舆论工作者做党的政策主张的传播者，时代风云的记录者，社会进步的推动者，公平正义的守望者。"这便是我国新闻舆论工作者在新的历史时期的职业精神所在，是新闻传播工作认同国家核心价值观、引导国民精神的神圣使命与主体价值的体现。

(二)国家品牌的国际传播

国家存在的本身，一方面是对内治理的需要，另一方面就是相对国际社会而言的。由此，国家作为品牌主体其国际传播从来都不可能停歇。无论大国小国，它要获得契合自身实际的且富有尊严的生存空间，其国家品牌的国际传播就必须付之以实践。这种国际传播的目的就是让所在国在物理空间和声誉空间能够享有一席之地，既能让世界共享其应有的资源优势，也能让自己在国际空间中享有应该拥有的各项权利和发展机会，从而确立自己在世界格局中的地位、优势与影响力。

从信息传播的角度来看，由于信息强国对于信息弱国已经形成了战略上的"信息位势差"，信息的强势渗透使得居于信息低位势的国家的政治安全、经济安全、军事安全乃至民族文化传统都将面临前所未有的冲击。今天，以带有政治影响力的信息辐射空间来划分的"信息疆域"正在"侵吞"

---

① 胡钰：《论马克思主义新闻观的时代内涵》，《思想教育研究》，2016年第3期。

传统的地理边界。因此，保卫"信息边疆"，加强国家信息安全保障能力建设，已成为信息弱国至关重要的工作。①信息强国与弱国的形成，一方面与经济发展水平和国家的硬实力密切相关，另一方面也与国家对信息传播的重视程度有关，即国家文化软实力之间的博弈与较量。其具体落实在信息传播的制度建设与手段方法的使用等层面上，西方发达国家历来重视信息的对外传播，它们习惯于把自己的价值观裹挟在信息流和文化流之中一起"打包"向外输出，进而逐步占领意识形态的空间和阵地。2003年，美国成立了"全球传播办公室"，其运作的实质就是对美国价值观进行符号化及象征力量的操控，以在全球传播其价值观并制造"同意"，扩大美国的影响力与号召力。②

美国除了利用好莱坞电影、麦当劳、肯德基等有形的文化和生活消费方式进行对外传播外，最重视新闻与信息的国际传播。20世纪中期，他们继不惜投入巨资建设具有强大辐射力的广播、电视之后，又于20世纪90年代精心打造了贯穿全球、突破地理时空限制的互联网，让自己成为互联网管理的"大本营"，操控着全球的信息传播。"据统计，美联社、合众社、路透社、法新社这四大西方通讯社的新闻发稿量，占全球总量的80%，以美国为首的西方发达国家的媒体传播的世界各地新闻，占全球总量的90%以上。新闻传播是意识形态很强的社会行为，在国际传播中，这种价值观决定的报道立场很鲜明。""在美国，只有符合他们的价值观的新闻才能被报道。"③

与西方国家的强势传播相比，我国的国际传播体系已逐步完善，传播能力进一步提升。如今，"讲好中国故事，传播好中国声音"已经成为中国国际舆论传播的一项重要任务。毋庸置疑的是，新闻传播在塑造国家形象中具有重要作用，当前国际新闻传播的缺失或不对称，及误解、误会、彼此之间的隔阂就带来对中国国家形象的扭曲。因此，加强彼此之间的高层互动、民间往来和信息交流应是当务之急。这些都应当作为国家品牌国际传播的丰富内涵和重要抓手，不断加以强化。

① 支庭荣：《试论21世纪中国的国家传播安全》，《中国电视广播学刊》，2001年第4期。

② 王飞：《西方国家传播核心价值观的经验与启迪》，《山西高等学校社会科学学报》，2015年第8期。

③ 史安斌、郭云强、李宏刚：《清华新闻传播学前沿讲座录：续编》，清华大学出版社2012年版，第48—49页。

(三)国家层面的舆情采集分析

如果说，对内进行国民精神的核心价值观引导，对外进行品牌的国际传播，乃是国家品牌传播不可缺失的两大实践领域，那么，从国家层面进行国家内外的舆情采集分析，乃是前两大实践领域的前提，且单列为国家品牌传播基础性的工作。

一般来说，舆情采集与分析基于这样两种情势：一是对传播出去的国家信息进行反馈信息收集和效果评估；二是进一步了解传播对象对国家信息的诉求与期盼。在传统媒体时代，信息传播往往不大重视信息的反馈与收集，只片面强调信息的单向传输，信息传播出去便意味着传播活动的终结，至于信息传播后的效果如何则弃之不顾，更谈不上对传播效果进行有效的评估与分析。同时在信息的传播过程中更强调"主体在我""主权在我"，传播什么和不传播什么完全取决于自己的主观意志，罔顾传播对象对信息的知情权及其接受心理。新媒体时代，随着信息平台的多元化，舆情传播的碎片化、分散化，信息传播的不可控和不可知因素陡然增多，传统媒体时代的信息传播手段已经不能满足信息社会发展的需要。信息传播出去仅代表传播活动的起始，互联网思维把传统媒体受众塑造成了具有体验权的用户，用信息的定制与推送服务替代原有的信息单向传播，彻底颠覆和解构了信息传播的方式与方法。

舆情对于一个国家来说绝不可小觑，对内它关乎国家的社会稳定与安定团结，对外它关乎国家的形象和信誉。尤其在网络时代，信息的翅膀可以扇动太平洋的波涛，舆情亦如汹涌的海水，既可以载舟亦可以覆舟，它可以瞬间让全球为之轰动、为之哗然。在信息社会，国家层面的舆情采集分析，是一项庞大的系统工程，专门的信息机构和国家各类传播主体，均需立足国家层面来审视舆情信息。

目前，上到国家层面，下到专门的单位、行业机构，都相继建立起舆情采集和监测机制，做到随时捕捉和跟踪民间或网络上的舆情信息流动及其变化，及时关注和了解社情民意，倾听各方呼声，做好信息的上传下达，化解矛盾，舒缓情绪，解决问题，体现"位卑未敢忘忧国"的国家情怀。特别是在涉及国家层面的大是大非问题上，既要保护好国人爱国主义的满腔热情，又要防止狭隘的国家民族主义和民粹主义的肆意滋生和蔓延，把国民意志与党和国家的意志集中统一起来。

不仅如此，新媒体时代，在舆情采集的方法和手段上，我们还需科学地把握现代信息社会数据留痕并产生大数据的特点，来进行基于大数据的挖掘采集，如此才能真正科学地进行国家层面的舆情采集分析，为国家品牌传播实践提供科学依据，并付之于成功的传播。大数据会通过对目标受众的数据呈现进行认真仔细的分析，并获得目标受众的信息需求与评价，从而引导传播者能有针对性地进行品牌传播，同时在大数据的动态管理中，使得互动传播更为合理有效。"知己知彼"方能做到"百战不殆"，舆情的采集和分析结果重在运用。国家层面的舆情采集和分析，为国家品牌传播策略的制定和实施提供了重要的参考信息。

总之，信息社会语境下价值导向的国家传播，是把国家品牌建设作为一项重要的举措，这既是我们国家所面临的一项崭新的领域和事业，也是我们国家在前进的道路上富有挑战性、千载难逢的战略机遇。在世界局势风云激荡，意识形态领域的争斗此起彼伏之际，我们要牢固树立社会主义核心价值观，在世界的舞台上，以一个负责任的大国姿态和形象，广泛传播中国声音，充分挖掘并积极发挥国家品牌传播的价值和作用，为实现中华民族伟大复兴的"中国梦"贡献学术的智慧与精神的力量。

（《学术界》2016年第9期）

"国家品牌传播"提出的逻辑

【摘要】以正向价值为导向、以硬实力与软实力综合性地获得受众认可为内涵的国家品牌传播，是我国新闻传播界的时代使命与实践空间。"国家品牌传播"提出的实践逻辑在于：国际形势需要中国强化大国责任担当与国家品牌建构的自觉，由此以内获认同、形成合力，外获信赖、达成合作，则是国家品牌自觉建构中的传播取向。"国家品牌传播"提出的理论逻辑则体现于马克思主义新闻观的时代话语、国家形象研究的正向价值维度介入、品牌传播双赢效应的层面提升这三个理论领域的自然延展。

【关键词】国家品牌；国家品牌传播；实践逻辑；理论逻辑

本文首先需要澄清并界定的"国家品牌"概念的主体是国家，而非本年度央视广告"国家品牌计划"中的企业。

一、"国家品牌传播"的提出与内涵

"国家品牌"概念来自20世纪品牌来源国、国家形象的研究。1996年，西蒙·安霍尔特以"作为品牌的国家"为题写作的时候，观察聚焦于来源国效应，其第一篇文章是《二十一世纪的国家品牌》，文中主张：在某种意义上，制造特定产品的国家（或者消费者相信这些国家制造了特定产品）是一类品牌。随后，这一主张以及围绕其展开的学术研究和业界实践得到了广泛关注与重视，政府也开始意识到，如果打算在这个簇新的世界秩序下存活并繁荣的话，城市、国家和地区都需要用一种新的方式来考虑身份、战略、发展、竞争和愿景，这就是国家品牌。①2005年，为了评估各国品牌价值，西蒙·安霍尔特提出"国家品牌六维度模型"，认为国家品牌是人们对该六边形中六个维度的国家竞争力理解的总和，六个维度分别为：出口、文化传统、旅游、政府治理、投资与移民、国家居民。②按此模型，他分别与 GMl、GfK Roper Affairs & Media 等研究机构携手合作，推出国家品牌指数 NBI（Nation Brands Index）。接着美国第二大、世界第四大广告传播公司 IPG 集团旗下的 Future Brand 及万博宣伟公关（Weber Shandwick）两家公司也合作推出国家品牌指数 CBI（Country Brand Index）。与此同时，荷兰国际关系研究中心学者彼得·范·汉姆撰文倡议品牌国家的兴起，其文章探讨了产品（服务）品牌与国家品牌的相似性，认为国家品牌建构对于形塑欧洲政治景观的意义实际上是一个积极的发展，因为国家品牌正逐渐取代民族主义，并通过一系列举例如比利时、爱沙尼亚、波兰等，说明这些变化意味着政治范式的转变——从地缘政治的现代世界和权力到后现代世界的形象和影响力；文章随后还对比分析了东欧与北约、欧洲的国家品牌建构③。此后，越来越多的国家开始通过实施国家品牌化（Nation Branding）来营造和维护本国的良好形象和声誉。韩国还于2009年设立了直属总统的国家品牌委员会，谋求从国家层面系统性地提高其国际形象和地位。

在我国，2015年在北京隆重召开了"国家品牌与文化论坛"，并发布了"国家品牌与国家文化软实力研究"成果。我国品牌研究者对于国家品牌的研究也从多角度展开，认识到"国家品牌是一个多层面、多维度和情境相

---

① [美]西蒙·安浩：《铸造国家、城市和地区的品牌：竞争优势识别系统》，葛岩、卢嘉杰、何俊涛译，上海交通大学出版社2010年版，第19页。

② Brand America：The mother of all brands' by Simon Anholt and Jeremy Hildreth，published by Cyan Books，2004.

③ Peter Van Ham：The rise of the brand state. The Postmodern Politics of Image and Reputation（2001）.

关的概念"①；其"既包括基于消费者角度理解的在产品评价基础上形成的对某个国家的国家品牌形象认知，又包括消费者对该国的经济水平、政治地位、文化环境等其他因素而形成的总体感知"②。目前在知网期刊数据库中，以"国家品牌"为关键词的论文已达685篇。如果说国家品牌研究已近深入，那么，"国家品牌传播"则是近年才提出的全新概念。2015年6月，由国务院新闻办公室主办，中国外文局和外文局对外传播研究中心承办的第四届全国对外传播理论研讨会在重庆举行，其中专门设置了"城市形象与国家品牌传播"分论坛③。值得注意的是，这里的"国家品牌传播"概念乃是由主导新闻舆论、对外宣传的官方机构率先提出。这显然透视出这样的信号："国家品牌传播"乃是国家利益所需，是国家发展的实践需要。2011年，我国学者王建宁撰写了《"中国"国家品牌传播的几点思考》一文，文中明确提出："要准确树立中国的海外形象，就要精心打造中国这个品牌。""'中国'品牌传播走向世界不仅要思考和讨论，更重要的应该是去不断实践，并在实践中不断创新。"④文中，作者不仅提出了打造中国国家品牌的重要性，而且也提出了信息化、全球化时代国家品牌传播就是重要的实践方式与研究领域。这里，作者尚没有真正提出"国家品牌传播"概念。

2016年8月于安徽师范大学召开的学术会上，由该校学者所作的主题发言则正式提出"国家品牌传播"系统观点，论文在《学术界》2016年第9期发表。其主要观点为：国家品牌传播乃是信息社会语境下具有鲜明价值导向性的国家传播，其具有以国家正向价值建构为本位、"双向对称"沟通为原则、国家维度多元主体传播的特点。同时指出国家品牌传播实践领域主要有：国家核心价值观认同的国民精神引导、国家品牌的国际传播、国家层面的舆情采集分析等⑤。由此，"国家品牌传播"的学术帷幕正式揭开。几乎与其同时，国务院办公厅于2016年6月颁发了《关于发挥品牌引领作用推动供需结构升级的意见》，文件中明确指出："品牌是企业乃至国家竞

① 杨一翁、孙国辉：《国家品牌效应及其调节变量研究》，《企业经济》，2016年第3期。

② 韩慧林、孙国辉：《国家品牌研究述评与管理启示》，《现代管理科学》，2014年第9期。

③ 杨楠：《城市形象与国家品牌传播》，http://www.china.com.cn/newphoto/news/2015-06/12/content_35806082.htm.

④ 王建宁：《"中国"国家品牌传播的几点思考》，《经济视角》，2011年第6期。

⑤ 舒咏平、沈正赋：《论国家品牌传播：信息社会语境下价值导向的国家传播》，《学术界》，2016年第9期。

争力的综合体现。"① 即从国家层面正式认可了"国家品牌"一说。由此可以如此认为：国家品牌即国家硬实力与软实力的综合性凝结，是中国改革进入深水区、世界格局走向多极化的国家战略取向。而以正价值导向、以硬实力与软实力综合性地获得受众认可为内涵的国家品牌传播，则自然成为我国新闻传播界从业者与学者的实践空间与理论视域。

二、"国家品牌传播"提出的实践逻辑

1. 中国责任担当与国家品牌建构的自觉

国际形势近年急遽演变，促使中国作为人口第一大国以及经济总量第二的经济体在国际事务中发挥越来越大的作用，这既是责任也是义务。但如何扮演国际新角色，如何让国际社会认可并敬重中国，自然成为中国政治家与学者们所思考的问题。由此，"国家软实力""和平崛起""国家形象"等概念接踵提出。

"软实力"是在20世纪80年代美国学者约瑟夫·奈就美国霸权是否旁落的争论中提出的，他认为美国不仅拥有经济和军事等硬实力优势，还有文化、价值观和意识形态等软实力优势。我国学者因此得到启发，认识到软实力建设乃是我国强国战略的必经之路，需改变我国软实力薄弱的现状，要投入更多力量建设国家软实力②。

"和平崛起"是基于国际发展比较的角度，突出国家层面的迅速发展，同时向国际社会表达发展道路的概念，阐述中国崛起走的乃是和平发展之路，依靠自身的力量发展，既不会妨碍他国，也不会威胁他人③。但"和平崛起"陈述的仅仅是自身发展崛起之路径或理念的选择，并没有包含中国如何能被国际社会接受，并扮演怎样角色的内涵。

"国家形象"的研究最初来源于品牌来源国研究，体现的是国际贸易中为一个国家品牌产品进行背书的国家形象效应。由此，"国家形象"概念的落脚点是追求其客观性，也就必然有好坏优劣的差异，这就决定了该概念本身也不足以简洁地表达中国将要在国际社会上承担的责任与扮演的角色。

① 国务院办公厅：《关于发挥品牌引领作用推动供需结构升级的意见》，http://www.gov.cn/zhengce/content/2016-06/20/content_5083778.htm.

② 赵刚、肖欢：《国家软实力》，新世界出版社2010年版，第7—8页。

③ 阎学通、孙学峰：《中国崛起及其战略》，北京大学出版社2005年版，第213页。

就在这些概念的演化进程中，中国是如此迅速地甚至是始料未及地面临着所要担当的国际责任：时至2017年，中国GDP总量达74万亿元人民币，仅次于美国；年进出口总额24.3万亿元人民币，是全球第一贸易大国；外汇储备达3万亿美元，居全球第一；年出境旅游人数达到1.4亿，稳居世界最大出境旅游消费国。目前，中国对世界经济增长的年均贡献率超过30%，成为世界经济增长的第一引擎[①]。更重要的是，中国经济持续保持每年增长6.7%以上的速度，每年有高达1000万贫困人口脱贫，且在社会稳定与内部治理上显示出令世界瞩目的成绩，显示出中国制度、中国道路的蓬勃活力。

相比之下，美国经济长期低迷、对外实行军事霸权，其国际领导力正步步削弱；欧洲则因为欧债危机、英国脱欧、德国面临难民困境、法国大选走向未定等，也难以在国际舞台发挥更大影响力；日本以美国马首是瞻，且一直试图绕过二战对亚洲所犯下的罪行，也缺乏国际领导者气质；俄国过于依赖能源支撑而使得经济相对脆弱，又由于克里米亚脱离乌克兰并入俄国事件，使其依然陷身于国际制裁的困境之中。正是国际形势如此急剧演化，使得中国显示出风景独好的良好趋势，这就使得国际社会希望中国要有更多的大国责任担当。对此，新加坡的学者撰文写道：中国所提出的"一带一路"倡议和主导成立亚洲基础设施投资银行，乃是世界所期待的；国际社会还逐渐发现中国对西式地缘政治并不感兴趣，且没有任何向外扩张的企图；世界还可以发现中国的政治体系及领导层是世界上少数几个最强有效的，没有西方党派之间互相否决、体制内外对峙的现象；迅速提升的中国消费能力，不仅使中国成为一个内需导向社会，而且意味着西方也需要依靠中国需求来带动增长。总之，来自中国的信息都是正面的，世界对于这个崛起的、不一样的大国充满期待。而对中国来说，世界给了自己巨大的责任和压力，但也给了自己一个历史机遇[②]。几乎与此同时，新加坡前驻联合国代表马凯硕两年前在哈佛大学的一场演讲迅速流传开，这位前高官面对西方谆谆告诫：中国取代美国成为世界第一，只是时间问题。美国需要做的只是以身作则，遵循国际规则。因为中国在历史长河中没有海

① 郭同欣：《中国对世界经济增长的贡献不断提高》，http://theory.people.com.cn/n1/2017/0113/c40531-29020324.html.

② 郑永年：《为什么世界期待中国》，http://www.nanlue.com/mon/keji/20170221/34942_2.html.

外殖民的记录，而且与美国习惯把自己的意识形态强加于他人不同，中国不会"指手画脚、搬弄是非"，不会推销自己的意识形态，不会怂恿别人邯郸学步①。也是这个时候，时任美国国务卿的约翰·克里则告诫美国，"中国近期可能取代美国成为全世界最强大的国家"。可以说，正是在国际发展的大背景下，中国俨然成为一个令人瞩目、成就斐然的国家品牌。

正是在这种背景下，习近平明确指出：我们要"坚持中国特色社会主义道路自信、理论自信、制度自信、文化自信"，做一个"负责任的国家"；"中国人历来主张'世界大同，天下一家'。中国人民不仅希望自己过得好，也希望各国人民过得好"；"国际社会携起手来，秉持人类命运共同体的理念，把我们这个星球建设得更加和平、更加繁荣"。实践中，日新月异的中国在经济上、文化上为人类、为世界所做的贡献正呈现出大国责任担当的国家品牌力量。而"四个自信"，也决定了国家品牌建构的自觉、持续、稳健、提升。

2.国家品牌自觉建构中的传播

习近平曾经明确说道："品牌是一个企业技术能力、管理水平和文化层次乃至整体的综合体现。从一定意义上说，品牌就是效益，就是竞争力，就是附加值。"②同样，国家品牌作为"国家竞争力的综合体现"，需要把国家发展各方面工作做好，并在事实的基础上进行卓有成效的传播，使中国国家品牌深入人心，并在国内外的舆论中得以积极的建构。我们知道，"品牌的真正生命力取决于信任主体是否能够对品牌施以信任，并达成品牌信誉建构"。而"国家品牌，不是自诩或自封的，而是作为信誉主体在传承历史文化的基础之上，举国上下通过每个领域的艰辛奋斗展现出实实在在的成就，且得到本国与他国民众的主体性信任而建构起来，并成为共同的关系符号"③。显然，引导受众对于品牌施以信任的群体心理建构，自然聚焦到国家品牌传播。从宏观层面审视，则主要体现在如下两方面：

第一，内获认同、形成合力。在品牌发展中，品牌愿景是凝聚共识、激励品牌相关关系人的目标动力。而中国国家品牌建构，从新中国成立提

---

① 马凯硕：《新加坡外交官哈佛演讲：如果中国成为第一强国》，http://news.china.com/international/1000/20170221/30270569.html.

② 习近平：《干在实处　走在前列——推进浙江新发展的思考与实践》，中共中央党校出版社2006年版，第146—147页。

③ 舒咏平：《品牌即信誉主体与信任主体的关系符号》，《品牌研究》，2016年第1期。

出自力更生、独立自主建设社会主义强国，到改革开放提出"四个现代化"，进而由习近平形象地概括成"中国梦"，这无疑就是最具有说服力、信服力、鼓舞性的国家品牌传播。正因为如此，习近平在谈到新闻舆论工作和信息化工作时就明确指出：要把党的理论和路线方针政策变成人民群众的自觉行动，要贯彻执行以团结稳定鼓劲、正面宣传为主的新闻舆论工作基本方针。在做好把握方向、正面宣传的前提下，要增强新闻传播的吸引力和感染力。同时，又要做好舆论监督。舆论监督和正面宣传是统一的。而这种统一的本质就是在建构中国国家品牌的进程中，聚合内部力量，形成巨大的合力，以实现"中国梦"。

第二，外获信赖、达成合作。即围绕党和国家工作大局，以建构国家品牌形象为核心，在维护国家根本利益、传播中华优秀文化、服务党和国家对外战略的前提下，讲好中国故事、传播好中国声音、阐释好中国特色，营造对于我国发展有利的国际舆论环境。从而在世界上获得广泛的信赖，从各个方面达成互利友好的合作，实现双边双赢、多边共赢。面向世界传播中国国家品牌是多层面、多渠道、多方式方法的。如在宏观层面传播"中国梦"，传播当代中国价值观念，传播中国坚持和平发展、促进共同发展的理念，传播中国经济发展成就和对世界经济发展的重要贡献，传播介绍我国民主政治、社会进步、民生改善、民族团结和科技创新；而在微观层面讲述中国人、中国家庭的创业、敬业、创新、勤奋、关爱、友善、亲孝、和睦等方面的精彩故事；从而引导国际社会既全面客观认识当代中国，又具体真切地感受中国。习近平曾在博鳌论坛上发言说道："亲望亲好，邻望邻好。"中国将坚持与邻为善、以邻为伴，巩固睦邻友好，深化互利合作，努力使自身发展更好惠及周边国家。中国发展离不开亚洲和世界，亚洲和世界繁荣稳定也需要中国。这显然告诉我们，中国发展不可能是孤立的，需要融合到全球发展之中，这就需要在世界上进行卓有成效的中国国家品牌传播，让世界认可、敬重中国。当然，进行中国国家品牌传播，需要加强国际传播能力和对外话语体系建设，强化数字传播能力，打造报道中国的权威媒体，同时引导各层面的公共传播创新方式方法及话语体系，以真正提升对外传播的效果。

三、"国家品牌传播"提出的理论逻辑

1.马克思主义新闻观的时代话语

马克思主义新闻观首先体现于"政治家办报"，在于无产阶级政党就是要把党报党刊等主流媒体办成真正代表无产阶级和人民大众的利益、实现党性与人民性相统一的"喉舌"。马克思、恩格斯自身的革命实践从来就与新闻工作紧密联系在一起，长期从事《莱茵报》《新莱茵报》及《社会民主党人报》的撰稿及编辑。因为他们认识到：精神和周围世界是相互作用的，而报刊能直接参加政治斗争①。马克思曾说道：报刊"它生活在人民当中，它真诚地同情人民的一切希望与忧患、热爱与憎恨、欢乐与痛苦"②。而就《新莱茵报》被控案则指出："报刊按其使命来说，是社会的捍卫者，是针对当权者的孜孜不倦的揭露者，是无处不在的耳目，是热情维护自己自由的人民精神的千呼万应的喉舌。"③恩格斯更是在著名的《共产主义者和卡尔·海因岑》一文中鲜明地表达道："党刊的任务是什么呢？首先是组织讨论，论证、阐发和捍卫党的要求，驳斥和推翻敌对党的妄想和论断。"④胡耀邦在时任总书记时也曾旗帜鲜明地说道："我们党的新闻事业，究竟是一种什么性质的事业呢？就它最重要的意义来说，用一句话来概括，我想可以说党的新闻事业是党的喉舌，自然也是党所领导的人民政府的喉舌，同时也是人民自己的喉舌。"习近平也在全国宣传思想工作会议上强调："党性和人民性从来都是一致的、统一的。"而国家品牌传播，则可以说是站在国家发展大局，将党性与人民性融于一体的政治传播，是马克思新闻观核心思想的全新体现。诚如尹韵公先生所言："党性和人民性结合得越是紧密，党性与人民性兼容得越是贯通，就越是有利于我们加快实现民族复兴

---

① [法]奥古斯特·科尔纽：《马克思恩格斯传》(第1卷)，管士滨译，生活·读书·新知三联书店1980年版，第322页。

② 中共中央马克思恩格斯列宁斯大林著作编译局编：《马克思恩格斯全集》(第1卷)，人民出版社1995年版，第352页。

③ 中共中央马克思恩格斯列宁斯大林著作编译局编：《马克思恩格斯全集》(第6卷)，人民出版社1961年版，第275页。

④ 中共中央马克思恩格斯列宁斯大林著作编译局编：《马克思恩格斯全集》(第4卷)，人民出版社1995年版，第300页。

中国梦的伟大步伐。"①

马克思主义新闻观其次强调的是根据事实来描写事实，即强调据实报道。马克思说道："凡是真的东西，都经得住大的考验；一切假的东西，我们甘愿与它们一刀两断。"②恩格斯则曾强调："完全立足于事实，只引用事实和直接以事实为根据的判断，由这样的判断得出的结论本身仍然是明显的事实。"③"忠于事实"这也正是中国共产党人一贯注重的调查研究、实事求是，深入实际、深入群众作风在新闻领域的体现，即强调在忠于事实基础上的新闻报道才能获得人民群众的信赖，才能把社会主义事业推向前进。而品牌传播从来就是以信誉为旨归，以可靠的产品品质为传播信源，如此才能建构出品牌形象。因此，实事求是、忠于事实、以获取信任而进行的国家品牌传播，同样是马克思主义精髓的现代话语表达。

马克思主义新闻观还体现在坚持正确的舆论导向，传播正能量，讲好中国故事。鉴于国际形势变化、信息社会话语不断翻新，习近平对此反复强调："要创新对外宣传方式，着力打造融通中外的新概念新范畴新表述"；"不日新者必日退"，"明者因时而变，知者随事而制"；"要加强国际传播能力建设，增强国际话语权，集中讲好中国故事，同时优化战略布局，着力打造具有较强国际影响的外宣旗舰媒体。"我们"应该立时代之潮头，通古今之变化，发思想之先声"，在做好宣传思想工作方面要"比以往任何时候都更加需要创新"。显然，国家品牌传播，延续了马克思主义新闻观的政治把关、信誉建构的核心思想，却更切合当今信息社会的话语语境，可以说正是马克思主义新闻观顺应时代的话语崭新体现。

2.国家形象研究的正向价值维度介入

"国家品牌"概念本身就是"国家形象"逻辑性推进的结果。早在1965年，Schooler在研究国际贸易时发现一个国家的形象鲜明地影响着消费者的选择，由此第一次引入"国家形象"的概念④。由于国家形象对于各个国家

① 尹韵公：《关于"党性和人民性从来都是一致的、统一的"理论梳理》，《安徽大学学报》，2014第1期。

② 中共中央马克思恩格斯列宁斯大林著作编译局编：《马克思恩格斯全集》（第41卷），人民出版社1982年版，第204—205页。

③ 中共中央马克思恩格斯列宁斯大林著作编译局编：《马克思恩格斯全集》（第42卷），人民出版社1979年版，第413页。

④ Schooler Robert D.Product bias in the central American common market. Journal of Research in Marketing, 1965, Vol.2：394-397.

展开国际市场营销具有背书效应①，营销界的学者在产品及品牌的"来源国效应"领域展开了诸多研究②；在传播学界也自然结合国家软实力建设而展开相关研究。管文虎等早在1999年就著书写道：国家形象是一个国家整体实力的综合体现，它包含了国家的外部公众和内部公众对国家本身、国家行为、国家的各项活动及其成果所给予的总的评价和认定，因此国家形象具有极大的影响力、凝聚力③。对于"国家形象"的内涵，Martin和Eroglu于1993年即提出：国家形象即一个人对于某个特定国家所持有的所有描述性的（descriptive）、推论性（inferential）的和信息性（informational）的信念总和④。2002年Kotler等基于地区营销和品牌管理的视角对国家形象所进行的界定则为："人们对地区所抱有的信念和印象的总和，国家形象代表了与一个地区相联系的大量含义和信息的提炼。"⑤显然，早期的国家形象研究带有很强的国际贸易、国际营销的背景与烙印。但国家形象毕竟不限于国际营销与消费领域，其一经提出就不再受国际贸易及营销领域的局限，而延展至有关国家的方方面面，并进入一种更广大视野的研究。如我国学者张昆就从新闻传播学的角度，提出"国家形象"是指国家的各种客观状况在国际社会公众舆论中的投影，即国家行为表现、性状特征、精神面貌等要素特征在国际社会公众心目中的抽象反映和公众对相应国家的总体评价⑥。

不可否认，由于"国家形象"有着正负优劣之分的中立性，则自然有利于学者们展开客观公允的研究。如在既有的研究结果中，往往得出的"中国国家形象"总是负面居多，总有着被误读、被"妖魔化"的各种认知，因此需要进行中国国家形象的重塑与输出⑦。由此，国家形象研究必然导出这样的理念："正如保证产品质量是一个企业应该履行的最基本的社会

① Abhilash Ponnam, Roy Subhadip IUP. Indian consumers' perception of country of origin on organizational capabilities. Journal of Management Research, 2009, Vol. 8(10): 63-72.

② Khalid I. Al-Sulaiti, Michael J. Baker Country of origin effects: a literature review. Marketing Intelligence&Planning, 1998, Vol. 16 (3): 150-155.

③ 管文虎：《国家形象论》，电子科技大学出版社2000年版，第23页。

④ Martin I. M., S. Eroglu. Measuring a multi-dimensional of business research, Country Image Journal, 1993, Vol. 28(3): 191-210.

⑤ Kotler Philip Gertner David. Country as brand, products, and beyond: a place marketing and brand management perspective. Journal of Brand Management, 2002, Vol. 9 (4J5): 249-261.

⑥ 张昆：《国家形象传播》，复旦大学出版社2006年版，第180页。

⑦ 支庭荣：《国家形象传播——一个崭新课题的凸现》，《中国广播电视学刊》，1996年第7期。

责任一样，一个国家建立良好形象的根本前提在于其对国计民生的切实关心与保护。"①即在塑造国家形象之前强调了"良好"的前提，这也正是我国国家领导人所指出的："对外宣传要围绕党和国家工作大局，以塑造国家良好形象、维护国家根本利益。"②而"良好国家形象"即"国家品牌"，通过宣传传播"塑造国家良好形象"无疑就是"国家品牌传播"。

也就是说，相对于客观的"国家形象"，国家品牌则具有正向价值导向性、具有本质内涵与外在形象的统一性。而任何一个国家实施战略性传播，其根本目的无疑是建构、树立自身的正面形象，希望自身的价值得到国内外受众由衷的认可。这份建树与认同就是国家品牌。品牌专家大卫·艾格曾指出：品牌就是一个成功的符号，能在消费者心目中整合并强化为一个品牌的认同，并且让消费者对于这个品牌的认同更加印象深刻。③而在2016年6月国务院颁发的文件中更是开篇就明确写道"品牌是企业乃至国家竞争力的综合体现"。显然，作为一个国家综合素质得到正向认同的"国家品牌"，既代表了国家利益，也正契合了信息社会品牌化生产、品牌化消费、品牌化生存与发展的语境。诚如习近平所指出："新闻舆论工作各个方面、各个环节都要坚持正确舆论导向。各级党报党刊、电台电视台要讲导向，都市类报刊、新媒体也要讲导向；新闻报道要讲导向，副刊、专题节目、广告宣传也要讲导向；时政新闻要讲导向，娱乐类、社会类新闻也要讲导向；国内新闻报道要讲导向，国际新闻报道也要讲导向。"而种种宣传报道正确导向的高度概括，就是国家品牌传播。

3.品牌传播双赢效应的层面提升

品牌的形成及其生命力，在于所指代的内涵——产品、服务在消费者心中有着由衷的良好评价。这就决定了品牌创设之时，品牌拥有者总是把消费者认可、欢迎的预期作为主导性的目标。随着品牌符号被大量地传播、使用、消费，其内涵所指则必然地越来越被消费者所认识、所评价、所信任，并形成品牌声誉④。美国的整合营销传播提出者舒尔茨就说道："品牌个性能给品牌一个生命与灵魂，能让消费者轻易地将本品牌与竞争品牌区

---

① 涂光晋：《国家形象传播的前提、理念与策略》，《国际新闻界》，2008年第11期。

② 刘奇葆：《传播好中国声音 塑造国家良好形象》，《党建》，2014年第10期。

③ ［美］大卫·爱格：《品牌经营法则：如何创建强势品牌》，沈云等译，内蒙古人民出版社1999年版，第54页。

④ 舒咏平：《品牌：传受双方的符号之约》，《现代传播》，2011年第2期。

别开来，它能给消费者一种既熟悉又亲密的朋友般感觉。""所以说'消费者主导策略'毫不为过。……整合营销传播的核心是使消费者对品牌萌生信任，并且维系这种信任，使其存在消费者心中。"①品牌信誉主体的全部努力，无不是获得信任主体对于品牌的信任建构。英国品牌专家布莱克斯顿认为，成功的品牌关系都具有两个因素：信任和满意。其中，信任受风险、可信度和亲密性的影响，而满意是主动性和支持性的函数②。显然，品牌传播首先要从消费者、受众出发，真正满足他们的价值需要；一旦消费者及受众的需要得到满足，品牌主体也就自然从中获得收益。可以说，品牌本身以及品牌传播秉承的总是双赢理念与双赢效应。

著名新闻传播学者郭庆光曾说道："不断变化的传播环境和消费环境给品牌传播提出了新问题和新挑战，……'传播什么'不再只是一种技巧，而是成为一种价值定位与选择。随着品牌认知环境的变化，受众主动参与增加，信息接收碎片化，品牌塑造难度加大，这要求品牌传播研究者重新思考品牌传播的科学规律，以符合新规律的思路和方式对品牌传播理论进行建构。"③显然，品牌传播的实践与理论层面，均更加突出受众的价值、受众的参与。该理念上升到国家品牌传播层面，也正是中国共产党的执政理念，即执政为民、强国富民。童兵教授曾对习近平的新闻传播思想进行这样的概括：以人民为中心，引导人民，就是将人民引导到正确的目标，全心全意地为人民的福祉服务；学习草野，就是拜人民为师，向人民请教，以人民的利益为评判政绩、考核干部的标准。古人所云"知屋漏者在宇下，知政失者在草野"，就是强调为政者应多向"草野"学习请教。而"草野"者，就是普通老百姓、基层民众集群而居的"社区"，就是他们关心天下事议论家国情的"论坛"④。显然，当国家的新闻传播能如此倾听民声、懂得民意，就必然有助于实现国家品牌传播层面的双赢。当然，国家品牌传播的双赢，还包括国家富强与人民福祉能很好地得到统一，中国与国际社会的互利互惠、利益共沾、共同发展。这正是习近平在日内瓦联合国总部所

① [美]唐·舒尔茨等著：《整合行销传播》，吴怡国等译，中国物价出版社2002年版，第111、116页。

② Blackston, M. Observations: building equity by managing the brand's relationships. Journal of Advertising Research, 1992, (5-6): 101-105.

③ 郭庆光：《品牌传播：理论建构与实践创新》，《青年记者》，2015年第2期。

④ 童兵：《从范畴认知深化马克思主义新闻观研究——对习近平关于新闻舆论、网络传播和哲学社会科学工作讲话提出的十对范畴的思考》，《新闻大学》，2016年第5期。

阐明的主张："坚持合作共赢，建设一个共同繁荣的世界"；我们要"推动建设一个开放、包容、普惠、平衡、共赢的经济全球化"；中国"奉行互利共赢的开放战略，不断提升发展的内外联动性，在实现自身发展的同时更多惠及其他国家和人民"；"1950年至2016年，中国在自身长期发展水平和人民生活水平不高的情况下，累计对外提供援款4000多亿元人民币，实施各类援外项目5000多个，其中成套项目近3000个，举办11000多期培训班，为发展中国家在华培训各类人员26万多名。改革开放以来，中国累计吸引外资超过1.7万亿美元，累计对外直接投资超过1.2万亿美元，为世界经济发展作出了巨大贡献。"显然，中国走的是一条构筑人类命运共同体、实现共赢共享的国家品牌化发展道路，而这条道路实践的本身，就需要进行国家品牌传播，习近平访问联合国日内瓦总部，并发表如上重要讲话，无疑就是最富有效应的国家品牌传播。也就是说，相对于一个产品的品牌传播是让品牌主与消费者双方形成价值实现的认可，那么国家品牌传播则让这个国家与国际社会实现双赢达成共识，这无疑正是品牌传播理论层面提升的鲜明体现。

（《学术界》2018年第4期）

中国国家品牌传播的新闻自觉

——党性与人民性相统一的主体意识

【内容摘要】 党性与人民性相统一，已经是马克思主义新闻观的基本共识、我国新闻事业的指导思想。随着中国特色社会主义新时代的到来，党性与人民性相统一更典型地体现于党领导中国人民实现中国梦、构筑中国国家品牌的进程中。由此，党性与人民性相统一转化为新闻工作者的主体意识，并越来越显著地体现于中国国家品牌传播的新闻自觉。而在新闻实践中则鲜明地体现为：丰富的新闻题材反映了中国国家品牌传播建构的综合性、大量正面报道展现了中国国家品牌的正向价值、责任性批评监督则正视并反思了中国国家品牌的提升空间。

【关键词】 国家品牌传播；新闻自觉；党性与人民性相统一；主体意识

2018年3月17日十三届全国人大一次会议宪法宣誓仪式上，新当选的国家主席、中央军委主席习近平手按国家宪法进行宣誓：忠于中华人民共和国宪法，维护宪法权威，履行法定职责，忠于祖国、忠于人民，恪尽职守、廉洁奉公，接受人民监督，为建设富强民主文明和谐美丽的社会主义现代化强国努力奋斗！这一刻仪式符号化的意义就是："国家"统一体现了党和人民的意志。这在我们的论题中，也标志着马克思主义新闻观话语将越来越多地立足于中国共产党领导下的人民当家作主的"国家"概念。

一、无产阶级政党尚未执政时期，马克思主义新闻观的核心性体现只能是"党性与人民性相统一"

我们知道，马克思主义新闻观诞生于共产主义思想刚刚兴起、共产党这一承载着人类发展厚望的先进组织刚刚登上历史舞台，但依然是资产阶级占据绝对统治地位之际。因此报刊、新闻，成为被压迫的无产阶级求解放、求尊严的阶级斗争武器。马克思对此就曾旗帜鲜明地说道："正是由于报刊把物质斗争变成思想斗争，把血肉斗争变成精神斗争，把需要、欲望和经验的斗争变成理论、理智和形式的斗争，所以，报刊才成为文化和人民的精神教育的极其强大的杠杆。"[①]也就是说，马克思在他所处的时代，扮演的是向统治阶级进行批判、发起斗争的角色。因为当时的国家机器为资产阶级甚至是封建统治者所用，马克思主义新闻观的角度及其相应的话语则只能是落到党性与人民性之上。

1841年4月，马克思获得了耶拿大学哲学博士学位，按既有的职业生涯规划他是打算到波恩大学任教的，但由于普鲁士当局敌视且限制大学的进步学者，他只得放弃了纯学者之路，转而开始从事新闻政论工作。次年4月，马克思为刚刚创刊不久、由激进资产阶级人士创办的莱茵报撰稿，所写的第一篇评论即谴责了普鲁士当局推行的禁锢思想、钳制言论自由的书报检查制度；而他所写的第二篇文章就被书报检察机关所查禁。可以说，马克思在一开始从事报刊活动时，就立场鲜明地揭露普鲁士统治当局对人民的迫害，成为一个德国封建政权批判者。而在担任莱茵报主编后，他又先后发表文章抨击普鲁士国家的社会政治制度。其中针对资产阶级的进步报纸《莱比锡总汇报》被查封一事，就发表文章旗帜鲜明地揭露了普鲁士反动当局压制、迫害人民报刊的罪行。他指出：报刊的人民性质就是做"人民日常思想和感情的表达者"；"它生活在人民当中，它真诚地和人民共

---

① 中共中央马克思恩格斯列宁斯大林著作编译局编：《马克思恩格斯全集》（第1卷），人民出版社1995年版，第329页。

患难、同甘苦、齐爱憎。它把它在希望与忧患之中、从生活那里倾听来的东西，公开地报道出来"。①马克思担任主编以后，莱茵报越来越鲜明地体现出革命民主主义的立场和观点，其销路及影响力迅速扩大，也引起了当局的害怕。在1843年4月，这家"德国现代期刊的先声"莱茵报受到查封。普鲁士国王主持的内阁会议认定："毫无疑问，该报经常蓄意攻击国家制度的基础，宣扬那些目的在于动摇君主制原则的理论，恶意诽谤政府在舆论方面的活动方式，唆使各个阶层的人民相互敌视，挑起对现行法制的不满情绪，包庇极度敌视友邦的倾向。"显然，这个以国家政府名义所作出的决定，一方面说明了莱茵报代表人民发声的报刊功绩，另一方面也说明了发动政府与人民利益对立，国家机器并不为人民所用。1843年9月，马克思在《致卢格》的信中指出要对整个旧世界"现存的一切进行无情的批判"，"在批判旧世界中发现新世界"②。显然，那时的政权不是人民的政权，那时的国家不是人民当家作主的国家；马克思只能做一个人民的代言者、一个对旧世界的无情批判者。

1847年春，马克思与恩格斯一同参加了秘密革命团体"正义者同盟"，在第一次代表大会上建议并获通过将该同盟改为"共产主义者同盟"，同盟格言"人人皆兄弟"也随之改为"全世界无产者联合起来"的口号。在该同盟第二次大会上，马克思受委托起草了《共产党宣言》。1848年6月，马克思和恩格斯创办了具有无产阶级性质的《新莱茵报》。由于该报对《共产党宣言》的宣传、对普鲁士政府当局的政治揭露，使得其报纸受到封建保皇派和自由资产阶级的攻击，并受到反动当局的查封。对此，马克思在《"新莱茵报"审判案》中更是立场坚定地明确指出："报刊按其使命来说，是社会的捍卫者，是针对当权者的孜孜不倦的揭露者，是无处不在的耳目，是热情维护自己自由的人民精神的千呼万应的喉舌。"③这是"喉舌论"最初的表达，可以肯定的是，马克思在表明报刊的人民性本质属性之时，是站在一个人民要自由、要发声，对于资产阶级当权者要进行揭露的

---

① 中共中央马克思恩格斯列宁斯大林著作编译局编：《马克思恩格斯全集》（第1卷），人民出版社1995年版，第352页。

② 中共中央马克思恩格斯列宁斯大林著作编译局编：《马克思恩格斯全集》（第47卷），人民出版社2004年版，第63页。

③ 中共中央马克思恩格斯列宁斯大林著作编译局编：《马克思恩格斯全集》（第6卷），人民出版社1961年版，第275页。

立场与视角的。在《新莱茵报》受到查封之时，马克思也遭到普鲁士法院传讯，且在1849年5月被当局以国家名义的所谓勒令被迫离开自己的祖国，并再也没有回来。此后，马克思恩格斯则亲身投入无产阶级政党的创建实践中，而且基于报刊的人民性，其新闻舆论工作的党性思想也得以逐渐形成。而"党性"一词的最早提出与运用，则是恩格斯在《"傅立叶论商业的片段"的前言和结束语》所言："德国的'绝对的社会主义'真是可怜得怕人……由于自己在理论领域中没有党性，由于自己的'思想绝对平静'而丧失了最后一滴血、最后一点精神和力量。"①显然，这里恩格斯期待的"党性"，指的是社会主义理论应该具有鲜明的政治态度、坚决的斗争性以及革命的彻底性，而不应该是思想贫血、精神缺失、斗争乏力、"可怜得怕人"的一种政治风貌。随着马克思恩格斯越来越多、越来越深入地参与到工人运动与进步党组织活动中，他们对于"党性"也越来越看重。如，1853年3月恩格斯致函马克思时就使用"党性"来赞赏拉萨尔在与普鲁东派斗争中具有共产党人特质："拉萨尔比他们所有的人都能干得多，这一点当哈茨费尔特伯爵的财产最终并入国家财产的时候，会特别明显地表现出来。他有他的怪癖，可是也有党性和抱负。"②又如1863年1月马克思在谈及法国高涨的工人运动时也明确提到了"党性"，即："在巴黎，在社会党内，党性和团结精神仍然占着统治地位。"③即强调了"党性"及其原则精神在党的组织建设以及对敌斗争中的核心作用。而当列宁创建了俄国无产阶级政党、接过马克思主义新闻观的接力棒时，他就明确指出：对于党的出版物"写作事业不能是个人或集团的赚钱工具，而且根本不能是与无产阶级总的事业无关的个人事业。无党性的作者滚开！超人的作者滚开！写作事业应当成为无产阶级总的事业的一部分，成为由全体工人阶级的整个觉悟的先锋队所开动的一部巨大的社会民主主义机器的'齿轮和螺丝钉'。写作事业应当成为社会民主党有组织的、有计划的、统一的党的工作的一个组

① 中共中央马克思恩格斯列宁斯大林著作编译局编：《马克思恩格斯全集》（第2卷），人民出版社1957年版，第659页。

② 中共中央马克思恩格斯列宁斯大林著作编译局编：《马克思恩格斯全集》（第28卷），人民出版社1973年版，第229—230页。

③ 中共中央马克思恩格斯列宁斯大林著作编译局编：《马克思恩格斯全集》（第30卷），人民出版社1974年版，第305页。

成部分"①。当时为1905年11月，列宁领导的俄国布什维克政党还未能推翻沙皇的统治，他还不可能以人民的国家取向来思维，因此他只能强调"党性"就是当时新闻写作最核心的原则。

在中国共产党领导人民推翻三座大山的斗争中，一直就强调新闻舆论工作必须置于党领导之下，早在1921年建党之初就明确规定："一切书籍、日报、标语和传单的出版工作，均应受中央执行委员会或临时中央执行委员会的监督。""每个地方组织均有权出版地方通报、日报、周刊、传单和通告。不论中央的或地方出版的一切出版物，其出版工作均应受党员的领导。"②1941年7月1日，中共中央政治局通过《中共中央关于增强党性的决定》，并对于党性给出了权威阐释："全党党员和党的各个组成部分都在统一意志、统一行动和统一纪律下面，团结起来，成为有组织的整体。"这是"党性"作为一个单独的概念进入中央文件，成为党的建设的重要内容，也成为共产党领导人民取得斗争胜利的法宝。③而在1942年3月，毛泽东就《解放日报》的改版写信给周恩来，强调要"增强党性与反映群众"。不久经他修改定稿的改版社论《致读者》，则更是明确强调报纸对于群众"要成为他们的反映者、喉舌，与他们共患难的朋友"，"向人民负责和向党的领导机关负责的一致性，这些就是我们的出发点"。④可以说，中国共产党在争取中国人民解放的年代，对新闻舆论非常明确的要求就是坚持党性与人民群众性。1947年1月11日，作为中国共产党创办的全国性党报，《新华日报》在其编辑部文章《检讨与勉励》中，又第一次明确写道"新华日报的党性和它的人民性是一致的"，"这就是说，《新华日报》是一张党报，也就是一张人民的报纸，新华日报的党性，也就是它的人民性。新华日报的最高的党性，就是它应该最大限度地反映人民的生活和斗争，最大限度地反映人民的呼吸和感情、思想和行动"。⑤

由上可见，马克思主义新闻观的"人民性""党性"以及"党性与人民

---

① 中共中央马克思恩格斯列宁斯大林著作编译局编：《列宁选集》（第1卷），人民出版社1995年版，第663页。

② 中国社会科学院新闻研究所编：《中国共产党新闻工作文件汇编》，新华出版社1980年版，第1页。

③ 转引自陈力丹：《党性和人民性的提出、争论和归结——习近平重新并提"党性"和"人民性"的思想溯源与现实意义》，《安徽大学学报》（哲学社会科学版），2016年第6期。

④ 毛泽东：《毛泽东选集》（第3卷），人民出版社1991年版，第1094—1095页。

⑤ 《新华日报》编辑部：《检讨与勉励——读者意见总结》，《新华日报》，1947年1月11日。

性相统一"的基本思想是在党领导人民进行无产阶级斗争中形成的。在当时的历史环境下，共产党作为刚刚登上历史舞台的先进组织，其政治使命是唤醒无产阶级与广大劳动人民，以阶级斗争的方式来推翻旧的、反动的国家机器，以获得人民解放与国家新生，并让国家政权真正掌握在党领导下的人民手中。正如马克思、恩格斯在《共产党宣言》中指出："工人革命的第一步就是使无产阶级上升为统治阶级，争得民主。"[1]因此，在这个工人阶级争取成为统治阶级的"革命第一步"，"党性与人民性的统一"是最切合该历史阶段的新闻思想，同时也为马克思主义新闻观的基本内涵进行了奠基。

二、共产党领导的人民当家作主、让国家"强起来"的新时代，"党性与人民性相统一"更典型地体现在"治国理政、定国安邦"中的国家主体上

无产阶级取得革命斗争的胜利，建立了工人阶级政党领导的人民政权，即国家已成为人民的国家、共产党已成为国家的领导力量，新闻舆论工作固然坚守"党性与人民性相统一"思想不变，但其所呈现的话语是否能与时俱进呢？我们的回答是肯定的！习近平曾明确说道：当前我们正进行最广泛而深刻的社会变革、最宏大而独特的实践创新，这"是一个需要理论而且一定能够产生理论的时代"；因此构建中国特色哲学社会科学领域就需要"充分体现中国特色、中国风格、中国气派"。[2]这里的三个"中国"启示我们：在共产党领导的人民当家作主，让中华民族迎来从站起来、富起来到强起来的新时代，鲜明体现"党性与人民性相统一"的新话语应该为二者的内涵统一聚集于中华人民共和国之"国家"。

恩格斯在《家庭、私有制和国家的起源》中分析了氏族制度由于经济活动的催生与演变，使得"社会之分裂为阶级所炸毁，它被国家代替了"，即"社会分裂为阶级时，国家就由于这种分裂而成为必要了"。由于"国家是从控制阶级对立的需要中产生的"，因此"国家的本质特征，是和人民大众分离的公共权力"，且"变成了一架庞大的复杂机器，专门用来榨取臣民

---

① 中共中央马克思恩格斯列宁斯大林著作编译局编：《马克思恩格斯选集》（第1卷），人民出版社1974年版，第272页。

② 习近平：《习近平谈治国理政》（第2卷），外文出版社2017年版，第338页。

的膏血"。但同时它又适合当时的社会状况，促进了"财富、商业和工业的迅速繁荣"。①这里恩格斯不仅指出国家是阶级的产物，是统治阶级控制"臣民"之机器，但同时又是社会发展特定阶段所需要公权力工具，有着维持稳定与促进发展的社会性。因此，恩格斯又大胆预言了"无产阶级成熟到能够自己解放自己，它就作为独立的党派结合起来，选举自己的代表，而不是选举资本家的代表"的"国家最高形式"。②显然在恩格斯的眼中，作为阶段压迫工具的低级阶段国家，是应该认清其本质、予以推翻的；而对于无产阶级选举自己代表、执掌权力的高级阶段国家，却是无产阶级乐见，且要追求并为之建立的。当然，在当时恩格斯还不可能对无产阶级当家作主的新型国家进行更多的阐述，但他与马克思在《共产党宣言》中宣告"把一切生产工具集中在国家即组织成为统治阶级的无产阶级手里，并且尽可能快地增加生产力的总量"；无产阶级"通过革命使自己成为统治阶级，并以统治阶级的资格用暴力消灭旧的生产关系，那么它在消灭这种生产关系的同时，也就消灭了阶级对立和阶级本身的存在条件，从而消灭了它自己这个阶级的统治"。③显而易见，高级的、理想的"国家"形态，在马克思恩格斯思想中已经统一了无产阶级政党与人民的共同利益与需求，甚至不惜消灭自身作为阶级存在的条件，这无疑正是共产党所宣言、所追求的。

中国革命的成功实践、中华人民共和国的建立，则无疑最典型地验证了马克思恩格斯的预言与期待。在新中国成立前夕，中国共产党与各民主党派、人民团体以及进步爱国人士一道通过了具有临时宪法性质的《中国人民政治协商会议共同纲领》，就明确地确立了中国共产党作为执政党的宪法地位，同时确立了人民掌握国家权力的社会主义国家性质。自1954年首部《宪法》通过，又经1975年、1978年、1982年三部《宪法》颁布，目前是2018年修正后的《宪法》。《宪法》在序言中就写道："以毛泽东主席为领袖的中国共产党领导中国各族人民，在经历了长期的艰难曲折的武装斗争

① 中共中央马克思恩格斯列宁斯大林著作编译局编：《马克思恩格斯选集》（第4卷），人民出版社1974年版，第165、170、168、114、144、115页。
② 中共中央马克思恩格斯列宁斯大林著作编译局编：《马克思恩格斯选集》（第4卷），人民出版社1974年版，第169页。
③ 中共中央马克思恩格斯列宁斯大林著作编译局编：《马克思恩格斯选集》（第1卷），人民出版社1974年版，第272—273页。

和其他形式的斗争以后，终于推翻了帝国主义、封建主义和官僚资本主义的统治，取得了新民主主义革命的伟大胜利，建立了中华人民共和国。从此，中国人民掌握了国家的权力，成为国家的主人。"这里不仅明确强调了中国共产党作为执政党的"合宪性"，而且突出了人民成为国家主人的性质规定性。《宪法》明确规定：国家的根本任务是，中国人民将在中国共产党领导下，"把我国建设成为富强民主文明和谐美丽的社会主义现代化强国，实现中华民族伟大复兴"，"社会主义制度是中华人民共和国的根本制度。中国共产党领导是中国特色社会主义最本质的特征"。

"中华人民共和国的一切权力属于人民。""一切国家机关和武装力量、各政党和各社会团体、各企业事业组织都必须遵守宪法和法律。"显然，党的领导、人民的当家作主，均统一到国家宪法之中，体现到依法治国之中。与此同时，《中国共产党章程》中规定："党必须在宪法和法律范围内活动。"党十八大的主题也明示：全党要"为实现中华民族伟大复兴的中国梦不懈奋斗"。显然在依法治国中，时代的话语越来越突出中华人民共和国这个"国家"主体。周恩来在新中国成立之初的1950年曾经说道："我们已经在全国范围建立了国家政权，而我们党在政权中又居于领导地位。所以一切号令应该经政权机构发出。……由于过去长期战争条件，使我们形成了一种习惯，常常以党的名义下达命令……。现在进入和平时期，又建立了全国政权，就应当改变这种习惯。……党的方针、政策要组织实施，必须通过政府，党组织保证贯彻。党不能向群众发命令。"[1]一向严格遵行党性原则，又担任共和国第一任总理的周恩来如此强调，显然告诉我们：随着中华人民共和国的成立，党性与人民性的统一将更多地体现到国家主体性的话语中。也就是说国家合法运转已经体现了执政党的意志，在更多的情况下以"国家"主体呈现则更具有合法性、号召力，更能有效领导人民建设国家，也自然更能体现"党性"与"人民性"的统一。

十一届三中全会以来全党全国形成的共识是"一心一意搞建设"；"建设有中国特色的社会主义"[2]。显然，建设富强的社会主义国家就是邓小平为全党全体中国人民凝聚的共识。而进入中华民族强起来的新时代，我们

①　中共中央统一战线工作部、中共中央文献研究室编：《周恩来统一战线文选》，人民出版社1984年版，第174—175页。
②　邓小平：《邓小平文选》(第3卷)，人民出版社1993年版，第10、62页。

要秉承的则无疑就是习近平新时代中国特色社会主义思想。我们可以清晰地体会到自十八大之后，习近平为全面地实现中国梦而进行的新闻舆论工作上的谋篇布局。习近平也清晰地强调"坚持党性和人民性相统一"①，他把"党性人民性从来都是一致的、统一的"②作为基本前提，将新闻舆论的具体工作落到了为实现"中国梦"而进行治国理政的方方面面。因此2016年2月19日，习近平在党的新闻舆论工作座谈会的讲话中开篇就指出："党的新闻舆论工作是党的一项重要工作，是治国理政、定国安邦的大事。"他一方面肯定了中央主要媒体的新闻舆论工作"有力激发了全党全国各族人民为实现中华民族伟大复兴的中国梦而团结奋斗的强大力量"，也寄希望新闻舆论工作"要加强国际传播能力，增强国际话语权，集中讲好中国故事"③。毫无疑问，习近平对于坚持用马克思主义新闻观来提高新闻舆论传播力、引导力、影响力、公信力，并没有简单止于"党性与人民性相统一"的字面表述，而是将其内涵上升到"中国梦"实现的国家高度；同时也就必然启示党新闻舆论工作要融入全面建成社会主义现代化强国、实现中华民族伟大复兴的中国梦的进程中。

马克思与恩格斯在《共产党宣言》中明确指出：共产党人"没有任何同整个无产阶级利益不同的利益"，一方面"共产党人强调和坚持整个无产阶级的不分民族的共同利益"，另一方面"共产党人始终代表整个运动的利益"。④也就是说，共产党既代表了人民以及人民取得政权后的国家利益；同时人民当家作主的国家也鲜明体现了共产党的追求与奋斗目标。《中国共产党章程》则更清晰地规定："党除了工人阶级和最广大群众的利益，没有自己的特殊的利益。党在任何时候都把群众利益放在第一位。"由此可见，在新闻传播中凸显中国共产党领导人民当家作主的社会主义中国之国家主体，也必然鲜明地体现了"党性与人民性的统一"。

---

① 习近平：《习近平谈治国理政》（第2卷），外文出版社2017年版，第332页。

② 习近平：《习近平谈治国理政》，外文出版社2014年版，第154页。

③ 习近平：《习近平谈治国理政》（第2卷），外文出版社2017年版，第331—333页。

④ 中共中央马克思恩格斯列宁斯大林著作编译局编：《马克思恩格斯选集》（第1卷），人民出版社1974年版，第264页。

三、党性与人民性统一于中国特色社会主义的"中国梦",需要"中国国家品牌传播"的新闻自觉

当共产党领导人民当家作主的社会主义中国之国家主体成为新闻传播的对象与坐标时,这意味着实现党性与人民性相统一的中国特色社会主义"中国梦"即成为新闻传播的自觉意识。实现"中国梦"的伟大实践丰富而精彩,如《习近平谈治国理政》第一卷涉及十八个部分,第二卷包含十七项内容。十九大报告中指出需构成新时代坚持和发展中国特色社会主义的基本方略就有十四条;贯彻新发展理念、建设现代化经济体系有六项主要工作;健全人民当家作主制度体系、发展社会主义民主政治有六项主要工作;坚定文化自信、推动社会主义文化繁荣兴盛有五项主要工作;提高保障和改善民生水平、加强和创新社会治理有七项主要工作;加快生态文明体制改革、建设美丽中国有四项主要工作。而在2018年政府工作报告中,对政府工作的建议则共有九条。显然,以国家主体所展开的新闻传播工作需要有个综合性的概念,以概括实现"中国梦"而涉及的逐项工作实践。

于是,习近平所提及的"品牌"进入了我们的学术视野。早在2004年12月,习近平时任浙江省委书记时就明确说道:"品牌是一个企业技术能力、管理水平和文化层次乃至整体素质的综合体现。"[1]也就是说,习近平首次提出了品牌是一个主体素质综合体现的观点。这一观点在2016年国务院办公厅颁发的《关于发挥品牌引领作用推动供需结构升级的意见》中得到了强化与提升,该文件开篇就指出:"品牌是企业乃至国家竞争力的综合体现。"[2]可以说,品牌作为国家竞争力的综合体现也正是习近平新时代中国特色社会主义思想的组成部分。

而"国家品牌"已经是学界一个相对成熟的概念,其最初来自20世纪关于品牌来源国、国家形象的研究。1996年,曾担任诸多政府和机构形象顾问的咨询师西蒙·安浩在其著作中写道:在某种意义上国家是一类品牌,其有助于政府为其所在城市、国家和地区用一种新的方式来考虑身份、战

---

① 习近平:《干在实处 走在前列——推进浙江新发展的思考与实践》,中共中央党校出版社2006年版,第146—147页。

② 国务院办公厅:《关于发挥品牌引领作用推动供需结构升级的意见》,http://www.gov.cn/zhengce/content/2016-06/20/content_5083778.htm.

略、发展、竞争以及愿景，有助于在这个簇新的世界秩序下存活并繁荣。[①]
2001年，荷兰学者彼得·范·汉姆也指出"品牌国家包含了外部世界对特定国家的信任和满意度"[②]。可以说，"国家品牌"具有鲜明的正价值导向，既得到国内民众认同与自觉建构，又得到国际社会认可与信任，是一个国家主体处于自信且坚定发展态势的信息符号。其既彰显了自身的独立性又展现了开放的合作性，既给本国人民带来获得感自豪感，又对国际社会带来互惠互利的价值。同时，"国家品牌"是一种全新的目标凝聚、舆论导向、国际合作、国际传播的话语，它超越了意识形态，也超越了阶层利益与国家利益，且表达了一种基于人类社会发展共赢的理念。即"国家品牌"的内涵胜过了"国家利益"，因为马克思主义追求的是解放全人类，是"一切人的自由发展"[③]。由此国家品牌不仅包含了国家利益，而且超越了国家自身，要以国际社会能接受且欢迎的姿态为人类社会发展做出贡献。而新时代的社会主义中国，正是这样的一个国家品牌："中国梦是和平、发展、合作、共赢的梦，我们追求的是中国人民的福祉，也是各国人民共同的福祉。"[④]这无疑正是中国国家品牌传播信源价值所在，也正是马克思主义新闻观强调的新闻传播的事实基石。

习近平在党的新闻舆论工作座谈会上指出：党的新闻舆论工作要"尊重新闻传播规律，创新方法手段"；要着力打造融通中外的新概念新范畴，加强对外话语体系建设，讲好中国故事；在哲学社会科学工作座谈会上也强调：哲学社会科学建设需"体现原创性、时代性"；要"着力提出能够体现中国立场、中国智慧、中国价值的理念、主张、方案。我们不仅要让世界知道'舌尖上的中国'，还要让世界知道'学术中的中国''理论中的中国''哲学社会科学中的中国'，让世界知道'发展中的中国''开放中的中国''为人类文明作贡献的中国'"。[⑤]显然，习近平是寄希望新闻舆论界、哲学社会科学界要善于进行原创性创新，用具有融通中外的新概念新话语

① [美]西蒙·安浩：《铸造国家、城市和地区的品牌：竞争优势识别系统》，葛岩、卢嘉杰、何俊涛译，上海交通大学出版社2010年版，第19页。

② Peter Van Ham.The rise of the brand state. Foreign Affairs,2001,80：2-6.

③ 中共中央马克思恩格斯列宁斯大林著作编译局编：《马克思恩格斯选集》（第1卷），人民出版社1974年版，第273页。

④ 习近平：《习近平谈治国理政》（第2卷），外文出版社2017年版，第443—444页。

⑤ 习近平：《习近平谈治国理政》（第2卷），外文出版社2017年版，第331、341、340页。

来传播中国国家品牌。由此，"中国国家品牌"以及"中国国家品牌传播"就逻辑性地成为我们新闻传播学界及业界的新概念、新话语、新理念。

新华社课题组编辑的《习近平新闻舆论思想要论》是一部全面阐释习近平新闻传播思想的著作，其对于习近平新闻舆论思想10个方面的解读与概括，一定意义上也正是中国国家品牌传播新闻自觉的要点：

职责使命论——阐述的是习近平关于新闻舆论是治国理政定国安邦的大事，需要把握政治方向履行职责使命的思想；而中国国家品牌正是全面建成社会主义现代化强国、实现中华民族伟大复兴"中国梦"的学术化、大众化、中外通用之话语体现，是建立在道路自信、理论自信、制度自信、文化自信之"四个自信"的综合体现，这也正是中国国家品牌传播职责使命的新闻自觉。

党性与人民性统一论——这正是我们前面重点阐明的党领导下人民当家作主的国家，其实质性地实现了党性与人民性的统一，并体现于中华人民共和国这一国家品牌；因此，中国国家品牌传播无疑清晰而简要地表达了党性与人民性相统一的新闻主体意识自觉。

正面宣传为主论——"坚持正面报道为主"①"始终坚持以正面宣传为主"②"团结稳定鼓劲，正面宣传为主"③，这是习近平在不同场合所强调的新闻舆论工作方针。我们知道，任何品牌总是通过持续地正面价值传播才得以建构，因此中国国家品牌传播本身就规定了"正面宣传为主"的新闻传播基调。

创新为要论——"让创新贯穿党和国家一切工作"④是习近平所强调的国家创新驱动发展的核心思想；对于新闻舆论工作，他也指出"必须创新理念、内容、体裁、形式、方法、手段、业态、体制、机制"⑤。而国家品牌传播的提出，本身就是创新的产物；同时，也超越了传统的广告、营销为主的产品推广形式，强调围绕正向价值建构而进行双向沟通、多元主体

---

① 习近平：《干在实处　走在前列——推进浙江新发展的思考与实践》，中共中央党校出版社2006年版，第308页。

② 习近平：《之江新语》，浙江人民出版社2007年版，第57页。

③ 习近平：《习近平谈治国理政》（第2卷），外文出版社2017年版，第333页。

④ 习近平：《十八届五中全会第二次全体会议上的讲话》，《求是》，2016年第1期。

⑤ 习近平：《习近平谈治国理政》（第2卷），外文出版社2017年版，第333页。

传播的方式创新①。即中国国家品牌传播就已经意味着新闻舆论工作的概念创新、话语创新、理念创新以及方式方法创新。

时度效标尺论——新闻传播有着特定的规律，因此习近平强调"关键是要提高质量和水平，把握好时、度、效"②"注意舆论的社会效果"③。而现代传播学就是从受众、效果出发而诞生的。品牌专家布莱克斯顿曾指出：成功的品牌的关键是信任和满意。其中满意更是受众对品牌主动支持的体现④。诚如市场运作中的品牌传播，不可能简单依靠广告的广而告之，也不可能凭借营销推广就能建立良好的品牌声誉，而需按照品牌成长的规律，以良好的品牌产品为事实基础，审时度势、恰如其分地传播沟通，这才能把品牌真正植入消费者的心坎，并由衷获得消费者的欢迎。同理，中国国家品牌传播则是从更广泛的受众出发，从国家品牌发展进步过程中取得的实绩出发，服从人民更丰富的获得感之价值需要，从而把握时机、掌握分寸、追求实效地进行新闻传播，以持之以恒地建构起国家品牌声誉。

增强国际话语权——中国的快速发展以及世界风云变幻，使得中国"日益走近世界舞台中央，不断为人类作出更大贡献"；而首倡"一带一路"国际合作、首提"构筑人类命运共同体"、首创"国际进口商品博览会"等，均表明中国正越来越多地向人类贡献中国智慧、中国方案；以中国机遇促进全球经济增长、全力维护多边国际贸易体系、派出维和部队参与联合国维和行动、在巴黎气候大会上郑重签字等，则表明中国正在义不容辞地进行着大国责任担当。这一切均可以说中国正在迅速成长为一个让国际社会敬重、与其他国家和平相处共同发展的国家品牌。因为，站起来、富起来、强起来的中国，正是国家品牌独特性、效率性、惠他性的典型体现。基于这样的国家品牌，习近平指出"要加强国际传播能力建设，增强国际话语权，集中讲好中国故事"⑤，总书记这里一连用了三个"国"字，且突出"传播"，一定意义上正是为中国国家品牌的国际传播进行了基本定调，也理应成为新闻舆论工作的主体自觉。

---

① 舒咏平、沈正赋：《论国家品牌传播》，《学术界》，2016年第9期。

② 习近平：《习近平谈治国理政》，外文出版社2014年版，第155页。

③ 习近平：《摆脱贫困》，福建人民出版社1992年版，第87页。

④ Blackston, M.Observations: building equity by managing the brand's relationships. Journal of Advertising Research, 1992(5-6): 101-105.

⑤ 习近平：《习近平谈治国理政》（第2卷），外文出版社2017年版，第333页。

除了如上六大思想要论，《习近平新闻舆论思想要论》一书还介绍与阐述了习近平的"网上舆论引导论""媒体融合发展论""'四向四做'人才论""善用善管媒体论"。这四部分可以说是就媒体发展与管理、新闻传播人才队伍建设而言，但也同样与国家品牌传播形成了理论同构：品牌传播本身就是随着网络发展、多种媒体融合发展而超越单纯的广告推广而来到我们身边，并成为共识性实践与成长性显学；品牌传播的基本要点之一就是要通过各种媒介"统一一致地发出品牌的个性讯息"[①]。而国家品牌传播，也正需要执行马克思主义新闻观所强调的"政治家办报""党管媒体"，以及习近平所强调的"做好宣传工作必须全党动手"，"树立大宣传的工作理念"[②]，如此才可能整合包括网络在内的各种媒体，集中、统一、明确、正面地发出中国国家品牌的声音，从而不断优化性地建构中国国家品牌。而习近平对于新闻传播工作者的"四向四做"的勉励——"坚持正确政治方向、做政治坚定的新闻工作者，坚持正确舆论导向、做引领时代的新闻工作者，坚持正确新闻志向、做业务精湛的新闻工作者，坚持正确工作取向、做作风优良的新闻工作者"[③]；在我们的论题中实际就是强调新闻传播者需要将党性与人民性统一于中国特色社会主义的"中国梦"，需要建立"中国国家品牌传播"的新闻自觉。

四、国家品牌传播新闻自觉和党性与人民性相统一的主体意识在新闻实践上的体现

主体意识上的自觉必然鲜明地体现到实践中。胡耀邦曾经明确指出：我们党的新闻事业"用一句话来概括，我想可以说党的新闻事业是党的喉舌，自然也是党所领导的人民政府的喉舌，同时也是人民自己的喉舌"，"在我们社会主义国家，党和政府同人民的利益是一致的"，"我们党中央、国务院的直接的声音并不是每天都有的"，"而新闻报道却必须每日甚至每时向人民讲话，这就要求我们的新闻工作者一定要有高度的积极性、主动性、创造性"。这里，他明确了党、政府、人民的一致性、统一性，也就是说，新闻传播要党性与人民性相统一，也鲜明体现为中国国家政府的喉舌。

---

① [美]唐·舒尔茨等著：《整合行销传播》，吴怡国等译，中国物价出版社2002年版，第115页。

② 习近平：《习近平谈治国理政》，外文出版社2014年版，第156页。

③ 习近平：《做党和人民信赖的新闻工作者》，《人民日报》，2016年11月8日。

同时，他又要求新闻工作作为"喉舌"还需积极主动、创造性地进行新闻实践。在本论题中，新闻传播的主体即中国共产党领导的、人民当家作主的社会主义中国，即不断取得新成就的、令国人自豪世人敬重的国家品牌。这样，国家品牌传播的新闻自觉和党性与人民性相统一的主体意识也就必然形成同构，也必然付诸新闻实践。我们知道，马克思主义哲学中的实践观点和主体性观点是融为一体的。人的主体性只有通过其实践才能得以证明与显示。诚如毛泽东在其《实践论》中所指出：我们要"把理性的认识再回到社会实践中，应用理论于实践，看它是否能够达到预想的目的"。[1]那么，我们则需要客观地审视我国的新闻舆论工作者是如何将这种党性与人民性相统一的中国国家品牌传播新闻自觉付诸新闻实践的。

为此，我们选择近4年的中国新闻奖作品来进行内容分析，以期验证中国的新闻舆论工作者一方面有着鲜明中国国家品牌传播的新闻自觉，同时又必然地体现着党性与人民性相统一的主体意识。中国新闻奖是经中央宣传部批准的全国性年度优秀新闻作品最高奖，由中华全国新闻工作者协会主办，代表着中国新闻实践的最高水平，以及我国新闻舆论工作的风向标。2015—2018年，25届、26届、27届、28届这最近4届新闻奖的特别奖与一等奖作品共226件。其中：第25届特别奖4件、一等奖48件；第26届特别奖3件、一等奖48件；第27届特别奖4件、一等奖52件；第28届特别奖5件、一等奖62件。我们对其新闻题材分为12类：标题字面明显凸出党性的为"中国共产党组织建设"1类，明显发出人民呼声的为"民生报道与群众呼声"1类；明显归于国家品牌建设的有"经济发展""制度改革""环境保护与生态建设""精神文明与教育事业""国际交流与外事报道""科技创新与文化发展""国防与军队建设""'一国两制'""民族团结"等9类；另外并没有清晰题材诉求的栏目归于"其他"1类。对新闻形式我们分为"图文新闻""广电新闻"两大类，因为即使在互联网网页上，其新闻呈现的方式也可以很分明地体现为这两种形式。而在新闻角度上，我们则分"正面宣传""批评监督""中性呈现"3类。其内容统计分析如下表：

---

[1] 毛泽东：《毛泽东选集》（第1卷），人民出版社1966年版，第269页。

表 1　近 4 年中国新闻奖高等级奖内容分析表

新闻题材	关键词	图文新闻	广电新闻	正面宣传	批评监督	中性呈现
中国共产党组织建设	巡视、鱼水情、核心意识、马克思、十九大	13	5	17	1	0
民生报道与群众呼声	脱贫、扶贫、救援、不寒酸、讨薪	6	6	10	2	0
经济发展	供给侧、转型、民企、智造、工匠、电商	8	12	19	1	0
制度改革	改革、医改、问政、审批、"不为"	12	3	12	3	0
环境保护与生态建设	生态屏障、草原、禁牧、那山那树	3	5	7	1	0
精神文明与教育事业	信仰、价值、家风、学习、忠诚、诚信、求真、好人	27	14	36	5	0
国际交流与外事报道	杭州峰会、和平、伙伴关系、对外传播、大外交、一带一路	13	11	24	0	0
科技创新与文化发展	火箭、高铁、天宫、考古、舆论、文化印记	9	12	21	0	0
国防与军队建设	强军兴军、航母、三沙、阅兵、巡航	12	9	20	1	0
"一国两制"	海峡、两岸	0	2	2	0	0
民族团结	藏乡、稳定	3	0	3	0	0
其他	头条、版面、早新闻、观察、摘要、联播、视点	25	16	9	0	32

在上表中我们可以很清晰地看到：报道"中国共产党组织建设"题材的作品为 18 件，占 8%；报道"民生报道与群众呼声"题材的作品为 12 件，占 5.3%；而没有清晰题材诉求的"其他"41 件，占 18.1%；其余总体属于中国国家品牌建设的各类题材总计 155 件，占 68.6%。这说明：其一，丰富的新闻题材反映了国家品牌建构的综合性；其二，在新闻传播工作者的新闻实践中，更直接的考虑是促进社会主义国家建设，即对中国国家品牌发展予以传播助力；其三，党性与人民性的统一并不仅仅停留在"党"与"人民"的字面上，而是务实地体现于社会主义中国国家品牌的传播上。

而在"图文新闻"与"广电新闻"两大类新闻形式中，其件数分别为 131、95，占比分别为 58%、42%；其分布也切合网络时代的媒体构成。值得注意的是，进行"正面宣传"的新闻作品为 180 件，占 79.6%；加上 32

中国国家品牌传播的新闻自觉

件、占比14.2%的"中性呈现"中栏目设置也多是正面宣传的题材，这无疑正符合马克思主义新闻观"正面宣传为主"的要求，同时也正符合品牌传播需要更多正向传播才能更好地建树品牌的规律。其中，既有十九大胜利召开的全方位报道、以二十国集团领导人杭州峰会对中国外交主场的报道、以纪念中国抗战暨世界反法西斯战争胜利70周年阅兵报道展示中国重振雄风、通过中国"一带一路"倡议与欧盟投资计划相契合的评论展示中国要与国际合作的决心与行动；也有对创造港珠澳大桥的"极致"、中国反贫困斗争的伟大决战、以供给侧结构性改革破解老工业基地"双重转型"之困、"中国标准"动车组成功通过时速420公里高速交会试验、从广东制造到广东智造、连片杂交稻种上历史最高纬度等的报道，中国经济建设各方面传来捷报；还有对"新愚公"、"诚信兄弟"、大国工匠、援非勇士、舰载机飞行员等英模人物的报道，从而展示中国人的崭新形象。毫无疑问，这些占绝大多数比例的正面新闻报道，无疑顺应了国家品牌传播对于中国国家品牌的正向价值建构。

而"批评监督"的新闻作品为14件，仅占6.2%。在这些批评监督的作品中，也可以很清晰地看到其"直面工作中存在的问题，直面社会丑恶现象，激浊扬清、针砭时弊"，做"社会进步的推动者、公平正义的守望者"的责任担当①。如：消息报道《项目审批"长征"698天　泰豪动漫变"动慢"》，直面效率极慢的行政审批流程，提出了推动行政审批制度改革的重点问题；漫画《大活人"自证活着"是何方规矩》，则以奇巧构思、深刻寓意对开具证明泛滥做了辛辣的揭露与讽刺；评论《刹"不为"之风　换"不为"之将》直面的是干部既要反腐倡廉、清白从政、干净为官，更要反庸治懒、争先干事、为官有为；评论《民生实事莫沉迷于"数字突破"》，针对家庭医生签约率、空气质量优良天数等民生数字失真失准现象，提出需要以现实为基、实干而成、经得起检验的"数字突破"。而《"为什么2元钱的'救命药'没有人做？"》《"双11"快递分拣乱象纷呈》《食品工厂的"黑洞"》等监督性新闻报道，则反映了有关行业追逐利益、放弃社会责任、缺乏职业道德，甚至以劣充好、危及社会等负面现象，且事实准确、证据确凿、逻辑严谨、态度客观，并对相关问题的防范与改善提出了思考和建议，显示了新闻舆论的公信力和影响力。而新闻评论《宁夏封山禁牧

---

① 习近平：《习近平谈治国理政》（第2卷），外文出版社2017年版，第333页。

仍需常抓不懈》针对草原偷牧严重、乱占滥开现象直面批评，呼唤各级领导要层层抓禁牧封育；新闻评论《漠视生命是最可怕的沉沦》则痛心地回顾了一起少年学生刺害老师却浑然漠视的案件，对家庭、对学校发出不能缺失珍惜生命教育的呼声。系列报道《安徽宿州宋庙小学"要求受助贫困生出钱请吃饭事件"调查》，则对普通案件背后复杂的基层政治生态进行了深刻而细致的再现与剖析，强有力地发挥了舆论监督作用。而电视访谈节目《住在涵洞为讨薪》则记录了四川籍农民工为讨要工钱在北方深秋住在涵洞里，记者通过调查摸清欠薪事情来龙去脉，通过节目分期播放及持续关注，从而引起政府和相关部门重视，督促欠薪单位发放欠薪，最终69位农民工成功拿到共计120万元的工钱。该节目无疑显示了新闻舆论的堂堂正气，以正义的视角与镜头为弱者发声、为民请命，显示出新闻媒体人当仁不让的责任。从这些批评监督的新闻作品，我们无疑看到其背后的责任感、正义感、使命感，而且这些以事实为基础的批评报道，可以说乃是正视并反思了中国国家品牌提升的空间。

对于新闻舆论工作来说，党性与人民性的统一乃是化入血液中的主体意识，而在中国特色社会主义建设的新时代，凝聚党性与人民性的"中国国家品牌传播"无疑更是显性的使命与责任，是更为清晰的新闻实践自觉。习近平曾明确指出：宣传工作对内需"弘扬主旋律，传播正能量"；而对外则需"创新对外宣传方式，着力打造融通中外的新概念新范畴新表述，讲好中国故事，传播好中国声音"。[①] 而基于四个自信的"中国国家品牌传播"正是这样一个符合习近平讲话精神的新概念新范畴。从大众化、国际化角度审视，"国家品牌传播"也一方面鲜明体现出以国家的正向价值为传播前提，另一方面又褪去了浓郁的意识形态话语色彩，如此更能获得国内民众、国际社会的由衷认可、认同、接受，从而在良好的新闻传播效果中，服务于实现中华民族伟大复兴的中国梦，并造福人类命运共同体的国家大业。

（《品牌研究》2019年7期）

① 习近平：《习近平谈治国理政》，外文出版社2014年版，第155—156页。

习近平讲话中有关品牌观点的学习与解读

【内容摘要】 习近平作为新一代国家领导人在其讲话中多次涉及中国自主品牌发展，其有关品牌发展观点无疑是中国国家发展的精神瑰宝。为此本文进行学习与解读，并归纳出习近平关于品牌发展观点的如下思想精髓：品牌是供给侧结构性改革的核心取向、品牌就是质量就是效益、在对外开放中中国品牌关系到国家形象、品牌可延伸至其他具有标志性的成功的工作中。

【关键词】 习近平讲话；品牌发展；"三个转变"

对于"品牌"，学者们有多种角度的认知，如：强调"产品与劳务区别"的差异论[1]、强调"与消费者之间关系"的关系论[2]、强调"给消费者带来价值"的价值论[3]以及"利益价值信用体系"的体系论[4]等。可以说，

---

① [美] 菲利普·科特勒：《营销管理》，梅汝和等译，上海人民出版社1994年版，第607—608页。

② Don E. Schultz, Beth E. Barnes. Strategic brand communication campaigns [M]. NTC Business Books, 1999：35.

③ [美] 约翰·菲利普·琼斯：《广告与品牌策划》，孙连勇等译，机械工业出版社1999年版，第36—38页。

④ 胡晓云：《"品牌"定义新论》，《品牌研究》，2016年第2期。

品牌的一切解读均显示其内涵是全方位正能量的。由于品牌归根结底是信息社会的一个信息符号，其承载的信息具有鲜明的主体性，我们更倾向于认为"品牌即信誉主体与信任主体的关系符号"①。也正是从信息社会、正向主体性角度上审视，品牌则不仅仅是营销传播或企业管理的话语，而更应该成为国家发展的战略取向。

实际上，我国历代领导人均对中国品牌发展发表过讲话。毛泽东1956年视察南京无线电厂时，曾自信地说道："将来我们也要有自己的名牌，要让全世界听到我们的声音。"②邓小平1992年在视察珠海、深圳时说道："我们应该有自己的拳头产品，创出我们中国自己的名牌，否则就要受人欺负。"③1998年江泽民在苏南视察时提出："要立民族志气，创世界名牌。"④2005年，胡锦涛在山东视察时则强调："要提高我们民族的自主创新能力，要拥有我们自己的核心技术，要拥有我们民族的世界品牌。"⑤显然，国家领导人是站在国家发展、民族振兴角度来审视品牌、强调品牌的。而作为我国第五代国家领导人，习近平则更是前所未有地高度重视品牌发展，在多个场合就品牌发展作了重要讲话，为此我们对其思想精髓进行如下学习。

一、品牌是供给侧结构性改革的核心取向

2014年5月习近平来到河南，深入乡村、企业、保税物流中心、国际陆港进行考察调研，就经济社会发展和基层党的群众路线教育实践活动情况做了重要讲话，并明确指出：要"推动中国制造向中国创造转变、中国速度向中国质量转变、中国产品向中国品牌转变"⑥。这里的"三个转变"中，落实到具体目标上的"中国创造""中国质量""中国品牌"，其核心无疑是以"中国品牌"为载体的，因为中国品牌承载着中国创造、中国质量，

① 舒咏平：《品牌即信誉主体与信任主体的关系符号》，《品牌研究》，2016年第1期。

② 洪烛：《南京：让毛泽东诗兴大发的城市》，http://www.mj.org.cn/mzzz/content/2014-09/02/content_153800.htm.

③ 倪德刚：《未被整理到邓小平"南方谈话"要点中的"要点"》，《学习时报》，2014年6月23日。

④ 张宿堂、殷学成：《立民族志气　创世界名牌——江泽民总书记苏南企业看发展》，http://news.xinhuanet.com/ziliao/2000-12/31/content_478421.htm.

⑤ 李东生：《让中国自主品牌走向世界》，http://theory.gmw.cn/2007-03/31/content_574237.htm.

⑥ 新华社：《习近平在河南考察：确保经济持续健康发展和社会和谐稳定》，http://www.gov.cn/xinwen/2014-05/10/content_2677109.htm.

习近平讲话中有关品牌观点的学习与解读

并由消费者在市场上进行品牌认知、品牌选择。对此，《人民日报》曾发文写道：新常态下，模仿型排浪式消费阶段基本结束，个性化、多样化消费渐成主流。增强消费在经济发展中的基础作用，需要通过创新供给激活需求，因而品牌消费潜力巨大。根据国际经验，一个国家人均国内生产总值达到3000美元时，就进入品牌消费时代。我国人均国内生产总值已达7000美元，加之互联网普及和电子商务快速发展，消费者对品质、时尚、服务的需求与日俱增，品牌消费日益成为消费主流。由于品牌经济发展滞后，目前我国多数行业低端过剩、高端短缺，高品质自主品牌供给不足，难以满足消费升级的需要。2014年我国旅游贸易逆差超过1000亿美元，其中很大一部分是我国居民在海外的品牌消费。应主动顺应消费升级趋势，引导企业从产品经营转向品牌经营、从价格竞争转向提供价值服务，提振消费信心，满足消费需求，增强经济增长内生动力①。也是在2014年5月，习近平来到上海联影医疗科技有限公司考察，当他看到这家企业自主产权的遥控数字化X光机"像小推车一样轻巧灵便"时，很高兴地说道："医疗设备是现代医疗业发展的必备手段，现在一些高端医疗设备基层买不起、老百姓用不起，要加快高端医疗设备国产化进程，降低成本，推动民族品牌企业不断发展。你们的事业大有可为。"这里，习近平再次明确强调了民族品牌企业发展正是为了老百姓的需要。

可以说，我国人民日益增长的品牌消费，激发了需求侧的结构变化，并促使供给侧结构性改革以品牌为核心取向，这正是习近平关于供给侧改革与"三个转变"讲话的思想精髓。也正是基于这一判断，习近平于2015年11月在中央财经领导小组会议上首次提出了"在适度扩大总需求的同时，着力加强供给侧结构性改革，着力提高供给体系质量和效率，增强经济持续增长动力，推动我国社会生产力水平实现整体跃升。"随后，中央专门研究了供给侧结构性改革方案，深化供给侧的改革被提到当前的首要工作议程。对此，习近平说道："我们提的供给侧改革，完整地说是'供给侧结构性改革'；供给侧结构性改革的根本，是使我国供给能力更好满足广大人民日益增长、不断升级和个性化的物质文化和生态环境需要，从而实现社会主义生产目的。"也就是说，虽然改革的是供给侧，但却是辩证性地从需求侧出发的。习近平对此专门举例说道："我国一些有大量购买力支撑的消费

———————————
① 唐承沛：《品牌经济，新常态发展的重要支撑》，《人民日报》，2015年1月12日。

需求在国内得不到有效供给，消费者将大把钞票花费在出境购物、'海淘'购物上，购买的商品已从珠宝首饰、名包名表、名牌服饰、化妆品等奢侈品向电饭煲、马桶盖、奶粉、奶瓶等普通日用品延伸。"而针对需求侧的结构变化，习近平已经注意到"近年来，我国一些企业在推进供给侧结构性改革方面进行了成功探索。比如，前些年我国市场上各类手机争奇斗艳，既有摩托罗拉、诺基亚等国外品牌，也有国内厂商生产的手机，竞争十分激烈，一些企业破产倒闭。在这种情况下，我国一些企业从生产端入手，坚持自主创新，瞄准高端市场，推出高端智能手机，满足了人们对更多样的功能、更快捷的速度、更清晰的图像、更时尚的外观的要求，在国内外市场的占有率不断上升。"[1] 显然，习近平通过"需求侧变化"—"供给侧结构改革"—"企业品牌产品创新升级"的逻辑分析，指出品牌是供给侧结构性改革的核心取向。正是在习近平有关"供给侧改革"与"三个转变"均落到了自主品牌发展的思想指导下，2016年6月国务院办公厅专门颁发了文件，强调："品牌是企业乃至国家竞争力的综合体现，代表着供给结构和需求结构的升级方向。""党中央、国务院关于推进供给侧结构性改革的总体要求是积极探索有效路径和方法，更好发挥品牌引领作用，加快推动供给结构优化升级，适应引领需求结构优化升级，为经济发展提供持续动力。以发挥品牌引领作用为切入点，充分发挥市场决定性作用、企业主体作用、政府推动作用和社会参与作用，围绕优化政策法规环境、提高企业综合竞争力、营造良好社会氛围，大力实施品牌基础建设工程、供给结构升级工程、需求结构升级工程，增品种、提品质、创品牌，提高供给体系的质量和效率，满足居民消费升级需求，扩大国内消费需求，引导境外消费回流，推动供给总量、供给结构更好地适应需求总量、需求结构的发展变化。"[2] 显然，该文件的核心主题"发挥品牌引领作用，推动供需结构升级，推动供需结构升级"，正是习近平关于品牌发展理念的精髓所在。

---

[1] 习近平：《在省部级主要领导干部学习贯彻党的十八届五中全会精神专题研讨班上的讲话》，《人民日报》，2016年5月10日。

[2] 国务院办公厅：《关于发挥品牌引领作用推动供需结构升级的意见》，http://www.gov.cn/zhengce/content/2016-06/20/content_5083778.htm.

二、品牌就是质量、就是效益

针对经济转型的新常态，习近平指出：要"切实把推动发展的立足点转到提高质量和效益上来"，强调"以提高发展质量和效益为中心"。而质量与效益的提升均鲜明地体现在品牌发展上。2015年7月，习近平在考察吉林省海兰江畔光东村的千顷稻田时，一位农技人员拔起一把秧苗递到总书记面前说，插秧时3~5棵苗，现在已分出三四十棵了，今年有好收成！习近平说："中国有13亿人口，要靠我们自己稳住粮食生产。粮食也要打出品牌，这样价格好、效益好。祝乡亲们大丰收。"显然，习近平是借高质量的水稻产品，强调要立足高质量、打出品牌，创造出好效益。

我们知道，品牌以质量为基石，美国学者奈杰尔·霍利斯曾经在其著作《全球化品牌》中写过这么一句话"历史上品牌曾经只作为质量的标志"，而该观点的表述则是在强调"品牌不仅仅是质量的标志"时做出的[①]。这里，作者表明品牌发展有许多工作要做，但前提还是质量；毕竟有产品质量，才有消费者口碑，才谈得上品牌。对于质量，习近平在多个场合曾予以强调。早在2005年，他在浙江省委书记任上就针对浙江省的产业发展指出："要以质量和效益为中心，积极争取有质量、有效益的快速发展。"[②]2014年3月，习近平在德国的中德工商界招待会上更鲜明提出："中国需要'德国质量'。"寄希望中国产品、中国品牌的质量能向"德国质量"看齐。而在2016年初，习近平从市场竞争特点角度指出："过去主要是数量扩张和价格竞争，现在正逐步转向质量型、差异化为主的竞争。"在阐述供给侧结构性改革时则强调："在适度扩大总需求的同时，要着力提高供给体系质量和效率。"[③]习近平关于品牌要立足质量的讲话，引起各界人士的高度共鸣。国家质检局领导就撰文写道："要深入开展质量品牌提升行动，支持企业开展技术创新和管理创新，通过改善和创新质量供给激活消费需求，引导我国居民海外消费回流。加强质量服务，积极扶持电子商务等新业态健康发

① [美]奈杰尔·霍利斯：《全球化品牌》，谭北平等译，北京师范大学出版社2009年版，第35页。

② 习近平：《干在实处 走在前列——推进浙江新发展的思考与实践》，中共中央党校出版社2006年版，第129页。

③ 习近平：《在省部级主要领导干部学习贯彻党的十八届五中全会精神专题研讨班上的讲话》，《人民日报》，2016年5月10日。

展。坚持走以质取胜之路，依托技术标准开拓海外市场，培育以技术、标准、品牌、质量、服务为核心的对外经济新优势，力促'优进优出'。进一步加大品牌培育、推广和保护力度，加快培育一批在国内、国际叫得响的品牌，树立我国品牌大国形象。"①而在全国政协召开的"加快推进品牌建设"座谈会上，委员们均认为：品牌是一个企业乃至国家竞争实力和发展潜力的重要体现，品牌不是评出来的，而是市场认可的结果，因此需通过加强企业管理，提高创新能力、产品质量及员工忠诚度等，推动企业走品牌发展之路。②以习近平同志为核心的党中央高度重视品牌建设工作，目前品牌建设已纳入国家规划，国家有关部门制定出台了《关于加强品牌建设的指导意见》；在"十三五"规划建议中则明确提出要"开展质量品牌提升行动"。显然，质量立国、品牌立国已经成为我国习近平为首的党中央高度重视的发展国策。

实际上，习近平的"品牌立国"思想来源已久。早在2004年，他在浙江省委书记任上就曾经明确说道："品牌是一个企业技术能力、管理水平和文化层次乃至整体素质的综合体现。从一定意义上说，品牌就是效益，就是竞争力，就是附加值。""世界上许多知名企业往往也都把品牌发展作为企业开拓市场的优先战略。比如可口可乐、百事可乐、耐克等无一不是从抓品牌战略着手，创立属于自己的名牌产品，最终占领全球市场。""我们要坚定不移地走品牌发展之路，引导企业确立品牌意识，培育品牌、提升品牌、经营品牌、延伸品牌，做到无牌贴牌变有牌，有牌变名牌，培育更多的中国驰名商标和名牌产品，努力创造若干世界名牌，努力打造'品牌大省'。"③在该讲话中，习近平可以说是完整性、全面性地阐释了品牌的基本内涵，并对于品牌发展的战略重要性予以了强调。这实际也预示了习近平"中国梦"的内涵之一：中国需要努力创造更多的国际品牌，打造"品牌大国"。

① 支树平：《建设质量强国的基本遵循——学习贯彻习近平同志关于质量问题的重要论述》，《人民日报》，2016年2月16日。

②《全国政协召开双周协商座谈会 围绕"加快推进品牌建设"建言献策 俞正声主持》，http://www.xin-huanet.com//politics/2016-01/05/c_128598249.htm.

③ 习近平：《干在实处 走在前列——推进浙江新发展的思考与实践》，中共中央党校出版社2006年版，第146—147页。

三、在对外开放中中国品牌关系到国家形象

整合营销传播学者大卫·艾格认为："品牌就是符号，一个成功的符号（或标志），能整合和强化一个品牌的认同，并且让消费者对于这个品牌的认同更加印象深刻。我这里所指的'符号'，包括了任何能代表这个品牌认同的东西与做法。"①还有学者对于品牌的认识开始超越"术"的层面，对品牌本质揭示为"品牌是包括组织与个人在内的品牌主、以可以进行传播流通的符号能指以及符号所指的内在事物（产品、服务、行为等）通过消费扩散、而在消费者或接受者那里产生的倾向性的印象，是品牌主与以消费者为核心的受众一种聚焦性的信誉约定"。②正由于品牌作为一种能获得倾向性信任的"成功的符号"，各国都把拥有享誉全球的自主品牌作为本国经济文化成功的象征、国家形象的脸面。基于这样的共识，2013年12月，习近平在《关于领导干部"配车问题"发表的内部讲话》中语重心长地说道："我们逐渐要坐自主品牌的车，现在也有了这个设计和生产，老坐外国车观感也不好。很多外国领导人都坐自己国家生产的车，除非没有生产。"③这里，习近平讲得既委婉又明确，且有着丰富的内涵：首先展示出中国作为坚持开放的国家，并不反对坐外国车，这无疑显示出一个开放大国国家领袖的胸襟，清晰地表达了我国"坚持合作共赢，建设一个共同繁荣的世界"；"支持开放、透明、包容、非歧视性的多边贸易体制，构建开放型世界经济"④的开放观。而实际中也正是如此，在中国的城市乡村道路上几乎容纳了全球所有的汽车品牌。其次则表达了在坚持开放的前提下我国自主品牌汽车要有自己的设计与生产，作为国家各级领导人要逐渐坐自己国家的自主品牌汽车，因为涉及国家形象之"观感"，即清晰地表达了虽然对中国消费者没有坐自主品牌汽车的要求，但对于国家公务员则强调应该逐渐坐自主品牌汽车这一国际通则。

正因为自主品牌代表国家形象，国家领导人进行公务活动使用自己国

---

① [美]大卫·爱格：《品牌经营法则：如何创建强势品牌》，沈云等译，内蒙古人民出版社1999年版，第54页。

② 舒咏平：《品牌：传受双方的符号约定》，《现代传播》，2011年2期。

③ 《公车新政台前幕后：习近平曾称坐外国车观感不好》，《21世纪经济报道》，2013年3月13日。

④ 习近平：《共同构建人类命运共同体——在联合国日内瓦总部的演讲》，《人民日报》，2017年1月20日。

家品牌产品就成为必然的选择。对此习近平首先身体力行。他作为国家领导人进行考察调研其乘坐的不是常见的丰田考斯特，而是中国自主品牌——江淮宝斯通，由位于南京江都区的江淮集团安凯客车公司生产。而在国际出访中，习近平及其夫人彭丽媛身着自主服装品牌也早已成为公开的秘密，这就是大连的"创世"、广州的"例外"。我们知道，在服装文化发达的欧洲，法、英、德、意的男装，几乎一个国家就一个，而该国国家领导人理所当然地成为该国产品品牌的"代言人"、推广者。当年英国王妃戴安娜，总是穿英国品牌服装，并引导20世纪80年代的中国香港地区，一弃身着法国服装的时尚，而流行戴安娜在各种公共场合穿戴的英国品牌。2014年，习近平夫人彭丽媛在出访中，拿出手机照相，人们清楚地发现，她用的手机是中国自主品牌——中兴。正因为她拿手机照相这一举，中兴股票开始上升，中兴手机也开始热卖。2014年5月，习近平来到位于河南郑州的中铁工程装备公司的生产基地，登上"中国造"盾构机，并谆谆告诫：装备制造业是一个国家制造业的脊梁，但我国装备制造业还有许多短板，这就需要我们掌握更多的核心技术，让更多的中国品牌走向世界[1]。

可以说，习近平的讲话与身体力行均强调了一个基本的思想：中国自主品牌关系到中国国家形象，中国品牌是中国国家最具有传播力的形象代表。诚如微软、波音、可口可乐、迪士尼代表美国，西门子、奔驰、奥迪代表德国，欧莱雅、皮尔·卡丹、LV代表法国，丰田、佳能、索尼代表日本，现代、三星、LG代表韩国，中国同样需要能真正代表国家形象、得到国际市场由衷认可的品牌。1965年，Schooler在研究中美洲共同市场的贸易增长时发现国家形象影响着消费者的偏见，并第一次正式引入了"国家形象"概念[2]。更有学者认为：国家形象就是消费者对特定国家产品的总体感知[3]。也就是说，一个国家的产品品牌与国家形象息息相关。正因为如此，毛泽东、邓小平、江泽民、胡锦涛等国家领导人的讲话才强调中国品牌代表中国声音、中国志气；但明确强调中国品牌是一种"观瞻"，代表中国国家形象，要在坚持开放进程中真正"叫响世界"，习近平是国家领导人中的

① 郑筱倩：《习近平登上"河南造"盾构机　让中国产品变品牌》，《河南商报》，2014年5月12日。

② Schooler Robert D.. Product bias in the central American common market. Journal of Research in Marketing, 1965, Vol.1, No.2: 394-397.

③ Roth M.S., J. B. Romeo. Matching product category and country image perceptionS: a framework for managing country-of-origin Effects. Journal of International Business Stodies, 1992, Vol.23, No.3: 477-497.

第一位，这足以引起我们国人的高度重视与务实实践。

四、"品牌"可延伸至其他具有标志性的、成功的工作中

日本学者片平秀贵曾经写过一本著作，书名为《品牌本质是发现梦想》。书中，他分析到：奔驰、耐克等品牌企业，其"员工自始至终坚持的梦想就是'要做只做最好'"①。企业发展，需要品牌、需要梦想；同样，其他工作如需做好，也同样需要梦想，成为品牌。2014年7月，习近平在会见德国总理默克尔时就说道："中德务实合作是全方位的，双方步伐应更大一些，打造更响亮的合作品牌。双方要落实好已经决定的合作项目，当前应着力打造两国制造业合作，共同运作好法兰克福人民币离岸市场建设。对尚未开展具体合作的领域，要着眼长远，开拓创新。两国还要放眼全球，发挥各自优势，加强在全球产业链中每个环节的合作。中方欢迎德方共同参与丝绸之路经济带建设。中方将继续有序推进开放，欢迎德国继续参与中国市场竞争。""中德要持之以恒推进人文交流，大力促进双方人员往来，通过合作编写教材、推广对方杰出文学艺术等方式，增进两国青年一代相互了解和友谊。我们还要引导两国媒体全面、客观报道对方，帮助两国民众相互客观认知。"中德的合作，在中国与发达国家之间具有标杆意义。据统计，2016年，中德贸易额为1512.9亿美元，德国是我国在欧洲的最大贸易伙伴；同年，我国对德投资同比增长258.6%，存量达到88.27亿美元；德对华新增投资项目392个，累计项目总数达9394个、使用281.8亿美元②。习近平为此曾专门撰文写道："中德合作一直领跑中欧合作。每天往返于中国和欧盟之间的15亿美元商品中，近1/3属于中德。"③正是有着这些务实的、高效的、友好的合作，习近平才认为中德之间已经成为合作品牌，下一步的工作是把该品牌"打造得更响亮"。

由"中德合作"品牌推而广之，富有良好基础且实践检验富有成效的工作均可视作广义的品牌。如习近平在会见全国优秀县委书记时说道："优秀县委书记是一个崇高的荣誉。大家是从全国2800多名县（市、区、旗）

①［日］片平秀贵：《品牌本质是发现梦想》，林燕燕译，东方出版社2010年版，第7页。

② 驻德国经商参处：《2016年中德经贸合作简况》，http://www.mofcom.gov.cn/article/tongjiziliao/fuwzn/fei-huiyuan/201702/20170202517082.shtml.

③ 习近平：《中德携手合作造福中欧和世界》，《人民日报》，2014年3月29日。

委书记中选出来的，都在各自岗位上做出了出色业绩，得到了群众认可，是我们领导干部中的标杆。"为此，他还向优秀县委书记提出了"做政治的明白人、发展的开路人、群众的贴心人、班子的带头人"的4点要求；强调"焦裕禄、杨善洲、谷文昌等同志是县委书记的好榜样，县委书记要以他们为榜样"；要先天下之忧而忧，后天下之乐而乐，"真正做到事事带头、时时带头、处处带头，真正做到率先垂范、以上率下"。实际上，习近平是寄希望广大县委书记均争做焦裕禄式的优秀县委书记个人品牌，而这正是党的使命、人民的事业之所需。美国进行高级人才培训的希勒公司总裁乔·希勒曾说道："个人品牌向他人传达一种积极的期望，他是对别人的承诺，是你在受众中的首要形象。"①我国的品牌研究者也认为：品牌背后永远是主体的人，因此品牌首先应具有信誉主体性，并得到他人由衷的认可。当个人的实绩像大禹治水那样得到人们广泛的认同与赞赏时，就理所当然成为流芳史上的个人品牌②。而这样的县委书记品牌，以及各行各业的模范标兵之个人品牌，也正是我们实现"中国梦"最坚实的支撑。

又如，凤凰卫视时事评论员李炜曾在凤凰卫视《时事开讲》中说道：习近平2014年访问欧洲，其中一项重要的成果就是推广了"中国社会制度"的品牌。在访问欧洲期间习近平说道："中国人苦苦寻找适合中国国情的道路。君主立宪制、复辟帝制、议会制、多党制、总统制都想过了、试过了，结果都行不通。最后，中国选择了社会主义道路。在建设社会主义实践中，我们有成功也有失误，甚至发生过严重曲折。改革开放以后，在邓小平先生领导下，我们从中国国情和时代要求出发，探索和开拓国家发展道路，形成了中国特色社会主义，提出要建设社会主义市场经济、民主政治、先进文化、和谐社会、生态文明，维护社会公平正义，促进人的全面发展，坚持和平发展，全面建成小康社会，进而实现现代化，逐步实现全体人民共同富裕。独特的文化传统，独特的历史命运，独特的国情，注定了中国必然走适合自己特点的发展道路。我们走出了这样一条道路，并且取得了成功。"李炜随后评价道：这番话，不知那些欧洲议员们听懂了没有，或者那些学生们听懂了没有，我是听懂了。我觉得讲得比较诚恳，中国的社会制度是中国实践的结果，是历史的选择，所以中国要走这个社会制度的品

---

① ［美］埃尔弗·努锡法拉：《个人品牌的力量》，吴威译，《中国企业家》，2002年第11期。
② 舒咏平、邓国芬：《从大禹治水看个人品牌的建构》，《湖南行政学院学报》，2017年第1期。

牌道路①。从富有创新、富有品质与效益角度审视，已经初显成功，且不断改革优化的"中国社会制度"，正是中国人民还在实践进程中的制度品牌、道路品牌，也正是基于这样的视角，习近平便借助国际舞台着力宣传传播这一品牌。

习近平说道："人民对美好生活的向往，就是我们的奋斗目标。"②同理，人民的满意就是我们要创造的各类工作品牌！因此，国际合作中的"中德关系"、正不断得到国际更多认可与赞赏的"中国道路"等，无疑均是品牌理念自然延伸的实践领域，均是习近平寄予厚望的事业品牌。

（《现代传播》2017年第7期）

① 李炜：《习近平向欧洲打出两个中国品牌》，http://phtv.ifeng.com/program/sskj/detail_2014_04/03/35431652_0.shtml.

② 习近平：《习近平谈治国理政》，外文出版社2014年版，第4页。

习近平关于国家品牌论述的研究

【摘要】"国家品牌"已成为契合信息社会语境、具有价值导向作用的国家形象符号。基于中国特色社会主义新时代节点，中国国家传播需要能展现中国特色、中国风格、中国气派，建构国内与国际社会认可与赞赏的国家主体信息符号——中国国家品牌。习近平作为国家领导人对于中国国家品牌的特性以及中国国家品牌的传播有着深刻的认识，并有诸多表述，形成了系统清晰的国家品牌思想。中国国家品牌的特性是内生于中国发展过程演化而来的。习近平在党的十九大上将中国发展过程精准概括为"站起来、富起来、强起来"三大阶段。本文以中国站起来的国家品牌独立性、中国富起来的国家品牌高效性、中国强起来的国家品牌互惠性三个维度来阐述习近平的国家品牌思想。

【关键词】中国国家品牌；品牌传播；独立性；高效性；互惠性

一、中国国家品牌建构是目标、是历程

早在2004年12月，习近平时任浙江省委书记就明确说道："品牌是一个企业技术能力、管理水平和文化层次乃至整体素质的综合体现。"[1]而2016年国务院办公厅颁发的《关于发挥品牌引领作用推动供需结构升级的意见》中也开宗明义："品牌是企业乃至国家竞争力的综合体现。"[2]显然这里的两个"综合体现"，正有力地将习近平关于品牌的思想从企业层面延伸、提升到国家层面。而学习、掌握习近平关于国家品牌的思想，无疑是马克思主义新闻观中坚持党性原则、坚持正确舆论导向的新时代话语体现。习近平曾经强调：党的新闻舆论工作"是治国理政、定国安邦的大事"；能"激发全党全国各族人民为实现中华民族伟大复兴的中国梦而团结奋斗的强大力量"；要"传播中国文化，讲好中国故事，促进外国观众更多更好了解中国"。因此，新闻舆论工作与外交工作均要秉承"新时代中国特色社会主义外交思想，不断为实现中华民族伟大复兴的中国梦、推动构建人类命运共同体创造良好外部条件"。显然，马克思主义新闻观在新时代的全新体现，就需要我们深刻学习理解习近平的国家品牌思想，自觉把握中国国家品牌建构与践行马克思主义新闻观的理论与实践的关联性。

随着社会发展和信息环境的变迁，"品牌"这一概念充分获得了深化和延伸。在信息高度发达的现代社会，诸多具有主体背景的事物、现象、行为均符号化，即品牌化；"品牌"的指代已不单单限于商业品牌，还包括城市品牌、区域品牌、院校品牌、团体品牌、个人品牌甚至国家品牌[3]。"国家品牌"最初来自20世纪关于品牌来源国、国家形象的研究。1996年，西蒙·安浩正式提出了"国家的品牌化"（National Branding）概念。他在以"作为品牌的国家"为题写作的时候，聚焦于来源国效应，其第一篇文章《二十一世纪的国家品牌》主张：在某种意义上制造特定产品的国家是一类品牌。随后，这一主张以及围绕展开的学术研究和业界实践得到了广泛关

---

① 习近平：《干在实处 走在前列——推进浙江新发展的思考与实践》，中共中央党校出版社2006年版，第146—147。

②《国务院办公厅：关于发挥品牌引领作用推动供需结构升级的意见》，http://www.gov.cn/zhengce/content/2016-06/20/content_5083778.htm.

③ 舒咏平：《品牌即信誉主体与信任主体的关系符号》，《品牌研究》，2016年第2期。

注与重视，政府也开始意识到，如果打算在这个簇新的世界秩序下存活并繁荣的话，城市、国家和地区都需要用一种新的方式来考虑身份、战略、发展、竞争以及愿景，这就是国家品牌①。2001年，荷兰国际关系研究中心学者彼得·范·汉姆撰文 *The Rise of the Brand State* 倡议品牌国家的兴起，指出国家品牌的内涵"正如品牌最好地反映出顾客对特定产品和服务的感知，品牌国家也包含了外部世界对特定国家的信任和满意度"②。可以说，作为一个国家在其他国家公众头脑中形成总体印象的"国家品牌"概念之诞生，本身就是学科研究逻辑性推进的最新成果③。

品牌传播的信源来自具有独特内涵的品牌主体，国家品牌的传播必然基于各国家主体独特的特性。中国国家品牌的传播显然要立足于中国这一品牌主体的特性，展现中国特色、中国风格、中国气派。品牌特性是指由品牌价值、品牌效应和品牌文化内涵所决定的品牌自身的特点④。特性意味着有自己的品格，有自己独特不同的抱负和志向⑤。而习近平对于中国国家品牌的特性以及中国国家品牌的传播有诸多表述，形成了系统清晰的国家品牌思想。习近平曾明确提出要注重塑造我国的国家形象，重点展示中国历史底蕴深厚、各民族多元一体、文化多样和谐的文明大国形象，政治清明、经济发展、文化繁荣、社会稳定、人民团结、山河秀美的东方大国形象，坚持和平发展、促进共同发展、维护国际公平正义、为人类作出贡献的负责任大国形象，对外更加开放、更加具有亲和力、充满希望、充满活力的社会主义大国形象。并提出，要提高国家文化软实力，努力提高国际话语权，加强国际传播能力建设，精心构建对外话语体系，发挥好新兴媒体作用，增强对外话语的创造力、感召力、公信力，讲好中国故事，传播好中国声音，诠释好中国特色⑥。

2012年习近平正式提出"中国梦"理念。2013年，习近平在主持十八

---

① 西蒙·安浩：《铸造国家、城市和地区的品牌：竞争优势识别系统》，葛岩、卢嘉杰、何俊涛译，上海交通大学出版社2010年版，第19页。

② Peter Van Ham.The rise of the brand state. Foreign Affairs,2001,80:2-6.

③ 舒咏平、沈正赋：《论国家品牌传播——信息社会语境下价值导向的国家传播》，《学术界》，2016年第9期。

④ Vigneron F., Johnson L. W.. Measuring perceptions of brand luxury. Journal of Brand Management,2004,11 (6):484-506.

⑤ [法]让·诺尔·卡菲勒：《战略性品牌管理》，王建平、曾华译，商务印书馆2000年版，第96、109页。

⑥ 习近平：《习近平谈治国理政》，外文出版社2014年版，第29、162、164页。

届中央政治局第十二次集体学习时谈道：中国梦的宣传和诠释，要与当代中国价值观紧密结合起来。中国梦意味着中国人民和中华民族的价值体认和价值追求，意味着全面建成小康社会、实现中华民族伟大复兴，意味着每一个人都能在为中国梦的奋斗中实现自己的梦想，意味着中华民族团结奋斗的最大公约数，意味着中华民族为人类和平与发展作出更大贡献的真诚意愿①。可以说，"中国梦"描绘了一个理想、美好、自强、共享、有人类命运担当的中国国家品牌的轮廓。而在2017年中国共产党第十九次全国代表大会的报告中，习近平更是清晰而有力地提出：到21世纪中叶，要"把我国建设成富强民主文明和谐美丽的社会主义现代化强国"，"到那时，我国物质文明、政治文明、精神文明、社会文明、生态文明将全面提升，实现国家治理体系和治理能力现代化，成为综合国力和国际影响力领先的国家，全体人民共同富裕基本实现，我国人民将享有更加幸福安康的生活，中华民族将以更加昂扬的姿态屹立于世界民族之林"。这可以说是中国国家品牌建设初成的目标与境界，也理所当然地是我们的历史使命。而建设与"两个一百年"奋斗目标同构的中国国家品牌，习近平在报告中则指出"中国特色社会主义进入了新时代，这是我国发展新的历史方位"，并以"站起来、富起来、强起来"精准概括了中国特色社会主义发展的实践历程，指出中国道路拓展了发展中国家走向现代化的途径，为解决人类问题贡献了中国智慧和中国方案②。显然，这里习近平是以过程论的观点来阐述中国国家品牌建构的必由之路。他曾谆谆告诫我们：中国特色社会主义不是从天上掉下来的，是党和人民历尽千辛万苦、付出巨大代价取得的根本成就③。也就是说，中国国家品牌之目标与使命，是内生于中国国家发展过程演化而历史性地形成的，这无疑启迪我们需按照习近平所概括的"站起来、富起来、强起来"三大发展历程，更深刻地认识与领悟习近平关于中国国家品牌建设中的"站起来—独立性、富起来—效率性、强起来—互惠性"的国家品牌思想。

---

① 《习近平在中共中央政治局第十二次集体学习时强调朝着建设文化强国目标不断前进》,http://www.gapp.gov.cn/news/1656/185626.shtml.

② 习近平:《决胜全面建成小康社会夺取新时代中国特色社会主义伟大胜利——在中国共产党第十九次全国代表大会上的报告》,http://www.xinhuanet.com//2017-10/27/c_//21867529.htm.

③ 习近平:《习近平谈治国理政》(第2卷),外文出版社2017年版,第13、36、37、349、247页。

二、中国站起来的国家品牌独立性

我们知道，品牌最早来源于古代人们在牛及其他牲畜身上打上烙印，实际上英语"品牌"（brand）一词就源于古挪威语词义为"打上烙印"以示区别的"brandr"；随后渐次发展有了旨在对品牌识别性予以保护的"商标"及其商标法。正如美国菲利普·琼斯所说：重要的是品牌可以准确无误地把一个生产商的产品同另一生产商的产品区分开来①。显然，品牌得以存在的基础就是其识别性，而识别性是由深层的独立性所决定的。所谓独立性，即独立自主、自力更生，不受外界的束缚、不依赖外力。被称为中国思想源头的《易经》中就以"君子以独立不惧"阐明了独立乃为主体的价值理念。新中国成立及发展都内含着独立自主的灵魂。

（1）新中国成立内蕴的独立性

在康德看来，"主体"就是"自我"，就是能够按照自己的自由意志独立自主地自己作出决定的人②。作为组织和集体的国家是主体，理应具有独立自主的主体性。具有独立主体性的新中国是中华民族独立自主奋斗来的。马克思在《路易·波拿巴的雾月十八日》中说道："人们自己创造自己的历史，但是他们并不是随心所欲地创造，并不是在他们自己选定的条件下创造，而是在直接碰到的、既定的、从过去承继下来的条件下创造。"③习近平在纪念毛泽东同志诞辰120周年座谈会上谈道，独立自主是毛泽东思想活的灵魂，是中华民族的优良传统，是中国共产党、中华人民共和国立党立国的重要原则，是我们党从中国实际出发、依靠党和人民力量进行革命、建设、改革的必然结论。

1840年英国对华发动鸦片战争以来，中国深陷半殖民地半封建社会的黑暗深渊，民族独立、国家独立，实现中华民族伟大复兴是近代以来中国人民最大的期待。为此，毛泽东面对中国的特殊国情，以自信、自主和独立的意识，对教条主义和苏联经验进行了怀疑和批判，创造性地开辟了"农村包围城市、武装夺取政权"的革命新道路，并在革命实践中逐渐形成

---

① ［美］约翰·菲力普·琼斯：《广告与品牌策划》，孙连荣等译，机械工业出版社1999年版，第22页。

② 杨金海：《人的存在论》，中华书局2009年版，第186页。

③ 中共中央马克思恩格斯列宁斯大林著作编译局编：《马克思恩格斯选集》（第1卷），人民出版社1995年版，第585页。

了系统的毛泽东思想，指导党的建设、政权建设、经济建设等。

习近平认为，中华人民共和国成立这一伟大奋斗历程和成果充分证明了毛泽东同志所说的："我们中华民族有同自己的敌人血战到底的气概，有在自力更生的基础上光复旧物的决心，有自立于世界民族之林的能力。"[①] 正是由于开创出了一条独立自主的求解放之路，才让中国昂首站立起来，以独立自主的国家品牌屹立于世界民族之林。习近平指出，世界上没有放之四海而皆准的具体发展模式，也没有一成不变的发展道路。历史条件的多样性，决定了各国选择发展道路的多样性。人类历史上，没有一个民族、没有一个国家可以通过依赖外部力量、跟在他人后面亦步亦趋实现强大和振兴。那样做的结果，不是必然遭遇失败，就是必然成为他人的附庸。中国近代以来的全部历史告诉我们，中国的事情必须按照中国的特点、中国的实际来办，这是解决中国所有问题的正确之道。我们要建设的是中国特色社会主义，而不是其他什么主义。中国共产党人和中国人民完全有信心为人类对更好社会制度的探索提供中国方案。

（2）"四个自信"内蕴的独立性

品牌的生命力在于独立而持久地跋涉与发展。中国共产党领导人民在独立而富有特色的社会主义革命和建设实践中，历史必然性地形成了道路自信、理论自信、制度自信、文化自信这"四个自信"。习近平强调，我们的国权，我们的国格，我们的民族自尊心，我们的民族独立，关键是道路、理论、制度的独立。十八大以来，习近平多次论述，增强文化自觉和文化自信，是坚定道路自信、理论自信、制度自信的题中应有之义。

中国所走的是中国特色社会主义道路，既没有照搬苏联经验，也没有像拉美国家一样过分依赖国外援助，更没有全盘西化在欧美发达国家后面亦步亦趋，而是根据国情独立自主地选择发展道路。美国著名中国问题专家乔舒亚·库珀·雷默甚至将中国发展道路和发展模式称为"北京共识"，以区别于拉美国家和东欧转轨国家所采用的以西方新自由主义理论为指导的经济发展模式即"华盛顿共识"。中国道路的成功说明了"现代化并不一定意味着西化"[②]。中国道路更是和平发展之路，因为"中华民族的血液中没有侵略他人、称霸世界的基因，中国人民不接受'国强必霸'的逻辑，

① 毛泽东：《毛泽东选集》（第1卷），人民出版社1991年版，第161页。

② 亨廷顿：《文明的冲突与世界秩序的重建》，周琪、刘绯、张立平等译，新华出版社1998年版，第70页。

愿意同世界各国人民和睦相处、和谐发展，共谋和平、共护和平、共享和平"。和为贵、和而不同、协和万邦等理念在中国代代相传，和平的基因深植于中华民族的血脉之中。任何人、任何事、任何理由都不能动摇中国走和平发展道路的决心和意志。中国道路是思想自信和实践自觉的有机统一，已显示出别具特色的后发优势、社会主义优势和中国文化优势[1]。完全不同于西方大国通过建立殖民体系、争夺势力范围、对外武力扩张而崛起的老路，可以说，这是一条人类追求文明进步的全新道路。

中国特色社会主义制度的本质是人民当家作主，就是人民代表大会的根本政治制度，中国共产党领导的多党合作和政治协商制度、民族区域自治制度以及基层群众自治制度等基本政治制度，中国特色社会主义法治体系，公有制为主体、多种所有制经济共同发展的基本经济制度，以及建立在这些制度基础上的经济体制、政治体制、文化体制、社会体制等各项具体制度。习近平指出，各国国情不同，每个国家的政治制度都是独特的，都是由这个国家的人民决定的，都是在这个国家历史传承、文化传统、经济社会发展的基础上长期发展、渐进改进、内生性演化的结果。中国特色社会主义制度之所以行得通、有生命力、有效率，就是因为它是从中国的社会土壤中生长起来的。政治制度不可能脱离特定社会政治条件来抽象评判，不可能千篇一律、定于一尊。西方的多党制和三权分立制度，尽管适合西方资本主义发展的需要，在形式上演化得也比较完善，但它并非人类民主发展的终极形式，也并不完全适合中国国情和发展民主政治的需要。中国制度符合当下中国国情，顺应时代潮流，总体上有利于维护和促进社会公平正义、民族团结、国家统一以及发展进步，从而丰富了人类政治文明的宝库[2]。

习近平新时代中国特色社会主义思想鲜明体现了理论自信，该理论以民族复兴和建设强国为目标，以持续改革为突破口，搭建了独具中国特色的观念体系和理论系统，其包含社会主义经济体系、民主政治、文化建设、社会治理、生态文明、强军胜仗、人类命运共同体、从严治党等相互关联的理论单元。这些基本理论又由中国问题导向而形成了具体丰富的理论策略形态，如供给侧结构性改革、加大开放力度、建设创新型国家、乡村振

① 胡鞍钢：《中国现代化是成功之路》，http://opinion.huanqiu.com/1152/2014-11/5212630.html.

② 陈锡喜：《实现民族复兴的道路自信、理论自信、制度自信》，《思想理论教育》，2012年第23期。

兴、整体脱贫、"一带一路"的国际合作、加快统一步伐等。马克思、恩格斯曾明确指出"一切划时代的体系的真正的内容都是由于产生这些体系的那个时期的需要而形成起来的";显然，中国特色社会主义理论正是国际和平发展时代与中国改革开放实践中所逐步形成，其自觉能动性、独立创造性以及实践成功性自然让我们形成理论自信。

习近平多次强调，文化是一个国家、一个民族的灵魂。文化自信是更基础、更广泛、更深厚的自信，是更基本、更深沉、更持久的力量。坚定文化自信，是事关国运兴衰、事关文化安全、事关民族精神独立性的大问题。中华文化源远流长，积淀着中华民族最深层的精神追求，代表着中华民族独特的精神标识。习近平在北京大学师生座谈会上指出："中华文明绵延数千年，有其独特的价值体系。……比如，中华文化强调'民惟邦本''天人合一''和而不同''大道之行、天下为公'……像这样的思想和理念，不论过去还是现在，都有其鲜明的民族特色，都有其永不褪色的时代价值。"在当代中国，我们提出富强、民主、文明、和谐、自由、平等、公正、法治、爱国、敬业、诚信、友善的社会主义核心价值观，这既体现了古圣先贤的思想、仁人志士的夙愿、革命先烈的理想，也寄托着各族人民对美好生活的向往。可以说，独特而富有生生不息生命力的文化，为中国国家品牌进行了基因奠基，深层次体现了中国国家文化的独立性。

三、中国富起来的国家品牌高效性

市场上被消费者高度认可的品牌，往往能兼顾眼前与长远的利益，其产品则必然性地形成溢价。而且这种溢价对于品牌主与消费者双方均带来价值，正如我国对品牌价值深有研究的学者所写："品牌价值是品牌给产品带来的超越其功能效用的附加价值和附加利益，它给企业和顾客提供超越产品或服务本身以外的价值。"①而这种品牌所形成的溢出价值，体现的乃是一个企业、一个品牌运作上的高效。同样，国家品牌的形成必然建立在其发展的效率性上。中国自改革开放以来，我们创造了第二次世界大战结束后一个国家经济高速增长持续时间最长的奇迹。我们用几十年时间走完了发达国家几百年走完的发展历程，创造了世界发展的奇迹。各类基础设

---

① 乔均：《品牌价值理论研究》，中国财政经济出版社2007年版，第37页。

施建设快速推进，重大创新科技成果相继问世。中国富起来的实践历程充分表现了中国国家品牌的高效性。正如习近平所说，中国特色社会主义制度是特色鲜明、富有效率的，其高效性主要体现于：

（1）决策的高效性

一个国家决策效率的高低，取决于该国的根本政治制度。中国采取的是"议行合一"为基础的根本政治制度。"议行合一"的人民代表大会制度是一种根据民主集中制建立起来的权力机构。民主集中制保证了中国决策的科学性、高效性。习近平多次阐述民主集中制的这一重要意义。2012年，他在全国创先争优表彰大会上指出，"民主集中制是我们党的根本组织制度和领导制度，……是保证党的路线方针政策正确制定和执行的科学的合理的有效率的制度，是我们党最大的制度优势"①。2014年，在庆祝全国人民代表大会成立60周年大会上，习近平指出，"民主集中制是中国国家组织形式和活动方式的基本原则"，这一制度使我们"在中央统一领导下，充分发挥地方主动性和积极性，保证国家统一高效组织推进各项事业"。西方国家由于其政治体制的缺陷，无法实行民主基础上的集中，于是利益集团绑架政治的现象比比皆是，造成决策效率低下，形成英国前首相布莱尔讲的"民主已死"的局面②。同时，相对于竞争性的多党制，我们的多党合作制度以合作与协商代替了对立与争斗，能够有效避免政党相互倾轧造成的政局不稳和政权频繁更迭，避免恶性政治竞争，最大限度地减少社会内耗，实现了制度效能的优化，具有突出的制度效能优势③。这种制度效能优势最集中的体现则是决策方面，如困难时期的"两弹一星"项目、十一届三中全会确定的以经济建设为中心的决策、改革开放国策、三峡工程的论证与建设、历次国家五年发展规划、每年两会上的政府工作报告报告审议等，无不体现了我国特有的决策高效性。

（2）行动的高效性

邓小平同志曾指出："社会主义国家有个最大的优越性，就是干一件事情，一下决心，一做出决议，就立即执行，不受牵扯。……没有那么多相互牵扯，议而不决，决而不行。就这个范围来说，我们的效率是高的。"④

---

① 习近平：《始终坚持和充分发挥党的独特优势》，《求是》，2012年第15期。

② 辛向阳：《习近平民主集中制思想的科学内涵》，《前线》，2015年第3期。

③ 王明进：《从决策效率谈中国的制度自信》，《人民论坛》，2017年第16期。

④ 邓小平：《邓小平文选》(第3卷)，人民出版社1993年版，第240页。

中国制度决定了决策一旦出台，就会全国动员，一呼百应，坚决将决策执行下去，集中力量办大事。2014年，习近平在中国科学院第十七次院士大会上谈道："我国社会主义制度能够集中力量办大事是我们成就事业的重要法宝。我国很多重大科技成果都是依靠这个法宝搞出来的。"突出表现是"两弹一星"的研制成功。我国第一颗原子弹研制工程是我国历史上第一个在国家层面组织的大科学工程，从1959年6月中央下决心独立自主研制原子弹开始，仅用5年多时间，原子弹爆炸就在1964年10月试验成功。改革开放以来，我国又利用社会主义集中力量办大事的制度优势，先后建成了三峡、南水北调、青藏铁路、京沪高铁、京广高铁、西气东输、西电东送等工程。中国高铁现今已成为我国对外交流合作新名片和"一带一路"合作的重要领域，它的成功典型印证了中国行动的高效性。2004年国务院确定《中长期铁路网规划》，开始将高铁建设纳入施政行动。仅经过三年，我国就实现了高铁、地铁全套列车控制系统技术的完全自主化和产品的100%国产化，完成了西方同行30年才能实现的技术跨越。中国高铁的发展历程彰显了中国品牌内在的团结协作、联合攻关的强大力量以及中国上下一心的超强行动效率。

（3）纠偏的高效性

党内批评与自我批评作风、党的纪律，以及依法治国理念，使得中国共产党能坚持真理、修正错误、自我净化，并体现到国家治理之中，从而显示出中国国家品牌纠偏的高效性。从党的建设历史实践来看，遵义会议运用批评和自我批评的武器，结束了王明"左"倾机会主义在军事和组织上的错误，确立了毛泽东的领导地位，在危难关头挽救了中国革命。延安整风运动中开展批评与自我批评，彻底扫清了王明"左"倾机会主义在党内思想上的残余。邓小平倡导的关于真理标准问题的大讨论实际上也是在全党开展批评与自我批评，为我们党在思想上、政治上、组织上的拨乱反正奠定了基础，并引导中国走出"十年内乱"的泥沼，开始了改革开放的新征程[①]。十八大以来，以习近平同志为核心的党中央坚定推进从严治党，制定和落实中央八项规定，坚决反对形式主义、官僚主义、享乐主义和奢靡之风。习近平提出，全面从严治党永远在路上。一个政党，一个政权，

---

① 陈兰芝：《批评与自我批评：保持党的先进性和纯洁性的思想武器》，《郑州市委党校学报》，2013年第6期。

其前途命运取决于人心向背。人民群众反对什么、痛恨什么，我们就要坚决防范和纠正什么。要增强党自我净化能力，加强对权力运行的制约和监督，让人民监督权力，让权力在阳光下运行，把权力关进制度的笼子。坚持反腐败无禁区、全覆盖、零容忍，坚定不移"打虎""拍蝇""猎狐"。可以说，中国体制的自我净化、自我完善、自我革新、自我提高，有效地提升了国家的国际形象，显示出中国国家品牌具有可持续、高效的自我纠偏能力。

四、中国强起来的国家品牌互惠性

"整合营销传播之父"唐·舒尔茨指出，品牌主的目的是为了与消费者建立一个良好的互惠关系，即一个品牌要想取得成功，品牌主就必须为消费者创造一定的价值。同时，消费者也必须提供一定的价值给品牌主。如此，品牌就成为双方共有的、可供双方分享的价值。当"品牌对于顾客的价值"和"顾客对于品牌的价值"趋于平衡时，品牌就会随着时光的流逝而逐渐成长并形成双方均持续获益的桥梁。但如果不能达到双赢，任何商品、服务、要素、理念或其他东西都不可能赢得"品牌"这个称号[①]。可以说，品牌本身以及品牌传播秉承的总是双赢理念与双赢效应。那么，就国家品牌而言，其建构本身则需要秉承互惠互利理念。尤其是近代以来，生产力和交往关系的发展早已突破了民族的地域性局限。正如马克思、恩格斯所预言的那样，"随着贸易自由的实现和世界市场的建立，随着工业生产以及与之相适应的生活条件的趋于一致，各国人民之间的民族分隔和对立日益消失"[②]，"各民族的原始封闭状态由于日益完善的生产方式、交往以及因交往而自然形成的不同民族之间的分工消灭得越是彻底，历史也就越是成为世界历史"[③]。如此，互惠性就成为国际交往、国家品牌的重要取向与特性。

而要实现这种双赢效应，其前提就是自身强大、具备互惠前提与行动

---

① ［美］唐·舒尔茨、海蒂·舒尔茨：《唐·舒尔茨论品牌》，高增安、赵红译，人民邮电出版社2005年版，第46—47页。

② 中共中央马克思恩格斯列宁斯大林著作编译局编：《马克思恩格斯选集》（第1卷），人民出版社1995年版，第291页。

③ 中共中央马克思恩格斯列宁斯大林著作编译局编：《马克思恩格斯选集》（第1卷），人民出版社1995年版，第88页。

能力。习近平在十九大报告中指出"中华民族实现了从站起来、富起来到强起来的伟大飞跃",这标志着今日中国已站在"强起来"的新时代节点上。对于"强起来"的中国品牌,习近平描述道:"拿破仑说过,中国是一头沉睡的狮子,当这头睡狮醒来时,世界都会为之发抖。中国这头狮子已经醒了,但这是一只和平的、可亲的、文明的狮子。"习近平不止一次地阐明:中国无论发展到什么程度,也永远不称霸,永远不搞扩张,不搞零和游戏。相反,中国只会将开放的大门越开越大,扩大同各国的利益交汇点,既推进与大国之间的协调合作,又按照亲诚惠容、与邻为善、以邻为伴理念,并秉持正确的义利观和真实的亲诚理念同发展中国家团结合作。中国无疑在国家品牌建构与传播中自觉坚守了互惠互利、共赢共享的原则,而这也是中国国家品牌区别于其他世界大国的鲜明特性。

习近平关于中国国家品牌互惠性的思想具体还体现于以下具体理念和实践中:

2013年3月,习近平在坦桑尼亚尼雷尔国际会议中心发表了《永远做可靠朋友和真诚伙伴》的演讲。演讲谈道,中非友好交往源远流长。二十世纪五六十年代,毛泽东、周恩来等新中国第一代领导人和非洲老一辈政治家共同开启了中非关系新纪元。从那时起,中非人民在反殖反帝、争取民族独立和解放的斗争中,在发展振兴的道路上,相互支持、真诚合作。进入21世纪,中国成功开创了中非合作论坛这一新合作模式,在对非洲交往平台建设方面取得了实质性突破。习近平提到,截至2012年,中国对非洲的直接投资累计超过150亿美元,50年来累计派出1.8万人次的医疗人员。2015年,中非合作论坛约翰内斯堡峰会上,习近平主席宣布未来三年中方将着力实施"十大合作计划",包括中非工业化、农业现代化、基础设施、金融、绿色发展、贸易和投资便利、减贫惠民、公共卫生、人文、和平与安全合作计划。习近平指出,中非关系的本质特征是真诚友好、相互尊重、平等互利、共同发展。2014年6月,习近平在中阿合作论坛第六届部长级会议开幕式上谈道,千百年来,丝绸之路承载的和平合作、开放包容、互学互鉴、互利共赢精神薪火相传。弘扬丝路精神,就是要坚持合作共赢。

2013年,习近平在二十国集团领导人峰会上发言指出,一个强劲增长的世界经济来源于各国共同增长。各国要树立命运共同体意识,真正认清"一荣俱荣、一损俱损"的连带效应,在竞争中合作,在合作中共赢。"强起来"的中国在为全球发展方面做出了巨大贡献。第一，据世界货币基金组织（IMF）和世界银行测算，2013—2016年，中国对世界经济增长的贡献率平均为31.6%[1]。同期，美国贡献了增长的17.8%，欧元区贡献了5.3%，日本贡献了3.8%。中国对世界经济的贡献突出表现在以下方面，包括中国消费结构升级形成了13亿人的全球大市场，不仅为国内经济增长提供内生动力，还为全球经济复苏发挥强大推动力；中国连续8年保持全球第一大货物出口国和第二大进口国地位，为其他国家提供了对华出口、搭乘中国经济快车的机会；中国日益扩大的海外投资为越来越多的国家弥补了资本缺口；中国制造为全球提供了大量商品；中国近30年发展起来的基础设施建设模式、技术是全球最高效的，为众多国家改进基础设施做出巨大贡献等。第二，中国为全球减贫做出了巨大贡献。中国贫困人口从1990年的6.89亿下降到2017年底的3000万左右，且将在2020年全部实现脱贫，这无疑为国际社会树立了一个标杆，提供了中国方案与中国智慧。在解决本国贫困问题的同时，中国积极参与全球减贫合作，与亚非拉等十几个发展中国家签订了减贫合作协议，加强减贫经验与知识分享[2]。中国的减贫成绩对全球减贫贡献率超过70%，在过去的30年，中国为减贫做出的贡献是无与伦比的[3]。第三，中国模式彰显了人类文明发展的多样性。"西方中心主义"者曾把西方文明解释成为人类文明的普遍的、唯一的形式，将西方走向现代化的道路视为整个人类必须效法的"典范"，把西方文明说成是人类文明的共同价值[4]，弗朗西斯·福山甚至认为西方的自由民主制度是唯一具有潜在全球价值的意识形态，一定意义上实现了历史的终结[5]。而中国发展模式解构了这种"西方中心主义"话语体系，为人类社会发展提供了一条新的路径。

着眼于人类协同发展，习近平提出"人类命运共同体"的倡议，贡献了解决世界发展问题的中国方案。2012年习近平在与外国专家代表座谈时

---

① 蒋梦惟、张畅：《中国经济增长的"全球效应"》，http://finance.ifeng.com/a/20171123/15812626_0.shtml.

② 联合国开发计划署：《千年发展目标报告（2000—2015）》，http://www.cn.undp.org/content/china/zh/home/library/mdg/mdg-report-2015/.

③ 刘梦雅：《联合国儿童基金会：中国为全球减贫的贡献无与伦比》，http://news.hnr.cn/xwtx/201711/t20171129_3039405.html.

④ 陈学明：《论中国道路对人类文明的历史性贡献》，《上海师范大学学报》（哲学社会科学版），2013年第3期。

⑤ Francis Fukuyama.The end of history and the last man.New York：The Free Press,1992:42.

首次提出："我们的事业是同世界各国合作共赢的事业。国际社会日益成为一个你中有我、我中有你的命运共同体。"此后，习近平多次提及并深刻阐发"人类命运共同体"理念，认为"人类只有一个地球，各国共处一个世界。迈向命运共同体必须坚持各国相互尊重、平等相待，坚持合作共赢、共同发展，坚持实现共同、综合、合作、可持续的安全，坚持不同文明兼容并蓄、交流互鉴"。2017年习近平在联合国日内瓦总部更清晰地阐述："最近100多年全人类的共同愿望，就是和平与发展。然而，这项任务至今远远没有完成。中国方案是：构建人类命运共同体，实现共赢共享。"目前"构建人类命运共同体"理念被写入联合国决议中，逐渐成为全球共识。

在行动上，中国不再是韬晦涵养的姿态，而是积极承担大国责任，以行动扛起了国际合作、互惠共赢的大旗。2013年，习近平主席提出建设"新丝绸之路经济带"和"21世纪海上丝绸之路"合作倡议。"一带一路"的精神理念，源自中国对外交往史上辉煌的丝绸之路，蕴含着和平合作、开放包容、互学互鉴、互利共赢的"丝路精神"内涵，是向欧亚大陆乃至世界各国贡献的重要国际公共产品，具有非竞争性和非排他性的基本特征，是新时期中国追求构建以合作共赢为核心的新型国际关系、打造人类命运共同体外交理念的生动实践[①]。自提出以来，已有全球100多个国家和国际组织积极支持和参与。联合国大会、联合国安理会等重要决议也纳入"一带一路"建设内容。"一带一路"逐渐从理念转化为行动，由中国倡议变成全球共识。中国与"一带一路"参与国共同推进加强设施联通、贸易畅通、资金融通、民心相通，已取得丰硕的成果。

以上阐述充分表明了中国自始至终坚持践行和平发展道路，抱持"天下大同"的世界观。"人类命运共同体"和"一带一路"理念诞生在中国，无疑就是延续几千年的中国文化滋养孕育的自然结果。《论语·学而》中讲道："礼之用，和为贵。"中国素来秉承"以和为贵""讲信修睦"的处事原则，还辩证地提出"和而不同"的理念，承认多样和差异，求同存异。中国处理国际关系一直坚持协和万邦、和平共处、求同存异的"和而不同"原则；而在中国"强起来"的基础上，这种相互尊重、相互包容，建构平等协作、互惠互利的国家品牌互惠性显得更加坚实有力、令世人瞩目。

国家品牌是一种全新的目标凝聚、舆论导向、国际合作、国际传播的

---

① 王亚军:《"一带一路"倡议的理论创新与典范价值》,《世界经济与政治》,2017年第3期。

话语，它超越了意识形态，也超越了阶层利益与国家利益，上升为一种基于人类社会发展共赢的理念。而我们对于习近平关于中国国家品牌思想的研究，则在于学习习近平对于中国国家品牌的内涵特性的揭示与概括，明确中国国家品牌传播信源价值所在，而这是马克思主义新闻观强调的新闻传播的事实基石。而结合学习习近平关于中国国家品牌建构的"站起来、富起来、强起来"三大实践历程的表述，则能深刻把握与三大历程对应的国家品牌"独立性""高效性""互惠性"的特性及其内涵，以为我们在新时代创新性地履行马克思主义新闻观、正价值导向地进行中国国家品牌传播提供富有国家品牌自信的理论新思维。

（《新闻与传播评论》2018年第4期）

自主品牌:华夏文明的致效媒介

【提要】一个国家的品牌,总是负载着这个国家的民族智慧、文明精神,并在造福于人类物质生活与精神生活的同时,也在细雨无声中最有效传播着这个国家的文化。美、德、法、日等国家的成功品牌无不验证了这一点。对于中国来说,目前享誉世界的"中国制造",本质上由于具有"代工"的性质,并不具备自身文化承载的功能。而自主品牌,在得到国内消费者认同基础上再坚实地走向国际市场,那么在海外则是一个不断得到国际消费者认同及所负载的华夏文明得到致效传播的过程。

【关键词】自主品牌;华夏文明;致效;媒介

传播学大师麦克卢汉经典地说道:"媒介即是讯息,因为对人的组合与行动的尺度和形态,媒介正是发挥着塑造和控制的作用。"①如果说对于品牌乃是符号的认识已经没有疑义,那么,从品牌动态地负载着产品、企业、文化、历史、时代等诸多讯息,并深刻地影响、塑造、控制着人们的行为角度审视,品牌无疑就是媒介。

---

① [加]马歇尔·麦克卢汉:《理解媒介:论人的延伸》,何道宽译,商务印书馆2000年版,第34页。

一、国际品牌：来源国文化所聚

品牌来源国效应研究认为：发达国家的产品比来自经济较不发达国家的产品更受欢迎[①]。研究还发现，不受喜欢的国家形象损害了消费者对该国产品的评价，这种现象不仅是跨产品类型的，而且是跨不同文化的。[②]显然，一个国家的品牌，负载着这个国家的民族智慧、文明精神，并在造福于人类物质生活与精神生活的同时，也在细雨无声中最有效传播着这个国家的文化，体现着这个国家、这个民族最根本的民族性和文化内涵。因此，文化的民族性既规约着品牌的行为方式，同时也规约着某一社会系统认可品牌的行为方式。要言之，一个品牌总是其民族文化的对象化。一旦品牌文化确立后，同时也构筑起了其他品牌进入的壁垒，这个文化的壁垒是比技术、营销策略等更加难以超越的。而最有代表性的国际品牌无一不进行着来源国相应文化的承载。

1.可口可乐、波音、微软、戴尔、迪斯尼等品牌，承载着的是美国的自由精神与创新文化

诞生于1886年的全球知名品牌可口可乐目前拥有全球48%的市场占有率，其品牌管理的成功世人有目共睹。可以说，可口可乐已经成为美国自由精神的文化符号，不仅给予美国人情感归属，而且将美国文化中的活力、自由、阳光、分享、自信和乐观带到了全世界。尽管可口可乐随着业务在全球范围扩大提出了"因地制宜"的本土化品牌战略，但是品牌内涵的核心始终没有根本改变。可口可乐依然传承了美国文化那种巨大的包容性，强烈的扩张欲和旺盛的生命力，更强调了它与美国文化发展难以割舍的血缘关系。而波音作为全球最大的卫星和民用飞机品牌，同时也是国防和运载火箭发射等领域的领导者。波音不仅把业务做到了世界各地，还一直以大型客机为主的产品传播着波音品牌的价值观"领先，诚信，品质"。波音宣言和宗旨中提到"相互尊重、公平处理所有关系、遵守承诺、善尽责任、诚实沟通、追求智性成长、热衷学习、分享资讯，倾听他人意见，维持客

[①] Schooler R.D.. Product bias in ceentral american common market. Journal of Marteting Research, 1965, 2: 394-397.

[②] Cattin P., Jolibert A., Lohnes C.. A Cross-cultural study of "made in" concepts. Journal of International Business Studies, 1982, 13: 131-141.

观公正、适时针对结果及过程进行沟通"等要点，这些都代表着美国的自由精神和创新文化。应该说波音品牌中深深地赋有美国包容多元化、主动进取、勇于实践的文化特点。而微软，是比尔·盖茨在1975年创建的，在近四十年的时间里，微软从一个默默无闻的小公司成长为全球最大的软件公司以及操作系统第一品牌。破解微软的品牌基因，其最主要的就是微软公司的员工不断创新，不断更新自己产品的质量和功能。微软认为自己的价值观是"正直诚实对待客户与合作伙伴，对新技术充满热情；直率地与人相处，尊重他人并且助人为乐；勇于迎接挑战，并且坚持不懈；严于律己，善于思考，坚持自我提高和完善；对客户、股东、合作伙伴或者其他员工而言，在承诺、结果和质量方面值得信赖"。可以说，微软品牌充分承载着美国文化中积极进取、支持冒险、激励创新的特点。而迪斯尼，则不仅提供给消费者高满意度的娱乐和消遣，更是把"制造快乐"的服务理念全方位地输送给社会。在迪士尼，员工开始正式工作，就要明确迪士尼平等、幽默、快乐的独特文化，还要接受公司特殊的服务语言，如"梦想""乐趣""兴奋""欢乐""想象""魔力"等。迪士尼目前经营的范畴有电视传媒、影视制作、主题公园、多元化的迪士尼产品，当人们从多种角度享受迪士尼的娱乐时，这一品牌价值所承载的美国精神也在不断被接受吸纳。

2. 奔驰、宝马、西门子等，承载着的是德国的理性精神与精细严谨文化

可以说，享誉全球的德国的汽车品牌奔驰、宝马、保时捷、奥迪等，最能代表德国工业生产水平、科技发展水平，且也必然地成为德意志民族社会文化的载体。如，卡尔·本茨在1886年发明了第一辆汽车，使德国成为现代汽车的发祥地。奔驰汽车其完美的技术水平、过硬的质量标准、推陈出新的创新能力以及一系列经典轿跑车款式令人称道。奔驰作为汽车始祖，它血统纯正、工艺精良，代表了德国文化中的高度组织、效率和高质量。就注重产品质量而言，奔驰公司认为高质量意识与员工的高素质是分不开的，因此十分注重培养具有专门技能和知识的员工队伍，千方百计提高员工的质量意识；同时，奔驰汽车所体现的精工细作、一丝不苟、严肃认真的德国制造精神，让人感叹似乎每个零部件均是给皇家使用的。同样，宝马作为由最初的一家飞机引擎生产厂，发展成为今天以高级轿车为主导的世界品牌，其彰显的是公司一贯的宗旨和目标：以最新的科学技术、最先进的观念，满足顾客的最大愿望；强调相互尊重、团队合作、尊重人权、

优待员工。德国企业非常注重实际，注重执行，强烈的质量意识和务实的经营态度已成为企业文化的核心内容，深深植根于广大员工心中。西门子公司提倡精湛的技术、务实的态度和忠诚的敬业精神，他们以"以新取胜，以质取胜"为理念，使西门子立于不败之地。德国文化给世人的印象是规范、和谐、精致、负责的文化，对此，德国品牌无一不在点点滴滴地彰显着、体现着。

3.欧莱雅、路易威登（LV）、香奈儿（CHANEL）等，承载着法国的自由浪漫气息以及前卫时尚追求

欧莱雅作为国际最为热销的日化品牌，它不仅有着欧洲制造专注、精细的特征，更承载了法国文化中丰富的想象力和创造力。近百年以来，欧莱雅每次都能走在时尚的前沿，这无疑是法国长期以来体现的自由文化，是员工更加具有独立主动精神的体现。在丰富灿烂的法兰西文化产物中，路易威登从最初地满足法国式宫廷的奢华需要，到不断延续其一贯的古典主义审美情趣，即使采用现代生产方式扩大生产规模，但在工人培训管理上依然保留了师徒传承的一些作坊式做法。所以在他们手里，每一件产品都经过精雕细琢，每一件产品都引领着时尚。而香奈儿，被称为"法国时装之母"，她在人们心中，不仅是个优雅的品牌，更是一种自信、独立、现代的新女性标志。香奈儿女士最特别之处在于发现并表现实用的华丽，她从生活周围撷取灵感尤其是爱情，牢牢坚守香奈儿就是表现女性美感的自主舞台之理念。也正是法国品牌独立而具有特色的追求，使得法国这个浪漫而时尚的国度文化，在全球得到传播，并成为全球时尚的风向标。

4.丰田、索尼、佳能等，则体现了日本的学习精神与精益求精的作风

当20世纪，全世界无数的企业到日本去参观学习，并研究出日本的企业文化奥秘之时，这些参观学习者从丰田、索尼、松下、佳能等品牌身上看到了挑战、持续改善、现场现物、尊重员工、团队合作以及勇于探索，敢于挑战新事物，敏锐地发现商机，创造新的市场。他们既感到似曾相识，又感受到了日本民族独有的文化。因为他们看到了日本从明治维新以来，全方位地向西方学习；看到了战后在多个产业上向欧美学习，并在模仿基础上的进一步创新；同时还看到了日本文化中的精诚团结，以及精益求精的制造精神。而体现这些日本文化的品牌，正在全世界的每一个市场、每一个角落，不仅收获着其市场收益，而且在发散着日本的文化精髓。正如美国专程到日

本考察的学者威廉·大内所感叹的："日本人愿意接受低工资和较长的工作时间，能够轻易地提高生产率，能够从美国借来技术；日本成功地保持了工作道德，而美国人则变得娇养、懒惰。"[①]可以说，日本品牌在走向全球的同时，其实已承载着日本企业，也为日本民族的"企业文化""Z理论""集体价值观""杂交文化""精益工作法"进行着无声的传播。

二、中国制造：无以承载地作嫁

品牌专家凯柏夫指出，品牌包含六个层次：品牌属性、品牌利益、品牌价值、品牌文化、品牌个性和品牌使用者。而这六个层次中唯独没有品牌制造与加工。目前享誉全球的中国制造，一定意义上正是改革开放以来，中国经济增长的重要领域与途径；它使得落后的中国工业生产，迅速与先进国家的工业技术接轨，并进行了有限的财富积累。

但"中国制造"背后更多的是品牌危机与增长方式的隐忧。据资料显示，从1998年到2007年的十年中，《商业周刊》推出的"全球100个最有价值品牌排行榜"，竟然没有一个中国品牌的身影。中国作为出口第一大国，其出口的商品种类繁多，但没有几个像样的品牌出口。"中国出口企业中拥有自主品牌的不到20%，自主品牌出口占全国出口总额的比重低于10%"[②]。可以说，中国乃是最为典型的"制造大国，品牌小国"[③]。这无疑需要我们予以正视：中国制造，本质上就是替海外品牌进行加工生产，消耗的是我国的人力资源、物质资源、环境资源，所获得收益却非常微薄。而且这种"中国制造"的国际机会，时间短暂。随着我国社会经济发展，原有各项资源的成本优势已如昙花一现，不再具有国际竞争的优势。国际代工的机会已经开始向东南亚、南美、非洲转移；也就是说，代工型的中国制造已经不可能成为我国经济增长的主要方式。

在皮革箱包领域，中国制造已占据了国际市场60%的份额，却没有一个在国外亮相的自主品牌。在号称"中国皮具之都"的广州花都区狮岭镇，目前已集聚6000多家生产性企业，年产皮具5亿多只，年产值达150亿元，

① ［美］威廉·大内：《Z理论：美国企业界怎样迎接日本挑战》，孙耀君、王祖融译，中国社会科学出版社1984年版，第10页。

② 翟光红、郭云：《我国自主品牌出口的现状及对策分析》，《合肥师范学院学报》，2011年第4期。

③ 方宁：《"中国品牌"，路漫漫》，《中国对外贸易》，2007年第3期。

但其销售总值却不及一个法国的LV品牌。据测算，我国服装出口每下降一个百分点，全国服装生产就要下降0.5个百分点，全国就会有3.6万人失业。可以说在服装的生产和出口上我国是大国，但在纺织品服装品牌上，我国却是一个小国。一个很好的例证是，世界名牌Hugo Boss的精美衬衣在美国纽约第54大街的售价高达120美元，而剖析这个价格会发现，其中60%以上的利润给了销售渠道商，30%归了品牌商，而中国耗费大量资源、辛苦劳作的制造商拿到的只有区区10%。"出口8亿件衬衫，才能买一架A380空客飞机"，可以说正是缺乏自主品牌的中国服装业的真实写照。在制鞋领域，中国无疑是世界上生产制造鞋的最大的国家。全球年产鞋150亿双，中国制造的鞋已超过100亿双，占全球制鞋总量的60%多，但大多鞋企都还是以加工贸易和贴牌生产为主，依靠价格竞争来谋求生存和发展。青岛亨达集团董事长王吉万等几位制鞋企业老总曾对我国制鞋业一直是贴牌生产（OEM），并没有培育出一个世界知名的品牌而感叹道：不想在中国制造中累死，就要在中国品牌中崛起！经济学教授郎咸平对此曾一针见血地指出：新帝国主义用资本、用品牌掌控了产业链中产品设计、原料采购、仓储运输、制造、订单处理、批发、销售七个环节中的六个，而把七大环节构成的"微笑曲线"最底端的"制造"环节以"国际分工"的名义放到了中国，这实际是破坏我们的环境、浪费我们的资源、剥削我们的劳工，把我们中国人的骨髓都吸干了①。

更重要的是，在本文的论题中，贴牌生产式的中国制造，并不能承载中国最优秀的民族文化。因为，中国制造仅仅是为国际品牌代工，而国际品牌在开拓市场、进行品牌传播中，并不会宣传代工厂商，以及该厂商所在国家的文化，仅仅是在产品中打上一个产地的名称：made in China（中国制造）。在美国人的眼里，双星公司是美国pss公司的加工厂；沃尔玛的一个名牌冰箱"神奇的厨师"，由中国科龙公司生产的；全世界最大羊绒衫生产基地是中国鄂尔多斯，但其生产的出口商品无不打上英国道森的牌子；而格兰仕，在国际家电品牌眼中则是世界微波炉最大的代工企业。也就是说，就是这些国内尚有影响的企业，在国际分工中却也仅仅是个贴牌代工的工厂；更何况中国还有更多默默无闻的代工企业，如果没有自主品牌意识的觉醒，恐怕永远只能默默地、周而复始地进行代工制造。我们还要看

---

① 郎咸平等著：《产业链阴谋Ⅲ：新帝国主义并购中国企业的真相》，东方出版社2010年版，第2页。

到除了海尔集团、联想集团外，许多中国企业还披挂着外国品牌、传播着其品牌来源国的文化：如中国杭州的摩托罗拉、中国北京的现代、中国上海的飞利浦、中国广州的本田等。利用外国品牌为己牌，无疑已失去民族工业的味道和尊严，并反映出对外资品牌的依赖性和从属性。也就是说，中国制造，只是一个为他人作嫁衣的加工环节，无法承载积淀深厚、丰富多彩的华夏文明。

三、自主品牌：华夏文明之所托

我国著名品牌学专家余明阳教授曾说道：品牌是国家形象和经济实力的代表，对于中国来说，培育自己世界级的品牌，其意义超越了获取经济利益的本身，乃是一个国家名片；可以说有品牌的企业是"头脑"型的企业，赚取附加值；没品牌的企业是"肢体"型企业，赚取的是劳务值①。目前，中国经济正在进行转型，其中关键就是要从中国制造走向中国创造；"形成一批拥有自主知识产权和知名品牌、国际竞争力较强的优势企业。"②中国制造业该如何走出困境？2011年时任总理的温家宝在与夏季达沃斯年会企业家代表对话时说道："我的愿望不仅是'中国制造'，而是'中国创造'；不仅是中国产品，而是中国的自主知识产权，是中国的品牌有质量、有效益、安全可靠的品牌。"③"中国创造"作为一个崭新的词，已经开始被世界广泛认知，它体现的不再是简单的体力劳动，而是更高层次的脑力创造活动；中国制造业想走出困境，就是要提高自主创新能力，向"中国创造"转变。而中国创造的最佳载体即自主品牌。党的十八大报告明确指出："要形成以技术、品牌、质量、服务为核心的出口竞争新优势。"④李克强总理则曾先后指出："品牌是自主创新的结晶，是质量和信誉的载体，具有广泛的认知度和市场空间。"⑤"在扩大内需和对外开放中，中国企业必然会形成一批源自本土的、有竞争力的品牌。"⑥可以说，中国对于"自主

---

① 余明阳、朱纪达、肖俊崧：《品牌传播学》，上海交通大学出版社2005年版，第10页。

② 《中国共产党第十六届中央委员会第五次全体会议公报》，新华社，2005年10月11日。

③ 温家宝：《在夏季达沃斯论坛开幕式和企业家座谈会答问》，新华社，2011年9月15日。

④ 胡锦涛：《中国共产党第十八次全国代表大会上的报告》，新华社，2012年11月16日。

⑤ 李克强：《关于调整经济结构促进持续发展的几个问题》，《经济观察报》2010年6月10日。

⑥ 李克强：《中国必然会形成有竞争力品牌》，新华社，2012年9月11日。

品牌"的认识比历史任何时候都来得清晰。

也就是说，在自主品牌之上，首先要承载着自主创新，同时，则更自然地承载着我国历史悠长的华夏文明、民族文化。即一个自主品牌，从她的诞生与创立，从她的定位与诉求，从她的产品品质，从她的科技创新，从她的市场开拓，从她的被市场认同，无一不点点滴滴地体现出中华民族的优秀文化。这从下表中"贴牌加工"与"自主品牌"的经济与文化利益的比较中可以鲜明地看出：

表1　"贴牌加工"与"自主品牌"的经济与文化利益的比较[①]

类别		贴牌加工(中国制造)	自主品牌(中国制造)
经济利益	正向：简单劳动就业、赚取加工费、提升加工水平		正向：多样劳动就业、产品溢价销售、自主创新良性循环
	负面：劳动力低廉、原料就地供应、政策优惠透支、牺牲生态环境；被控制		负面：品牌风险
文化承载		无	中国信誉、中国智慧、中国文化、中国机制、中国人、中国历史、对话沟通……

从上表我们可以很清晰地看到，在"文化承载"中，所谓"中国制造"的贴牌加工，没有任何的文化承载；而以中国创造为内涵的"自主品牌"对于中国文化有着多方面的承载。可以说，当自主品牌首先得到国内消费者的认同时，再坚实地走向国际市场，那么在海外则是一个不断得到国际消费者认同的过程，这个过程就是华夏文明不断获得致效传播的过程。这里的"致效"有两个层面：其一，是品牌产品功能与品质得以优秀体现与由衷地认可、接受，实现其产品的市场扩散效能；其二是品牌承载的文化得到消费者认可，得以有效传播，并建立其牢固的信誉度与文化的满足感。在这两个层面的致效传播中，自主品牌则水到渠成、细雨无声地成为华夏文明的载体与媒介。从市场竞争上审视，一个企业拥有的最有特色、最难被模仿和复制的优势就是本民族及企业自身文化；而且在产品同质化的今天，文化所带来的差异性则凝聚成为品牌的本质规定，成为品牌核心竞争力的关键因素。正如英国品牌专家斯图伯特所说："消费者进行品牌选择时的依据的是一套日益复杂的价值体系。许多情况下，大部分是无形因素。"[②]因此，我国自主品牌国际化的进程中，所要彰显与突出的就是无形

---

① 本表为作者自制。

② ［英］保罗·斯图伯特：《品牌的力量》，中信出版社2001年，第5页。

的华夏文明。可以说，世界上唯一没有产生断裂与破坏的就是华夏文明，其深厚的底蕴与丰富的内涵乃是人类尚未很好开掘的宝藏，从中提炼出其不同的个性精华并融合、注入自主品牌，则不仅使自主品牌拥有国际品牌无法比拟的特性和优势，而且将有效地对华夏文明进行传播。

如作为中国自主品牌的百年老店"同仁堂"，历经300多年沧桑，长盛不衰。同仁堂的价值取向源于"可以养生，可以济人者惟医药为最"的创业宗旨。它所体现的正是儒家思想的核心"仁、德、善"。因此，"患者第一，顾客至上"始终是同仁堂追求的境界。历代同仁堂人长期恪守"炮制虽繁必不敢省人工，品味虽贵必不敢减物力"的古训，树立"修合无人见，存心有天知"的自律意识，造就了制药过程中兢兢小心、精益求精的严细精神，其产品以"配方独特、选料上乘、工艺精湛、疗效显著"而享誉海内外。这也可以说同仁堂人注重把崇高的精神、把中华民族的传统文化和美德，熔铸于企业的经营管理之中，并化为员工的言行、凝聚成中华文化味浓郁的店堂，形成了具有中华气派、中药行业特色的企业文化系统。显然，"同仁堂"品牌产品的出口无疑就是在全方位地传播着华夏文明。

而"华为"作为中国自主品牌的优秀新生代代表，现在它的产品与解决方案已经应用于全球150多个国家和地区，服务全球运营商50强中的45家及全球1/3的人口。美国权威商业媒体Fast Company日前评出了最具创新力公司中，华为紧随Facebook、Amazon、苹果、谷歌之后位列第5。华为的所有出口产品均为高科技产品，均为华为的自主品牌。可以说，华为模式的成功某种程度上改变了世界对中国品牌和中国产品的看法，同样也对中华文化产生了全新的认知。在全球化运营的发展时期，华为的品牌首先以自主创新的技术与品质保障体现出"以客户为中心，以奋斗者为本"价值追求；其次大力凸显了危机性管理的狼文化；再次则建构了具有浓郁东方特色的家文化与群体奋斗文化。正如华为品牌创始人任正非所言："企业发展就是要发展一批狼。狼有三大特征：一是敏锐的嗅觉，二是不屈不挠、奋不顾身的进取精神，三是群体奋斗的意识。"[1]可以说，在这个充满创新与竞争的国际市场舞台上，华为典型地展示了华夏文明奋斗进取的精神。而这一切，《华为基本法》则明确指出"爱祖国、爱人民、爱事业和爱生活是我们凝聚力的源泉"。如此，华为—中国自主品牌—中华文明，就形成了

---

① 王永德：《狼性管理在华为》，武汉大学出版社2010年版，第1页。

内涵一体化的逻辑串联。

又如我国的"海尔"品牌，已被认为"在全球已经拥有相当高的知名度，并且被广泛地认可为能够代表中国的全球品牌大使"①。目前，海尔已经在中国、亚洲、美洲、欧洲、澳洲建有全球五大研发中心，在美国、欧洲、中东等地设立了21个工业园，在全球建立了61个贸易公司、14万个销售网点，全球员工超过8万人。2012年，海尔集团全球营业额实现1631亿元。由此，"海尔"被英国《金融时报》两次评为"中国十大世界级品牌"。美国《新闻周刊》则报道说："令人眼花缭乱的有关中国发展的神话故事缺少了中国的跨国公司。没有一个主要的中国公司已经把他们或他们的品牌推向世界的舞台。海尔改写了这一纪录。"海尔认为自己企业文化的价值观就是"敬业报国，追求卓越"，理念则是"真诚到永远"。而有着典型中国人脸庞的张瑞敏则是海尔的精神领袖，企业发展历程中的"砸冰箱故事""斜坡理论""走出去、走进去、走上去"的国际品牌战略等，可以说既是海尔品牌发展的历史记录、文化结晶，更是中国改革开放进程的一个缩影，是中华民族文化中自强不息、不断进取、以诚取信、创新发展的一个典型写照。

此外，东风火箭、枭龙战机、联想、格力、奇瑞、吉利、海信、TCL、李宁、双星、谭木匠、东方歌舞团、方特乐园、隆平高科等自主品牌也在以各自的努力走出国门、走向世界，在国际市场之舞台上自然而然地展现着中国创造、展现着华夏文明。可以说，比起让国际上高度警惕的媒体渗透，润物无声的自主品牌确乎是最有效的华夏文明载体与媒介。但目前，我国能走出国门、走向世界，并得到国际消费者、国际民众接受与欢迎的自主品牌还少之又少，因此将自主品牌创建提升到一个民族经济发展、文化振兴的高度，已经到了一个需高度重视与实践的历史关口。品牌国际化是企业在进行跨国生产经营的活动中推出全球化的品牌，并取信、取悦世界市场的过程。这个过程无疑是艰难并充满挑战的，因为没有哪个品牌强国一开始就有了世界性大品牌。因此，能在国际进行致效传播的自主品牌，需要华夏儿女从不同层面来予以关注与支持，以使中华民族的自主品牌群尽早在国际舞台上熠熠闪光，在物质与精神两个层面造福于全人类。

（《现代传播》2010年第6期）

①[美]奈杰尔·霍利斯：《全球化品牌》，北京师范大学出版社2009年版，第295页。

缺憾的自主传播

——自主品牌网站英文版的实证分析

【内容提要】以网络为代表的新媒体为品牌自主传播提供了全新的空间，因此本文在既有研究梳理基础上，对我国自主品牌网站英文版进行了实证研究。研究发现：我国企业开始重视网站英文版建设，但定位不清晰、即时更新率低、内容参差不齐、效果不佳。即我国自主品牌网站英文版作为最能自主控制的品牌传播之媒体，其总体上是缺憾的；但也为其自主媒体定位及相应的品牌传播优化提供了空间。

【关键词】自主传播；自主品牌；网站英文版

一、问题的提出

2009年7月8日，美国《财富》杂志公布了2009年全球500强排行榜，中国共有43家公司入选，其中大陆企业34家，比上一年增加9家。但需看到，中国公司排名上获益，一是入选企业依然是以规模性、增长性甚好的中国本土为主要市场，二是因人民币对美元和其他主要国际货币有不同程度的升值，三是国外企业受金融危机所累而收入缩水。而最能代表中国经济全球竞争力的、以全球为市场的自主品牌，却在其榜单上缺位。更需警醒的是，作为中国为数不多的全球化运营的公司——联想集团，2008年刚刚首次上榜，2009年却因受到金融危机的打击出现大规模亏损，不得不从这排名上退出。

对于品牌的重要性，CLEAN咨询公司创始人亚当·克里斯汀做过这样的论断："在今天这个时代，如果你的企业不能出类拔萃，它将被淘汰。10个新办企业中，有9个会在第一年就宣告破产。品牌可以帮助企业立足，而不是被淘汰出局。"①据联合国工业计划署的统计数据显示：当今世界共有名牌商品约8.5万种，而其中90%以上的名牌所有权归属于工业发达国家。国际知名品牌在全球品牌中所占的比例不到3%，但是市场占有率却高达40%，销售额超过50%。2008年9月美国《商业周刊》杂志与国际品牌集团（Interbrand）共同发布"2008全球最佳品牌排行榜"，而中国企业无一上榜。

显然，我国自主品牌在国际市场上竞争力有待提高。多年来外贸出口为我国经济发展贡献占到1/3，但我国进出口企业中拥有自主商标的不到20%，出口产品中拥有自主知识产权的品牌不到10%，自主品牌发展滞后。大量中国产品贴牌出口，利润大部分进入了拥有这些品牌的国外企业，中国企业只获得微薄的加工费②。而且，贴牌加工出口更不利于积累品牌资产，导致中国品牌在国际市场中十分罕见。这不仅使我国在国际分工中处于产业链的最低端，生产者和经营者的利益受到损害，不利于中国的产业升级换代，更影响到中国国家的对外形象。正因为如此，胡锦涛指出："要培育一批竞争力强、拥有自主知识产权和著名品牌的大公司、大企业集团，提高企业的国际竞争力。"

自主品牌建设是多方面的，其包含技术创新、生产管理、市场开发、品牌传播等。而在本文的视野中则主要关注的是品牌传播。如果说，在传统媒体占绝对地位的环境下，品牌传播主要采取的是大众媒体上的硬广告形式；那么随着数字媒体的迅猛发展，品牌传播越来越倚重以网络为代表的新媒体。正因为如此，企业品牌网站成了我国自主品牌进行自主传播的

① ［美］迈克尔·莱文：《品牌化世界——公共关系与品牌塑造》，庄晖等译，格致出版社2008年版，第202页。

② 陈环、谢崇誉：《如何实施自主品牌的营销策略》，《江苏商论》，2009年第1期。

最佳平台。

当企业网站出现于互联网，企业的网络化传播问题也就随之产生，企业的网络行为与表现日益成为影响企业品牌形象的重要因素。而面对国际市场，自主品牌网站的外文版则理所当然充当了中国自主品牌进军海外的信息窗口之角色。目前我国的媒体在国际舞台上尚缺乏足够的话语权，鉴于此，我国政府已准备投资450亿元人民币，以推动我国媒体的海外拓展。而自主品牌网站的外文版不仅加入了我国自主媒体、自主声音的汇流，而且更务实地起着传播自主品牌、开发海外市场的作用。为此，对自主品牌网站的外文版进行研究尤具价值。

二、相关的研究

始于20世纪末的信息技术革命正在促使整个社会、包括企业在内的信息传播发生重大变化。美国学者迪尔德丽·布瑞肯里奇专门就网络时代的品牌传播指出：品牌随着社会的进步和科技的飞速发展总是被赋予崭新的形式和内容，因特网深刻地改变了世界品牌格局。由此，品牌网络传播乃是大势所趋，在网络上进行品牌传播不仅仅意味着品牌品质与特征的展现，还因为网络的互动性和实时性使得品牌与消费者之间的关系与以往完全不同。品牌网络传播需要每一个信息都有意识地传达品牌的承诺[①]。

事实上，建设企业网站已成为企业推广产品和品牌的同步工程。美国公共关系学家迈克·莱文就说道："在1995年，为宣传品牌而开设以网站是一个难以想象的事情，而如今这却是必不可少的一项措施。如果一个品牌没有网络宣传，它就不会被人认真对待，没有网络信息支持的产品或服务，根本不可能变成一个品牌。消费者也会这样认为。如果一家企业没有网站，消费者就不会认真对待它。"[②]而詹妮弗等人的研究则发现，顾客与网站之间的关系同人与人的关系一样，用户常常把网站看作具有独特品质的交互对象，从而赋予网站不同的个性特征，如网站可被认知为高档的、值得信

① [美]迪尔德丽·布瑞肯里奇：《品牌的革命》，刘亚鹏译，电子工业出版社2002年版，前言。

② [美]迈克尔·莱文：《品牌化世界——公共关系与品牌塑造》，庄晖等译，格致出版社2008年版，第139页。

赖的、胜任的、正式的、智慧的等①。显然，一个符合用户喜好的网站可以有效地塑造企业品牌，赢得更多的客户和潜在客户。

世界著名的跨国广告公司DDB（恒美）的网络传播部门Tribal DDB曾委托专业市场调查公司进行了中国首次大规模的企业网站效果调研。调查结果显示，企业网站作为一种新的形象传播途径，同传统媒介相比，对受众更具有亲和力与吸引力，可以帮助企业与消费者建立更亲密、更稳固地联系。同时，研究也发现：（1）大部分企业的网站形象逊色于企业自身形象，且二者的统一性和一致性也存在较大问题。以"网站形象与企业形象的差距"这个指标为例，针对Nokia、Motorola、Ericsson、Samsung、Epson、Sony、富士、Acer、Compaq、Dell、IBM、HP等知名企业的调查结果均是"差距较大"。（2）许多企业网站的实用性亟须提高，很多网站都存在导航指向模糊、网站架构不清晰、帮助信息不齐全等许多问题，影响了访问者对网站的使用，不利于通过网站传播企业的信息。譬如Dell，虽然是以在线直销闻名全球，但用户对它的中国在线商店服务却是评分最低。（3）中国本土品牌的企业网站明显落后于国际品牌。与国际知名企业的网站相比，无论是在"整体形象"还是在"易用性方面"，中国本土企业的网站都有待提高。被调查的几家本土企业网站，如方正、康佳、长虹、TCL等都存在类似问题②。

另一项对国内11个行业的117家大型消费类企业（其中80%为上市公司）网站进行的系统调查则显示，超过半数的企业早在1999年之前就已经设立了自己的网站，并且几年来未曾间断网站的内容更新。同时，在诸如家电业、航空服务业等领域整体呈现出企业网站专业性水平较高的行业特征。表明越来越多的企业开始重视建设自己的网站，并且网站的建设水平越来越高③。

由于企业网站能对品牌信息进行深度传播，让品牌和产品在网上实现与消费者的有效沟通和互动，同时又具有建设与维护成本低、传播便捷的特点，决定了其实质乃是企业的品牌形象塑造的自主传播媒体。正因为如

① Jennifer Chang Coup-land, Jayesh R.Tekchandaney. Web sites as personalities and playgrounds: their effects on brand image [DB/OL]. http://www.smeal.psu.edu/cdt/ebrcpubs/res_papers/2003_02.html, 2007-10-12.

② 转引自王欢：《国内门户网站的品牌塑造及形象推广》，中国优秀硕士学位论文全文数据库2007年，第20页。

③ 宋一玮、孙淑英：《基于网络营销的企业网站建设》，《特区经济》，2006年第6期。

此，我国一些具有国际战略眼光的企业，不仅建立了企业品牌网站，而且还设立了网站外文版，但目前对于中国自主品牌网站外文版的研究成果尚未发现。

三、研究方法

由于我国品牌企业网站外文版不一，本文则就最为普遍和基础的品牌企业网站英文版首页，以内容分析的方法进行研究。

1.抽样与样本选择

因本文所探讨的目标主要是自主品牌的英文网站建设，抽样则需考虑以下几个因素：是否自主品牌？是否有一定的品牌代表性？是否有对外贸易的需要？根据以上条件，本研究选取"2008年度影响世界的中国力量品牌500强排行榜"作为抽样标本。该榜单是由世界著名品牌大会和世界品牌组织、美中经贸投资总商会、环球城市电视台世界企业研究中心联合推选，具有一定的权威性。

具体品牌的抽样主要针对内地入榜品牌部分，尤其是受到国家出口支持的产业类型进行抽样。行业选择中，选择汽车、新能源、电器、家电、厨卫、酒类、乳业、食品、服装、皮鞋、日化、家具12个出口产品比较多的行业，从中分别随机选出若干品牌。共选取出如下50个知名品牌进行研究：

表1　50个知名品牌分类表

家电	酒类	汽车	鞋类	服装	饮料	日化	家具	厨卫	新能源	乳业	食品
联想	茅台	红旗	奥康	波司登	汇源	大宝	曲美	万和	太阳雨	蒙牛	洽洽
海尔	五粮液	哈飞	红蜻蜓	雅戈尔	王老吉	佰草集	美克美家	方太	四季沐歌	伊利	双汇
美的	青岛	奇瑞	康奈	鄂尔多斯	红牛	纳爱斯	全友	老板	清华同方	光明	今麦郎
TCL	燕京	吉利	金猴	劲霸	娃哈哈	—	—	—	—	—	—
康佳	张裕	比亚迪	—	七匹狼	—	—	—	—	—	—	—
长虹	长城	—	—	李宁	—	—	—	—	—	—	—
—	水井坊	—	—	—	—	—	—	—	—	—	—

调查的分析单元是各品牌网站英文版首页。在其选择上，以在百度搜索该品牌（中文/英文）出现的结果为主，其次选择各品牌首页的外文版链

接。经过搜索和筛选，共取得合格样本34个，另有14个品牌网站尚未有外文版，2个品牌的外文版链接显示"仍在建设中"。

2.类目构建

根据前述之研究问题，本研究特别关注的变量为"网站外文版拥有率""网站内容指标""外文网站互动指标""在线推广"和"形式指标"五项，并在此基础上建构了本研究所需各变量之类目。

（1）网站外文版拥有率

这是最基础的一项考察项目。是否拥有外文版可以显示该品牌是否具有对外传播的意识，是否有意识地利用自主网站这个便捷媒体进行传播。类目构建如下：该品牌是否有外文版。若有，可否链接，能否正常访问；若无，是什么情况：没有建设计划或是正在建设中。

（2）网站内容指标

考察内容分两个方面：信息源和辅助信息的完备程度。

信息源：丰富性，即企业概况、行业动态、行业规范、政府政策等的栏目设置状况；时效性，即新闻更新频率；针对性，即信息来源是否原创，是否对准目标人群发布信息等。

辅助信息完备程度：公共服务、联系方式、隐私与安全、使用帮助等。

（3）外文网站互动指标

该项目中设置了"互动渠道"和"结果反馈"两大指标。

互动渠道，包括互动工具如信箱、留言板、博客、分类导航、民意调查等类目。

结果反馈，即留言是否得到反馈，是否有留言回复等。

（4）在线推广

首先，考察网站推广的各种工具应用，如搜索引擎加注（排名位次）、交换链接（位置）、email注脚，行业门户网站注册（链接和论坛等）、在线广告、交互体验（e.g.网址出现的频率和位置等）；其次为品牌体验，即是否有在线品牌体验、电子商务等。

（5）网站形式指标

首先为网站形象与品牌形象，如品牌标识、字体与颜色等是否符合品牌特色。其次为语言的规范，如语言是否正确等。

四、研究发现

1.各关键变量之描述统计

（1）外文版拥有率

在50个样本中：

34个品牌的企业网站有英文版本，即：联想、海尔、美的、TCL、KONKA、长虹、茅台、五粮液、青岛、燕京、张裕、水井坊、哈飞、吉利、比亚迪、奥康、金猴、波司登、鄂尔多斯、七匹狼、李宁、汇源、娃哈哈、蒙牛、伊利、纳爱斯、全友、太阳雨、四季牧歌、万和、方太、老板、王老吉、恰恰；

14个品牌没有企业网站英文版，即：奇瑞、红蜻蜓、康奈、劲霸、红牛、光明、双汇、今麦郎、福临门、大宝、佰草集、曲美、美克美家、清华同方；

2个品牌显示"正在建设中"，即长城、雅戈尔。

拥有英文版的品牌中，有4个拥有2种语言以上的外文版，为：联想、海尔、长虹、吉利。

结果显示，在随机抽取的50个中国自主知名品牌中，有70%的品牌企业网站拥有英文版网站；有4%页面上没有内容，显示为"建设中"；26%完全没有英文版。

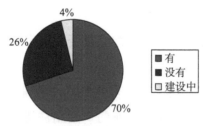

图1 英文版拥有率

出于研究的可分析性考虑，下面将研究的网站范围缩小为34个拥有品牌独立网站的英文版首页。

（2）网站内容指标

34个品牌网站英文版的首页栏目设置情况如下：

表2　34个品牌网站英文版的首页栏目设置情况表

品牌	导航栏目数量	子栏目数量
波司登	6	25
联想	4	24
长虹	2	9
海尔	4	N/A
康佳	5	9
美的	5	24
TCL	4	15
茅台	5	N/A
五粮液	7	14
青岛	4	10
燕京	8	20
张裕	10	27
奥康	5	5
吉利	3	N/A
鄂尔多斯	6	19
李宁	11	16
王老吉	7	22
洽洽	11	17
娃哈哈	5	9
汇源	5	21
金猴	6	13
全友	6	11
太阳雨	8	N/A
蒙牛	7	24
伊利	7	19
纳爱斯	5	15
四季沐歌	8	5
老板	7	32
万和	5	8
水井坊	5	14
比亚迪	5	19
方太	7	27
七匹狼	6	13
哈飞	N/A	N/A

（注：需要说明的是，"哈飞"英文版是中文版网址上一个部分，只有一页的企业介绍。但是考虑到内容详细，也将其纳入研究之中。）

在对34个品牌网站英文版的首页栏目设置的研究中，导航栏目设置平均值为6.0；超过平均值的品牌栏目设置的有17个品牌。最常见的导航栏目设置是企业概况、新闻信息、产品信息、服务信息。企业概况中，栏目一般设置为企业历史、企业愿景、公司理念、人才培养等子栏目；产品信息是各个品牌首页中比较丰富的一个部分，各个企业均会详细介绍其产品线，主打产品和具体功能、优点等。服务信息是说明企业在对待生产链环节中的生产商、经销商等所采取的政策，以及企业战略说明。以上品牌中值得说明的是，"张裕"主页上有酒庄和葡萄酒文化博物馆的3D动画展示，制作精良；"青岛啤酒"的主页上设有文化信息一栏，但没有任何信息。

新闻信息是品牌网站中比较重要的一部分。自主网站最重要目的是方便快捷地传递最新信息，一个品牌网站的新闻更新和来源是衡量这个品牌网站建设好坏与否的重要因素。在以上34个品牌中，时至2009年年中，保持2009年更新的品牌有15个，占44.1%；更新停留在2008年的有5个，占14.7%；而干脆没有设置新闻栏目的品牌有10个，占29.4%。

内容上，对新闻具体分类的品牌有4个，一般分为行业新闻、企业新闻，媒体报道，或是集团新闻、经销商新闻和媒体报道。新闻一般比较短，个别有图片。

表3　具体分类的品牌新闻信息

品牌	新闻更新时间	2008年新闻数量	新闻分类	备注
波司登	2009-3-3	0	4	无
联想	2009-5-12	59	4	注明了消息来源
长虹	2008-9-28	1	2	无
海尔	2009-2	310	2	无
康佳	2009-1	0	无	只有标题没有内容
美的	2009-3-23	21	2	无
TCL	2009-3-31	22	2	无
茅台	N/A	N/A	N/A	未设置新闻栏目
五粮液	2009-1-5	9	无	2008年8月开始
青岛	2004-8-15	0	无	无
燕京	N/A	N/A	N/A	未设置新闻栏目
张裕	2008-3-27	10	4	无
奥康	2009-3-28	29	无	无
吉利	2009-5-5	0	无	无日期

品牌	新闻更新时间	2008年新闻数量	新闻分类	备注
鄂尔多斯	N/A	N/A	N/A	未设置新闻栏目
李宁	2008-2	5	无	无
王老吉	2007-6-25	0	无	只有2007年5篇
洽洽	N/A	N/A	N/A	未设置新闻栏目
娃哈哈	2009-3-10	0	无	2009年共7条
汇源	2009-3-20	0	无	引自长江日报
金猴	2008-12-10	3	无	2004年5月起
全友	2008-1	1	无	只有一条新闻
太阳雨	2009-5-7	3	无	没有新闻列表
伊利	N/A	N/A	N/A	未设置新闻栏目
蒙牛	2009-1-21	34	无	无
纳爱斯	N/A	N/A	N/A	未设置新闻栏目
四季沐歌	N/A	N/A	N/A	没有时间共5条
老板	N/A	N/A	N/A	未设置新闻栏目
万和	N/A	N/A	N/A	未设置新闻栏目
水井坊	2007-3	0	无	无
比亚迪	2009-2-23	24	3	无
方太	2009-4-30	6	3	英文标题,中文内容
七匹狼	N/A	N/A	N/A	未设置新闻栏目
哈飞	N/A	N/A	N/A	未设置新闻栏目

（注：统计数据截至2009年5月17日。）

　　新闻来源上，几乎所有的品牌均是来源于中文报道的翻译。"联想"的新闻格式比较完整，有作者信息；"太阳雨"只把新闻罗列页面之上，且排版杂乱、格式不一；"波司登""方太"甚至只对中文报道进行了链接，并没有英文新闻。

　　在网页辅助信息完备程度方面，所有的品牌网页都有公共服务、联系方式、隐私与安全、使用帮助等栏目。因此所调查的34个外文版均有一定的辅助信息。但是，在各网页中均存在着主次栏目的分类不合理的问题。有些主要内容被缩小，辅助信息反而加大字体，不符合一般阅读习惯，也造成浏览者心理上的不适。

缺憾的自主传播

（3）外文版网站互动指标

在所调查的34个样本中，所有的品牌网站都拥有一个以上的互动渠道。最常见的栏目有"联系我们"，分为在线联系：电子邮箱。经销商信息：经销商地址、电话和电子邮箱。另外，较常见的互动工具则是搜索引擎和友情链接。搜索引擎方面，所有的网页都有显著的搜索框。友情链接上，部分网页链接的是母公司相关企业。因此，可是说各个品牌英文版的基础互动性建设比较完善，拥有一个以上互动工具如信箱、留言板、博客、分类导航、民意调查等工具。

根据英文版的互动指标，结合各个品牌网站现状，可以将这些研究对象分为两类：一类是反馈型的互动，另一类是销售型的互动。反馈型的互动是指将网站互动工具作为一般用途，接收消费者的信息，改进产品，增进交流和感情；销售型是指将网站互动性充分利用，将网站作为全球销售的基础。如"联想""奥康"等品牌网站英文版就具有销售型性质，其在网站互动设置上，有意增加了"来宾注册""我的购物车""我的首页"等项目，并在产品介绍上更详细，图文并茂，大大方便了在线购买。

互动工具的使用情况，根据网页的情况来看，留言数量很少并且几乎没有反馈信息。

（4）在线推广

企业网站建设的目的之一是宣传企业的品牌、产品或服务，要达到这一目的，企业的网站必须利于网络互联的便利性进行网站推广。推广的各种工具的具体应用是一个网站推广的重要部分。在线推广的工具一般来说有：①搜索引擎加注（排名位次）、②交换链接（位置）、③行业门户网站注册（链接和论坛等）、④在线广告、⑤交互体验（如网址出现的频率和位置）等。在对采样的34个品牌进行的研究中，在线推广也是一项重要的考察项目。通过对其考察，可以基本看出该品牌的推广力度和影响范围。

以各品牌名称（中文或英文）为关键字在百度中进行搜索，有32个品牌都可以在第一页的结果中出现该品牌中文首页链接；其中有两个品牌——"洽洽"和"王老吉"出现的是以公司名称为关键字的网页，也就是利用产品品牌不能直接搜出其企业网站主页。而所有的品牌网站英文版都是链接在中文网页上的，按钮为"English"或是"Global"字样。

品牌网站还具有在线营销的功能，因此在英文版中关于品牌产品的推销也是很重要的。品牌体验就是品牌推广的一部分。在所调查的34个英文网页中，仅有"联想""李宁""金猴"3个品牌提到了在线购物。但是只有"联想"有完备的从产品介绍到付款等一系列页面，"李宁"只有在线购物的介绍，"金猴"没有付款方式。大多数品牌英文版尚没有在线体验和电子商务项目，可见，各品牌只是将英文版网站看作是信息介绍的一个窗口。

（5）网站形式

各品牌英文版网站外观和品牌CIS形象均有较大的一致性。几乎所有的英文版首页顶部都是醒目的品牌标识，标准图案、标准字和标准色均保持一致。识别度很高。如"波司登"的页面下起了片片雪花，"青岛啤酒"的页面装饰着流动性的波浪花纹，这些都体现了产品或行业的特点。所调查的品牌企业网站英语版中，语言运用还存在一定的问题，均存在很明显的翻译腔。如句型等是从中文直接翻译过来的，一些缩写和符号运用不符合英语语言规范。报道一般很短，二百字左右，没有图片，观感较差。

五、几点结论

根据以上分析，可以从以下三个方面对我国自主品牌网站英文版进行总结：

1. 开始重视网站英文版建设，但定位不清晰

在随机抽样的50个中国自主品牌中，有近七成（68%）的企业品牌已经有意识地建立英文版，以树立品牌的国际形象，扩大国际影响。但是在网站英文版的建设中仍有不少问题是显而易见的，如：导航指向模糊，网站架构不清晰，品牌信息不齐全等。可以看出大多数企业建设网站英文版只是市场国际化的一个象征，并没有清晰认识到它是品牌对外传播一个最好的自主媒体，更没有认识到它在传播品牌形象的同时，还是一个展开电子商务的平台。缺乏如此的理性认识，无法形成清晰定位也就是必然的了。

2. 即时更新率低，缺乏媒体应有的时效性

由于没有将网站英文版视作最佳的外向性传播的媒体，大多数企业也就没有按媒体内容的时效性来进行更新，更没有发挥网站的即时性优势。多数企业只是把网站英文版作为网上的英文宣传册，网站新闻往往三四个月才更新一次；有的甚至干脆没有时效性动态栏目的设置，访问者阅读不

到任何品牌动态信息。一般来说，访问者期待通过网站能够了解到品牌的最新信息，形成对品牌当下的认知。但内容久不更新的网站，则势必会使访问者失去兴趣，网站自身存在生命力也就形成了疑问。

3.内容参差不齐，甚至可能产生负面效应

有研究者指出：网站英文版的设计要尽可能让生活在不同地域、有着不同文化背景和技能等级的用户，都能够方便地使用网站，以此达到企业网站的目的[①]。在所随机抽样的50个品牌中，虽然在各个品牌网站英文版首要位置均有该品牌的标志，但多数没有提出鲜明的品牌主张，以及相应的品牌文化信息，相对应的信息服务也显得不足。仅有3个品牌有部分在线购物内容，且只有"联想"一家的在线购物比较完善。由于这些品牌网站英文版仅有企业概况、产品介绍等静态的信息，缺乏时效性的新闻文本又往往机械地从中文翻译而来，显得非常粗糙；这就有可能令海外的访问者对品牌文化产生负面的联想。

可以概括地说，除了"联想""奥康"等少数品牌，我国自主品牌网站英文版，作为最能自主控制的品牌传播之媒体，其总体上是存在明显缺憾的。但我们相信，随着我国企业国际化进程的加快，我国自主品牌企业网站英文版作为外向性的自主媒体性质将越来越多地为企业决策者所重视，针对本研究所揭示出来的种种缺憾也将得到改进与补足，并将在国际品牌传播的话语权上扮演着越来越重要的角色。

（《现代传播》2010年第6期）

---

① 潘颖：《英文网站的搜索引擎优化及海外宣传策略》，《应用技术》，2004年第10期。

自主品牌故事中的中国形象

【摘要】 塑造中国国家形象需要讲好中国故事。中国自主品牌故事，最能集中地、正能量地传播中国国家形象。事实上，同仁堂、阿里巴巴、海尔、长征火箭等自主品牌故事，均形象而生动地展示了中国信誉、中国志气、中国品质、中国创造、中国自信等，从而多维度、令人信服地传播了中国国家形象。

【关键词】 自主品牌；品牌故事；中国国家形象

人类在其漫长的历史进化过程中，曾先后孕育了 26 种富有影响的文明，这是英国著名历史学家汤因比研究的结论。但只有少数的几种文明被完整保存并获得发展，其中最令人瞩目的就是中华文明。为此，习近平明确指出："中国优秀传统文化中蕴藏着解决当代人类面临难题的重要启示。"①由此，塑造中国国家形象、传播中华优秀文化，就需要讲好中国故事、传播好中国声音、阐释好中国特色②。中国国家形象不是抽象的，而是具体鲜活

---

① 习近平：《在纪念孔子诞辰 2565 周年国际学术研讨会上的讲话》，新华社，2014 年 9 月 24 日。
② 刘奇葆：《传播好中国声音 塑造国家良好形象》，新华社，2014 年 9 月 14 日。

的；而中国故事、中国声音的主体，则应是以活生生的中国人、中国组织机构为主角的。诚如全息论哲学所阐释："部分与部分、部分与整体之间包含着相同的信息，或部分包含着整体的全部信息。"①如此，讲述中国自主品牌故事，则最能集中地展示一个个品牌所聚集的中国人是如何自强不息地奋斗、如何坚忍不拔地创新、如何向世界提供信誉产品；同时，也就自然而然地、正能量地传播了中国国家形象。

中国国家形象的塑造，不仅需要政治外交、文化交流、民间交往等途径，还需要实施自主品牌传播，讲好自主品牌故事。我们知道，在世贸协定框架下，品牌的市场是无国界的，但品牌的创始人、创始地、拥有者却有国界，负载着这个国家、民族的文化，并必然地建构着这个国家的形象。而自主品牌作为中国经济硬实力与文化软实力相统一的符号载体，具有符合国际规则、超越意识形态的话语特性；因此讲好中国自主品牌的故事，就能更全面、更有效地塑造中国国家形象。实际上，我国优秀的自主品牌故事，已经在多维度地折射出中国国家形象。

一、同仁堂、阿里巴巴：传承并传播着中国信誉

从2015年前溯345年，即1670年同仁堂药店由创始人乐显扬挂牌创办。实际上，乐氏祖上在明永乐年间，就来到北京行医。1702年，乐显扬的继承人乐凤鸣将药铺迁至前门大栅栏路，并于1706年在宫廷秘方、民间验方、祖传配方基础上编成了《同仁堂丸散膏丹总目》。该书不仅方便了顾客，更是让同仁堂的药方与功效取得社会的信任和监督。序言中，乐凤鸣写下了同仁堂三百多年谨遵的格言："汲汲济世，兢兢小心……遵肘后，辨地产，炮制虽繁必不敢省人工，品味虽贵必不敢减物力。"正是秉着严格的选方、用药、配比及工艺规范，同仁堂在社会上树立起了良好信誉。1723年，由雍正皇帝钦定同仁堂供奉清宫御药房用药，独办官药，历经188年之久。1955年，同仁堂传人乐松生受到毛泽东、周恩来等国家领导人接见；1985年，北京市政府专门召开同仁堂成立315周年庆祝大会。如今，同仁堂已申请国际注册商标，正负载着中医药传统、中国品牌信誉走向世界。

如果说，同仁堂是作为历史验证版的中国信誉而得到品牌传播，那么

① 王存臻、严春友：《宇宙全息统一论》，山东人民出版社1988年版，第52页。

阿里巴巴则可以说是中国信誉现实版的典型品牌。

2014年9月19日，阿里巴巴集团在美国纽交所成功上市，创下市值1680亿美元纪录，书写了中国品牌自豪。上市仪式上马云将敲钟的槌子交给用户代表：总是第一时间试用阿里巴巴产品的"首席体验员"乔丽、常年做慈善的"快递哥窦逗"、利用"淘女郎"呼唤社会关注自闭症儿童的何宁宁、由奥运冠军转型为淘宝明星店主的劳丽诗、从17岁成为淘宝粉丝而今为"云客服"的90后黄碧姬……这些普普通通的客户见证的是阿里巴巴"诚信成就价值"的一路风尘。还是在创业之初，马云就特别强调：网商的生命力就是诚信，并创造了互联网上的诚信认证与信誉评价模式。作家金庸曾在阿里巴巴因为感受到扑面而来的"淘宝"诚信文化，由衷地写道"宁可淘不到宝，也不能丢诚信"。2013年4月美国《福布斯》的封面故事是《阿里巴巴的马云如何赢回诚信》，讲述的是阿里巴巴爆出销售员纵容骗子公司存在的特大丑闻后，马云立即展开内部调查，并坦诚证实公司存在涉嫌欺诈金额200万美元、牵涉2300多个假供应商的问题存在；并壮士断腕，批准公司首席执行官等高管引咎辞职。此举表明：阿里巴巴要不惜一切代价保护诚信声誉，为维护电商诚信决不后退半步。而阿里巴巴选择世界上监管最严厉的美国证券市场上市，将加速实现1000万家依网而生的小企业、1000万名快递人员及1000万名网络客服人员，为10亿消费者服务的战略目标，更让全世界见证，并感受到"中国符号""中国品牌""中国信誉"的国家形象之魅力。就在阿里巴巴上市后的第五天，西班牙首相拉霍伊在访华期间就向阿里巴巴明确表示：希望阿里巴巴进驻西班牙是"越快越好"。

在源远流长的中国文化中，早在两千多年前孔子就倡导："民无信不立"；"上好礼，则民莫敢不敬；上好义，则民莫敢不服；上好信，则民莫敢不用情。夫如是，则四方之民襁负其子而至矣。"①他还把"诚意"作为"治国""平天下"②的不可或缺环节。韩非子也强调："小信则大信立"③。荀子则说道："君子养心莫善于诚，至诚则无他事矣。"④中国历史上著名的晋商和徽商都在经营中倡导诚实守信，梁启超曾盛赞道："独守信用、自夸

①《论语·子路》
②《礼记·大学》
③《韩非子·外储说左上》
④《荀子·不苟》

于世界人之前。"①而今，"中国社会主义市场经济建设正引领、校正、涵养着诚信文化"②，而"让失信者寸步难行，让守信者一路畅通"③的中国社会信用体系也正在建设与完善，并将更多地体现在自主品牌鲜活的故事之中。

二、长征火箭、大桥局：书写并刻录着中国志气

"自强不息"，乃是中国志气最佳的概括；其出自"天行健，君子以自强不息"④。老子曾说道："自知者明，……自胜者强。"⑤墨子更凝练地强调了"自强不息"的重要性："强必治，不强必乱；强必宁，不强必危；强必富，不强必贫；强必饱，不强必饥。"⑥著名国学家张岱年解读得更为明白："自强不息，就是坚持人格独立，肯定人格的价值。"⑦而孟子所说的"富贵不能淫，贫贱不能移，威武不能屈"⑧气概更是成为中国人人生格言。正因为"自强不息"成为中国志气、中国人格的典型写照，无数中国故事也由此衍生：如精卫填海、夸父追日、愚公移山等神话故事；如勾践卧薪尝胆、祖逖闻鸡起舞、商鞅变法；如孙中山生涯所印证的"穷途之困苦所不能挠，吾志所向，一往无前，愈挫愈奋，再接再厉"⑨。也如毛泽东所指出："我们中华民族有同自己的敌人血战到底的气概，有在自力更生的基础上光复旧物的决心，有自立于世界民族之林的能力。"⑩而今，在改革开放的新时代，彰显自强不息、中国志气的故事主角轮到我们的自主品牌了。

毫无疑问，"两弹一星"是最能体现中国志气的，而从品牌的聚合性角度审视，"两弹一星"的故事更自然地融入"长征火箭"品牌旗下：怀着"中国志气"，邓稼先为着"就是为它死了也值得"的工作，隐姓埋名28年，

① 中国人民银行山西省分行、山西财经学院、《山西票号史料》编写组编：《山西票号史料》，山西人民出版社1990版，第590页。

② 陈毓圭：《中国社会转型与诚信文化重建》，《财政研究》，2013年第5期。

③ 李克强：《政府工作报告》，新华社，2014年3月14日。

④ 《易传·乾·大象》

⑤ 《老子》

⑥ 《墨子·非命下》

⑦ 张岱年：《张岱年全集》（第六卷），河北人民出版社1996版，第227页。

⑧ 《孟子·滕文公上》

⑨ 孙中山：《孙中山选集》，人民出版社1956年版，第104页。

⑩ 毛泽东：《毛泽东选集》（第1卷），人民出版社1991年版，第161页。

直到因长期接触放射性元素被检查出癌症，他才得以和妻子团聚，但仅仅一年就离开了人世。郭永怀在人造卫星研发中，他所乘坐的飞机不幸空难失事，而他的遗体与警卫员紧紧抱在一起，两人胸前夹着的绝密资料安然无恙。"长征一号"运载火箭总工程师任新民日常衣着打扮、言行举止朴实得如同邻家老大爷，他曾往北京某宾馆参加航天专家会议，却被服务人员挡在了门外，当任老拿出了会议出席证，服务员这才深表歉意让他进去。目前，"长征火箭"已经从一号研制到七号，截至 2013 年 12 月，"长征火箭"已进行了 187 次发射，成功率在 95% 以上，先后为国外和香港用户发射了 45 颗卫星。2015 年，发射能力为 25 吨的"大火箭"长征五号和长征七号将在海南文昌发射，从而进一步展现"长征火箭"的品牌魅力。中国航天人都知道，"长征火箭"在没有诞生时就已经起名了，因为我国航空事业起步晚、征途漫漫，于是给火箭起名为"长征"。其寓意"长征"必将胜利，而征服太空的长征将无有止境；可以说航天精神和长征精神一脉相承，红军以及中国航天人在"长征"中那种不怕困难、百折不挠的自强不息精神，就是激励民族复兴最昂扬的中国志气。

在 2014 年国家科技大会上，"大桥局"荣获科技进步一等奖。实际上，"大桥局"已多次获得殊荣：南京长江大桥获特等奖、芜湖长江大桥获一等奖。"大桥局"品牌发展始于 1953 年政务院周恩来总理的批准，目前已经是世界上设计建造桥梁最多的企业。万里长江第一桥武汉长江大桥、我国第一座跨海大桥东海大桥、世界最长的跨海大桥杭州湾大桥、世界海拔最高的拉萨河特大铁路桥等，均成为向世界展示中国桥梁建设的丰碑。同时，"大桥局"先后在 30 多个国家和地区均有工程杰作，品牌已享誉国际桥梁建筑市场。而其最新获奖的武汉天兴洲长江大桥，是世界上第一座按 4 线铁路修建的大跨度公铁两用斜拉桥，创下了跨度、荷载、速度、宽度 4 项世界第一。项目因六大"自主创新技术"获奖，其中"钢梁采用桁段整体架设新技术"，打破了世界桁梁散拼架设的常规，化高空作业为地上作业，化水中作业为岸上作业，化工地拼装为工厂作业，化零散作业为整体作业；将长 1092 米、宽 30 米、总重量达 46000 余吨的主桥钢梁，分成 78 个节段，按照"整桁段架设"的全新技术工艺，运用自发研制的 700 吨架梁起重机，逐一成功架设，为人类的桥梁建设做出了原创性的贡献。

可以说，"长征火箭"从空间高度上书写了中国志气，"大桥局"则在山河大地的广度上刻录了中国的自强不息!

三、海尔、华为:千锤百炼证实中国品质

李克强在埃塞俄比亚出访期间,考察了展示中国装备的"亚的斯亚贝巴轻轨"项目,并对施工人员说:要通过一个个合作工程打造中国装备走出去的"高地",带动中国装备更多、更好地走出去,工程要有好的质量,才有好的中国品牌。确实,品质是品牌的基石,而中国历来就有重视产品品质的传统。《诗经·卫风》中"如切如磋,如琢如磨",就形象地展示了工匠在对骨器、象牙、玉石进行切料、糙锉、细刻、磨光时所表现出来的认真制作、一丝不苟的精神。朱熹则从工匠道德角度,做出"言治骨角者,既切之而复磨之;治玉石者,既琢之而复磨之,治之已精,而益求其精也"①的解读。孙中山将它扩展到近代工业,并提炼为"精益求精"精神。与该精神相得益彰的是中国古代技术文明,如战国编钟的细密程度可以做到"圜者中规,方者中矩,立者中悬,衡者中水,直者如生焉,继者如附焉"②。外国学者也曾为之感叹:"在科学技术发明的许多重要方面,中国人成功地走在那些创造出著名'希腊奇迹'的传奇式人物的前面,和拥有古代西方世界全部文化财富的阿拉伯人并驾齐驱,并在3到13世纪之间保持一个西方所望尘莫及的科学知识水平。"③虽然因历史的原因,中国科技与产品品质一度落后,但中国形象的再次擦亮,依然凭借的是自主品牌昭示的中国品质。

凸显中国品质的品牌故事,当数海尔的"张瑞敏带头砸76台不合格冰箱"!因为它砸出了海尔人背水一战抓产品质量的勇气与自信,同样也向世界宣告了中国自主品牌将如何绝地求生、将如何以中国质量振兴形象。随后,海尔的"小小神童独创市场""文化激活'休克鱼'""赛马不相马""日清日高的OEC""为何在美国建厂"等品牌故事,均生动形象地演绎了海尔凭借产品品质跻身世界品牌的历程。为此,著名导演吴天明据实拍摄了《首席执行官》,影片中以张瑞敏为原型的首席执行官铿锵有力地说道:

①朱熹:《论语·注》

②《考工记》

③[美]李约瑟:《中国科学技术史》(第一卷),《中国科学技术史》翻译小组译,科学出版社1975年版,第12页。

102

世界版图的划分已经不再靠战争，而是靠各个民族工业的品牌多少来划分。我们的位置在哪里？国门之内无名牌！不推进国际化战略，中国品牌在国际竞争中就没有立足之地！北京电影学院教授郑洞天看了影片后感动地说："看着看着我就流泪了。想想我为什么流泪呢？我想的是我的祖国。"

正是为了祖国，自主品牌"华为"的海外战略从一开始就选择了一条最艰难的道路：自主品牌出口。品牌出口的基础是品质，品质的重要支撑是技术，特别是高科技行业，没有核心技术，品牌会空壳化、没有生命力。虽然起步阶段的华为只是代理模拟交换机，根本没有自己的产品与技术，更谈不上品牌，但志存高远的华为义无反顾地把代理所获的微薄利润，都放到小型交换机的自主研发上，利用局部突破，逐渐取得技术的领先，继而带来利润；新的利润再次投入到升级换代的研发中，从而为华为品牌奠定了产品品质的坚实基础。在欧洲市场，华为耕耘了3年才获得第一单只有38美元的合同。由于欧洲企业普遍反应较慢，用户的修改建议往往要一年甚至一年半才能改进，而华为，只要用户有需求，总是加班加点、快速反应，只要一个月就能改进。以高性价比的产品与服务品质取胜，如今华为的产品和解决方案已经应用于全球170多个国家。曾经有位法国记者到华为的深圳总部采访后，连北京都没去就马上回国，赶写了一篇"惊世骇俗"的文章，告诫欧洲电信制造企业：你们将会受到这家中国企业的严峻挑战。

四、隆平、百度、小米：智慧产品源于中国创造

在自主品牌故事体现中国品质中，我们实际已经看到，今天的品质已经不仅仅是单纯的认真负责，更需要技术的原创，即高品质产品离不开中国创造。如华为在全球设立了16个研究所，研发人员达7万人，截至2013年底，累计申请中国专利44168件，外国专利18791件，国际PCT专利14555件，共获得专利授权36511件。近年，中国制造向"中国创造"转变的呼声越来越强烈，但需进一步建立认识的是：唯有"中国创造"附注于自主品牌，中国创造才能转化为生产力，才能助推自主品牌竞争发展，反过来则能让"中国创造"形成持续升华。中国历来富有创新传统，两千多年前强调的"周虽旧邦，其命维新"①，以及"苟日新，日日新，又日

①《诗经·大雅》

新"①，使得中华文明绵延千年、生生不息，成为世界上唯一没有中断过的文明。习近平更指出："惟创新者进，惟创新者强，惟创新者胜"②；要"以科技创新为核心，全方位推进产品创新、品牌创新、产业组织创新、商业模式创新"③。而作为时代最强音的"中国创造"，其最鲜活的体现就在一个个自主品牌故事中。

"隆平高科"——还是在三年困难时期，袁隆平亲眼看见过的5个饿殍成为他研究高产水稻的基本动力；而在1960年，他偶然发现一株水稻与众不同；第二年春天，他把这株稻种播到试验田里，结果表明这是一株地道的"天然杂交稻"。从此，他跳出"无性杂交"学说的束缚，开始进行水稻的有性杂交试验。在无数个头顶烈日、脚踩烂泥、驼背弯腰的寻觅中，终于在1964年他发现了一株雄花花药不开裂、性状奇特的稻株。经人工授粉，结出了数百粒第一代雄性稻种。从此，袁隆平像"追赶太阳"一样进行着杂交稻的实验，其育种方法从三系向两系、再向一系超级杂交稻迈进。如今在我国，有一半的稻田里播种着"隆平高科"培育的杂交水稻，每年收获的稻谷60%源自他培育的杂交水稻种子。1980年，杂交水稻作为我国出口的第一项农业专利技术转让美国；20世纪90年代初，联合国粮农组织向发展中国家推广杂交水稻。而杂交水稻成果在国内获得第一个特等发明奖，并连续荣获国际科学大奖。国际水稻研究所所长斯瓦米纳森曾由衷称赞："我们把袁隆平先生称为'杂交水稻之父'，因为他的成就不仅是中国的骄傲，也是世界的骄傲，他的成就给人类带来了福音。"而美国汤·巴来伯格教授在他著的《走向丰衣足食的世界》中写道：袁隆平把西方国家抛到了后面，成为世界上第一个成功地利用了水稻杂种优势的伟大科学家！

"百度"——其品牌名称源于辛弃疾的《青玉案·元夕》词句"众里寻他千百度"，而百度商标"熊掌"图案的灵感则源于"猎人巡迹熊爪"。当然品牌故事的主角永远是人。1999年，身在美国硅谷的李彦宏看到了中国互联网及中文搜索引擎服务的巨大发展潜力，于是他携搜索引擎专利技术毅然回国，在中关村创建了百度公司。而今，"百度"成为中国掌握世界尖端科学核心技术的自主品牌，也使中国成为全球仅有的4个拥有搜索引擎核

①《大学》

② 习近平：《掌握工作制胜的看家本领》，《人民日报》，2014年7月17日。

③ 习近平：《坚定不移创新创新再创新 加快创新型国家建设步伐》，《人民日报》，2014年6月9日。

心技术的国家之一，并已将品牌推向多个国家。随着"百度"品牌的发展，曾担任微软亚洲研究院院长兼首席科学家、微软全球副总裁的张亚勤，曾在"谷歌"负责大脑项目的吴恩达，于2014年先后加盟"百度"。高端人才的加盟，使得百度大脑、百度筷搜、百度机器人等新业务得到快速开发；其中百度的人工智能，将有望更典型地展示中国智慧，并将创造出比移动互联网大10倍的市场。毫无疑问，"百度"已经成为中国最具智慧含量的品牌之一，英国《金融时报》甚至将"百度"列为"世界级品牌"。

"小米"——权威市场调研公司Canalys所发布的中国智能手机市场2014年第二季度出货量数据显示，"小米"手机出货量的市场份额达14%，首次超越了长期保持第一的韩国品牌三星。小米手机的成功归结为技术研发和互联网营销模式的创新，并由此极大提升了效率、降低了成本，从而实现"高配低价"的竞争优势。为此，小米创始人雷军为说服高端人才加盟，曾向同一个人打过90多个电话。而在小米的初创期，雷军与他的伙伴都不拿工资，每天上12—15小时班。或许，小米创新的典型体现更在"为发烧而生"、消费者导向的理念上，仅2014年举办的小米米粉节，就有1500万人参与活动，共接受订货226万单，售出130万部手机。显然，让人们错愕不已的"小米"品牌，证实的正是技术、产品、品牌、商业模式一体化的中国创新驱动模式。

当这些创新型品牌故事被人们津津乐道时，我们应当记起袁隆平在国际领奖台上被授予先驱科学家称号时所说："这不是我个人的荣誉，是我们中国的荣誉，属于整个中国。"同样，当创新型的自主品牌获得国际认可，不正是中国创造最好的印证吗？

五、东风、奇瑞、吉利：见证着中国自信

在1956年的中央政治局会议上毛泽东曾感慨地说："什么时候能坐上我们自己生产的小轿车来开会就好了！"1958年，我国第一辆国产东风牌轿车诞生，在送到中南海之后，毛泽东乘车绕行了两圈，高兴地说："坐了我们自己制造的小汽车了。"这小汽车是一汽人靠双手硬生生敲打出来的，却让中国汽车人找到了自信。随后，在一汽绽放了"红旗""解放"等自主品牌，而"东风"品牌则在东风汽车公司结出了硕果。20世纪60年代初，在

十堰这个不见经传的小城，数万工人建设汽车城曾经演绎了多么壮观火热的场面，不久一台台"东风"商用车从这里驶向共和国的四面八方。而在改革开放年代，"东风"从大山中走出，不仅走向了九省通衢的武汉，更与世界握手，与日产公司以各拥有50%的股份实现战略合作，大度而自信地推进我国汽车领域规模最大、层次最深、领域最广的合资项目。如今，东风汽车公司年销售额达1300亿，"东风"自主品牌汽车也实现年销售120万辆。

如果说"东风"品牌既体现了自力更生的自信，又体现了大度开放的自信；那么，"奇瑞""吉利"品牌则是新时期我国汽车品牌快速崛起、自信走向世界的范例：

奇瑞汽车，是1995年安徽芜湖市领导得知英国福特的一条发动机生产线要出售，于是抓住机会干起来的。由于国家政策对轿车项目的限制，当时还只能秘密进行。而"奇瑞"吸引了一大批国内外汽车界精英来创新创业，先后取得涡轮增压缸内直喷技术、双可变气门正时技术、无级变速器以及新能源等尖端核心技术上突破，其背后一个个生动感人的故事则托举出了一个在国际汽车市场上闪亮的中国品牌。2013年，奇瑞累计销量突破400万辆，产品销往80余个国家和地区，累计出口超过80万辆，连续11年成为中国最大的乘用车出口品牌。而在2014年，奇瑞巴西工厂已在圣保罗落成，代表中国汽车自主品牌实现了向海外投资输出。可以想象，当越来越多的奇瑞品牌奔驰在五大洲的道路上，这对于中国国家形象是多么富有说服力的传播。

而吉利品牌，则是中国民营企业奉献给世界的杰作。自1997年进入轿车领域，其凭借灵活的经营机制和持续的自主创新，不仅跻身国内汽车行业十强、进入《财富》世界500强企业榜单，且留下了一个个品牌故事：请国家允许民营企业家做轿车梦的"请给我一次失败机会"之请求、亚洲飞人柯受良驾驶吉利轿车在世界屋脊布达拉宫广场激情飞越、"吉利·美人豹"都市跑车被国家博物馆永久收藏、先后登陆法兰克福和底特律国际车展。更精彩的故事则是吉利公司"如同农村穷小子追求一个世界顶级明星沃尔沃"，并于2009年成功收购沃尔沃汽车100%的股权。其间，在吉利和沃尔沃公司工会代表谈判时，面对对方要求用3个词来说明吉利是最佳竞购者之难题，吉利创始人李书福所答"I love you"以及要以"爱"来运营沃尔沃品牌、爱护沃尔沃员工的真诚表白，赢得了掌声与赞赏。

习近平曾在《关于领导干部"配车问题"发表的内部讲话》中指出："我们逐渐要坐自主品牌的车，现在也有了这个设计和生产，老坐外国车观感也不好。"其实，总书记的话代表了一种普遍的共识：自主品牌汽车最能体现中国的国家形象。那么，从东风、奇瑞、吉利的品牌故事中，我们无疑见证了自主品牌汽车承载着中国形象、正自信地走向世界。

接受理论中有一著名观点，即"形象大于思想"①。那么任一自主品牌故事，均不仅仅是单一地体现着中国信誉、中国志气、中国品质、中国创造、中国自信等，而是全息地透视着中国国家形象最具有价值的诸多维度。习近平明确指出："要增强对外话语的创造力、感召力、公信力，讲好中国故事，传播好中国声音，阐释好中国特色。"②为此，工信部曾发文强调：通过"组织全国品牌故事演讲比赛等活动……塑造中国工业企业质量品牌国际形象。"③可以说，自主品牌故事生动形象地展现了中国人民要在国际舞台上为中国品牌寻梦、追梦、圆梦的历史旅程；思及至此，面对一个个正在圆梦征程上的自主品牌，我们则不能不肃然起敬、心旌荡漾、壮怀激烈。

（《现代传播》2015年第3期）

自主品牌故事中的中国形象

---

① 赵俊英：《从接受的视角看"形象大于思想"》，《山西大学学报》，1989年第4期。

② 习近平：《创造中华文化新的辉煌——关于建设社会主义文化强国》，《人民日报》，2014年7月9日。

③《工业和信息化部关于2014年工业质量品牌建设工作的通知》，http://www.miit.gov.cn.

论国家品牌传播

"价格让渡"到"价值满足"

——社会转型期自主品牌传播的取向

【内容摘要】 本文针对新媒体的自主品牌传播中"价格让渡"诉求日益突出的现象，深度分析了这种价格取向将导致的品牌危机，并追溯了形成"价格让渡"传播的深层原因；由此，文章提出了社会转型期的自主品牌传播取向应是消费者对于品牌的"价值满足"。

【关键词】 价格让渡；价值满足；社会转型期；自主品牌传播取向

经济转型，最典型地体现是自主创新，且将创新体现到自主品牌之上；并以品牌消费拉动着内需，从而摆脱出口与投资拉动的经济增长方式的依赖。相对应的社会转型，其消费则不再是以物美价廉为取向，而是以品质增值来获得满足。与此同时，基于新媒体的品牌传播：一方面信息更为丰裕、沟通更为直接；但另一方面又在说服消费者进行消费决策时，往往均是价格的诱惑，并俨然形成了"价格让渡"的风潮。于是，"双十一"的折扣消费狂欢，电商上充斥着的"亲，折扣最低了哦"的淘宝促销，自主品牌的官方微博微信的公众页也多是突出"价格最优"，使得"价格让渡"成为自主品牌传播的主要取向，而这无疑潜伏着深刻的危机。

一、"价格让渡"下的品牌危机

"让渡"，即出让、让与之义；"价格让渡"，则是将价格让与市场、让与消费者。价格优势的诉求、打折促销、赠送销售等，无疑均是我国自主品牌传播中的"价格让渡"行为。固然，低价促销、价格让渡，能快速增加产品销售，回流现金，但这一可见的表象下，却是企业通过让利自我降低利润、损害企业信誉、挫伤消费者感情，其导致的品牌危机往往是多层面的。

1. 企业可持续发展的危机

企业的可持续发展建立在企业的持续盈利能力之上，因此企业在保证产品富有市场价格竞争力的基础上，往往要预留足够的盈利空间，从而实现盈利与增值，保证企业的再生产与扩大再生产。也正是由于单纯的产品同质化竞争、价格的红海性拼杀，使得企业不得不走向文化个性化、认知差异化的品牌竞争，其目的正如美国营销学权威菲利普·科特勒所言："品牌是一个名称、术语、标记、符号、图案；或是这些因素的组合。用来识别产品的制造商和销售商。……由于消费者视品牌为产品的一个重要组成部分，因此建立品牌能够增加产品的价值。"[①]美国整合营销传播学者唐·舒尔茨则更直截了当地认为：品牌不过是品牌所有者赖以赚钱的一种方式，品牌可以是一种产品或者一种服务、一个人、一件东西、一个观念、一个过程、一个国家、一个组织或者任何东西；因此，"品牌是买卖双方一致认同，并可以据此达成某种交换协议，进而为双方都创造价值的东西"，"这就是我们给出的品牌的定义：品牌是为买卖双方所识别并能够为双方带来价值的东西"。[②]也就是说，一旦选择品牌战略，就意味着不再是低层次的价格竞争，而是价值竞争，在对消费者创造价值的同时给企业带来更大的可持续发展的空间。可见，"价格让渡"取向的品牌传播给企业带来的乃是

上编

"价格让渡"到"价值满足"

---

① ［美］菲利普·科特勒等：《市场营销导论》，俞利军译，华夏出版社2001年版，第212页。

② ［美］唐·舒尔茨、海蒂·舒尔茨：《唐·舒尔茨论品牌》，高增安、赵红译，人民邮电出版社2005年版，第8—9页。

可持续发展的深刻危机。

2.自主品牌退化的危机

品牌是企业最宝贵的资产之一。成功的品牌不但能给顾客带来更大的价值，而且能够使企业获得更高的产品溢价和顾客忠诚度。但随着市场竞争的加剧，企业不知不觉地开始背离打造品牌的初衷，开始盲目地进行价格促销，往往通过传播引发一轮又一轮的"价格战"，其在帮助企业实现短期销售目标的同时，则严重损害企业花大力气建立起来的品牌资产。美国学者Yoo等人从品牌资产概念模型建构角度指出：品牌资产的建构是一项系统工作，如果一项营销活动只是增加其中一维或多维数值，但是却大大降低其他维度数值，对于品牌资产来说，其值并不一定得到提高。如通过降价销售的诉求传播，使得消费者对于品牌知晓度得到了提高，但是却使得原有忠诚顾客的质量信赖与品牌忠诚降低，这时或许销售额得到了增加，但品牌资产数值却必然会因此而降低。[①]而对于我国自主品牌发展来说，本身就起步较迟，实力较弱，再进行低价格的传播与发展策略，则只能进入一个不断蜕化的、危机日渐加剧的状态。相比之下，国际品牌不仅规模庞大、资金雄厚，而且持续采取品牌价值战略，在市场掠取高额利润，就更有足够的实力保持品牌领袖的宝座。如苹果公司，其创始人乔布斯最后的杰作——造价50亿美元的、类似宇宙飞船造型的总部即将落成；其背后高利润创造，以及品牌高地建设，将给我国自主品牌产生怎样的震撼？

3.中国国家形象建构的危机

中国总理李克强面对来华推销飞机的外宾，发现对方递过来的飞机模型乃是"Mand In China"，他不得不感叹：中国要生产多少飞机模型才能换回一架飞机啊！而这一现实在短时间内还无法得到改变。因为在国际舆论中，提及中国国家形象，首先被建立联系的是低档次产品，是个"没有品牌的巨人"。在中国，据盖洛普调查公司首次所做的中国消费者生活态度和生活方式趋势调查显示，就品牌认知率而言，排在前20位的商品品牌，国外品牌16个，国内品牌只有4个。认知率最高的可口可乐达85%。认知率超过20%的58个品牌中，国产品牌10个，占17.24%。这表明了国外品牌进入中国市场，其实就是以品牌传播作为战略先导的。相形之下，我国绝大

① Yoo, B., N. Donthu. Developing and Validating a Multidimensional Consumer-based Brand Equity Scale. Journal of Business Research, 2001, 52(1): 1-14.

多数的品牌尚处于本土市场中的成长阶段；而在国际市场上除了"海尔""联想""格力""华为""同仁堂"等品牌尚有一定的影响，能与跨国公司相抗衡的品牌几乎没有。实际上，"国家形象"（National image）一词在英语中往往就是指特定国家的商品品牌，如奔驰、宝马车作为德国的"国家形象"等；对于中国自主品牌与中国国家形象的关系，美国学者就明确说道"中国品牌的成功和中国国家品牌的成功将是相互促进的"[①]。也就是说，当我国自主品牌总是陷入低价竞争、低价诉求的传播，则必然地将自身形象烙刻在"低价、低档"的认知之上，同时也必然地在不断建构着"低档中国"的国家形象，其所带来的危机则必然是多方面的。

二、"价格让渡"传播的原因解析

"价格让渡"所导致自主品牌的层层危机足以让国人引起警示，但产生"价格让渡"这一取向的原因何在呢？

1.企业低价抢市场的思维惯性

尼古拉·埃尔潘在《消费社会学》中提出："在媒体大战中，所有的商品都显得难分上下。如果购买低档商品，普通消费者只是暂时牺牲了商品的品质，这无关紧要。相反，如果生产商在产品的研发方面投入了资金，他们则采取这个相对的策略。他们必须减少投入。新产品通常价格高昂，因为其品质优良。因此，品牌广告与大规模行销产生了冲突。这种状况是广告市场上一个永久的特征，尽管市场的要求越来越高，消费者面对的是一堆充满结构性矛盾的信息。如果消费者对商品质量没有信心，不管该商品的档次如何，都会对商品的销售产生不良影响。这种状况不利于消费乐趣的感知。实际上，没有什么能够使理性的消费者认为自己能够购买的商品是低档货。"[②]如此，我国企业在抢占市场份额时往往采取高标价，而降价促销几乎成为天经地义的选择。如此惯性思维，是基于这样的前提：消费者唯利是图、消费者永远是贪小便宜的。这一思维惯性体现到汽车营销传播中，我们则可以看到：一方面是国际品牌不仅不降价，而且提车加价；另一方面则是自主品牌打折销售。这一局面表面是自主品牌汽车多少抢到了一定的市场份额，但其

① Nigel Hollis：The Global Brand. Martin's Press LLC，2008.New York.

②［法］尼古拉·埃尔潘：《消费社会学》，孙沛东译，社会科学文献出版社2005年版，第76页。

演绎的结果是什么呢？必然是：国际品牌在不断积累着高利润，以及品牌价值与信誉；而自主品牌则不断重复着低价、低档的恶性循环，不仅无法完成品牌的跃升，甚至逐渐滑向毫无还手之力之状态。

2.职业经理人急功近利地杀鸡取卵

在市场营销乃至企业经营上，价格促销几乎是屡试不爽的利器。国际营销界也普遍认为：价格促销是指在进行销售活动时，针对某项产品或服务给予较低的价格，或是在相同价格下给予较多的产品或服务；把价格促销作为一种策略来取悦市场极其普遍，对市场人员来说，所有可利用的工具，没有什么比价格这种工具更有力①。当这一营销利器与职业经理人制度相结合，价格促销以及价格让渡的品牌传播，几乎就成为职业经理人创造业绩的首选。因为，职业经理人的收入往往采取的是以年薪加奖金或底薪加提成的方式计算；而年薪、奖金、提成，又无一例外均是以当年的销售业绩来衡量。由于职业经理人的考核，甚至聘期均是以年度来进行；一旦跨年，业绩与收入无法获得理想的预期，他随时可以离职而去。如此，职业经理人的目光，以及市场操作只能是急功近利的，甚至是杀鸡取卵式的，他无需承担第二年的市场责任，更无需考虑品牌的价值与可持续发展，因为品牌价值的提升无法量化到他当年的业绩与收入之中。

3.社会转型期的犹豫迷茫

社会转型体现到消费转型之上，其实就是消费的升级，就是消费价值的提升，就是品牌发展的最佳时期。这一时期，人们通过消费不同品牌符码，建构出不同风格特色的生活方式，并作为彼此间的沟通工具与身份的象征。英国学者费瑟斯通指出："人们已经意识到，消费文化中的个体，不仅仅谈论他的服饰，而且还谈论他的家居，家中的陈设与装潢、汽车及其他活动，根据这些东西有无品位，人们就可以对它们的主人予以解读。"②这种商品符号消费在人们生活中的登堂入室，使得人们很容易借助商品符号——"品牌"——在消费模式和生活方式上竞相攀比、竞争与模仿，这就滑向了一个极端：消费主义。英国后现代主义学者鲍曼曾说道："在消费社会中，对消费品的依赖性，即对购物的依赖性——是所有个体自由的必

---

① Grewal D, Krishnan R, BAKER J, et a.l The Effect of Store Name, Brand Name, and Price Discounts on Consumersp Evaluations and Purchase Intentions. Journal ofRetailing,1998,74(3):331-352.

② [英]迈克·费瑟斯通：《消费文化与后现代主义》,刘精明译,译林出版社2000年版,第126页。

要条件；他尤其是保持不同的自由和'获得身份的前提'。"①套用一句名言就是"我买故我在"，而一句著名的广告语则说成"我买什么，则我是什么"。即现代社会人们身份的建构严重依赖于消费。"人们是通过他们所消费的东西而被辨认，身份只能靠消费才能获得，没有消费就没有身份。"②当然，一味以符号消费来进行炫耀，且成为人们生活生存的唯一价值追求，这种消费主义我们是需要反对的。但在社会转型期，消费者彼此之间对于自身价值的展现、身份认同，其显性的体现则是借助品牌符号，当然，这也成为经济转型、品牌发展难得的机遇。可惜，对于大多数自主品牌企业来说，还没能对此产生深刻的理性认识。虽然，企业家自身已经在不自觉中身体力行了，也模糊意识到了品牌发展需对应着消费转型的需要，但如何走出"价格让渡"的传播与竞争的泥沼，如何进行价值创造的品牌传播，还总是犹豫彷徨，无法明晰方向、痛下决心。

三、"价值满足"取向的品牌传播

在传统的认识中，市场价格的准则是"优质优价"，产品价格的高低主要取决于产品质量的高低。而在今天多元化的市场上，原有的价格准则固然还潜在地发挥作用，但已经不是如此单一了，即：低质肯定低价，但优质未必一定优价；同样的质量、款式、功能的商品，其价格往往相差甚远。如，我国苏杭的丝绸服装每年大量出口到美国，贴上国内企业的品牌商标，每件售价仅20美元；但如果换用美国一家公司的品牌商标，每件售价可达300美元。而在我国工厂同一生产线、同一批工人、同一用料，以及类似款式所生产的运动鞋，用自主品牌每双的国内售价为120元，而"耐克"品牌则每双售价为560元；在国外市场，我国自主品牌很少有订货商，而耐克则每双售价280美元。显然，品牌不仅仅是对质量信誉的一种承诺与保证，而且由于品牌所倡导的独一无二的文化、所给消费者产生的美好联想，使品牌商品增加了文化价值的因素，其合理地进行溢价，就完全有可能比同档次的普通商品价格高出20%到80%，甚至超出数十倍。如此，则形成了品牌给消费者带来的"价值满足"。

---

① [英]齐格蒙特·鲍曼：《流动的现代性》，欧阳景根译，上海三联书店2002年版，第112、128页。
② [英]迈克·费瑟斯通：《消费文化与后现代主义》，刘精明译，译林出版社2000年版，第124页。

美国品牌专家汤姆·邓肯等人强调："很多公司眼中看到的品牌，只是印在产品包装上的名称和商标，他们忽略了以下真相：真正的品牌其实是存在于关系利益人的内心和想法中。换言之，即使公司拥有品牌名称和商标的所有权，品牌的真正拥有者却是关系利益人。"①可以说，品牌的关系利益人即消费者，诚如英国品牌学家保罗·斯图伯特所说："品牌不是违背消费者意愿而强加在'品牌的忠诚信徒'头上的。品牌使消费者在日益复杂的世界上充满自信地购物。品牌为消费者提供了质量、价值和产品满意方面的保证。只要品牌保持其作用，消费者就会继续给以支持，反之，如果消费者不喜欢某个品牌，或品牌不能满足消费者的需要，或出现了另一个更好满足消费者需要的品牌，品牌的区别功能就使消费者避开不满意的品牌，另选一个替代者。"②一般来说，消费者要在搜寻消费信息成本的合理阈线范围内进行消费抉择，其最为经济合理的方式，就是按照品牌在心理留下的价值印象进行取舍。有一项调查表明：消费者在消费行为中，有对于品牌很重视、重视、一般、无所谓四种态度的选择，分别占被调查总数的21%、58%、17%、4%；认为应该购买好品牌的占66%，认为应该符合自己需求能力进行品牌消费的占34%。可见，品牌在引导消费者、满足消费者方面作用明显③。

而品牌对于消费者的价值满足，其更集中体现于高层次的精神与社会需要之上。如汽车基本功能是代步，但在满足消费者信赖感、自尊心、荣誉感上往往相距甚远。英国经济学家马歇尔曾提出一个"消费者剩余"的概念，他说道："一个人对一物所付的价格，绝不会超过，而且也很少达到他宁愿支付而不愿得不到此物的价格。因此，它从购买此物所得到的满足，通常超过他因付出此物的代价而放弃的满足；这样，他就从这购买中得到一种满足的剩余。他宁愿付出而不愿得不到此物的价格超过他实际付出的价格的部分，是这种剩余满足的经济衡量。这个部分可称为消费者剩余。"④这种"消费者剩余"，可以说是商品的"剩余效用"，剩余效用可能是商品本身所具备的，如有些商品确实能给人们带来超值享受；但也可能

① [美]汤姆·邓肯、桑德拉·莫里亚蒂：《品牌至尊——利用整合营销创造终极价值》,廖宜怡译,华夏出版社2000年版,第11页。

② [英]保罗·斯图伯特：《品牌的力量》,尹英等译,中信出版社2001年版,第12页。

③ 舒咏平：《品牌传播教程》,北京师范大学出版社2013年版,第8页。

④ [英]马歇尔：《经济学原理》,陈良璧译,商务印书馆1991年版,第421页。

是消费者的"发现"，还可能是消费者的心理感受。但不管哪方面，一般地说"消费者剩余"所给消费者带来的价值满足，在买方市场和人们基本物质生活有保障的前提下，更多地集中在精神和社会层面。而这种"消费者剩余"，显然只能由品牌予以承载，并带来价值实现的满足。

当社会转型期消费者更多地期待品牌带来"价值满足"以创造"消费者剩余"，那么品牌传播还能停留在"价格让渡"之上吗？答案是否定的！市场经济的发达和信息流动速度的加快强化了理性消费者实现效用最大化的决策能力，消费者要求品牌产品能够满足其物质需求的同时，更能满足精神价值需求，这就使得品牌传播必须超越"价格让渡"，而走向"价值满足"，以实现消费者在价值满足中心甘情愿地支付货币选票。这种消费需求的微妙变化昭示着以"认牌消费"为主要特征的"心经济"——"价值满足"时代已经来临①。如此，企业唯有通过品牌"价值满足"取向的传播，不仅使得消费认同传播出来的产品质量、技术、商业模式，更重要的是认同品牌文化，并因此产生心理愉悦的满足。这里，我们的自主品牌传播不妨学学"谭木匠"。

总部位于重庆万州的"谭木匠"，原来拟取名"三峡"，到商标所查询竟然有了几百个类似"三峡"的商标，其创始人谭传华结合自己木匠世家的家庭背景，干脆为产品取名为"谭木匠"。确实，"谭木匠"的品牌名称具有典型的中国味，不仅传达出专门行业、专业师傅、专有技术、专项产品的信息；而且有一股浓浓的乡土情，是勤劳、智慧、亲善的象征。而在产品研发中，谭木匠更是全方面注入了丰富的中华文化理念，将自然、养生、情感、吉祥等元素有机地融合于木梳产品之上。其品牌传播，则更多借助开在闹市区的谭木匠专卖店：在一片霓虹灯的店头招牌中，那木质的、黑白相间、透视出古朴自然的、宛如百年老店的"谭木匠"招牌，反而显得更为显眼。店头"谭木匠"所推崇的"千年木梳，万丝情缘"之文化诉求，店内陈列柜里那一把把精巧的木质梳子、小镜子犹如精致的艺术品，其"价值满足"的品牌传播，使得"谭木匠"当仁不让地成为木梳行业第一品牌，并因此登陆香港资本市场，并把专卖店开到了国外。

提及"价值满足"，就不得不提到 1997 年 Walker Chip 首次使用的"品

① KELLER K L.Brand synthesis：the multidim ensionality of brand knowledge.Journal of Consumer Research，2003（29）：595-600.

牌核心价值"这一概念。该概念指的是品牌向消费者承诺的核心利益，并代表着品牌对消费者的终极意义和独特价值，是一个品牌独一无二且最有价值的精髓之所在①。而所谓"品牌核心价值"，就法国社会学家波德里亚看来，我们需要"从物的消费进入到符号消费的领域，建立以符号消费为主导的符号政治经济学体系"，并把马克思主义对资本主义的批判从生产领域扩展到消费领域。如此，便形成一个消费符号化的"物—文化—服务"层层递进的结构，这三者的符号化无疑实现了消费者心理满足的价值②。如果说，商品一旦被确立为品牌，便超越其物理的特征，而带有某种象征性，成为品牌所有者与消费者达成认同合作的"图腾"。对于消费者而言，品牌作为符号表达了商品的档次、信誉以及消费者的身份、荣耀、品味和心情，即价值的象征性满足。这时，品牌价值更多地就是信誉与文化所赋予的符号，相应地品牌传播也需以"价值满足"为取向了。

我们知道，以消费者为出发点的需求经济正驱动包括全球化、网络化、定制化、数字化、互动性的社会发展，消费者的需求无疑希望能够得到迅速、个性化的满足；消费者已不再满足于企业提供的产品，他们现在需要的是服务、支持以及专门为他们定制的产品，以及统摄这一切的品牌③。那么，我们自主品牌期待获得市场更大的信赖、获得更加坚实的发展，其"价值满足"无疑是品牌传播唯一的取向。著名管理学家汤姆·彼得斯在其著作《重启思维》中说道："市场上的产品已经争夺得不可开交。因此，如果想要在这个拥塞得不像话，而且越来越糟的市场突显自己（即使只是略微的出头），建立品牌都比以往更为重要，而不是不重要。""在这个信息过剩的时代，世人对新品牌和积极建立新品牌的行动的需求是有增无减，可以发挥的空间也更胜于以往。""品牌！品牌！品牌！这便是从20世纪90年代末期以来的信息。"④而在国际品牌竞争的大潮中，中国自主品牌欲要获得一席之地，其传播取向由"价格让渡"走向"价值满足"已是不二的选择，否则只能是"且行且衰落"。

（《现代传播》2014年第9期）

---

① CHIP W.The perils of popularity.Marketing Tools，1997（7）：21-22.

② 孔明安：《从物的消费到符号消费》，《哲学研究》，2002年第11期。

③ ［美］尼克·雷登：《品牌运营与企业利润》，李中等译，机械工业出版社2007年版，第11—15页。

④ ［美］汤姆·彼得斯：《重启思维》，顾淑馨译，中信出版社2007年版，第161—162页。

国外消费者的中国品牌形象认知

——基于对义乌市场外商的问卷调查

【摘要】国家是考察品牌形象的重要层面。通过文献回顾和实地访谈，本文构建了中国品牌发展状况和生长环境测量量表。调查数据表明，两个量表具备足够的信度与效度。数据揭示，国外消费者对我国品牌形象的认知，包括积极和消极两种倾向性的判断，但积极认知的程度更高。国外消费者眼中我国优胜的社会制度、积极的人文传统和有利的实践场域因素，使得他们认为中国品牌更具优势，亦对中国品牌的发展更有信心；而消极的人文传统和不利的实践场域因素则使得他们对中国品牌持负面的印象，也相应成为中国品牌形象提升的空间。

【关键词】中国品牌形象；国外消费者；品牌形象认知

一、引言

培育自主品牌是我国国家战略，是中国由经济大国走向经济强国的必由之路。自主品牌是"由中国企业和中国资本控股的企业，通过自主创新和精心营销所创建的拥有知识产权的中华民族品牌"①。由于品牌营销不可避免地带上品牌来源国效应，国家形象则必然为该国度的品牌进行背书。1965年，Schooler的研究发现国家形象影响着消费者的抉择，并首次引入了"国家形象"概念②。由于国家形象对国际营销的重要性③，在影响国际营销诸因素中，来源国效应吸引了越来越多的注意④。更有学者认为，国家形象就是消费者对特定国家产品的总体感知⑤。

　　国家形象固然影响消费者对该国品牌的接受与选择，而反过来，一个国家的品牌也必然建构着这个国家的形象。如苹果、微软之于美国，奔驰、西门子之于德国，LV、香奈儿之于法国，其品牌文化与国家形象有着高度的同构。麦克卢汉曾说道："媒介即讯息，因为对人的组合与行动的尺度和形态，媒介正发挥着塑造和控制的作用。"⑥如果从品牌动态地负载着产品、企业、文化、历史等诸多讯息，并深刻地影响、塑造、控制人们的行为角度来审视，品牌无疑是最具有传播效应的媒介。对于我国来说，自主品牌发展已经成为基本国策，是我国经济转型升级的必由之路。习近平曾指示：要着力提高自主创新能力和培育自主品牌，坚定不移地走品牌发展之路。为此，把握我国品牌发展的现实状况以及国际社会对中国品牌的认知与评价，显得尤为重要。

　　① 乌家培：《论我国自主品牌的培育、管理和发展》，《学术研究》，2007年第4期。

　　② Schooler Robert D.. Product bias in the central American common market. Journal of Research in Marketing，1965，Vol.1，No.2：394-397.

　　③ Abhilash Ponnam，Roy Subhadip IUP. Indian consumers' perception of country of origin on organizational capabilities. Journal of Management Research，2009，Vol.8，No.10：63-72.

　　④ Khalid I Al-Sulaiti. Michael J Baker Country of origin effects：a literature review. Marketing Intelligence & Planning，1998，Vol.16，No.3：150-155.

　　⑤ Roth M.S，J B Romeo. Matching product category and eountry image perceptions：a framework for managing country-of-origin effects. Journal of International Business Stodies，1992，Vol.23，No.3：477-497.

　　⑥ [加]马歇尔·麦克卢汉：《理解媒介：论人的延伸》，何道宽译，商务印书馆2000年版，第34页。

论国家品牌传播

二、文献综述与研究问题

(一)国家层面的消费者品牌形象认知

在市场全球化时代，国家是消费者认知和评价品牌的重要层面。自"国家形象"提出，人们注意到消费者对于产品及品牌来源国偏见这种无形的因素，产品原产地及品牌来源国研究得以深入展开。研究认为，原产地主要是发挥品质推断或指示作用[1]；原产地可以像产品属性那样直接对产品评价产生影响[2]；爱国、爱乡或对他国的敌视等情绪影响消费者的产品评价[3]。随着资本扩张，加工外包日益增多，"制造国""设计国""部件供应国""品牌来源国"等概念引入原产地研究[4]。Phau 等提出，国际贴牌生产的普遍存在使得消费者日益接受产自不同国家的同一品牌，产地或制造国对消费者评价和选择产品可能不再像以前那样具有影响力，而品牌来源国所激发的情感和联想则更为重要；品牌来源国无疑是一种更有效的认识和评价产品的工具[5]。由此，品牌来源国被认为是比产品制造国更重要的概念，也自然成为研究的重心[6]。研究发现，消费者认为来自经济发达国家的品牌比来自经济不发达国家的品牌好[7]；而发展中国家消费者对本国品牌的评价普遍要低于外国品牌，反映了他们将品牌来源国作为一种社会地位的

---

① Han C M. Country image: halo or summary constructs? journal of marketing research, 1989, Vol.26, No.2: 222-229.

② HONG SUNG-TAI, WYER R S.. Effects of country-of-origin and product-attribute information on product evaluation: an information processing perspective. Journal of Consumer Research, 1989, Vol.16, N0.2:175-187.

③ KLEIN J G, ETTENSON R, MORRIS M D. The Animosity Model of Foreign Product Purchase: An Empirical Test in the People's Republic of China. Journal of Marketing, 1998, Vol.62, No.1:89-100.

④ NEBENZAHL I D, JAFFE E D, LAMPERT S I. Towards a theory of country image effect on product evaluation. Management International Review, 1997, Vol.37, No.1:27-49.

⑤ PHAU I, PRENDERGAST. Conceptualizing the Country of Origin of Brand. Journal of Marketing Communications, 2000, Vol.6, No.3:159-170.

⑥ 吴坚、符国群：《品牌来源国和产品制造国对消费者购买行为的影响》，《管理学报》，2007年第5期。

⑦ Kinra. N. The effect of country of origin on foreign brand names in the Indian market. Marketing Intelligence & Planning, 2006, Vol.24, No.7:15-30.

象征①。本土研究也发现，我国消费者普遍相信跨国公司的品牌产品质量比国内企业品牌更好②。如此，从品牌来源国角度来审视国家形象与该国品牌形象关系，成为研究的应然路径。

（二）国家品牌形象的两个基本维度：品牌发展状况与品牌生长环境

对一国品牌发展状况的把握，可以借鉴产品和企业层面的品牌形象内涵。目前，品牌形象的认知研究相对成熟：艾克模型包括品牌知晓度、品牌忠诚、品牌联想、品牌的感知质量、品牌资产等五个维度③；克里斯南模型则凸显联想的数量、联想偏好、联想独特性、联想来源等维度④；贝尔模型以公司形象、使用者形象、产品/服务形象等构成品牌形象⑤；英特模型主要由市场领导力、稳定性、市场、国际化能力、趋向、所获支持、品牌保护等维度构成。还有学者对品牌形象进行了五个维度划分：品牌认知、产品属性认知、品牌联想、品牌价值、品牌忠诚⑥。虽然这些品牌形象评估模型各具合理性，但均"没有建立关于品牌形象构成要素及其影响因素相对完善的体系"⑦。既有的品牌形象评估多是就具体品牌的市场表现而言，具体一个国家品牌发展总体状况尚未涉及，却更显其研究的必要性。

如果说国家品牌形象的品牌发展状况维度需从产品品牌角度切入，其品牌生长环境维度仅仅凭"品牌联想""联想来源""所获支持"却无法得到清晰审视。有专家指出：国家品牌形象的构成要素相对复杂，主要由国家地理位置、自然环境、经济、政治、文化状况等决定，也受到历史状况和发展前景的影响，一个国家特有的物（自然物、文化产物）、人（古代、现代、当代的名人）、事（著名事件）都将为该国品牌的建立奠定坚实的基

① Batra, R., Ramaswamy, V.' Alden, D. L., Steenkamp, J - B.E.M., Ramachander, S. (2000). Effects of brand local and nonlocal origin on consumer attitudes in developing countries, Journal of Consumer Psychology, 2000, Vol.9, No.2: 83-95.

② 宋永高等：《国内消费者对本国品牌的态度及其改变的可能性研究》，《南开管理评论》，2004年第2期。

③ AAKER, DAVID A., Building Strong Brands, New York: Free Press, 1995: 17.

④ KRISHNAN, H. S. Characteristics of Memory Associations: A Consumer-Based Brand Equity Perspective. International Journal of Research in Marketing, 1996, Vol.1, No.13: 385-409.

⑤ Biel, Alexander L. How Brand Image Drives Brand Equity. Journal of Advertising Research, 1993, Vol.6, No.11: 6-12.

⑥ 罗子明：《品牌形象的构成及其测量》，《北京工商大学学报》，2001年第4期。

⑦ 江明华等：《品牌形象模型的比较研究》，《北京大学学报》，2003年第2期。

础[1]。国家形象构成要素包括以下方面：国家社会制度、民族文化、综合国力、政治局势、国际关系、领袖风范、公民素质、社会文明等[2]。而自然禀赋、国家特征、文化传统、民俗民风、科技和管理水平、经济发展水平、行业的品牌集中度等等，都会影响品牌来源国形象的形成[3]。显然，如此多样的国家形象要素，才构筑出一个国家品牌生长的环境。

在吸纳如上研究的基础上，我们认为，国家品牌形象应该包括两个基本维度：品牌发展的现实状况与品牌生长的环境，二者的综合认知方能全面把握国家层面品牌形象的丰富内涵。本文对国外消费者心目中中国自主品牌形象的研究，亦相应地聚焦于两个层面：一是对中国品牌发展状况的认知，二是对中国品牌生长环境的认知。前者重心在于考察中国自主品牌自身发展的现实维度，后者侧重于与品牌发展高度相关、作为中国品牌生长土壤而存在的宏观环境要素。如此，则使得我们的研究既不过于拘泥产品与品牌本身，同时又不泛化为国家形象无所不涉及的方方面面。

(三)中国品牌的国际形象

长期以来，中国产品主要是以代工方式的"中国制造"，即"生产国"形象呈现于国际市场。针对美国公众的实证研究发现，中国产品的国际形象欠佳；82%的美国消费者购买中国产品时，会感到忧虑，因为"中国制造"代表了低成本和低质量[4]；认为中国制造的产品质量较低，而非中国制造的产品质量要比中国制造的更有价值[5]。而国际消费者如何评价中国品牌的相关研究尚未见到。但国外媒体却对中国品牌给予了评价。最近一项调查显示，94%的美国人连一个中国的品牌都说不出来[6]。《泰晤士报》则预言："中国品牌想与像普拉达一样的品牌展开竞争则需要很长的路去走"[7]。《海峡时报》评论道："到目前为止，世界上还未曾出现过能媲美索尼或耐

---

① 曾德国等：《国家品牌塑造的难点及对策探讨》，《学术论坛》，2012年第4期。

② 谢晓娟：《论软权力中的国家形象及其塑造》，《理论前沿》，2004年第19期。

③ 禹跃军：《品牌来源国形象与品牌形象关系探讨》，《现代商贸工业》，2013年第5期。

④ Luo,Yadong. A Strategic Analysis of Product Recalls:The Role of Moral Degradation and Organizational Control. Management and Organization Review,2008,Vol.4,No.2:183-96.

⑤ Schniederjans, M. J., Cao, Q and Olson, J. R. Consumer's perception of product quality:"made in China". The Quality Management Journal,2004,Vol.11,No.3:8-12.

⑥ "The Romantic Advantage," New York Times,31 May 2013.

⑦ "Doyenne of China's fashion revolution," The Times,17 Step.2012.

克这样真正有全球影响力的中国品牌"①。显然，在国际舆论视野中中国品牌是令人失望的。

随着中国经济转型，中国品牌走向国际市场成为必然选择，国外媒体对此予以了关注。《澳大利亚人报》写道："联想正在成为中国走出的第一个世界品牌。该公司正面临着一个持久而艰巨的任务——从IBM这个大蓝筹品牌的影子下建立自己的专有品牌"②。《纽约时报》则评论："你从没听说过长城、海信、康佳、夏新、熊猫这些品牌吗？在海外的确很少有人知道，不过随着一些中国公司正努力扩大海外影响力，这一现象会出现转变"③。"中国的发展是跟随着日本和韩国的步伐，即从低技术制造业到高技术、服务业，到全球性品牌的创建"④。从如上报道和评论中，多少可窥见中国品牌形象之一斑，但国外消费者心目中的中国品牌形象究竟如何，无疑仍是一个有待实证性回答的问题。基于上文提出的思路，我们拟从品牌的发展现状和生长环境两个维度，以问卷调查的方法搜集第一手数据资料，考察国外消费者对中国品牌形象的认知。本文由此提出三个具体研究问题：

Q_1：在国外消费者眼中，我国品牌发展的现状如何？

Q_2：在国外消费者眼中，我国品牌生长的环境如何？

Q_3：国外消费者对我国品牌环境的认识，是否影响到他们眼中我国品牌的发展状况？

三、研究方法

（一）量表与问卷设计

本研究拟回答的问题是国外消费者对中国品牌发展现状和环境的认知状况，以及两者之间可能的关系。根据对相关文献的调研与梳理，并辅以对7名国内外品牌学者和业界人士的多轮访谈，我们初步形成了国外消费者对于中国品牌发展现状和生长环境的基本观念，并在此基础上设计了调查

① "China's Top Brands – China Mobile takes No. 1 spot as banking and tech giants rank high,"Straits Times, 15 Nov,2010-11-15.

② Chinese tyro looks beyond IBM brand；The Australian,2006-11-09.

③ Name Goods In China But Brand X Elsewhere；New York Times,2005-06-29.

④ China's Industrial Ambition Soars to High-Tech；New York Times,2008-08-01.

所需的中英文问卷。比如，对于中国品牌发展现状，我们搜集了12条关于中国品牌的项目（如表1所示），同时还结合访谈的结果，增加了3个项目；这些项目从中国品牌的优势、问题、前景等多方面进行了表述。

在形成调研问卷的初稿之后，则邀请了11名品牌专家和企业管理者对问卷进行预测试。根据测试结果和他们的意见，对问卷题项的增减、措辞、顺序等进行了调整。然后邀请3位博士研究生对预测试的修改结果再次进行焦点小组讨论，形成问卷定稿。上述步骤确保了两个核心概念的测量量表具有较好的表面效度（face validity）。表1描述了问卷题项的具体内容及来源。

表1　测量题项的内容与来源

变量	因子	编号	题项内容	来源	因子荷载
品牌发展现状	品牌产品优势认知	A1	中国品牌产品有品位	笔者访谈所得	.74
		A2	中国品牌产品享有盛誉	国家形象量表	.70
		A3	中国品牌服务有保障	笔者访谈所得	.69
		A4	中国品牌产品的质量好	国家形象量表	.69
		A5	中国品牌技术含量高	国家形象测量量表	.59
	品牌产品症结认知	A6	中国品牌产品缺乏特色	国家形象量表	.72
		A7	中国品牌产品信誉低	国家形象测量量表	.72
		A8	中国品牌产品的细节粗糙	国家形象量表	.70
		A9	中国品牌产品是抄袭仿冒	国家形象测量量表	.58
		A10	中国品牌产品缺乏创新	全球化品牌	.50
	品牌发展信心	A11	中国品牌的发展会有光明的未来	笔者访谈所得	.76
		A12	我愿意买中国品牌的产品	产品评价题项	.64
		A13	中国品牌令人满意	产品评价题项	.53
	品牌实态困境	A14	大部分中国品牌是低档次	产品评价题项	.85
		A15	中国没有品牌，只有廉价加工品	笔者访谈所得	.84
品牌生长环境	人文传统积极环境	B1	中国人有能力且聪明	中国大趋势	.77
		B2	中国有着悠久历史文化	全球化品牌	.69
		B3	中国具有讲求忠诚信誉的文化	中国大品牌	.67
		B4	中国有着大度包容的形象	中国超越	.61

变量	因子	编号	题项内容	来源	因子荷载
品牌生长环境	实践场域有利环境	B5	中国品牌有自己的技术专利	全球化品牌	.73
		B6	中国品牌具有明显的国际化特征	中国企业国际化战略	.71
		B7	中国品牌的创业故事令人钦佩	中国大品牌	.60
	—	B8	中国品牌富有社会责任*	笔者访谈所得	.47
	社会制度优胜环境	B9	中国具有稳定的政治及社会环境	中国大趋势	.79
		B10	中国政策制度对品牌发展有帮助	中国超越	.75
		B11	中国经济的发展速度将会更快	中国大趋势	.56
		B12	中国具有强大的技术实力	中国企业国际化战略	.53
	实践场域不利环境	B13	中国品牌产品体现中国人不认真	中国大品牌	.79
		B14	中国品牌经营体现中国人喜欢耍诡计	中国经济到了危险边缘	.77
		B15	中国品牌体现中国人是中庸的	笔者访谈所得	.68
	人文传统消极环境	B16	中国人办事喜欢讲人情	中国大品牌	.75
		B17	中国政府监管很松散	中国经济到了危险边缘	.67
		B18	中国人不尊重知识产权	中国经济到了危险边缘	66
	—	B19	中国人害怕丢面子*	中国大品牌	.45
	—	B20	中国具有平等待人和善风气*	国家形象	.40

（注：*此三个项目，由于因子载荷值低于0.5而被删除。）

（二）问卷调查

本文分析的数据，来源于对第20届义乌国际小商品博览会境外客商的调查。该博览会于2014年10月召开，是商务部举办的国内最具规模和影响的日用消费品展会。博览会期间，共有200多个国家地区的采购商20万人次参与，境外客商超过2万。消费者行为学认为经销商即广义消费者，更因深度了解消费者而具代表的典型性①。博览会期间，我们随机拦截访问了

---

① 符国群：《消费者行为学》，高等教育出版社2001年版，第2页。

500位外商，调查主题涵盖他们对中国品牌发展的现状、环境等议题的认知，有效回收了445份问卷。

在所有被访外商中，男性占78%，女性22%。46.1%的被访者年龄介于21—30岁，24.9%为31—40岁，11.9%为41—50岁。从被访者所在地域来源看，51%来自除中国外的亚洲各国，19.1%为欧洲，17.1%为非洲，5.8%为北美，4.0%是南美。大多数被访外商的教育程度在本科肄业及以上（其中本科肄业16%，本科33.9%，硕士及以上30.1%）。从人口学变量看，样本涵盖了相当多样化的外商类型，能反映出国外消费者对我国品牌形象认知的总貌。

在下文分析中，我们首先以445份问卷进行基本项目分析，以考察两个量表的内部一致性。然后，为进一步分析问卷的信度和效度，将样本整体随机性地一分为二，一组用以探索性因子分析，另一组用以验证性因子分析。

(三)探索性因子分析

我们使用SPSS for Windows17.0对第一组随机样本进行探索性因子分析。Bartlett球体检验的结果显示，在该样本中，构成两个量表的题项都适合进行因子分析（"中国品牌发展现状"量表，KMO=0.77，Bartlett球形检验显著性概率P=0.000；"中国品牌生长环境"量表，KMO=0.73，Bartlett球形检验显著性概率P=0.000）。采用主成分分析，以最大方差方法对因子轴心进行旋转，以特征值大于1和因子载荷不低于0.5为标准提取公共因子，并舍弃交叉落在两个或以上维度的题项——对"中国品牌发展现状"量表，得到包括4个维度的因子结构；对"中国品牌生长环境"量表，经两次因子分析，得到包括5个维度共17个项目的因子结构（表1）。

如表1所示，构成"中国品牌发展现状"的四个因子，我们将其分别命名为"品牌产品优势认知"（A1–A5）、"品牌产品症结认知"（A6–A10）、"品牌发展信心"（A11–A13）、"品牌实态困境"（A14–A15）。四个因子共解释了量表整体55.4%的总方差。各因子量表的测量信度，分别为0.77、0.67、0.65、0.65。根据Kline（1998）的建议，信度系数Cronbach's alpha值在0.8左右为"非常好"（very good），0.7是"适中"（moderate），0.5以上是"可以接受"（acceptable）（Kline，R.B.，1998：p.27）。可见，该量表测量各因子的项目具有不错的信度。

"中国品牌生长环境"量表，在两次因子分析中，删除了因子荷载小于 0.5 的题项 B8、B19 和 B23，提取出五个因子，分别命名为"人文传统积极环境"（B1-B4）、"实践场域有利环境"（B5-B7）、"社会制度优胜环境"（B9-B12）、"实践场域不利环境"（B13-B15）、"人文传统消极环境"（B16-B18），它们分别从积极—消极和微观—宏观两个向度揭示了中国品牌生长的社会、制度、人文和实践环境。五个因子共解释了量表整体 58.8% 的总方差。各因子的量表信度分别为 0.73、0.66、0.69、0.65、0.56，可见，各因子的测量项目，也具有可被接受的信度水平。

（四）验证性因子分析

为确认探索性研究所得的理论结构，我们使用 Amos18.0 软件对第二组样本进行验证性因子分析。就结构方程模型的整体拟合状况而言，对于"中国品牌生长现状"量表，模型拟合结果显示，在多数指标上能较好地拟合数据（$\chi^2=168.36$，$\chi^2/df=2.004$，GFI=0.913，AGFI=0.876，NFI=0.760，CFI=0.859，SRMR=0.066，RMSEA=0.066）；至于"中国品牌生长环境"量表（$\chi^2=194.10$，$\chi^2/df=1.781$，GFI=0.913，AGFI=0.878，NFI=0.789，CFI=0.891，SRMR=0.072，RMSEA=0.058），各项拟合指数也比较不错，绝大多数指标能满足拟合要求。

图 1 显示了两个结构模型的内部拟合情况。就单个项目的效度而言，许多研究者建议以标准化因子载荷 λ≥0.55 作为标准（Tabachnick，B.G.，& Fidell，L.S.，2007：p.43）。图 1 的数据显示，少数项目的 λ 值低于这一标准。考虑到本研究用于验证性因子分析的样本较小（N=223），拟合结果易此影响，因此，较低的 λ 值似应能接受。Kline（1998）建议，若两个概念之间的相关性适中（0.10<r<0.85），则说明两者的区分效度（discriminant validity）是较好的。图 1 中两个量表任何两个因子的相关系数，基本符合上述标准，表明两个量表各自拥有较好的区分效度。

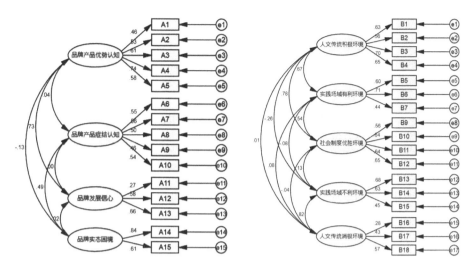

图1　两个量表的验证性因子分析结果

四、研究发现

上文论述和数据表明，本研究构建的"中国品牌发展现状"和"中国品牌生长环境"认知量表，在理论和经验上具备足够的合法性与可靠性。随后，我们将通过进一步分析调研数据，以回答本文提出的三个研究问题。

（一）国外消费者眼中我国品牌的发展状况

对"中国品牌发展现状"四个因子的各自构成项目加总后取均值，发现在5点量表上（1表示"非常不同意"，5表示"非常同意"），国外消费者在四因子上的评价，最高为"品牌发展信心"（M=3.59），其次是"品牌产品症结"（M=3.15），再次是"品牌产品优势"（M=3.07），最后是"品牌实态困境"（M=2.84）。在四个因子之间的T检验表明，被访者对中国品牌发展的信心显著高于"品牌产品症结"（T=9.26，df=444，p=.000），而后者与"品牌产品优势"之间并无显著差异（T=−1.78，df=444，p=.0076）；同时，被访者对中国品牌产品优势的认知，要显著高于"实态困境"（T=4.10，df=444，p=.000）。可见，国外消费者对中国品牌发展现状的认识，虽然包括积极和消极的两种倾向，但总的来说，积极认知的倾向性更高一些。

被访者对中国品牌发展的优势认知与发展信心之间，呈显著的正相关关系（r=.488，p<.001），也就是说，越认为中国品牌拥有优势的国外消费

者，越对中国品牌的发展充满了信心。他们对中国品牌的症结认知与实态困境认知之间，也呈现显著正相关（r=.249，p<.001）。正如可预期的，被访者对中国品牌的发展信心与症结认知（r=-.123，p<.01），以及优势认知与症结认知之间（r=-.132，p<.01），都呈现为显著负相关。这表明国外消费者对中国品牌发展现状的积极和消极两种倾向的认知之间，呈现为非均衡性的特点。也就是说，越是认为中国品牌的优势明显，或者对中国品牌充满了更大信心的国外消费者，则更不可能认为中国品牌的发展处于困境之中，或者更不会认为中国品牌的发展充满了问题。

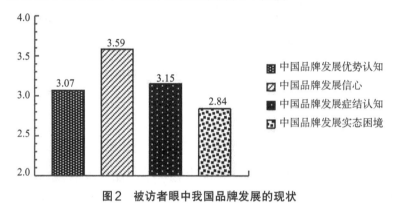

图2 被访者眼中我国品牌发展的现状

（注：纵坐标表示认同度，1=非常不同意，5=非常同意，下文各图注释相同。）

（二）国外消费者眼中我国品牌的生长环境

构成"中国品牌生长环境"的所有项目可提取五个公因子，对各因子的构成项目加总后取均值，发现在5点量表上，被访者的评价最高为"人文传统积极环境"（M=3.79），其次是"社会制度优胜环境"（M=3.78），再次是"实践场域有利环境"（M=3.32）和"人文传统消极环境"（M=3.20），最后是"实践场域不利环境"（M=3.02）。其中，被访者在前两个维度上的评价明显更高，对最后一个维度的评价明显最低。另外，受访者对"实践场域有利环境"的评价显著高于"人文传统消极环境"（T=2.49，df=444，p=.013）。由此可见，国外消费者对中国品牌生长环境的认识，就总体而言，积极认知的倾向性更高一些。

进一步的分析表明，国外消费者对中国品牌生长的社会制度优胜环境认知与对人文传统积极环境（r=.485，p<.001）和实践场域有利环境（r=.374，p<.001）的认知呈显著正相关，"实践场域有利环境"与"人文传统

积极环境"也呈显著的正相关（r=.423，p<.001）。另外，"实践场域不利环
境"与"人文传统消极环境"也呈现显著正相关（r=.355，p<.001），说明
国外消费者对中国品牌实践场域不利环境的认知度越高，则越倾向于认可
人文传统的消极环境。

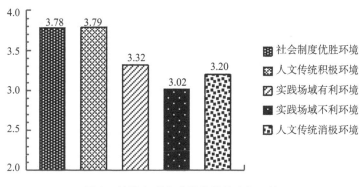

图3　被访者眼中我国品牌的生长环境

（三）品牌生长环境与发展现状的关系

我们第三个研究问题是：国外消费者对我国品牌环境的认识，是否影
响到他们眼中我国品牌的发展状况？文献初步表明，国外消费者对中国品
牌生长环境的认识，可能会影响他们对中国品牌发展现状的判断。基于此，
我们以被访者对中国品牌发展现状的四个维度为因变量，以品牌生长环境
的五个因素为自变量，控制被访者的年龄、性别、教育程度等人口统计学
因素，通过执行多元线性阶层回归分析，以回答该问题。回归分析的结果
如表2所示。

表2　预测被访者对我国品牌发展现状认知的多元阶层线性回归

	品牌发展优势认知	中国品牌发展信心	品牌发展症结认知	品牌发展实态困境
常数	1.400***	2.255***	2.217***	1.984***
控制变量				
性别（女=0）	.036	.085	.004	.115*
年龄	−.080	−.109*	−.034	−.078
教育程度　本科vs本科以下	.054	.030	−.080	−.121*
教育程度　硕士及以上vs本科以下	−.041	−.018	−.036	−.057
地区　亚洲vs发达地区	.160**	.003	.034	−.057
地区　非亚洲vs发达地区	.174**	.042	−.031	.031
$\Delta R^2\%$	**4.6****	2.3	1.1	3.2*

	品牌发展优势认知	中国品牌发展信心	品牌发展症结认知	品牌发展实态困境
品牌生长环境				
社会制度优胜环境	.119*	.225***	.024	.009
人文传统积极环境	.142**	.056	−.102	−.016
实践场域有利环境	.371***	.216***	−.006	−.039
实践场域不利环境	−.128**	−.056	.158**	.203***
人文传统消极环境	−.024	−.054	.313***	.077
$\Delta R^2\%$	**31.9*****	**18.0*****	**17.1*****	**9.0*****
$Adj.R^2\%$	**30.2*****	**15.9*****	**15.0*****	**6.7*****

（注：表格中回归系数为标准化 β 值；*p<0.05，**p<0.01，***p<0.001。）

论国家品牌传播

表2显示，被访者的四个人口学因素，对他们就中国品牌发展现状四个维度认知的影响不大。然而，他们对中国品牌生长环境认知的五个变量，却显著了影响了他们眼中的中国品牌发展状况。首先，在对被访者就中国品牌发展优势认知方面，社会制度优胜环境（β=.119，p<.05）、实践场域有利环境（β=.371，p<.001）及人文传统积极环境（β=.142，p<.001）三个因素，展现了显著的积极影响；实践场域不利环境（β=−.128，p<.01），则拥有显著的消极影响。人文传统消极环境则对中国品牌发展的优势评价并无显著影响。

其次，在对中国品牌发展信心的影响方面，只有社会制度优胜环境（β=.225，p<.001）与实践场域有利环境（β=.216，p<.001）两个因素展现了显著的结果，其他三个因素，则没有影响被访者对中国品牌未来发展的预期。至于被访者心目中中国品牌发展的症结，两个消极的环境因素都对其拥有显著的影响。具体的影响机制是：越是认为中国品牌所处的实践场域不利（β=.158，p<.01），以及中国的人文传统更为消极（β=.313，p<.001）的国外消费者，越倾向于认为中国品牌面临着更多的症结。

最后，关于中国品牌发展的实态困境，只有一个消极因素，即实践场域不利环境对其产生了显著的影响力：越是认为中国品牌所处的实践场域不利（β=.203，p<.001）的被访者，越是认为中国品牌的发展面临实践层面的难题。

综合上述结果，我们可以做出这样的判断：国外消费者对中国品牌生长环境的认知，的确影响到了他们对我国品牌发展现状的认知。在具体的影响机制上，为便于直观显示，我们将四个线性回归方程的结果整理于图4中。该图表明，环境因素的不同方面，对国外消费者眼中我国品牌发展现状的不同维度，拥有特定的影响路径。

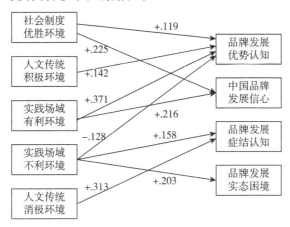

图4　品牌生长环境与发展现状的关系

五、结论与讨论

本文尝试以国家作为考察品牌形象的重要层面，并提出在国家层面考察品牌形象应从品牌发展现状与品牌生长环境两个向度出发；其中，前者从产品品牌自身的角度切入，后者侧重考察与品牌建设高度相关的宏观环境因素，包括制度、文化等方面。在发展自主品牌已成为我国基本国策的当下，本研究通过文献回顾和实地访谈，构建了中国品牌发展现状和生长环境量表，以问卷调查的方法，考察了国外消费者对中国品牌形象的认知状况。

（一）本研究的结论与贡献

对义乌市场外商问卷调查数据的分析显示，本文构建的中国品牌发展现状和生长环境量表具有足够的信度和效度。结果显示，国外消费者对中国品牌发展现实状况和生长环境的认知，都包括了积极和消极两种倾向性的判断。具体而言，被访者对我国品牌发展现状的认识，包括了对品牌发展优势、信心、症结和实态困境四个方面；对于我国品牌生长环境的理解，则体现在积极人文传统、消极人文传统、有利实践场域、不利实践场域，以及优胜的社会制度五种环境因素。进一步的数据表明，国外消费者对中国品牌形象的认知，不论在品牌发展状况还是生长环境方面，积极认知的倾向性更高一些。我们还发现，在国外消费者的认知中，我国品牌赖以成长的积极环境因素，使得他们认为我国品牌更具优势，对我国品牌的信心也更足；而消极的环境因素，则使得他们对我国品牌发展持负面的看法。

本研究实践层面的贡献：（1）我们发现国外消费者眼中我国富有优胜的社会制度环境，并使得我国品牌的发展状况更佳。这启发我们应该以制度自信与优化来促进自主品牌在国际市场赢得更多尊重。诚如邓小平所言："我们评价一个国家的政治体制、政治结构和政策是否正确，关键看三条：第一是看国家的政局是否稳定；第二是看能否增进人民的团结，改善人民的生活；第三是看生产力能否得到持续发展"[1]。实际上被概括为"中国模式"的中国制度，已"实现了世界上最长时期的经济高度增长，并大大改善了大部分百姓的生活水平"[2]。近来国家领导人频频倡导制度自信，对于我国自主品牌的建设而言，无疑具有重大推动价值：坚定制度自信，不是要故步自封，而是要不断革除体制机制弊端，让我们的制度成熟而持久。（2）进一步发扬积极的人文传统和有利的实践场域因素、努力克服消极的人文传统和不利的实践场域因素，需引起我们高度重视。诸如部分人不尊重知识产权、喜欢讲人情、监管制度松散、办事不认真、喜欢耍诡计等具体环境因子导致的中国品牌产品低档次、中国没有品牌只有廉价加工品等症结，都需我们对症诊治。（3）数据体现出来的国际欠发达地区比发达地区对中国品牌发展的优势认知更加积极，这则启发我们需把更具影响力的发达地区对于中国品牌发展优势与信心的认知作为更为关键的工作。

在理论思考上，本文确立了在国家这一宏观层面考察品牌形象的基本框架，即品牌发展状况与品牌生长环境。既往研究或侧重产品品牌自身，或偏向品牌来源国发达或不发达、正面或负面的孤立印象[3]。而本研究在品牌发展状况与生长环境之间，建立了有机的联系，使得"国家形象"在本研究视域具体体现为品牌生长环境，并与品牌发展状况建立紧密的关联性。

[1] 邓小平：《邓小平选集》（第三卷），人民出版社1993年版，第213页。

[2] 王维为：《中国超越：一个"文明型国家"的光荣与梦想》，上海人民出版社2014年版，第122页。

[3] Liu, S. S. & Johnson, K.F., "The automatic country-of-origin effects on brand judgments," Journal of Advertisings, 1(2005):87-97.

（二）本研究的局限与未来方向

其一，既有的品牌来源国效应研究总体集中于品牌来源国认知会影响对于品牌形象的认知[①]，逻辑的反向则是一个国家品牌形象也在必然建构该品牌来源国国家形象。对此，本文实证性的研究虽然一定意义上开了先河，但需讨论的则是国家形象研究该如何引入国家品牌形象维度。本研究固然将国家形象解析为品牌生长环境诸因子，但这样的解析毕竟是从中国品牌形象角度切入的。而目前诸多的中国国家形象研究几乎没有包括自主品牌形象，如中国要建立"开放、民主、自由、进步"的国家形象[②]、国家形象包含物质要素、制度要素、精神要素三个层面[③]等学术观点，均没有将学术视角探触到国家自主品牌层面。由此，"自主品牌形象"与"国家形象"互为研究维度，这就需要深入讨论、形成共识。

其二，国外消费者对中国品牌发展现状的认知，积极认知的倾向性相对更高一些。这就提示我们需建立信心而不可妄自菲薄，同时更需对倾向消极认知的因子及其相关性——症结认知与实态困境之间的显著正相关、发展信心与症结认知之间的显著负相关、优势认知与症结认知之间的显著负相关等，建立中国品牌形象提升存在巨大空间的辩证认识，并在讨论中明确问题与机遇，这恰是本研究意义之所在。

【本研究由舒咏平、熊文军、杨敏丽、高鹏飞等16位师生完成；张明新教授对研究设计与数据分析进行了全方位指导。在义乌调查期间，得到义乌小商品城管理部门支持；受访的外商对调查给予高度认可与配合，其中马来西亚义乌贸促会主任王景华先生专门为本研究题词："中国应建立自己的品牌，不要只做代工！"其情感人至深。】

（《新闻大学》2016年第2期）

① Saeed Samiee, Terence A Shimp, Subhash Sharma. Brand Origin Recognition Accuracy: Its Antecedents and Consumers' Cognitive Limitations. Academy of International Business Studies, 2005, Vol.1, No.36: 379-397.

② 孟建：《国家形象建构与中国政府新闻发布制度》，《国际新闻界》，2008年第11期。

③ 张昆：《国家形象传播》，复旦大学出版社2005年版，第182页。

论国家品牌传播

品牌：信誉主体与信任主体的关系符号

【内容提要】 品牌的背后是主体的人，因此品牌首先具有信誉主体性，同时品牌信誉又由作为他者的信任主体建构；如此，便逻辑性地揭示出了品牌本质即信誉主体与信任主体的关系符号达成。作为信誉主体与信任主体的关系符号之品牌，有狭义与广义之分。狭义品牌为人们所常指代的企业或产品品牌，它是由企业或产品之信誉主体与消费者为核心的利益关系人之信任主体共同达成的关系符号。而广义品牌有着丰富的呈现，其中个人品牌、国家品牌作为企业主体不同方向的延伸，其双主体的关系符号也同样逻辑清晰。以品牌即信誉主体与信任主体的关系符号来解读品牌，有望使品牌成为促进社会发展最具有公约数的崇高理念。

【关键词】 品牌；信誉主体；信任主体；关系符号

提及"品牌"，人们赋予的内涵几乎全是正面的、富有价值的一种追求与肯定。正因为如此，品牌成为企业发展的自觉理念、成为消费者信赖的选择、成为人们由衷称道的话题，乃至成为一个地区与国家的形象符号。习近平曾非常明确地指出：我们"要着力提高自主创新能力和培育自主品牌，坚定不移地走品牌发展之路"。品牌之所以富有如此魅力，我们的认识与解读显然还需从在符号经营层面延伸向哲学的纵深。

一、品牌的信誉主体性

不可讳言，品牌是作为主体的人创建的，只要被冠之于品牌，其背后必然站立着大写的人。英国英特品牌公司的保罗·斯图伯特曾就品牌起源写道："品牌被用来区分不同生产者的产品已由来已久。实际上，英语'品牌'（brand）一词源于古挪威语的'brandr'，意思是'打上烙印'。"[①]确实，在各民族农耕时代，古代人们无一例外地在牛及其他牲畜身上打上烙印以表明主人，在未干的陶器底部按上指印以表明制陶者，在斧头、镰刀、木桶等工具上烙上印记以表明生产者。这些"烙印"无疑就是品牌的雏形，同时也清晰表明了"烙印"主人对于产品信誉的担保。可以说，"烙印"作为品牌诞生之初，就具有了鲜明的信誉主体性。

欧洲近代哲学的主要代表人物笛卡尔提出"我思故我在"的命题，其"我思"的本身就体现了主体性存在，为近现代主体性哲学的形成与演变奠定了基础。可以说笛卡尔为人们追求知识确定性而确立了一个稳固可靠、不可动摇的主体性支点或前提。但笛卡尔的主体性命题更多地体现在"思"的层面上，而马克思则从实践层面充分地肯定了人的实践主体性。马克思指出，当现实的人"通过自己的外化把自己现实的、对象性的本质力量设定为异己的对象时，这种设定并不是主体；它是对象性的本质力量的主体性"。[②]也就是说，现实中的人将自身的实践赋予对象性，而对象性的存在即人本质力量的主体性体现。马克思还进一步论述了人的实践与动物活动的区别。他指出："人则使自己的生命活动本身变成自己的意志和意识的对象。他的生命活动是有意识的。这不是人与之直接融为一体的那种规定性。有意识的生命活动把人同动物的生命活动直接区别开来。正是这一点，人才是类存在物。"[③]可以说，人有意识的主体性实践，将自身的生命活动转

---

① [英]保罗·斯图伯特：《品牌的力量》，尹英等译，中信出版社2000年版，第2页。

② [德]马克思：《1844年经济学哲学手稿》，中共中央马克思恩格斯列宁斯大林著作编译局编，人民出版社2000年版，第124页。

③ [德]马克思：《1844年经济学哲学手稿》，中共中央马克思恩格斯列宁斯大林著作编译局编，人民出版社2000年版，第53页。

化为与动物本能性活动全然不同的对象，不仅证明自身主体性存在，也让对象具有了主体性。

品牌作为主体实践对象性存在，具有丰富的包容性，也展现了主体人的丰富特性。因为在品牌创建实践中，人的主体能动性、丰富性，既在规定中、又在自由中得以对象性地展现。因为，"在这种活动中，作为主体的人的类特性得以显现，人的本质得以实现；实践活动才是实现人的自由的实现途径，实践能力才是人的主体性，这恰是马克思将自由的实现奠基于人的实践活动及其历史发展过程之上，并由此体现出了巨大的现实感和历史感"。①

品牌作为人类高度自觉实践的主体对象性产物，虽然展现了主体人的丰富特性，但需清晰认识的是品牌丰富的主体性是以信誉为核心元素。因为，信誉从来就是主体存在的第一要素。早在两千多年前我国著名的思想家孔子就倡导："民无信不立"；"上好礼，则民莫敢不敬；上好义，则民莫敢不服；上好信，则民莫敢不用情。夫如是，则四方之民襁负其子而至矣。"②而孔子传人荀子则说道："君子养心莫善于诚，至诚则无他事矣。"③韩非子也强调："小信则大信立"④。中国历史上著名的晋商和徽商都在经营中倡导诚实守信，梁启超曾盛赞道："独守信用、自夸于世界人之前。"⑤他们是对做人做事经商而言，但何尝不可以针对创建主体性的品牌呢？当世界上大多数计算机用的都是开机可见、司空见惯的微软操作系统，以比尔·盖茨为代表的微软人其主体信誉就已经无言地得到证明。同样，当一代代苹果手机引领着掌上时尚风潮，人们记住的仍然是苹果公司那犹存的乔布斯精神。而人们满怀希望，且充满信任地走进同仁堂，"炮制虽繁必不敢省人工，品味虽贵必不敢减物力"的同仁堂传统无疑就体现在那一丸丸中药中。如果说哈佛大学是高等教育品牌，那么该校校长、著名教育家科南特所说就是其信誉主体性最好的佐证："大学的荣誉，不在他的校舍和人

---

① 郭晶：《现当代主体性哲学的合理形态》，《社会科学辑刊》，2012年第3期。

② 《论语·子路》

③ 《荀子·不苟》

④ 《韩非子·外储说左上》

⑤ 中国人民银行山西省分行、山西财经学院、《山西票号史料》编写组编：《山西票号史料》，山西人民出版社1990版，第590页。

数，而在于它一代一代的质量。"①李克强在埃塞俄比亚出访期间，曾考察了展示中国装备的"亚的斯亚贝巴轻轨"项目，他由衷地对施工人员说：要通过一个个合作工程打造中国装备走出去的"高地"，带动中国装备更多、更好地走出去，工程要有好的质量，才有好的中国品牌。确实，品质就是品牌信誉最坚实保障。产品无言，但优秀的、精益求精的产品恰恰正是品牌信誉主体性最权威的对象性存在。

二、品牌信誉由信任主体建构

整合营销传播提出者、亦为品牌营销专家舒尔茨曾说道："品牌个性能给品牌一个生命与灵魂，能让消费者轻易地将本品牌与竞争品牌区别开来，它能给消费者一种既熟悉又亲密的朋友般感觉。""所以说'消费者主导策略'毫不为过。……整合营销传播的核心是使消费者对品牌萌生信任，并且维系这种信任，使其存在消费者心中。"②另一位美国品牌专家汤姆·邓肯则强调："很多公司眼中看到的品牌，只是印在产品包装上的名称和商标，他们忽略了以下真相：真正的品牌其实是存在于关系利益人的内心和想法中。换言之，即使公司拥有品牌名称和商标的所有权，品牌的真正拥有者却是关系利益人。"③他们所言实际上表述了品牌是由消费者为核心的关系利益人所主导的观点。

如此，从品牌创建者角度则可表达为："我"创建品牌，但由"非我"来信任、使用、建构。

但从品牌接受使用者角度，则需将"我"与"非我"掉过来："我"接受、购买、使用性拥有品牌，"非我"则进行品牌的生产、提供。

显然，单纯用哲学认识论上的"我"与"非我"并无法解释品牌的复杂属性；由此，也启迪我们将品牌创建者称之为信誉主体，由消费者为核心的关系利益人则可冠以信任主体——施以信任的主体。

而将认识论与传播学结合起来，我们则可以看到西方主流的大众传播研究传统，是一条由传播者（我）指向受传者（他）的路径，"受众"概念

---

① 石晶：《世界著名品牌常识》，吉林人民出版社2009年版，第48页。

②［美］唐·舒尔茨等著：《整合行销传播》，吴怡国等译，中国物价出版社2002年版，第111、116页。

③［美］汤姆·邓肯、桑德拉·莫里亚蒂：《品牌至尊——利用整合营销创造终极价值》，廖宜怡译，华夏出版社2000年版，第11页。

就是典型的第三人称取向。虽然媒体"使用与满足"理论是对传统观念的反思，但其描绘的受众，仍然是第三人称的"他"，而不是第一人称的"我"，这就造成传播学体系中的"受众"概念总是显得缺乏主体性。相比之下，中国传播思维则关注由接受者"我"指向传播者"我"的路径，即作为接受者的"我"具有高度的主体性。我国传播学者邵培仁曾写道：在中国传统传播思想中，"接受主体性"在庄子、慧能与王阳明三位思想家身上实现了会通，虽然他们前后跨越两千年，分属道释儒，但其思想却近乎一脉相承。他们都认为传播的关键在"受"不在"传"；而"受"的关键，在于恢复一个本真的精神世界，庄子称其为"真宰"，慧能称其为"本心"，王阳明称其为"良知"（即本体）。这个本真的精神世界往往是被蒙蔽的，人要做的就是恢复它的本来面目，即"空"的状态，从而达到与"道"相"通"的目的。这需要付诸强大的主体性力量，可称之为"接受主体性"（Receiving Subjectivity），其背后本真的精神世界，可以称之为"受体"（Recipient）。①确立传播主体与接受主体的分立对应关系，意味着传播主体意识与接受主体意识的强化和自觉，意味着传与受的矛盾显化为双重主体的对立统一中求得不断地进步和发展。……这种新变化最突出的表现就是由"传播者本位"为主导的传播模式向"受众本位"为主导的传播模式的变迁和转化。②也就是说我们对于传受双主体的认识，已经转向受众本位来审视传播，且前提就是"传播者和受众之间的双向互动传播"③。

而品牌，作为一种能让消费者清晰记忆产品特征"体现一定精神价值的符号"④，虽然信誉主体在创建中赋予诸多努力，但一旦推向市场、推向社会，就成为传播的对象、构成了"受体"；其意义与价值何在，则只能是由"接受主体"来阐释与评判，并相应地导出信任与否的认知与品牌信誉的建构。

实际上，品牌学者与实践者非常清晰信任主体施以信任对于品牌建构的重要意义。定位论的提出者就如此写道：定位"是改变人们头脑里早已存在的东西，把那些早已存在的联系重新连接到一起"。"定位就是帮助在

① 邵培仁、姚锦云：《传播受体论：庄子、慧能与王阳明的"接受主体性"》，《新闻与传播研究》，2014年第10期。

② 杨保军：《论传播主体与接受主体的关系》，《国际新闻界》，2003年第6期。

③ 陈绚：《数字化时代的新闻理论与实践》，新华出版社2002年版，第38页。

④ 张树庭：《论品牌作为消费交流的符号》，《现代传播》，2005年第3期。

人们的头脑中找到一个有组织的体系"。"在市场上建立品牌可信性和在婚姻中建立配偶可信性的方法没有什么两样；你必须先入为主，然后多加小心别让对方找到改变主意的理由。"①如果说定位是品牌战略的方向，那么定位基础上的产品开发、品质管控、体验营销、互动传播等则构成品牌价值的要素。这里因需针对品牌实践的需要没有只字提及"建构"，但其强调品牌信誉主体的全部努力，无不是获得信任主体对于品牌的信任建构。英国品牌专家布莱克斯顿认为，成功的品牌关系都具有两个因素：信任和满意。其中，信任受风险、可信度和亲密性的影响，而满意是主动性和支持性的函数。②美国哈佛大学商学院的 S·佛妮尔在 1998 年提出品牌关系质量概念，用以衡量品牌关系的强度、稳定性和持续性。其 6 个部分：爱与激情、自我联结、相互依赖、个人承诺、亲密感情、品牌的伴侣品质。③他们的研究显然都是从信任主体出发，用大量数据统计分析从而得出品牌之所以获得成功的要素维度及其函数指标。这就证明了，品牌的真正生命力取决于信任主体是否能够对品牌施以信任，并达成品牌信誉建构。

三、信誉主体与信任主体的关系符号达成

当我们将品牌的本质分别从信誉主体与信任主体角度予以审视，我们自然引出了我们对于"品牌"符号的认识，即：品牌是包括组织与个人在内的品牌主、以可以进行传播流通的符号能指以及符号所指的内在事物（产品、服务、行为等）通过消费扩散，而在消费者或接受者那里产生的倾向性的印象，是品牌主与以消费者为核心的受众一种聚焦性的信誉约定。④而"品牌是一种合同，是一种关系，是一种保证"，⑤几乎成为品牌学界公认的品牌本质属性。而在本文，我们则强调品牌本质即信誉主体与信任主

---

① ［美］艾·里斯、杰克·特劳特：《定位》，王恩冕、于少蔚译，中国财政经济出版社 2002 年版，第 5、21、23 页。

② Blackston, M.Observations: Building Equity by Managing the brand's Relationships. Journal of Advertising Research, 1992(5-6): 101-105.

③ Fournier, S. Sonsumer and Their Brands: Developing Relationship Theory in Consumer Research. Journal of Consumer Research. 1998(3): 343-373.

④ 舒咏平：《品牌传播教程》，北京师范大学出版社 2013 年版，第 4 页。

⑤ ［美］艾丽丝·M.泰伯特、蒂姆·卡尔金斯：《凯洛格品牌论》，刘凤瑜译，人民邮电出版社 2006 年版，第 48 页。

体的关系符号达成。

我们知道，通过传播当双方的共通意义不断扩大时，传播者对符号的解释和受众对符号的理解才能不断趋于一致。当作为信誉主体的企业以自己全部的努力来塑造品牌符号，并且在传播推广中高度尊重以消费者为核心的信任主体的文化背景和认知能力，不断加强与信任主体的传播沟通，当两者的共通空间越大，就越能产生独特的强烈的品牌联想，从而把符号的创建和推广发挥到最大价值。①在信誉主体与信任主体约定的"共通空间"，品牌的关系符号功能应运而生。契约法告诉我们，关系嵌入性是理解关系契约的出发点，"关系"指契约得以发生的情景，契约服务于交易，而每项交易都是嵌入在复杂的关系中的，因此，必须将契约与其社会背景联系起来进行考察才能理解契约的本来面目。②关系契约中的交易各方并不是陌生人，他们大多数的互动发生在合约之外，不需要法院根据看见的条款来执行，而是代之以合作和威胁，交流与策略这样一种特殊的平衡机制。③由于契约的关系嵌入性，契约总是在一定的语境下发生的，只有在特定的语境中，当事人、当事人的行为、当事人的合意判断和合意内容才能够得到准确的解释和阐释。关系嵌入性决定了要从交易所嵌入的关系去理解契约，契约的执行依赖于合作性交易关系。如果把品牌看做信誉主体与信任主体这两类当事人关系的嵌入，看做二者关系的一种法院执行之外、由市场营销达成的关系符号，那么无论哪一方主体都会将品牌创建或建构郑重而圣洁起来。

为此，我们可以通过下面的图示来分析品牌何以成为信誉主体——企业（含产品）与信任主体——以消费者为核心的关系利益人之间的关系符号：

① 汪曼等:《符号学视角下的品牌构建与推广》,《重庆理工大学学报》(社会科学版),2015第8期。

② Macniel, I R.Relational contracts theory:challenges and queres. Northwestern University Law Review, 2000 (3):877-907.

③ Hadfield, G k. Problematic relations: Franchising and the law of incomplete contracts. Stanford Law Review, 1990(3):927-992.

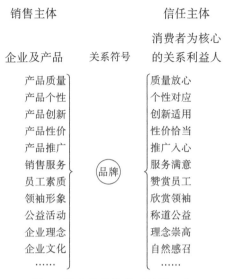

图1 狭义品牌的关系符号示意

上图之所以称为狭义品牌的关系符号示意，是因为在信息高度发达的现代社会，社会诸多具有主体背景的内容、现象均符号化，亦即品牌化；"品牌"的指代已不单单限于商业品牌，还包括城市品牌、区域品牌、院校品牌、团体品牌、个人品牌，甚至国家品牌。如果说商业品牌可称为狭义品牌的话，那么种种社会品牌，则可统称为广义品牌。狭义品牌与广义品牌的并存，是一种客观存在。[①] 而狭义品牌一般公认为企业及其产品品牌，如可口可乐、微软、苹果、耐克、迪士尼、奔驰、宝马、华为、小米、茅台、五粮液。在我们论题中的信誉主体之品牌，则是由产品质量、产品个性、产品创新、产品性价、产品推广、销售服务、员工素质、领袖形象、公益活动、企业理念、企业文化等一系列的主体性要素所决定的企业与产品。这些要素凝聚为品牌这一关系符号；与此同时，却还需要以消费者为核心的关系利益人通过质量放心、个性对应、创新适用、性价恰当、推广入心、服务满意、赞赏员工、欣赏领袖、称道公益、理念崇高、自然感召等一系列的主体认知及行为，以则对品牌施之主体信任，如此品牌才真正构成双主体达成无形契约的关系符号。

这种双主体所共同创建及建构的关系符号，还鲜明地体现在个人品牌之上，其基本图示则为：

---

① 余明阳、舒咏平：《论"品牌传播"》，《国际新闻界》2002年3期。

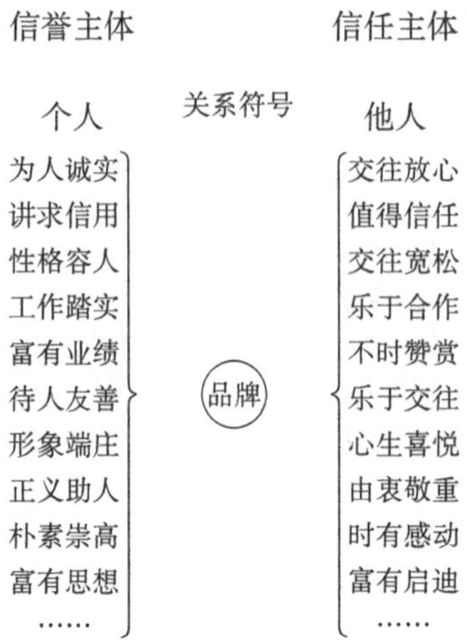

```
        信誉主体              信任主体

         个人      关系符号    他人
        ┌为人诚实┐          ┌交往放心┐
        │讲求信用│          │值得信任│
        │性格容人│          │交往宽松│
        │工作踏实│          │乐于合作│
        │富有业绩│          │不时赞赏│
        │待人友善├  ⟨品牌⟩  ┤乐于交往│
        │形象端庄│          │心生喜悦│
        │正义助人│          │由衷敬重│
        │朴素崇高│          │时有感动│
        │富有思想│          │富有启迪│
        └  ……  ┘          └  ……  ┘
```

图2　个人品牌的关系符号示意

其实，作为信誉主体的每个个体的人，按照马斯洛的人格层次理论来看，总是希望能由低层次走向获得尊重、实现自我的高层次，建构个人品牌的。但由于各种主客观原因，往往构成个人品牌创建与建构的复杂化呈现。这里无法展开论述，但却可以以医生、教师来验证个人品牌也同样是双主体的关系符号。如一位医生，其医术高明、医德高尚，则必然成为其所在医院、所在科室的优秀典型，在当今可以进行网络预约挂号的就诊环境中，他每天的号往往很快就预约一空。而一位教师，其专业知识广博，对学生又循循善诱且为人师表，那么他必然会得到学生的敬爱、得到学生家长的称赞。实际上，在各种环境中每个人均可以展现自身的为人诚实、讲求信用、性格容人、工作踏实、富有业绩、待人友善等个人魅力，并为信任主体的他人所信任，使自己的名字之品牌成为双方的关系符号。如此，品牌理念就必然会引导着个体建构信誉、有所作为，也引导着他人来施之以信任。同时，这种个人与他人角色又总在不断互相移位，这就在个人品牌创建与建构中促进了社会的和谐与进步。

从狭义的企业及产品品牌下移用为个体的人，是个人品牌；平行移用为各类不同的社会组织，则构成不同组织的品牌；而上升为一个国家，那么国家则也同样成为品牌。其国家品牌的创建与建构，其基本图示为：

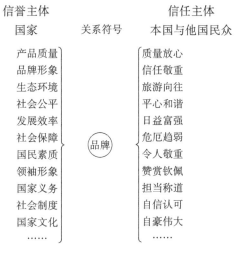

图3 国家品牌的关系符号示意

上图所示，昭明的道理非常清晰，即：国家形象、国家品牌，不是自诩或自封的，而是作为信誉主体在传承历史文化的基础之上，举国上下通过每个领域的艰辛奋斗展现出实实在在的成就，且得到本国与他国民众的主体性信任而建构起来，并成为共同的关系符号。而一个国家品牌要真正成为信誉主体，无疑需要在产品质量、品牌形象、生态环境、社会公平、发展效率、社会保障、国民素质、领袖形象、国际义务、社会制度、国家文化等诸多方面富有作为、富有成就，这才可望形成信任主体的质量放心、信任敬重、旅游向往、平心和谐、日益富强、危厄趋弱、令人敬重、赞赏钦佩、担当称道、自信认可、自豪伟大地认知与认同。我国的国家发展正验证了这一点。试想，在封建社会的清朝末年、在列国侵凌的近代、在军阀混战的岁月、在日寇入侵的苦难中，我们的国家能让我们的人民、国际社会施之以品牌般的信任吗？或许更多的是如鲁迅那样爱之深、痛之切。

毫无疑问，品牌正日益成为我国社会发展的热词、成为信息社会最具有深刻内涵的信息符号；而我们以品牌即信誉主体与信任主体的关系符号来解读品牌，无疑将有助于引导人们对于品牌进行正确的理解，并使品牌成为促进社会发展最具有公约数的崇高理念。

（《品牌研究》2016年第1期）

中国品牌与环境的海外消费者认知

【摘要】中国品牌要走向国际市场，需了解海外消费者对于中国品牌以及中国品牌发展环境的认知，为此研究进行了问卷调查。调查数据表明，海外消费者对中国品牌形象的认知，肯定了富有性价比、富有创新等积极的一面，也指出了品质与知识产权等方面的不足；对品牌发展环境认知，则肯定了我国优胜的社会制度、积极的人文传统等有利因素，但也指出了环境与监管方面的不足。

【关键词】中国品牌；中国品牌环境；海外消费者；认知调查

一、研究缘起

虽然对于自主品牌概念的界定不同学者有不同表述，但总体内涵却是清晰的，即："自主品牌，则是与自主创新相联系的，这里指的就是中国品牌，由中国企业和中国资本控股的企业，通过自主创新和精心营销所创建的拥有知识产权的中华民族品牌。"①由于品牌营销不可避免地带上品牌来源国的效益，国家形象实际在为来自不同国度的品牌进行背书。1965年，Schooler在研究中美洲共同市场的贸易增长时，发现国家形象影响着消费者的偏见，并第一次正式引入了国家形象概念。②由于国家形象对于国际市场营销战略的重要性，③在影响国际竞争的许多因素中，来源国效应吸引了越来越多的注意。④学者们也通过实证指出："来源国效应的产生与来源国的国家形象有关，且品牌来源国、产品制造国、产品设计国、产品装配国等均分别对产品质量的评价产生影响。"⑤

国家形象固然影响该国品牌传播接受，而反过来，一个国家的品牌也必然在建构着这个国家的形象。如苹果、微软对于美国，奔驰、西门子对于德国，LV、香奈儿对于法国，其品牌文化与国家形象有着高度的同构性。传播学大师麦克卢汉曾经典性地说道："媒介即是讯息，因为对人的组合与行动的尺度和形态，媒介正是发挥着塑造和控制的作用。"⑥如果从品牌动态地负载着产品、企业、文化、历史、时代等诸多讯息，并深刻地影响、塑造、控制着人们的行为角度审视，品牌其无疑就是最具有传播效应的媒介。显然，一个国家的品牌，负载着这个国家文化的DNA，并在造福于人类物质生活与精神生活的同时，也在细雨无声中最有效传播着这个国家的文化，体现着这个国家、这个民族最根本的民族性和文化内涵。⑦对于我国来说，自主品牌发展已经成为基本国策，是我国经济转型升级的必由之路。

习近平曾指示：要着力提高自主创新能力和培育自主品牌，坚定不移地走品牌发展之路。为此，把握我国自主品牌及其相关国家形象的国际评价就显得尤为重要。

① 乌家培：《论我国自主品牌的培育、管理和发展》，《学术研究》，2007年第4期。

② Schooler Robert D.Product bias in the central American common market. Journal of Research in Marketing，1965，Vol.2：394-397.

③ Abhilash Ponnam，Roy Subhadip IUP. Indian consumers' perception of country of origin on organizational capabilities. Journal of Management Research，2009，Vol. 8(10)：63-72.

④ Khalid I Al-Sulaiti，Michael J Baker Country of origin effects：a literature review. Marketing Intelligence&Planning，1998，Vol.16(3)：150-155.

⑤ 黄合水：《产品评价的来源国效应》，《心理科学进展》，2003年第6期。

⑥ [加]马歇尔·麦克卢汉：《理解媒介：论人的延伸》，何道宽译，商务印书馆2000年版，第34页。

⑦ 舒咏平、杨敏丽：《自主品牌：华夏文明的致效媒介》，《现代传播》，2014年第1期。

二、文献综述与问题提出

由于品牌的复杂性，品牌形象的评估模型多种多样。如艾克模型，其评价维度包括品牌知晓度、品牌忠诚、品牌联想、品牌的感知质量、品牌资产等五个方面。科勒模型则主要强调知晓度、联想度两个部分。而在克里斯南模型中，则凸显联想的数量、联想的偏好、联想独特性、联想来源等维度。贝尔模型则以公司形象、使用者形象、产品/服务形象等构成品牌形象。而目前为国内所熟知的英特模型，则主要由市场领导力、稳定性、市场、国际化能力、趋向、所获支持、品牌保护等维度构成。研究者认为，这些品牌形象评估模型固然各有合理性，但均"没有建立关于品牌形象构成要素及其影响因素相对完善的体系"。[①]还有学者对品牌形象的构成进行了五个方面的维度划分，即：品牌认知、产品属性认知、品牌联想、品牌价值、品牌忠诚。[②]此外，还有学者提出了品牌形象综合测评模型，将品牌形象分为四个维度：产品维度、企业维度、人性化维度和符号维度。[③]这些品牌形象维度的特点，是就产品品牌自身角度而切入的，却未能从"品牌联想""所获支持""人性化"等更具有品牌背书功能的宏观背景维度来进行审视。

而Schooler第一次提出国家形象之后，人们对品牌贸易障碍的认识开始超越有形障碍，注意到消费者对于产品及品牌来源国偏见这种无形的因素。在以美国圣路易、密苏里等地受测者对外国产品形象的调查中，Schooler指出，在美国消费者的心目中，西德产品的国家形象显著好于亚洲、印度以及其他西欧国家的产品，东欧的产品最差，美国产品则好于西欧及印度的产品。[④]随后，产品原产地以及品牌来源国研究得以深入展开。一些学者认为，原产地主要是发挥品质推断或指示的作用；另一些研究则认为，原产地可以像产品属性那样直接对产品评价产生影响；还有研究认为原产地可

① 江明华等：《品牌形象模型的比较研究》，《北京大学学报》，2003年第2期。

② 罗子明：《品牌形象的构成及其测量》，《北京工商大学学报》，2001年第4期。

③ 范秀成等：《品牌形象综合测评模型及其应用》，《南开学报》，2002年第3期。

④ Schooler Robert D. Bias phenomena attendant to the marketing of foreign goods in the US. Journal of International Business Studies，1971，Vol. 2（1）：71–80.

以透过爱国、爱乡或对他国的敌视等情绪影响消费者的产品评价。[①]随着资本扩张、加工外包等形式的日益增多，不少学者则超越传统意义上的原产国视野，将"制造国""设计国""部件供应国""品牌来源国"等概念引入原产地的研究。Phau等学者提出，国际贴牌生产的普遍存在使得消费者日益习惯和接受产自不同国家的同一品牌，甚至认为不同国家在制造和加工技术上的能力日趋接近，产地或制造国对消费者评价和选择产品可能不再像以前那样具有影响力，而品牌来源国所激发的情感和联想则仍会很重要，因此对消费者来说，品牌来源国是一种更有效的认识和评价产品的工具。[②]由此，品牌来源国得到明确界定，即"消费者将某一产品或品牌视为来自哪个国家，而不论产品在哪儿生产"。[③]相比原产国研究，品牌来源国被认为是比产品制造国更重要的一个概念，以往侧重探索制造国影响的原产国研究，需要转移到以品牌来源国为重心的研究轨道上来。

在GURHAN-CANLI等人的研究中，要求美国和日本消费者分别评价产自日本和美国的不同属性水平的山地车，以考察本国消费者在使用原产地信息时是否有所偏向，是什么原因造成这种偏向。此类研究，实际上采用的都是制造国或"made in"线索，将原产国等同于产品制造国或组装国，忽视了品牌与产品制造国分离的事实，以及在此条件下品牌背后国家信息的作用和影响。[④]已有研究发现，消费者一般会认为来自经济发达国家的产品比来自经济不发达国家的产品好。[⑤]而对发展中国家消费者的研究则发现，他们对本国产品的评价普遍要低于外国产品，这反映了发展中国家的消费者将产品的来源国作为一种社会地位的象征[⑥]。同样，我国学者研究中

① KLEIN J G, ETTENSON R, MORRIS M D.The Animosity Model of Foreign Product Purchase: an Empirical Test in the People's Republic of China. Journal of Marketing, 1998, 62(1): 89-100.

② PHAU I, PRENDERGAST .Conceptualizing the Country of Origin of Brand. Journal of Market-ing Communications, 2000, 6(3): 159-170.

③ NEBENZAHL I D, JAFFE E D, LAMPERT S I.Towards A Theory of Country Image Effect on Product Evaluation. Management International Review, 1997, 37(1): 27-49.

④ GURHAN-CANLI Z, MAHESWARAN D.Cultural Variantions in Country of Origin Effects. Jour-nal of Marketing Research, 2000, 37 (3): 309-317.

⑤ Kinra, N. (2006). The effect of country - of - origin on foreign brand names in the Indian market, Marketing Intelligence & Planning, 24(7), 15-30.

⑥ Batra, R., Ramaswamy, V.' Alden, D. L., Steenkamp, J-B.E.M., & Ramachander, S. (2000).Effects of brand local and nonlocal origin on consumer attitudes in developing countries, Journal of Consumer Psychology, 9(2), 83-95.

也发现中国的消费者普遍相信跨国公司的品牌产品质量比国内企业的产品质量更好，即使是国内的名牌产品，其质量总的来说也不如跨国公司。[①]如此，从品牌来源国角度来审视国家形象自然成为学者们的研究对象。

现有大多数研究均持这样的观点：当消费者对品牌来源的国家抱有更多正面印象时，他们更容易接受该品牌。而作为品牌来源国的国家形象，一般来说，经济发展程度较高的国家给人的印象比较好。但进一步对来源国的国家形象进行研究，Al-Sulaiti 和 Bake 则发现来源国的政治体制、文化类型等都可能影响消费者对产品的评价。[②]而对于国家形象维度构成的研究，目前最具有代表性的是 Roth 和 Romeo 在检验了国家形象研究文献基础上，提出梳理国家形象维度的标准为：第一，在之前的研究中有一致性；第二，与来源国产品和营销强弱有关；第三，适用于广泛的产品类别。随后，他们认为国家形象有四个维度是明显的，即创新性、设计、声望和工艺。[③]而实际上，如上四维度却过于胶着于产品与品牌本身，对于国家形象的复杂性却考虑不周。有专家指出：国家品牌（形象）的构成要素相对复杂，主要由当前国家的地理位置、自然环境、经济、政治、文化状况所决定，当然也要受到历史状况和发展前景的影响，一个国家特有的物（包括自然物、文化产物等），人（古代、现代、当代的名人），事（著名事件）都将为该国品牌的建立奠定坚实的基础。[④]并认为，国家形象的构成要素大致包括以下几个方面：国家的社会制度、民族文化、综合国力、政治局势、国际关系、领袖风范、公民素质、社会文明等。[⑤]而自然禀赋、国家特征、文化传统、民俗民风、科技和管理水平、经济发展水平、行业的品牌集中度等等，会影响品牌来源国形象的形成。[⑥]显然，这些无所不包的国家形象要素呈现泛化倾向。

在吸纳如上相关文献、理论及研究经验的基础上，我们将研究的问题整合聚集于两个层面的问题构想：

---

① 宋永高等：《国内消费者对本国品牌的态度及其改变的可能性研究》，《南开管理评论》2004年第2期。

② Al-Sulait,i Khalid I, Michael J.Baker.Country of Origin Effects: a Literature Review. Marketing Intelligence & Planning, 1998, (16): 150-199.

③ Martin S.Roth, Jean B. Romeo. Matching product category and country image perceptions: A framework for managing country-of-origin Effects. Journal of International Business Studies, 1992, Vol. 23 (3): 477-497.

④ 曾德国等：《国家品牌塑造的难点及对策探讨》，《学术论坛》，2012年第4期。

⑤ 谢晓娟：《论软权力中的国家形象及其塑造》，《理论前沿》，2004年第19期。

⑥ 禹跃军：《品牌来源国形象与品牌形象关系探讨》，《现代商贸工业》，2013年第5期。

一是海外消费者对于中国品牌有着怎样的形象认知;

二是海外消费者对于中国国家形象,即中国品牌发展环境如何认知。

前者重心在于研究中国自主品牌形象,后者侧重于品牌发展高度相关的国家形象要素,这些要素是作为中国品牌发展环境而存在的。

三、研究设计与数据采集

为此,本调查研究拟回答的问题是海外消费者对中国品牌发展现状和环境的认知状况。根据相关文献的调研与梳理,并辅以对7名国内外品牌学者和业界人士的多轮访谈,我们初步形成了海外消费者对于中国品牌发展现状和生长环境的基本观念,并在此基础上设计了调查所需的中英日文问卷。在形成调研问卷的初稿之后,则邀请了11名品牌专家和企业管理者对问卷进行预测试。根据测试结果和他们的意见,对问卷题项的增减、措辞、顺序等进行了调整。

问卷调查的进行,一是通过留学生向海外消费者进行征答,其严格排除海外华人及中国留学生,以保证调查数据的客观性;二是对第20届义乌国际小商品博览会境外客商的调查。消费者行为学认为经销商即广义消费者,更因深度了解消费者而具代表的典型性。调查问卷发放600份,回收有效问卷543份。其中,男性占75%,女性25%;45%的被访者年龄介于21—30岁,25%为31—40岁,11%为41—50岁;从被访者所在地域来源看,45%来自除中国外的亚洲各国,20%为欧洲,15%为非洲,13%为北美,3%是南美,2%是大洋洲。大多数被访者的教育程度在本科肄业及以上(其中本科肄业17%,本科34%,硕士及以上30%)。

从人口学变量看,样本涵盖了多样性的海外消费者,能较好地反映出海外消费者对我国品牌及其发展环境认知的总貌。通过SPSS的数据录入及对问卷信度进行分析,整份问卷的信度为0.851,具有稳定性及可靠性。

四、海外消费者对中国品牌及产品的认知

1.海外消费者开始对中国品牌产品形成认知

由于自主品牌在国际市场上多年努力,一批品牌已在海外形成了一定

的认知，其中，联想以18%、阿里巴巴以17%、海尔以14%的百分比为海外消费者所认知，并成为海外消费者认知度位列前三名的自主品牌。其与海尔长期在海外建厂、推广，联想通过并购IBM的个人电脑业务，阿里巴巴以电商平台在纽交所上市等国际化策略不无关系。青岛啤酒、小米、格力、奇瑞及TCL处于第二梯队，认知度也较高。由此可见，在消费品领域，中国品牌认知度较高的产业有电子、家电、电商、啤酒及汽车等。需说明的是，中国高铁、长征火箭、江南造船等重工制造品牌，因专业化程度高，而未进入本调查范围。青岛啤酒11%、小米9%、格力6%、奇瑞7%及TCL6%处于第二梯队，认知度也较高。

2."网络查询"已经成为海外消费者了解中国品牌的第一途径

由下表我们可以看出，"网络查询"已成为海外消费者了解中国最主要的渠道，其占比为31%；随后则为：广告14%、展会14%、亲友介绍13%、新闻报道8%、商店陈列9%、影视剧7%、其他4%。数据告诉我们，在网络社会，充分发挥互联网络来传播自主品牌乃是时代赋予我们的战略机遇；同时也启发我们，单凭任何一种途径均不足以充分地传播自主品牌，而需将多种渠道形成整合，即在整合传播中有效地传播自主品牌。

3.中国产品与中国品牌，成为海外消费者了解中国的主要途径

与了解中国品牌不同，海外消费者认知中国国家形象，不仅依靠常规的媒体信息（23%）、亲友介绍15%，而且有19%的被访者认为产品本身也同样负载着中国国家形象。尤其值得注意的是：有9%的被访者已经认识到中国品牌成为认知中国的途径，但其比例还甚低，这恰恰说明中国品牌的影响力还比较弱，中国品牌与产品之间差了10%的百分比，这也说明了中国存在着有产品而无品牌的尴尬。此外，体育赛事5%、中国人民形象10%、影视剧7%、文化活动12%，也成为海外消费者了解中国的途径。

4.中国品牌产品质量好得到支持，但支持率不甚理想

对中国产品质量的评价，大部分海外消费者持中立态度，人数为267人，达49.2%，将近一半；而其中同意及非常同意的163人，要比持不同意态度的113人，多52人；可见对中国产品的质量海外消费者总体比较认可，但其30%的支持率却不甚理想。

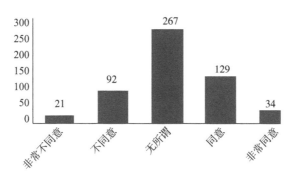

图1　中国品牌产品质量好的认知

5.中国品牌产品价格低获得了较大支持

中国品牌产品的价格低，是国际一贯的认识，本调查数据进一步予以了验证。即有352人、占64.8%的海外消费者都同意或非常同意中国品牌产品价格低。这一方面说明中国品牌产品具有价格上的竞争力，但另一方面则容易引发海外消费者的价廉必然质劣的负面联想。

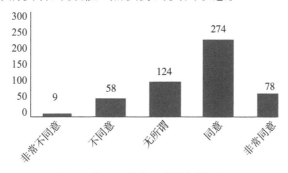

图2　中国品牌产品价格低的认知

6.中国品牌产品技术含量高已开始得到海外消费者认知

中国作为发展中国家，其品牌产品的技术含量是否能得到国际消费者认可，关系到中国品牌产品竞争力的发展预期。调查数据表明，对中国品牌产品技术含量高持同意及非常同意意见的海外消费者达201人，远多于持反对意见的106人。显然，中国品牌产品在科教兴国战略的指引下不断取得技术上的创新进步开始得到认可。但该项调查中，却有占43.5%的236人表达了中立态度，这说明我国品牌产品技术创新依然任重而道远。

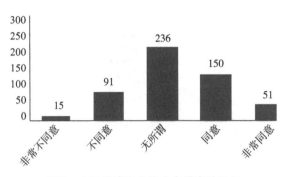

图3　中国品牌产品技术含量高的认知

7.中国品牌产品的艺术品位未能得到明确认知

对于中国品牌的品位问题有47.1%，即256人持中立态度，而持总体同意态度的141人，与持不同意态度的146人，也几乎各占一半。这说明中国品牌产品在艺术品位上不乐观，还有很大的上升空间。

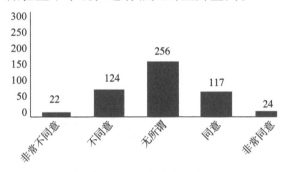

图4　中国品牌产品有品位的认知

8."中国品牌产品的服务是有保障的"不被认可

要树立中国品牌形象，中国品牌产品的服务就需具备可靠的保障。对此，占39.8%的216位海外消费者持中立态度；同时，对中国品牌产品服务有保障持不同意态度的206人占37.9%，远高于持同意态度的占比22.3%的121人。这说明中国品牌在服务这一方面做得还很不够。显然，在国际市场的激烈竞争中，中国品牌产品的服务保障需要很好地加强。

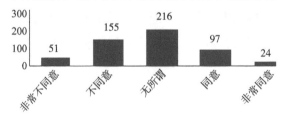

图5　中国品牌产品的服务是有保障的认知

9.中国品牌产品缺乏特色总体上得到支持

品牌需要个性、需要特色来支撑。对于中国品牌产品缺乏特色的判断，有占47.7%的259位海外消费者持中立态度；同时，对中国品牌产品缺乏特色持同意态度的165人占30.4%，高于持不同意态度的占比21.9%的119人。这说明中国品牌产品缺乏特色总体上得到支持，由此，中国品牌产品在国际市场竞争中，显然需要增强特色，形成鲜明的个性。

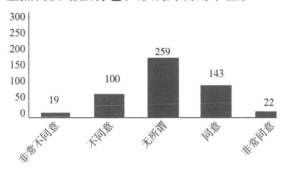

图6　中国品牌产品缺乏特色的认知

10.中国品牌产品细节粗糙得到了证实

在人们的印象中，相比国际品牌中国品牌产品的细节粗糙往往被诟病。调查数据显示，对中国品牌产品细节粗糙持同意态度的194人占35.7%，高于持不同意态度的占比18.4%的100人。此外，还有占45.9%的249位海外消费者持中立态度。这说明中国品牌产品的细节粗糙确实影响了国际消费者对于中国品牌的正向认知，需引起我国品牌企业足够的重视。

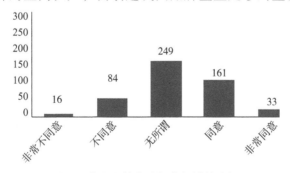

图7　中国品牌产品细节粗糙的认知

11.中国品牌产品的抄袭仿冒问题已经凸显

当前消费领域流行着一种说法：C2C（copy to china），即中国品牌产品一直背负着抄袭的形象。这一方面固然与中国作为产品技术跟随者的历史角色有关，另一方面也确实反映出了中国品牌产品存在着抄袭仿冒的现象。

对此，调查数据显示，有占比45.7%的248人支持这一判断，其远高于占比18%的持反对态度的98人。另有占比36.3%的197人对此持中立态度。这均说明，在海外消费者的眼中，中国品牌产品的抄袭仿冒问题已经甚为明显。

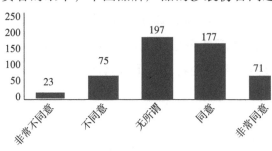

图8 中国品牌产品是抄袭仿冒的认知

12.中国品牌产品信誉低的问题较为突出

信誉，是品牌的生命线。要树立中国品牌形象，中国品牌产品信誉就尤为关键。调查数据显示，占40.9%的222位海外消费者对此持中立态度；而对中国品牌产品信誉低持同意态度的213人占39.2%，远高于持反对态度的占比19.9%的108人。这说明中国品牌产品信誉方面问题还很突出。这或者与中国品牌经常性地爆出负面信息相关，但加强制度管理、提升经营者道德水平，方可解决中国品牌产品信誉问题。

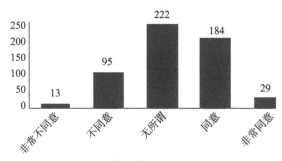

图9 中国品牌产品信誉低的认知

13.中国品牌产品的创新性开始得到认可

创新，是品牌产品富有竞争力的前提。对于中国品牌产品缺乏创新的判断，占33.5%的182位海外消费者持中立态度；同时，对此判断持不同意态度的191人占35.2%，略高于持同意态度占比31.3%的170人。这说明中国品牌在产品创新方面已经开始得到海外消费者的认知，但因为其比重不大，且持中立态度的人数众多，说明中国品牌产品的创新性需要大大加强。

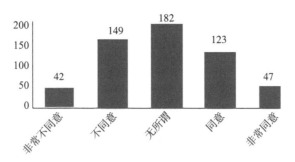

图10　中国品牌产品缺乏创新的认知

五、海外消费者对中国品牌生长环境的认知

品牌生长环境，即品牌发展诸多环境要素的集合，从一定意义上说正是一个国家形象的主要构成维度。由此，在我们的课题中，既调查了海外消费者对于中国品牌的认知，又调查了海外消费者对于中国品牌环境的认知。该方面的调查，合理地回避了敏感的意识形态所形成的心理阻碍，却合理地采集到了有关国家形象要素的客观数据。这对于中国品牌发展具有宏观指导意义，对于中国国家形象的建构也具有积极的启迪性。

1. 中国社会制度效率高得到了很好的支持

中国特色社会主义制度高效率促进生产力发展、促进社会进步，已经成为国际共识，也坚定了我们的制度自信。但具体调查数据一直未能清晰看到，而在本调查研究中，数据则显示：认为中国的社会制度具有高效率的支持率为41.8%、计227人；远高于持不同意态度的23.2%的126人；这无疑从数据上进一步支持了我们的制度优越。但对该问项尚有35%的190人持中立态度，这说明要让国际社会进一步认识中国特色社会主义制度优越性，还有许多工作要做。

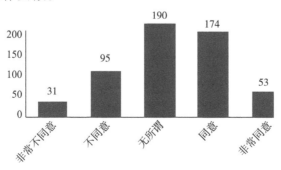

图11　中国社会制度效率高的认知

2.中国有着悠久的历史和文化得到极高的认知

中国悠久的历史与文化，这是我国巨大的精神文化财富。对此，本调查数据显得尤其的一致：认为中国有着悠久历史文化的支持率高达80.7%、计438人；远高于持不同意态度5%的27人；这无疑从数据上进一步支持了我们的文化自信！

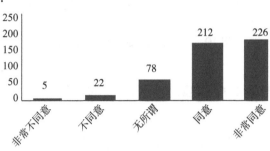

图12　中国有着悠久的历史和文化的认知

3.中国人有能力且聪明获得高认可

在品牌发展中，人是第一要素。对于中国人有能力且聪明的评价，调查数据显示：持支持态度的高达68.9%、计374人；远高于持不同意态度的6.6%的36人；这数据无疑显示了人们对于我们中华民族的人民产生由衷的敬意。

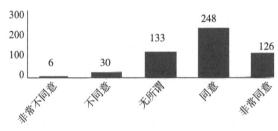

图13　中国人有能力且聪明地认知

4.中国具有讲求忠诚信誉的文化总体得到支持

对他人、对企业、对国家忠诚，并时时讲求信誉，这是品牌发展最深厚的人文保证。在中国具有讲求忠诚信誉的文化的题项调查中，数据显示：持同意态度的高达57.5%、计312人；远高于持不同意态度的12.7%的69人；这无疑从数据上坚定了对于中国忠诚信誉文化的自信。但对该问项尚有29.8%的162人持中立态度，且有明确表示不同意的69人，这说明要让国际社会进一步认同中国的忠诚信誉文化，在诸多方面还有许多工作要做。

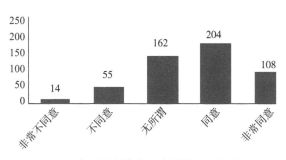

图14　中国具有讲求忠诚信誉文化的认知

5.中国有着大度包容的形象拥有较高的支持率

中国作为负责任的大国，无疑需要建立大度包容的形象；而对于品牌的国际发展而言，大度包容才能虚心向国际社会学习，才能使品牌得到国际消费者的欢迎。对于中国有着大度包容的形象的问项，持支持态度的为51.6%、计280人；远高于持不同意态度的15.3%的83人；这无疑从数据上坚定了我们大度包容形象的建设。但对该问项尚有33.1%的190人持中立态度，这说明要真正做出大度包容的国际形象，既任重道远，又充满着辩证的要素。

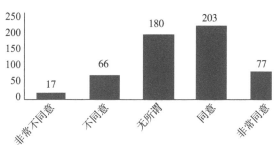

图15　中国有着大度包容形象的认知

6.中国具有平等待人的和善风气也得到较高支持

在国际关系建构、中国品牌向国际市场开拓中，中国所具有平等待人的和善风气，往往能交结更多的朋友，获得更多的支持。对于该问项，数据则显示：持支持态度的40%、计217人；也远高于持不同意态度的20.2%的110人。但有如此比重的持反对态度者，再加上还有高达39.8%的216人持中立态度，这足以说明，我们在各个层面的国际交往中，平等、和善的优良风气还需要进一步提倡。

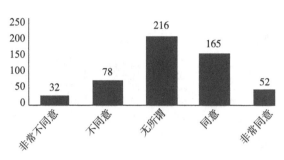

图16 中国具有平等待人的和善风气的认知

7. "中国政府的监管制度很松散"不受支持，但情势不容乐观

品牌是品质与信誉的产物，品牌发展离不开政府的监管。对应前面关于中国品牌产品的粗糙、创新不足、仿冒等问题，这里我们设计了一个反面陈述的问项，即：中国政府的监管制度很松散，对此调查数据显示：持不同意态度的为32%、计174人；略高于持同意态度的28.5%的155人；这说明，我国政府的制度监管总体上还得到了认可。但持两种态度的人次不相上下，且有高达39.4%的214人持中立态度，这足以说明要让国际社会进一步认知中国政府有着强有力的市场监管制度与执行力，其情态并不乐观。

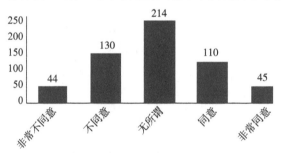

图17 中国政府的监管制度很松散的认知

8. 中国人办事喜欢讲人情现象客观存在

中国是个讲人情的社会，它既有人性化的优越性，但在办事执法上面又往往形成了阻碍。体现到品牌发展上，就往往可能存在不公正的现象。对此，我们设计了中国人办事喜欢讲人情的调查问项，数据显示：对此持支持态度的为44%、计239人；远高于持不同意态度的14%的76人；对该问项尚有42%的228人持中立态度。这说明中国人办事喜欢讲人情，这很难形成是非分明的价值判断，但在中国社会却又是客观存在着。

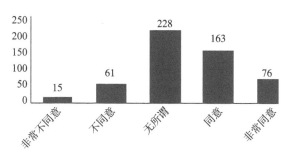

图18　中国人办事喜欢讲人情的认知

9.中国人不尊重知识产权成为国际较高的认知

品牌需要创新，创新需要得到知识产权的保护。对应前面中国品牌产品存在抄袭仿冒现象，这里设置了"中国人不尊重知识产权"的调查问项，数据显示：对此持支持态度的为47.1%、计256人；远高于持不同意态度的23%的125人；这无疑从数据上引发我们足够的重视：即中国人不尊重知识产权所形成国际社会的高认知，这对于我国的国家形象建构、对于我国品牌走出国门均甚为不利。

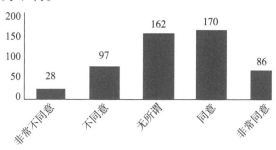

图19　中国人不尊重知识产权的认知

10.中国人害怕丢面子得到证实

"面子"，既可解释为尊严、信誉，又可理解为虚荣；既是一种创建品牌的动力，同时又可能因为掩饰自身所短而成为品牌发展的阻力。为此，我们设置了该"中国人害怕丢面子"的调查问项，数据显示：对该判断持支持态度的为52.5%、计285人；远高于持不同意态度的18.8%的102人；这无疑证实了这一判断。但对该问项尚有28.7%的156人持中立态度，这说明"害怕丢面子"问项的本身具有辩证性，无法简单纳入价值体系来做是非解读。

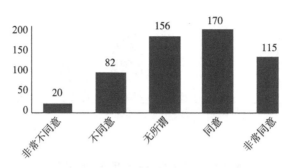

图20 中国人害怕丢面子的认知

11.中国品牌经营体现中国人喜欢耍诡计得到一定的认可

品牌经营需要讲求策略，从而在创新中获得市场的认可；但策略不等于"钻空子""耍诡计"等不符合市场规则的做法。而中国品牌要堂堂正正地走出国门，则需要摒弃小聪明、小概率的"耍诡计"。为此，我们设置了"中国品牌经营体现中国人喜欢耍诡计"的问项，其调查数据为：同意此一判断的为39%、计212人；远高于持不同意态度的18%的98人；这无疑从数据上进一步支持了我们的反思判断。但对该问项有高达43%的233人持中立态度，这说明"耍诡计"的本身在不同层面有不同的价值取向，往往会让受访者莫衷一是。

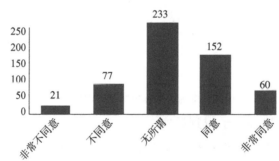

图21 中国品牌经营体现中国人喜欢耍诡计的认知

12."中国品牌体现中国人是中庸的"没有得到支持

"中庸"是一种不偏不倚、调和折中、平庸守旧的处世态度，其负面效应大过所谓"中立"的正面效应。因中国品牌需特色鲜明地亮相、立足于国际市场，故我们需要了解中国品牌与中庸态度之间的关系。对于"中国品牌体现中国人是中庸的"这一问项，数据显示：持支持态度的为21.5%、计117人；低于持不同意态度的28.4%的154人；这无疑从数据上否定了我们的基本判断，这从品牌发展角度上看恰是好事。对该问项有高达50.1%的272人持中立态度，这说明中庸的本身也充满着辩证的不同价值判断。

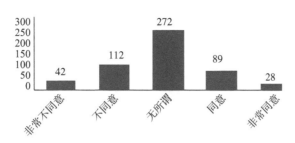

图22 中国品牌体现中国人中庸的认知

13."中国品牌产品体现中国人不认真"没有得到支持

品牌产品需要精益求精的作风才能得到品质上的保障，但在国际交往中国外朋友往往以"马马虎虎"来形容中国人。故此，我们设置了"中国品牌产品体现中国人不认真"的问项，数据倒令我们有所乐观，即：持反对态度的42.2%、计229人；远高于持同意态度的23.9%的130人。但毕竟有23.9%的支持率，以及还有33.9%的184人持中立彷徨态度，这说明中国人的不认真习气或多或少地影响了中国品牌发展。

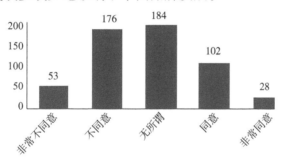

图23 中国品牌产品体现中国人不认真的认知

14."在中国环境污染很严重"得到很高的支持

经济发展初期，往往会付出环境的代价。目前正在以代工出口转型为自主品牌出口，其转型启动阶段的中国环境情况国际消费者是如何看待的呢？在"中国环境污染很严重"的调查问项中，调查数据显示：持同意态度的高达68.5%、计372人，其中"非常同意"的也高达40.3%、计219人；均远高于持不同意态度的11%的60人。显然，中国的环境污染问题，不仅关系到中国品牌产品的国际竞争力，也同样严重影响到了中国国家形象的国际建构。

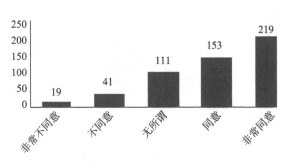

图24 中国环境污染很严重的认知

六、主要结论与讨论

本研究尝试以中国品牌形象，以及作为品牌发展环境的中国国家形象来进行两个层面的考察；其中，前者从中国品牌产品自身的角度切入，后者侧重考察与品牌建设高度相关的宏观环境因素，包括制度、文化等方面。在发展自主品牌已成为我国基本国策的当下，本调查报告旨在考察海外消费者对中国品牌形象与中国国家环境（形象）的认知状况。通过调查数据的统计分析，研究形成了如下主要结论以及可展开相关讨论的焦点。

（一）主要结论

1.中国优胜的社会制度环境得到了海外消费者的认可

对中国社会制度环境，虽然我们仅仅设置了一个调查问项，即"中国的社会制度具有高效率"；但制度的优越性最显著的表现就是效率，在问项中我们没有加入任何的修饰词，如"中国特色""社会主义制度"，而是客观地以社会制度来显示，如此就具有了一定的客观性。研究中该问项的数据显示为：认为中国的社会制度具有高效率的支持率为41.8%、计227人；远高于持不同意态度的23.2%的126人。由于此前我们一直没有从公开的数据上来获得我国制度优越的认知，因此，该项数据可以说是第一次量化地支持了中国优胜的社会制度环境得到了国际社会认可。这无疑具体化地坚定了我们的制度自信。

2.中国优秀的人文文化将继续成为中国品牌与国家形象的建设法宝

人文文化构成了中国品牌与国家形象建设的软性指标，且体现于方方面面，为此我们设置了11道不同的问项来进行征答。虽然"中国有着悠久历史文化"问项得到极高的支持率，但因其尚是一个中性判断，不足以支持我国文化的优秀。但如下各选项的数据却有明确显示：对于"中国人有能力且聪明"持支持态度的高达68.9%、计374人，远高于持不同意态度的6.6%的36人；对于"中国具有讲求忠诚信誉的文化"持同意态度的高达57.5%、计312人，远高于持不同意态度的12.7%的69人；对于"中国有着大度包容的形象"持支持态度的为51.6%、计280人，也远高于持不同意态度的15.3%的83人；而"中国具有平等待人的和善风气"持支持态度的40%、计217人，也远高于持不同意态度的20.2%的110人。这些数据均强有力地说明，中国优秀的人文文化已经成为，还将继续成为中国品牌发展与中国国家形象建设的精神瑰宝。

3. 中国品牌开始得到国际消费者认知，但竞争优势不甚明显

由于自主品牌在国际市场上多年努力，一批品牌已在海外形成了一定的认知，其中，联想以18%、阿里巴巴以17%、海尔以14%的百分比为海外消费者所认知，并成为海外消费者认知度位列前三名的自主品牌。此外，青岛啤酒、小米、格力、奇瑞、TCL、同仁堂、吉利、波司登等品牌也有一定比例的认知度。这说明中国品牌已经开始得到国际消费者的认知。同时，对"中国品牌产品质量好"的评价持同意态度有163人，比持不同意态度的113人多出52人；对"中国品牌产品技术含量高"持同意态度有201人，远多于持反对意见的106人；对于"中国品牌产品缺乏创新"的判断，持不同意态度的191人占35.2%，略高于持同意态度的占比31.3%的170人。这些具体指标数据均说明中国品牌产品开始总体上得到肯定，但肯定的数据不是很高，而且持中立态度的为多，且持否定性态度的比例也不在少数，这说明我国品牌产品的竞争优势尚不明显。

4. 中国品牌发展的宏观环境问题聚焦于"知识产权"与"环境污染"

在中国品牌发展的宏观环境问题的考察中，对"中国人不尊重知识产权"调查问项持支持态度的为47.1%、计256人，远高于持不同意态度的23%的125人；而对中国环境污染很严重查问项持同意态度的高达68.5%、计372人，远高于持不同意态度的11%的60人。这两组数据上的海外消费者态度，需要引起我们足够的重视：尊重并保护知识产权、大力治理环境污染。这是我国品牌走向国际市场的需要，也是我国国家形象建构的需要。

5.中国品牌发展的自身问题则以"抄袭仿冒""服务保障"尤为突出

在中国品牌自身发展的考察中，对"我国产品存在着抄袭仿冒现象"的调查问项持支持态度的占比45.7%、计248人，远高于占比18%的持反对态度的98人；对于"中国品牌产品服务有保障"的问项，持不同意态度的206人占37.9%，也远高于持同意态度的占比22.3%的121人。这说明中国品牌产品或多或少存在抄袭仿冒现象，而在国际市场开拓方面所提供的服务保障也做得还很不够。这显然为我国品牌产品走向国际市场提供了借鉴。

6.中国品牌负载着中国国家形象，但目前的贡献度尚非常有限

在既往的认知中，传播中国国家形象往往并没有与中国品牌联系起来。而在本研究中，已有9%的被访者已经认识到中国品牌也成为认知中国的途径。但其比例还甚低，这恰恰说明中国品牌的影响力还比较弱，相比有19%的被访者认为中国制造的产品本身也同样负载着中国国家形象，之间差了10%的百分比，这也说明了中国有产品而无品牌的尴尬。需更深层认识的是：中国制造的产品，其实多是按照国外品牌商加工定制的，无法负载更多的中国文化信息；而中国品牌虽然能全方位负载中国国家形象，但目前又不尽如人意。显然，无论是从国家经济的主动性、安全性，还是国家的软实力建设、传播方面，中国品牌目前的贡献还非常有限，需要引起高度的重视。

在我们的研究中，除了如上的数据显示，在开放性的题项中，很多海外消费者强调了中国品牌产品的质量问题，如有的写道"品牌应该有好的质量及独有的形象，不需要去抄袭""把产品质量提高点，价格稍微提高点"；其次则强调了中国品牌的独特性，如"不要复制抄袭，要具有自己的特色""要有自己的构思，不要总是山寨"。更有不少海外消费者对于中国品牌发展寄予厚望，如："中国品牌发展很快，并会发展得更好""我认为中国品牌在市场上有竞争力""关注员工，我希望中国可以成为最棒的国家""中国品牌很好，值得信赖，耐用"。一位马来西亚的外商还专门为本调查研究题词："中国应建立自己的品牌，不要只做代工！"其情感人至深。

总而言之，本认知调查研究坚定了我国的道路自信、理论自信、制度自信、文化自信，同时也客观地发现了我国品牌发展与国家形象建构中的一些具体问题。

（二）不足与讨论

由于海外消费者是个非常庞大的群体，且国别众多，严格的样本调查应该有着足够大的样本量，且应有着不同区域不同层面国家的细分；因经费及国际性调查难度所限本研究未能做到大样本、细分国别消费者，这是本文所存在的不足。同时，本文也没有对数据进行相关性分析，这是基于直观性地呈现调查数据能让更大范围内的读者直接把握运用，以更好地发挥本研究的社会作用；这是我们的本源性考虑，但从规范方法角度上审视即为一种不足，该不足我们将在后续研究中予以补足完善。

另需讨论的是：

1.对产品品牌的认识越深刻，越能认识到在全社会推广品牌理念、优化品牌发展环境的普遍意义

习近平提出的"中国产品向中国品牌转变"已经成为企业界乃至全社会的共识；但在这一转变中，绝非仅仅是产品的质量、创新、服务等在品牌层面得到升华，而需全体企业人品牌理念的高度自觉、全社会消费者理性的品牌抉择、包含政府监管在内品牌成长环境的全面优化、我国全社会品牌文化的全方位形成。也就是说，中国品牌要更快地走向世界，不仅仅是企业层面需要按照品牌内在规律来进行努力，更需要在全社会推广并构筑品牌理念，优化品牌发展环境。

2.以"信誉凝结"为核心的品牌理念，能有效调动全社会人的主体能动性，促进品牌环境的优化

当以企业为核心的各类主体均富有品牌理念，将引导包含每个中国个体人的各层面、各类型主体均投入到"品牌发展"潮流中。其理念核心，就是通过务实努力形成"信誉凝结"的无数个主体品牌。可以说品牌的核心是信誉，品牌的主体是人，中国品牌需要全方位信誉文化予以支撑，需要有"人人即品牌，人人创品牌"的理念。也就是说，品牌发展理念，是践行社会主义核心价值观的朴素体现，对于少年儿童的励志、青年人的创新创业、每位工作者的爱岗敬业、每位中国人自尊于世界，均具有广泛的适用性；其中，还包含领导干部"三严三实"作风转化为工作实绩、让个人品牌与所在单位品牌得到群众由衷认可。如此，品牌理念将有效调动全社会人的主体能动性，促进品牌发展环境的优化。

3.拓展品牌理论研究，形成完整的品牌发展理念

习近平2004年12月在浙江省经济工作会议上的讲话中曾经明确说道：品牌是一个企业技术能力、管理水平和文化层次乃至整体素质的综合体现。2014年7月，习近平在会见德国总理默克尔时又说道："中德务实合作是全方位的，双方步伐应更大一些，打造更响亮的合作品牌。"显然，在习近平的视野中，品牌不仅要超越产品，而且要超越企业，要包括一切具有主体性、富有信誉凝结的工作与现象。目前，主流的品牌理论依然关注的是产品品牌、企业品牌；这就需要拓展品牌理论研究，使品牌的"主体信誉建构"内涵得到认可、外延延伸至个人、组织乃至国家等主体层面。已经有学者对此提出："政府不仅要为企业品牌国际化制定相应的政策、扶持企业发展而且也要打造自身的品牌形象，提高国家在国际社会的'声誉资本'。加快国家形象的建立，重视对国家品牌形象的建设和管理，不仅对国家形象的建立，而且对企业推进品牌国际化战略也具有重要意义。"[1]在此基础与趋势上，我们无疑需要多角度展开品牌研究，以形成完整的、可成为我国社会实践思想指针的品牌发展理念。其中一些基本内容有：

品牌，是实践主体信誉的正向性信息凝结；

品牌，是信息社会高频度使用的信息符号；

品牌，是特色创新、品质价值的认知聚合；

品牌，是每一个主体人生价值的升华体现。

品牌不仅适用于产品与企业，即商业品牌，而且适用于各类事业性组织与服务，即事业品牌；同时，还可一方面上升为国家品牌，另一方面体现于每一个体的个人品牌。

正是基于以上认识，"品牌发展"理应成为我国社会现阶段，以及长期发展需秉持的理念：

"品牌发展理念"，将指导我国企业坚定信念，走自主创新、自主品牌道路，在提升供给侧品质、满足市场的同时，更自信地走向国际市场，为国家形象建构做出贡献；

"品牌发展理念"，将以现代语境之语言及内涵，引领每一个中国人进行思想境界的升华、行为的自律自觉，在打造个人品牌的同时，将个人价值融入自主品牌及国家品牌的建设中；

---

① 韩中和：《中国企业品牌国际化实证研究》，复旦大学出版社2014年版，第8页。

"品牌发展理念"，将以信息社会品牌需透明化的现实，接受他人评判、接受社会监督，将品牌信誉置于舆论的透明屋，以保证品牌运行的安全，制约各类可能产生的腐败；

"品牌发展理念"，对个人、组织、国家三个层面进行了命运一体化、信誉一体化的融合与引导，以引导个人品牌关乎组织与国家形象的自觉，提升商业与事业品牌造福人类服务国家的境界，明确国家公务员服务民众服务商业及事业品牌的意识；

"品牌发展理念"，是对旨在突出目标正确性的"三个代表"重要思想的对应性实践指导，又是对旨在突出科学理性的"科学发展观"结合基础上、又融合人文情怀、道德理性的全方位升华；

"品牌发展理念"，是对我国"和平崛起"的国际传播、国际接受，从内涵建设、时代话语、双向交流等方面形成了思想指导，有助于社会主义特色的大国形象获得更为广泛的国际认知。

当我们将品牌的视野进行如上开拓展开，其品牌理论研究将得到丰富与提升，且有望形成利国利民、利市场利社会的品牌发展理论工具与指导思想。

【本考察研究由舒咏平、戴世福、饶鉴等16位师生完成；海外调查问卷得到明月、陈丽娟、铁翠香、邵雪琪、隋凤芹、熊英、舒文冲、张端、宋小红等数十位海内外友人的配合支持；在此特说明致谢。】

（《品牌研究》2016年第3期）

传播通道过剩与品牌人文价值

【摘要】社会化媒体带来个体传播的便捷，由此为企业营销传播插上了通道的翅膀，同时也带来了一轮轮媒体工具问世的兴奋。而理性审视，媒体技术的发展已经引发了企业媒体通道的过剩，其体现为数量饱和、开发不足、互动不够。事实上新媒体引发通道过剩已显示：传统的广告话语已经式微、媒体通道已被营销传播或品牌传播所整合、传播内容资源或品牌价值成为核心问题。品牌价值有着多元的解读，其深层次所在只能是品牌人文价值。品牌的人文价值可归结于"立功、立德、立言"；其中又以"立德"的五个维度——信、智、爱、勇、礼之"五德"为核心。品牌点点滴滴的传播与接受，无一不是其"五德"之深层人文内涵之折射。

【关键词】传播通道；通道过剩；品牌；品牌价值；人文价值

新媒体的迅猛发展带来企业传播通道的激增，可以说一定意义上企业传播通道形成了过剩。以传播的5W模式审视，传播通道仅仅是个中间环节，而要形成良好的传播效果，从传者、从信源的前端来追寻富有信度的传播内容则更显重要。

一、媒体技术引发传播通道过剩

随着Web2.0技术成熟、移动互联网广泛运用、社会化媒体带来个体传播活跃以及大数据对数字环境呈现，敏感的企业界自然而然地将它们用于最能带来经济效益的营销。由此，企业营销传播犹如插上了通道的翅膀，同时也催生了一次次媒体工具问世的狂飙与狂热。博客营销、微博营销、微信营销、二维码营销、移动营销、大数据营销、数字营销等概念与对应的"大师"们纷纷登场。截至2015年8月31日，百度搜索显示：

"博客营销"相关结果约2440万个；"博客营销大师"相关结果约79.6万个；

"微博营销"相关结果约2320万个；"微博营销大师"相关结果约190万个；

"微信营销"相关结果约165万个；"微信营销大师"相关结果约43.3万个；

"二维码营销"相关结果约1100万个；"二维码营销大师"结果约60.2万个；

"大数据营销"相关结果约4320万个；"大数据营销大师"结果约937万个；

"数字营销"相关结果约142万个；"数字营销大师"相关结果约111万个；

"移动营销"相关结果约83万个；"移动营销大师"相关结果约903万个。

与此同时，当当网图书关键词搜索显示："微博营销"共652件商品；"微信营销"共1561件商品；"二维码营销"共234件商品；"大数据营销"共559件商品；"数字营销"共395件商品；"移动营销"共1177件商品。

新技术、新媒体、新通道，本应投入市场开发、社会应用，这本身并无可厚非；但学术界却需理性深思：我们的学术思想是简单跟风还是需超越工具时尚而进入理论建构层面？我们的学术价值是对操作工具画蛇添足式的唠叨还是理论提升的前瞻性探索？我们可以发现，诸多新媒体营销概念热上一两年，就迅速被新崛起的媒体形态所压制、所淹没；但社会上对单一新媒体的追逐性狂热却丝毫未减、仍然不断逐浪赶潮，即使上一波浪头已经扑打在沙滩上浑然无迹。也就是说，我们稍稍超越短期营销功用来作冷静旁观与回望，都可以清晰地看到一波波新媒体工具营销狂飙与狂热的酿成与沉寂的轨迹纹路。而且我们可以反思到，传统媒体在传统营销传播中所起的作用在当时丝毫不比当下的某一类新媒体作用差，但我们见到过类似的单一报纸营销、杂志营销、广播营销、电视营销等营销方式了吗？也就是说，将企业生死存亡的营销与单一媒体形态捆绑，本身就是反营销、反实践的。

当一波波新媒体狂欢过后，我们发现连个人都已经有足够的媒体工具与通道了，几乎达到任何人每时每刻想直播什么就是什么的自由。于是我们的个体无法生产更多的传播内容，只得以"转发""点赞"、手势符号等证明自己的媒体存在。同样的现实对于企业来说，那就是传播通道过剩已经是不争的事实。其主要体现为：

1.企业拥有了多种类、多数量的自有媒体

传统的企业报、企业杂志、企业画册等在新媒体环境下几乎没有列入自媒体范畴，但却也是一种现实的存在。在其基础上，企业官方网站作为企业存在的数字载体，几乎为所有企业所重视。同时，企业的自有网店、App、QQ空间、论坛、官方微博、微信公众号也开始得到采用。数据显示：截至2014年12月，我国使用互联网办公的企业比例为78.7%，规模50人及以上的企业，互联网使用比例超过80%。调查结果显示，利用互联网开展过营销活动的受访企业使用率最高的是利用即时聊天工具进行营销推广，达62.71%。[①]在"小米"品牌的自媒体矩阵中，创始人雷军的微博、微信，创业团队的个人微博、微信，以及各细分产品的微博、微信，骨干员工、营销人员的微博、微信等，均成为企业自有媒体不可或缺的组成部分。如此可以说，任一企业其实均已具有了足够多的传播通道。

2.企业自有媒体开发利用不足

毫无疑问，我们已经身处于"互联网+"时代，企业无一例外地拥有了诸多传播通道，理论上已就此坐上了信息传播高速列车，可以随时随地与环境进行着数据信息的交换。但有了"互联网+"标签不等于企业对以网络

① 《第35次中国互联网发展统计报告》，http://www.cnnic.net.cn/hlwfzyj/hlwxzbg/hlwtjbg/201502/t20150203_51634.htm.

为基础的自有媒体进行了充分、有效的开发。调查显示，目前的中小企业虽然有78.7%在运用互联网，却仅有41.4%的企业拥有独立的网站，开展在线销售的企业比例仅为24.7%；而企业最为普遍使用的是利用即时聊天工具进行营销推广、搜索引擎营销推广，以及利用电子商务平台推广，使用率分别为62.7%、53.7%和45.5%。[①]不仅如此，大多数企业还只是粗放式地建立自有数字媒体平台，并无专人负责，近六成的企业网站一个月都难以更新一次。另一方面，即使内容经常更新，对发布内容的管理却不够重视；通过关注发现，企业网站、企业微博，其发布的信息、展示的商品或推广的活动，多是内容各异，没有在发挥各自优势的基础上形成统一的传播。初广志教授的一项调查显示：有54.8%的企业高管认为自己的企业各种营销传播手段缺乏战略上的一致，而认为企业相关部门之间缺乏协调的则达51.9%，认为企业还停留在广告为主导的营销观念的则为44.7%。[②]我们的一项研究也表明：搜索平台上品牌信息来源于品牌主主导的信息仅占25%。[③]显然，不少企业面对诸多传播通道突然摆到自己的面前，显得猝不及防、应对无策，更别说有着自觉与理性的开发与利用。

3. 企业自媒体的互动性、黏性不够

当企业的自有媒体已经足够丰富，也就意味着企业可以随时随地与消费者进行一对一的对话与沟通。如此，企业如果对单一的个体能予足够重视，充分进行人性化的沟通，那么用于沟通的信息，显然就是消费者不仅愿意容忍而且是乐于获得的信息内容了。有学者曾针对社会化媒体的营销沟通提出了5T模型，即谈论者（Talkers）、话题（Top-ics）、工具（Tools）、参与（Taking Part）和跟踪（Track-ing），认为企业与消费者通过网站互动栏、微博、微信进行友好地互动、交流，不仅能达到互动营销的效果，而且能够增强企业和客户之间的关系，巩固品牌正向传播的效应。[④]但诸多企业却往往漠视自有数字媒体的"互动"作用，依旧像对待传统媒体时期的消费者那样，机械地"自动回复"各种问题，而毫无个性化、情感化可言。如京东商城的客服界面，无论是消费者询问特定的区域能不能送货，或者缺货商品什

① 《2014年下半年中国企业互联网应用状况调查报告》，http://www.cnnic.net.cn/hlwfzyj/hlwxzbg/hlwqybg/201503/t20150316_51984.htm.

② 初广志：《整合营销传播的本土化研究》，《现代传播》，2010年第12期。

③ 舒咏平：《新媒体广告传播》，上海交通大学出版社2015年版，第139页。

④ 王战平、阮成奇等：《企业微博传播效果测评研究》，《情报科学》，2014年第9期。

么时候到货，都是系统自动回复。许多用户抱着与品牌一对一聊天的心态来登陆品牌微信的公众账号，但大多数用户关注了某品牌并试图与其聊天后，发现对方根本不像微信上的好友，更像是一部机器。CNNIC的第35次报告数据显示，我国城市O2O用户的互动频率不高，一线城市仅41.5%的人偶尔进行回复和评论，二线城市为33.9%、三线城市则为15.8%的人经常回复和评论。而就企业自媒体黏性而言，新浪的企业微博具有一定的代表性："联想V"有粉丝213.5万、发表微博1.37万；"康师傅V"有粉丝150万、发表微博2932条；"中青旅V"有38万粉丝，也有9095条微博；"波司登V"有粉丝20.7万、发表微博1.35万条；"海尔V"有粉丝15万、发表微博7597条；"三只松鼠V"虽然仅12万粉丝，但却有6330条微博；"周黑鸭V"有粉丝7.8万，发表微博5987条；应该说这是从微博发布与粉丝黏性结合上是做得比较好的。但我们也可以发现，不少品牌的微博却缺乏足够的黏性："同仁堂阿胶"粉丝9201、发微博25122条；"雅戈尔体验馆"粉丝37118，发微博1005条；"蓝月亮科学洗衣"粉丝1万，发微博318条；"同仁堂化妆品官方微博"粉丝5440，发微博43条。通过如上比较，则可看到后者的黏性明显弱于前者。我们知道：在网络新闻领域是"无跟帖不新闻"、在电子商务领域是"无评论不交易"。[1]那么，缺乏以"评论"来显示的互动与黏性，企业自媒体作为通道的生命力就需要质疑了。

由此可见，新媒体发展尤其是社会化媒体的普及，使得企业传播通道实际已经形成了过剩，也就是说传播通道已经不是问题。因为在社会化媒体、口碑传播、大数据时代，品牌信息传播已经让言者不单是自己，让引发响应不再靠媒体；而问题的关键已经自然转移到"有什么可说""传播什么"的内容开发之上。

二、由工具走向价值的品牌传播

虽然一种种新媒体营销工具诞生总难免引发一阵阵兴奋与时尚，但它们往往很快化为普通、回归通道工具之一，并被营销传播或品牌传播所整合。早在20世纪90年代，整合营销传播理论的提出者舒尔茨就指出：现在市场由于资讯超载、媒体繁多而干扰大增，因此更重要的是在接触方式基

---

① 钟瑛、张恒山：《大数据的缘起、冲击及其应对》，《现代传播》，2013年第7期。

础上要决定与消费者沟通什么诉求主题。为此，他提出对各种营销手段、传播通道等消费者接触点所接触到的资讯碎片进行组合，形成一致的诉求。而当时，他已经意识到了单向度传播系统下整合营销传播的困难，预期着双向性新媒体给整合营销传播、对建立起和顾客的关系带来的福音。①也就是说，整合营销传播理念中的"整合"本质就是以一个营销声音来对工具整合、即对传播通道、营销手段的整合。或者说，在20世纪90年代舒尔茨就已经超越了单一营销手段、单一传播通道的思维，而由传播通道进入传播内容。而另一位整合营销传播专家汤姆·邓肯也认为："在整合营销传播活动中，如果从一次活动到另一次活动或从一个媒体到另一个媒体，都能统一信息的风格，就拥有了一致性。"②可以看出，整合营销传播的精髓就是对信息一致性聚合传播的强调，以引发消费者对于品牌明确统一的感受。而这种感受则来源于企业在品牌传播过程中不断地制造"议题相关性"、不断地聚合各种品牌信息，从而实现顾客对于品牌的"认知一贯性"。尽管不同的媒体通道在传递信息时可以使用不同的语气与方式，但对于"营销主张一致性"以及"品牌一致性"却必须进行明确而执着地坚守，如此才能避免多通道、碎片化信息之间产生抵消与损耗。实际上，唐·舒尔茨在提出整合营销传播之后，其理念快速向品牌提升，他说道："品牌是买卖双方一致认同，并可以据此达成某种交换协议，进而为双方都创造价值的东西"，"品牌是为买卖双方所识别并能够为双方带来价值的东西。"③英国品牌学家保罗·斯图伯特也说道："品牌不是违背消费者意愿而强加在'品牌的忠诚信徒'头上的。品牌使消费者在日益复杂的世界上充满自信地购物。品牌为消费者提供了质量、价值和产品满意方面的保证。只要品牌保持其作用，消费者就会继续给以支持，反之，如果消费者不喜欢某个品牌，或品牌不能满足消费者的需要，或出现了另一个更好满足消费者需要的品牌，品牌的区别功能就使消费者避开不满意的品牌，另选一个替代者。"④如此，

　　①［美］唐·舒尔茨等著：《整合行销传播》，吴怡国等译，中国物价出版社2002年版，第80、68、56、209—210页。

　　②［美］汤姆·邓肯：《广告与整合营销传播原理》，廖以臣等译，机械工业出版社2006年版，第193—194页。

　　③［美］唐·舒尔茨、海蒂·舒尔茨：《唐·舒尔茨论品牌》，高增安、赵红译，人民邮电出版社2005年版，第8—9页。

　　④［英］保罗·斯图伯特：《品牌的力量》，尹英等译，中信出版社2001年版，第12页。

作为企业与消费者建立以信誉为核心的全方位关系的品牌传播，就具有了既融合营销、广告、媒体的策略要素，更拥有了理念共鸣、文化共振、关系共存的战略意义。

如"王老吉"的声名鹊起是在2003年，其整合营销传播策略的出发点，就是从到底是把产品当作药用凉茶还是当作饮料来卖而起步的。经周密的市场调研、企业访谈、中药文化与品牌文化解读，王老吉的品牌成功形成了定位及一致性诉求——"怕上火，喝王老吉"。该定位既是产品的主打功能，又是品牌与消费者的关系链接点，更是品牌的核心价值。而"微软的世界窗户""丰田每一天""苹果的全球开发者大会（WWDC）发布""农夫山泉有点甜""送礼就送脑白金""洽洽瓜子是煮出来的"等，这诸多案例最终均将营销传播的凝聚点归结到了品牌定位之上。也正是在此意义上，品牌传播成为时代的话语。百度搜索显示，"品牌传播"的相关结果约1570万个。而在期刊网上，"品牌传播"的论文数也是逐年递增：2002年27篇、2005年154篇、2010年306篇、2014年485篇。而一批著作也相继问世：《品牌传播学》（余明阳2005）、《品牌传播策略》（舒咏平2007）、《消费品牌传播》（韩进军2007）、《文化品牌传播》（王钧2007）、《品牌聚合传播》（舒咏平2008）、《品牌传播与管理》（舒咏平2008）、《有效的品牌传播》（张树庭：2008）、《品牌整合传播》（林升梁2008）、《品牌传播学》（段淳林2009）、《品牌传播论》（舒咏平2010）、《服务品牌传播》（张贤平2010）、《品牌传播策划》（施安2012）、《品牌传播教程》（舒咏平2013）、《品牌传播战略》（梁雨晨2013）、《整合品牌传播》（段淳林2014）、《品牌传播研究》（罗子明2015）……这些论著有个共同的认知，即：品牌传播以品牌信誉在消费者及公众心目中建构为目标，以包含产品品质、服务满足、广告、公共关系、营销对话在内的互动沟通为手段的现代主体性传播实践活动。[1]也就是说，品牌传播既尊重营销策略、媒体通道，却又在对它们自由取舍的整合中，凸显着被营销传播技术与技巧所笼罩的品牌传播信源本位。

可以说，社会化媒体让品牌主成为自由的传播主体，传播通道已经不是问题；而从企业自有的媒体通道并没有得到充分利用角度审视，也就意味着企业传播通道实际形成了过剩。相对于通道过剩，则是传播信源的资源匮乏。即富有传播价值的品牌信源不仅重要、稀缺，而且弥足珍贵。段

---

① 舒咏平：《品牌传播教程》，北京师范大学出版社2013年版，第19页。

淳林在其《整合品牌传播》中曾写道："整合品牌传播指企业以移动社会化媒体为主要平台，使用跨媒体整合方式，围绕着品牌核心价值开展价值共创活动，与消费者互动沟通建立价值关系，使品牌价值突破经济价值上升到社会价值的战略组织传播过程。"[1]这里，其重心不是社会化媒体平台，也不是跨媒体整合，甚至不是营销功用，而是通过过程传播实现品牌价值共创、价值关系建立、经济价值升华至社会价值。如此，我们的逻辑必然延伸至品牌传播中的品牌价值这一核心问题之上。

三、品牌价值的深层追溯：人文价值为本

国内外学者对品牌价值评估研究主要从基于财务要素和市场要素、消费者要素三种角度展开。基于财务要素研究品牌价值评估是利用会计学的原理来测量品牌价值：具有代表性的有成本法、股票市值法。而基于财务要素和市场要素的品牌价值评估是在财务要素基础上，引入品牌在市场上的表现，结合这两大要素对品牌价值进行评估；代表方法有英特品牌价值法、世界品牌实验室法、HIROS 模型法。随着品牌价值理论越来越重视品牌价值与消费者的关系机理，品牌价值真正动力源泉来自消费者的观点被广泛接受，基于消费者要素的品牌价值评估研究逐渐成为主流观点。其中Aaker 提出的品牌价值十要素模型最值得关注，其模型图示为：

表1　Aaker提出的品牌价值十要素模型

一级指标	二级指标
忠诚度评估	（1）价差效应 （2）满意度/忠诚度
品质认知或领导品牌评估	（3）品质认知 （4）领导性/受欢迎度
品牌联想或差异化评估	（5）价值认知 （6）品牌个性 （7）品牌联想
品牌认知度评估	（8）品牌知名度
市场状况评估	（9）市场占有率 （10）市场价格及渠道覆盖率

但品牌价值的探索远远没有止步，又有学者提出，基于消费者要素的

① 段淳林：《整合品牌传播》，世界图书出版公司2014年版，第77页。

品牌价值其实来自生产者，认为生产者的特殊劳动投入与市场认可的契合度越高，品牌价值越大；契合度越低，品牌价值越小。从系统的角度看，可以得到以下品牌价值的构成要素：生产者特殊劳动投入要素包括资源稀缺性、技术及工艺、品质保证、文化特征开发、形象及广告和客户服务管理等；市场认可要素包括消费者的专属与独享感、功能利益、安全与耐用性、审美与个性、信赖感、亲切感等。品牌价值高低不是生产者一厢情愿的事，它取决于特殊劳动投入，但投入的方向、数量和质量必须符合市场需要，即生产者所付出的成本只有最大限度地满足了消费者的功能利益、安全与耐用性、审美与个性、专属与独享感、信赖感、亲情感等需要，才是有效的，品牌价值才能实现。①在品牌价值由生产者—品牌载体—消费者的转化中，品牌不仅仅由于其功能性价值而被人喜爱。而且还由于其心理和社会价值而被人喜爱。成功的品牌往往带领顾客进入一个更深层次的、普遍的情感层次。美国学者斯科特·戴维斯为此提出品牌金字塔模型，认为：金字塔最底端是品牌的特征和属性，满足消费者基本需要；中间部分是品牌利益，满足消费者情感需要；最顶峰是品牌的信念和价值，满足消费者精神和文化需要。②我国学者年小山在分析品牌价值与文化关系的基础上，提出品牌是物质文化与精神文化的高度结合，物质文化包括资金、设备、活动场所等，精神文化包括品牌符号、品牌语言、品牌信息等。品牌包括物质文化系统、精神文化系统、行为文化系统。③随着人们对品牌价值认识的深入，品牌价值是个复杂、可多角度审视的系统儿近成为共识。乔均就此说道："价值是一个相对概念，决定价值构成的因素有许多，商品价值量是价值构成的多元自变函数决定的。""品牌是实体价值功能和非实体价值功能的综合体。"④

既然品牌价值的追索有着如此的积淀与呈现，那么我们顺其逻辑，则自然可在更宏观的层面，以及用中国传统而经典的话语来审视品牌的人文价值。《左传·襄公二十四年》写道："'太上有立德，其次有立功，其次有立言'，虽久不废，此之谓三不朽。"唐人孔颖达在《春秋左传正义》中

① 王成荣、邹珊刚：《论品牌价值的来源及构成》，《商业研究》，2005年第9期。

② ［美］斯科特·戴维斯：《品牌资产管理——赢得客户忠诚度与利润的有效途径》，刘莹等译，中国财政经济出版社2006年版，第48—49页。

③ 年小山：《品牌学》，清华大学出版社2003年版，第76—77页。

④ 乔均：《品牌价值理论研究》，中国财政经济出版社2007年版，第226—227页。

对德、功、言三者分别做了界定："立德谓创制垂法，博施济众"；"立功谓拯厄除难，功济于时"；"立言谓言得其要，理足可传"。由此，这"三不朽"成为人生成功与否，或曰人生价值能否体现最简明的指标。也就是说，任何主体只要能在"三立"之中得占其一，就足以不朽。而这里我们以"三立"来审视品牌的价值，我们却可以发现品牌价值"三立"的普遍性，即：

1.立功：产品功于用户、用工功于社会、纳税功于国家

品牌既指优秀的产品，又指提供优秀产品的企业，其共同的价值首先即在"立功"层面，即：产品得到客户由衷的欢迎，并实现其功能与文化价值；而品牌得到市场欢迎则必然引发产能的释放，有效地吸纳社会就业；同时也必然地通过营业税、增值税、所得税等税费交纳，而有功于国家。

2.立德：德之不立，行之不远；企业品行，归于"五德"

优秀的品牌，必须不能有任何的短板、不能有任何负面行为，否则市场或舆论将毫不留情地予以淹没。而从品牌的人文价值层面审视，其"立德"由5个维度构成，我们同样可以用传统文化的关键词来概括：

信——品质的信誉保障，这是品牌由产品品质、服务品质、市场信誉来向市场、向社会进行最基本的品牌道德呈现。如：同仁堂的"炮制虽繁必不敢省人工，品味虽贵必不敢减物力"；海信的"严守诚信经营"；"淘宝"的"宁可淘不到宝，也不能丢诚信"。显然，品牌唯有"独守信用、方自夸于世界人之前"。①

智——技术创新、模式创新，即创新的不懈追求与呈现；可以说品牌注定需要"苟日新，日日新，又日新"。在品牌创新中包含品牌个性定位的创新，因为品牌定位的本身即创造性地在市场需求与人文价值融合的海洋中独取一勺来精心烹饪、向消费者传递；从而通过创新实践来证明自身个性生命的存在。

爱——关爱的社会角色，其体现于产品、体现于服务、体现于公益、体现于管理、体现于品牌文化的方方面面；如华为的"为用户创造价值，为奋斗者创造价值"，其实质就体现了华为品牌爱用户、爱员工的独特之"爱"。

---

① 中国人民银行山西省分行、山西财经学院、《山西票号史料》编写组：《山西票号史料》，山西人民出版社1990年版，第590页。

勇——在市场惊涛骇浪中的定位坚守、市场开拓、风险驾驭，随时迎接着、进行着市场上的惊险跳跃。当乔布斯在苹果公司危机中重新归来，孤注一掷地将"苹果 iMac"推上市场，并一举扭转苹果的财政危机，我们可以想象当时他面临市场惊涛骇浪时的勇气与决绝。

礼——"礼也者，理也。"即守法规、合伦理、有风度，是法制、伦理、礼仪的有机统一。当"吉利"收购"沃尔沃"，其就收购价格、支付方式、支付期限、交易保护、损害赔偿、产权界定和交割、工商手续变更、并购后的人事安排、税负、品牌战略、企业文化、管理经营等，无一不在国际法则、当事国法律以及伦理文化的框架内逐一达成共识，并进行运作磨合，从而使得他们获得双赢。

显然，这里的"五德"不同于儒家"五常"，也不同于阴阳家的"五行"以及物的五种特征，但又是传统五德的一个自然继承与延伸，而合理地成为现代品牌之"五德"。

3.立言：言之于理念、言之于经验、言之于不言（存在）

优秀的品牌总是有着崇高而朴素的理念来对实践予以指导，如："同仁堂"的"修合无人见，存心有天知"；"海尔"的"真诚到永远"；"奔驰"的"驱动人类精神"；"三星"的"我们从消费者出发"。优秀的品牌之立言，还不仅仅在于她怎么说，更在于她如何做、如何成功实践——经验，如："苹果"的开发主题"每个肯定的想法中都有一千个反对的声音"、"宝马"经营中的"迭代资本与创新转移"、"华为"客户开发中的"你中有我，我中有你"的"共赢生态圈"思维。世人或许不知道她们提出过什么至理名言，但她们的成功经验却每每成为品牌经营分享的法宝。而所谓的"言之于不言"，则是品牌成功的本身即是无言的丰碑、是一种本身就值得无限解读的存在；如诸多"隐形冠军"企业，虽名不见经传，却是业内得到高度认可的品牌。

立功、立德、立言对品牌而言，既三位一体，同时又以"立德"为内在核心。因为，"立功"是"立德"外在的实效显示，"立言"是"立德"外在的符号显示；唯有"立德"才是品牌价值的人文之魂。由此，"信、智、爱、勇、礼"之"品牌五德"构成了品牌人文价值的基本维度，成为品牌富有持续竞争力的人文价值保障。对深受消费者欢迎的成功品牌进行审视，我们可以看到她们在运作中不存在任何的短板，即事实上构成了

"五德"之模范，并因此构成了可靠、可信、丰富且受欢迎的品牌传播内容资源体系。也就是说成功的品牌，其"五德"往往成为人们津津乐道的话题、成为口碑传播资源不竭的内容。相形之下，关注、强调甚至押宝单一的媒体通道自然会显示出自身的窘迫来。

当社会化媒体使得人人拥有"摄影机""麦克风"，企业传播通道形成过剩，立足于"品牌五德"人文价值基础上的各类创意传播内容，往往通过首次发布传播后，自然可吸引自发的围观及二次传播、迅速建立良好的口碑效应，且在获得高接触率的基础上建立正向品牌传播效应。如OPPO手机，正是通过独立自主研发拥有了VOOC闪充的快速充电技术，在18项专利基础上将最快充电速度提升了4倍以上，从而在中国企业竞争力年会上获得"最佳技术创新奖"。这一创新体现了品牌五德，又被凝聚成"充电五分钟，通话两小时"的内容诉求，并得以展开品牌聚合传播。目前百度的"OPPO"搜索相关结果约238万个，新浪微博"OPPO"粉丝达764万、所发微博7600多条且保有评论、转发、点赞的高互动率；而OPPO品牌也进入了线下整体市场的前三名，并被年轻消费者视为智能手机的新宠。OPPO案例显示，当富有品牌五德、富有了令人信服的传播内容，传播通道不是问题、传播效应也将水到渠成。也就是说，品牌五德乃是品牌传播信源之源！当然，"品牌五德"的人文价值，不是一个终极设定，而是品牌运作过程中的不懈追求与历史留痕！

（《江淮论坛》2016年第9期）

传媒视界
CHUANMEI SHIJIE

中国本土品牌洋符化的符号学批判

【摘要】品牌是企业通过产品获得消费者识别、认可，并与消费者达成信誉约定的符号。由于改革开放之初我国普遍存在"崇洋尚外"现象，诸多中国本土品牌走上借助洋符号冒充洋品牌获利的所谓捷径。随着中国步入了新时代，我国本土品牌建设和传播富有了全新语境，愈演愈烈的本土品牌洋符化理应予以正视并给予遏制。本文借助符号学的涵指理论，剖析中国品牌洋符化的符号表现形式及意义生成，认为此类品牌符号的涵指过程，实质上构成了所指意义造假；本文还从符号造假角度分析了新语境下本土品牌洋符化面临的四重风险，继而指出中国本土品牌需走文化自信的符号建构之路。

【关键词】本土品牌；洋符化；符号涵指过程；文化自信

品牌是消费交流的符号，是企业和消费者之间达成的合作契约，代表着企业的承诺①。企业向消费者传递的价值和文化都负载于品牌，而消费者对企业、产品以及服务等所有认知与认可也都凝结于品牌。品牌为企业累

———————
① 张树庭：《论品牌作为消费交流的符号》，《现代传播》，2005年第3期。

积着消费者的信任，塑造着自身的信誉。同时，一个国家的本土品牌，负载着这个国家的民族智慧、文明精神，在细雨无声中最有效传播着这个国家的文化[①]。品牌是企业乃至国家竞争力的综合体现，代表着国家的信誉和形象[②]。习近平在党的十九大报告中指出：要推动构建人类命运共同体，要尊重世界文明多样性，以文明交流超越文明隔阂、文明互鉴超越文明冲突、文明共存超越文明优越。显然中国本土品牌无疑也担当着中国企业与全球消费者交流的重任，构建着二者之间的信任关系，同时也在国际上传播着中国文化，建构着中国国家形象，并为构建人类命运共同体做出贡献。但是中国诸多本土品牌却还缺乏这种深层认识，一直尝试着以"洋符化"品牌来冒充欧美发达国家品牌，试图以"洋品牌"形象欺骗不明就里的消费者。为此，本文基于符号学的涵指理论对品牌"洋符化"予以解析批判，以从品牌建构角度引发我们对文化自信的自觉。

一、本土品牌洋符化的涵指表现及意义生成

"自主品牌，是与自主创新相联系的，这里指的就是中国品牌，由中国企业和中国资本控股的企业，通过自主创新和精心营销所创建的拥有知识产权的中华民族品牌。"[③]虽然该阐释是就企业而言，但就企业所属的国度而言，这里自主品牌的主体既是中国企业，同时也是品牌来源国之中国。虽然品牌的市场没有国界，但品牌的来源或归属却有国别。如此，从品牌符号构成上来审视属于中国的本土品牌势必负载着中国元素、负载着无法抹去的中国痕迹，并在品牌的国际市场拓展中也必然呈现着生于斯、长于斯的中国国家及文化大背景。如："华为（HUAWEI）""北京同仁堂（Beijing Tong Ren Tang）""海尔（Haier）""联想（Lenovo）"等品牌，已经开始在海外市场显露头角，但其中国血统却依然鲜明可视，并无形中传播着中国国家形象。与之相反，却也有不少本土品牌则在符号运用中全面使用洋元素，且尽可能地撇清中国的背书关系，极力将自身伪装成国外品牌，误导消费者认可、相信其"洋"品牌身份；因为其并非全盘洋化，而仅仅

---

① 舒咏平、杨敏丽：《本土品牌：华夏文明的致效媒介》，《现代传播》，2014年第1期。

② 国务院办公厅：《关于发挥品牌引领作用推动供需结构升级的意见》，http://www.gov.cn/zhengce/content/2016-06/20/content_5083778.htm.

③ 乌家培：《论我国本土品牌的培育、管理和发展》，《学术研究》，2007年第4期。

是符号系统层面的洋化，故本研究称之为"品牌洋符化"。品牌洋符化现象一经出现就受到学术界的关注：最早涉及品牌洋符化的文章是穆扬在1991年发表的《商业广告中的"假洋鬼子"现象》，他注意到当时商业活动中存在许多为商品起洋名，作广告故作洋腔的奇怪现象，认为这同鲁迅笔下的"假洋鬼子"有异曲同工之妙，是想让一些消费者在似懂非懂、高深莫测的洋氛围中去购买商品[①]。而相关研究多以"假洋品牌""品牌洋化"等为主题展开，其关注的对象即：品牌真身往往是土生土长的中国本土品牌，由生产到销售全在国内完成，最后只是冠上了一个洋名字或是在国外注册一个商标，就摇身一变成了外国品牌[②]；它们采用仿洋名称或包装冒充国外身份，误导消费者对品牌原产地联想，欺骗消费者购买并最终获取利益[③]。还有学者从语言学角度对品牌名称洋化现象进行分析，指出品牌名称洋化实际上是在纵容文化入侵，长此以往将导致汉语语言文化自信心的丧失[④]；品牌洋化实际上是借洋名冒充洋货，误导、欺骗不知情的消费者，是违反言语道德与语言歧视的行为[⑤]。其实早在1996年，国家工商行政管理局针对这种"品牌洋符化"现象，就专门在《关于规范企业名称和商标、广告用字的通知》中强调：要"引导企业和公民在坚持对外开放、面向世界的同时，坚持中国特色，维护国家主权和民族尊严，自觉弘扬民族文化，使企业名称和商标、广告用字符合规范要求，适合国情，方便群众认识；坚决抵制不良文化的侵蚀，反对盲目崇外，滥用'洋'名称和外国文字"。可以说，"滥用'洋'名称与外国文字"正是品牌洋符化的显性表现。但这种品牌洋符化却屡禁不绝，甚至愈演愈烈；这就需要我们借助符号学的涵指理论对其予以深刻认识，并反思其之所以存在的原因。

所谓"涵指"，符号学家罗兰·巴尔特明确说道："涵指本身是一个系统，它包含着能指、所指和把二者结合在一起的过程（意指作用），对于每个系统来说首先都需要研究这三种成分。涵指的能指被称作涵指项，它是

---

① 穆扬：《商业广告中的"假洋鬼子"现象》，《民主》，1991年第2期。

② 胡红忠、马莉：《"假洋品牌"现象分析及其转型发展探讨》，《企业经济》，2011年第9期。

③ 袁胜军、刘蕙荟：《中国驰名商标中的假洋品牌现象研究》，《品牌研究》，2017年第1期。

④ 郭宁宁：《从中国服装品牌命名现象看汉语语言文字的污染》，《现代语文》（语言研究版），2007年第11期。

⑤ 顾平：《关于国产服装品牌名称"洋化"现象的调查与思考》，《黑龙江生态工程职业学院学报》，2007年第1期。

由被直指的系统诸记号（被结合的能指与所指）所构成。"而被直指的诸记号可以结合起来形成一个单一的涵指项，但它对于直指的信息又"不可能将其吸尽"，总会有需要直指的信息被自然忽略了。也就是说，涵指中的所指，既是一般的、完整的，又可能是分散的、部分的，这就形成被涵指的对象单元与直指的对象单元并不是同样的幅度①。这一涵指理论鲜明地阐释了符号意义建构中，并不是必然地穷尽符号可能被涵指的全部系统信息；这无形中就在符号的传播与解读中，为传播者与解读者留足了空间，他们可以强调什么或忽略什么。虽然中国本土品牌洋符化正是我们所需反对的范畴，国家工商总局还有着明确的规定，但是，由于我国《商标法》第八条规定"任何能够将自然人、法人或者其他组织的商品与他人的商品区别开的标志，包括文字、图形、字母、数字、三维标志、颜色组合和声音等，以及上述要素的组合，均可以作为商标申请注册"，这又使得大量具有纯字母构成的品牌得以注册存在。在全球市场一体化的背景下，使用国际通用的字母符号注册商标，以实施品牌国际化的战略，这本无可厚非，但是一味以洋符号来掩盖本土品牌事实、形成消费者认知上的错觉，则构成了"品牌洋符化"。为此，我们根据"申请注册和使用商标应当遵循诚实信用原则"，对以割裂与中华文化牵连为目的的本土品牌洋符化现象予以解析，则可发现品牌洋符化涵指过程中有意进行错误引导的两种表现：

第一种表现为高度模仿国外知名品牌，即对国外品牌名称稍作修改，从而实现品牌符号涵指过程中以假乱真的意义漂移。如：上海"善臣 Cnetirum"奶粉，模仿美国维生素品牌"善存 Centrium"，仅调换了原品牌名称中的"e"和"n"，以及"r"和"i"的顺序，而且"善臣"字形、发音均接近"善存"；浙江杭州化妆品品牌"珀莱雅 PROYA"模仿法国知名化妆品品牌"欧莱雅 L'ORÉAL"；福建泉州运动品牌"纽巴伦 New Barlun"中英文名称都高度模仿美国著名百年品牌"新百伦 New Balance"等。显然，此类品牌洋符化是利用商标符号近似于国外品牌，以实现符号解读联想中将国外品牌之所指，转移到自身能指的记号之上。

第二种表现是以外文符号为品牌符号印记展示于各类营销终端，不标注任何中文，让消费者在对品牌符号涵指解读中将所指直指为国际品牌，从而掩盖了中国本土品牌的事实。这类命名方式在时尚服饰品类中非常普

① ［法］罗兰·巴尔特：《符号学原理》，李幼蒸译，中国人民大学出版社2008年版，第56、57页。

遍。如："GXG"（浙江宁波）、La Chapelle（上海）、Mark Fairwhale（福建厦门）、E·P（浙江嘉兴）、Puella（上海）、Autason（上海）、Five Plus（香港）、"Ochirly"（香港）、UlifeStyle（上海）、SDEER（江苏南京）、I DO（北京）、Darry Ring（广东深圳）、ONE MORE（浙江宁波）、DAZZLE（上海）等。由于消费过程中商家与消费者存在信息不对称现象，这些中国本土品牌往往在销售终端以去中国元素方式刻意掩饰了品牌本土属性的信息，而在涵指中突出外文符号、将符号所指引导为国外品牌。

从如上两种中国本土品牌洋符化的涵指过程我们可以看到，洋符化品牌的符号构建首先是极力模仿或使用欧美等发达国家的文字元素及记号，即形成洋符化品牌涵指的能指项，继而将这些文字与记号的所指引导向相似的或可能存在的国外品牌，却全面回避可能涵指指向的中国元素，从而极力促成品牌所指从"中国品牌"向"国外品牌"漂移。这个过程涉及名称、标志、产品、包装、广告、门店、官方网站等符号涵指所涉及的一切能指系统的全面洋符化。如，品牌标志符号多为手书或复古风格的外文字体；官方网站和广告宣传中，存在大量诸如"属于某某集团的中国子公司""某年开始登陆中国市场""来自欧洲的时尚魅力"等模糊性文字信息；同时还以洋代言人来扮演品牌的"洋创始人""洋设计师"，以渲染品牌的"洋血统"；门店海报和包装外观则多为洋人图像构成的欧美"洋场景"。罗兰·巴尔特曾指出，意义不是从一个物体而是从诸物体的一个可理解的集合中产生的，物体的意指性集合是极其大量的，意指性物体结合起来传达着一个独一无二的完整意义[①]。也就是说，这些洋符化品牌在确定了品牌的洋名称、洋能指之后，为塑造完整的"国外品牌"形象，还借助各种洋元素、洋印记系统性地构筑起一个洋符化体系，从而使得消费者跟随着进入品牌洋符化的涵指过程，并建构出洋品牌的意义。

二、品牌洋符化意义构成的造假本质

中国本土品牌洋符化，是基于商标合法注册、符号印记的细微差异、文字去本土化、所指意义选择性突出诸方面上进行的，从法律层面上看并没有构成明显的违法。但从符号涵指的技术层面审视，则可透视出其品牌

①［法］罗兰·巴尔特:《符号学历险》,李幼蒸译,中国人民大学出版社2008年版,第157页。

符号意义造假的本质。

德国美学家马克斯·本泽曾经说道:"符号作为媒介是在一定关联中起作用的。"[①]而品牌就是企业与消费者沟通交流、建立关系的媒介。现代语言学家索绪尔指出:符号的"能指和所指的联系是任意性的,或者因为我们所说的符号是指能指和所指的联结所产生的整体,我们可以更简单地说:语言符号是任意的"。符号的"任意性这个词还要加上一个注解,它不应该使人想起能指完全取决于说话者的自由选项中。我们的意思是说,它是不可论证的,即对现实中跟它没有任何自然联系的所指来说是任意的"[②]。这就是说符号能指与意义所指之间并无唯一性的逻辑关系,却可以通过二者关联性地传播意指而建构。以法国符号学家罗兰·巴尔特的涵指理论看来,符号涵指系统中的"意指作用,可以被看成是一个过程,它是一种把能指和所指结成一体的行为,这个行为的结果就是记号";"记号就是由一个能指和一个所指组成的。能指面构成表达面,所指面则构成内容面"。"记号一旦形成,社会就可以使其具有功能,把它当成一种使用的对象。"[③]也就是说,任何符号的能指与所指或表达面与内容面结合为一体,是在任意性的前提下,由使用者进行意指性的关联建立而形成。如此,一个能指或表达面为什么指向特定所指或内容面,显然全部的奥秘就在"意指"抑或"涵指"上。巴尔特还进一步将涵指理论运用到广告分析上,认为:广告的涵指语言把美好梦境导入购买者,将扩大的人类梦幻主题通过口号"引诱"行为导致购买完成;其中,广告语的双重性或多重性越多,就越能实现其涵指信息构成[④]。或许广告是有着艺术夸张的涵指特性,但就品牌取信消费者的角度,品牌洋符化将涵指过程偏离中国本土品牌的本源事实,而构建出洋品牌的意义联想,显然这就是一种本质上的信息造假,只不过其造假的伎俩显示出符号涵指方面的高技巧化。

以众多消费者都相信其"洋品牌"身份的福建运动品牌"New Barlun 纽巴伦"为例,我们可以很清晰地认识该品牌洋符化确实实现了其以假乱真的事实:由于该洋化品牌名称高度类似美国著名运动品牌"New Balance 新

① [德]马克思·本泽、伊丽莎白·瓦尔特:《广义符号学及其在设计中的应用》,徐恒醇编译,中国社会科学出版社1992年版,第21页。

② [瑞士]费尔迪南·德·索绪尔:《普通语言学教程》,高名凯译,商务印书馆1980年版,第102、103页。

③ [法]罗兰·巴尔特:《符号学历险》,李幼蒸译,中国人民大学出版社2008年版,第14、27页。

④ [法]罗兰·巴尔特:《符号学历险》,李幼蒸译,中国人民大学出版社2008年版,第149—150页。

百伦"，记者曾就这两个品牌的辨识问题随机采访10位市民，结果10位受访者均将二者当成同一品牌"New Balance新百伦"①。这种完美的变身效果无疑来自品牌各意指性成分的"精致"组合。品牌名称"New Barlun纽巴伦"与美国著名运动品牌"New Balance新百伦"中英文名字的字形和发音都十分相似，很难区分。品牌标志都为大写字母"N"，仅有"纽巴伦"的"N"比"新百伦"的"N"略宽的细微差别。"纽巴伦"的产品设计风格与"新百伦"如出一辙，同样的版型、同样的色彩拼接样式，相似的色彩搭配元素等。"纽巴伦"的包装设计和门店设计所用符号与整体风格也同"新百伦"相差无几。如此，"纽巴伦"品牌符号涵指过程中将意义成功地向"新百伦"摄取漂移，成了足以乱真的"假洋品牌"；而消费者在全面洋符化的品牌形象中产生了虚假联想，自动读解着"国外大牌"的所指。

又如在电商平台销售得很火的品牌"GXG"，其官方网站对品牌介绍为："GXG融合法式设计格调进入市场。GXG的logo是由英文单词：go-getter mix glitterati'即：志在必得混合时髦的人'中字母组合，时尚的弧度'G'及线条感伶俐的'X'象征它简练优雅的独特style。"②在信息查询中，可以发现该品牌拥有者为宁波中哲慕尚控股有限公司，其于2015年12月在宁波市鄞州区市场监督管理局登记成立。显然这是属于本土企业拥有的品牌，但在模棱两可的品牌介绍中，让消费者对该品牌的来源国无法确定。在品牌消费具体情境下，消费者由于符号解读的涵指过程复杂性、艰难性而更无意进行品牌背景求证，则只是就"GXG"的洋符化来相信其是国外品牌，并形成消费。

"New Barlun纽巴伦"与"GXG"品牌的符号运作轨迹代表了多数品牌洋符化的涵指活动。其符号"个性"经由社会性意义"结构"来产生更为丰富的"意蕴"③，这就使得这些中国品牌弃本土符号不用而纯选"洋符号"，并因此涵指生成了"国外大牌""国际风格"的意义内涵。而"洋符号"可生成"洋品牌"意义的深层机制无疑就在于：品牌符号乃是规约符号。美国符号学家皮尔斯认为，根据与对象的关系，符号可以分成三种：像似符号（icon）、指示符号（index）、规约符号（symbol）。对于规约符号，

①《都用"N"做标志 纽巴伦、新百伦市民直呼分不清》，http://qingdao.sdchina.com/show/3334553.html.

② GXG中哲慕尚官网，关于GXG[EB/OL].http://www.gxg1978.com/gxg/cn/about.php.

③ 周宪：《视觉文化的转向》，北京大学出版社2008年版，第306页。

皮尔斯的定义是："规约符号是这样一种符号，它借助法则——常常是一种一般观念的联想——去指涉它的对象，而这种法则使得这个规约符号被解释为它可以去指涉的那个对象"[①]。不同民族创造出自身独特的规约符号系统，包括语言、文字、图像、服饰、建筑、节日等等。长期集体的社会性应用使之成为一套具有自主性的较为稳定的符号编码解码系统，任何熟悉了解这个符号系统的人就会自发做出相应的意义解释。因此，本土符号总在无言地指涉着本民族文化。如汉语、汉字、故宫、华服等符号指涉着中国文化；日语、樱花、富士山、和服等符号指涉着日本文化；英语、白宫、橄榄球、牛仔等符号指涉着美国文化。品牌市场没有国界，但品牌的缔造者、来源地却有国别。因此品牌符号不是无源之水，它必然地从本民族规约符号系统中汲取营养、获得生命力，并顽强地携带着本民族文化的基因。因此，品牌符号抽象凝缩为一国的形象和文化特征，成为一个国家的个性表征。品牌来源国研究者曾经指出：发达国家给人的印象比较好，而发展中国家给人的印象就相对较差[②]，而被试者对来自美国与欧洲的品牌质量和价值评价都高于其他国家[③]。正是基于这种品牌来源国效应，中国一些本土品牌对于身处发展中的祖国缺乏自信，又企图高攀欧美发达国家所富有的品牌来源国良好效应，由此通过符号涵指过程中富有的弹性空间而让自身品牌洋符化，以在营销传播中窃用强势地位的欧美文化元素、借势品牌来源国所形成的文化规约系统，从而造假性填充"假洋品牌"的意义内涵，以形成误导性、欺骗性的品牌消费。

三、本土品牌洋符化的造假风险

1.消费者主动解读促使洋符化品牌回归本土内涵

品牌符号是一种人为设计符号，该能指与所对应的品牌个性、品牌内涵等所指并无本质上的逻辑关系。在洋符化品牌进行符号造假阶段，品牌

① 彭佳、李跃平：《论规约符及其连续性——皮尔斯符号理论中的重要概念》，《中国外语》，2016年第2期。

② Lee C W, Suh Y G, Moon B J. Product country images: The roles of country-of-origin and country-of-target in consumers' prototype product evaluations. Journal of International Consumer Marketing, 2001, 13(3): 47-62.

③ Gopalkrishnan R. Iyer, Jukti K. Kalita. The Impact of Country-of-Origin and Country-of-Manufacture Cues on Consumer Perceptions of Quality and Value. Journal of Global Marketing, 1997, 11(1): 7-28.

主一定意义上是主角，占据着传播上的主动，为品牌符号赋予他所选择的内涵。但在品牌传播过程中，随着与品牌接触的深入，逐渐角色易位，消费者成为品牌传播的互动者、监督发起的主动者、品牌所指的追索者、品牌符号的解读者。罗兰·巴尔特曾强调，"物体的所指相当大程度上不是依赖于信息发出者，而是依赖于信息接受者，即物体的读解者"①。不同于索绪尔的二元模式，皮尔斯提出了符号三元素模式：符号的可感知部分——"再现体"（representamen），符号所代替的——"对象"（object），符号引发的思想——"解释项"（interpretant）。皮尔斯的三分模式不仅比索绪尔理论多了"解释项"这一元，更主要是强调了符号表意展开延续的潜力。"对象"比较固定，在符号的文本表意过程中就确定了，不太容易随解释而变动，而"解释项"完全依靠接收者的主观努力才能产生。这也就是罗兰·巴尔特在其涵指理论中所强调的信息接受者在意义读解中主体的重要性。

以皮尔斯的符号三分法来解析品牌符号的构成，那么可以表示为：

$$
品牌符号
\begin{cases}
再现体：名称、标志、包装、门店、广告、官网等 \\
对\ 象：企业、历史、产品、服务等 \\
解释项：品质、风格、情感、文化、品位、信誉、来源地等
\end{cases}
$$

其中，解释项是消费者及社会大众根据自我元语言集合，包括知识、感情、经验、教育背景等，从品牌符号再现体中解释出的意义。诚如伯格所说，"我们观看事物的方式受到我们所知或所信仰的东西之影响"②。消费者解读的意义可以沿着品牌主所期待的意指方向进行正向解读，也可以是偏离其"意图定点"③的负向解读。洋符化品牌的能指实际上并没有指向它本源的、真实的所指——中国本土企业及其产品，而仅仅是窃用了一整套能指的表层洋元素，其面对消费者及大众的解读也就存在先天不足。消费者通过信息搜寻、产品服务体验、口碑传播等渠道不断补充扩展元语言集合，必然将会对品牌符号进行更为理性准确的解读，破解洋符化品牌的符号神话，使其回归真实本土内涵。如曾宣称是"1993年进入中国的意大

论国家品牌传播

---

① ［法］罗兰·巴尔特：《符号学历险》，李幼蒸译，中国人民大学出版社2008年版，第158页。

② John Berger, Ways of Seeing（Middlesex：Penguin Books）1972：8.

③ "意图定点"是赵毅衡先生在著作《符号学原理与推演》中提出的一个概念，指的是"发出者意图中期盼解释的理想暂止点"，"是符号发出者认可以用各种手段达到的一个效果"。

利知名品牌"的"卡尔丹顿"男装，经记者调查后被证实只是在2001年注册了意大利商标，完全由中国人操作经营。"洋品牌"假象被识破后，企业只得回归本土品牌真实内涵："卡尔丹顿服饰成立于1993年（前身为深圳市兴亿实业有限公司），旨在将中国精神、世界品位融入品牌文化内涵中，打造具有国际化形象的中国名牌"[①]。

2. "洋品牌"符号假象曝光引发品牌信誉危机

"品牌的真正生命力取决于信任主体是否能够对品牌施以信任，并达成品牌信誉建构。品牌本质即信誉主体与信任主体的关系符号达成"[②]。英国品牌学家斯图伯特曾说道："品牌代表了品牌拥有者与消费者之间的'协议'。因此，品牌不是违背消费者意愿而强加在'品牌的忠诚信徒'头上的。品牌使消费者在日益复杂的世界上充满自信地购物。品牌为消费者提供了质量、价值和产品满意方面的保证。"[③]由此，独特的品牌符号在实现基本的区分功能之外，还成为品牌拥有者专属的信誉认证标识，传达着品牌正面可靠的形象。品牌洋符化意在让顾客以"国外大牌""国际品牌"的意义来解读并接受它。这些本土品牌的品牌主，寄希望以此举抬高其在消费者心智中本有的地位，从而顺理成章地构成自身的高身价、赚取高利润。但是这类品牌往往只是在符号表现上模仿成国际大牌，实际上存在着根基不明、品质欠佳、售后投诉无门等问题。因此，洋符化品牌一旦被曝光符号造假真相，品牌信誉也就轰然倒塌。比如，"欧典"地板曾宣称是"创建于1903年的德国品牌"，在市场上卖出了2008元一平方米的天价地板，许多消费者因相信欧典是大牌子选择了它的产品，但之后不少消费者向央视"3·15"投诉欧典地板存在质量问题。经央视调查曝光其"假洋品牌"真相后，欧典的信誉跌入谷底，失去了消费者的信任。"善臣"奶粉曾宣称是美国"GPERS"旗下品牌，在被曝光其并无在美注册商标，也没有取得在美生产资格后，信誉大受损失，陷入难以自圆其说的尴尬境地，品牌渐渐被市场淘汰。显然，品牌洋符化本质上就是品牌造假，一个因造假失去了信誉的品牌注定要受到市场的惩罚。

① 《卡尔丹顿简介》，http://www.guanfang123.com/website/kaltendin.html.

② 舒咏平：《品牌即信誉主体与信任主体的关系符号》，《品牌》，2016年第1期。

③ ［英］保罗·斯图伯特：《品牌的力量》，尹英等译，中信出版社2001年版，第12页。

3.洋符化品牌维护需符号持续造假，构成难以回归真实所指的尴尬

在索绪尔的理论中，语言符号的产生、运用是约定俗成的；其在于"言语活动有个人的一面，又有社会的一面；没有这一面就无从设想另一面"①。如果说，本土品牌洋符化运作伊始尚属企业的言语活动，属于个人或个别企业的一面；那么，品牌一旦进入市场，且进行品牌传播活动，一定意义上就进入了社会面，它就"会凭借集体习惯的约束而强加于个人"而具有了社会性。此时，"假洋品牌"这样"一个符号在语言集体中确立后，个人是不能对它有任何改变的"②，也就意味着洋符化品牌一旦塑造了"假洋品牌"形象，该品牌符号的意义也就受到固化，且不再以品牌主的意志而随意转移了。这就是说，符号具有相对的独立性，符号一旦被创造出来，就不会依赖传播主体和接受主体而存在，就具有了自己独特的价值与生命。同理，品牌一旦洋符化，就很难再改变其在消费者心智中的形象定位。为维护已塑造成型的品牌形象，其中国本土的品牌持有人也难光明正大地亮相，洋符化品牌只能进行持续不断的、系统化的洋符号造假活动，继续进行假化、洋化、停留在浅层次的品牌符号维护，而无法进行深层次的创新，为品牌注入真正有生命力的内涵。于是，千篇一律的洋模特广告、层出不穷的洋品牌系列、亦步亦趋的仿欧美设计等成为不少服装、化妆品、家具等洋符化品牌维护操作的常规动作。如此，洋符化品牌也就极易被钉在造假的耻辱柱上，愈陷愈深，难回真实所指。

4.中华崛起的新时代语境下洋符化品牌逐渐失落

品牌传播总存在各种具体的言说语境。品牌传播目标受众的群体认知是一种极其重要的传播背景，品牌符号学者胡易容等将之称为"品牌符号势能"：品牌势能不是人为附加于产品之上的事物，而是一种存在于消费者集体意识中的先验性认知。这种认知来源于一个民族的文化传统，并作为一个历时开放系统不断变化③。经过长期奋斗，中国特色社会主义进入了新时代，中国有了全新的历史方位：成为世界第二大经济体；"构筑人类命运共同体""一带一路"等中国方案受到全球关注；天宫、蛟龙、天眼、悟空、墨子、大飞机等重大科技成果相继问世；中国桥、中国路、中国车、

---

① [瑞士]费尔迪南·德·索绪尔：《普通语言学教程》，高名凯译，商务印书馆1980年版，第29页。

② [瑞士]费尔迪南·德·索绪尔：《普通语言学教程》，高名凯译，商务印书馆1980年版，第134页。

③ 胡易容、黄军：《品牌设计与符号资源势能理论》，《包装工程》，2011年第16期。

中国港、中国网等已达全球领先水平；移动支付、共享单车、智能制造等创新成果影响全球生活方式。随着中华全面崛起，中国逐渐展现大国自信，正重新发现中华民族自我，发现民族精神的源头活水，这是自我文化觉醒的表征[①]。国人这种内在的精神面貌势必会转化为现实的市场需求，从而深刻影响本土品牌的发展方向。在这种新语境下，中国本土品牌建设提升至国家层面：2016年，国务院办公厅《关于发挥品牌引领作用推动供需结构升级的意见》发布；2017年，国务院批准将每年的5月10日设立为"中国品牌日"。而在企业层面，负载着自主创新、中华文化的本土品牌近年来愈加受到国人和全球市场的欢迎，如"中国高铁""华为""联想""中兴""小米""红旗""例外""佰草集"等。国人开始为"中国创造""中国智造""中国品牌"感到自豪，以使用消费本土品牌产品为荣。而洋符化品牌则是建立在对我国民族文化与社会发展不自信的语境基础之上的，对于现今已发生巨变的文化语境，洋符化品牌很难再获取品牌符号势能，其市场定位与品牌诉求势必陷入十分尴尬的境地：原以为"只有假冒欧美才是出路"，但眼见自豪地负载中华文化的本土品牌地位日益提升，而自身又不能承载中华文化深刻内涵，且只能存活于国内却无法显露于国际市场，而且已经被越来越多的见多识广的国内消费者识破品牌"假洋鬼子"身份，那么逐渐失落、日渐被边缘化将是必然的命运归宿。

批判是为了重生。这些选择洋符化策略的本土品牌倘若能反思符号涵指上的造假，审时度势，早日脱离品牌洋符化泥淖，走向新时代语境下基于文化自信的符号重构之路，那么就可以获得新生，并与更多的中国本土品牌一样堂堂正正地指代中国产品，在造福人类的同时，更好地构筑中国力量、中国精神、中国效率！

（《新闻大学》2018年第2期）

① 杜羿纬：《改革开放以来中国形象元素在本土品牌形象设计中的审美演变》，《艺海》，2016年第8期。

中国本土品牌洋符化的符号学批判

论国家品牌传播

从大禹治水看个人品牌的建构

【内容摘要】个人品牌是一种客观存在，个人品牌的建构不仅成为产品品牌或组织品牌的微观支撑，同时也成为信息时代最活跃的媒体形态。由于大禹是中国历史上第一个信史性人物，尤其是大禹治水的卓越功绩，则理所当然地成为中国历史上个人品牌建构的标杆。大禹与大禹治水结合是如此紧密，无疑昭示了个人品牌建构的基本要素为：人物实绩的他者认同、人物创建实绩可回溯的故事、人物实绩与故事的物化文本。

【关键词】大禹治水；个人品牌；品牌建构

"个人品牌建构从大禹开始！"或许这一判断、这一联想猛然间让人深感突兀，但冷静一思又必然让人内心产生认同。为此，本文从个人品牌构建角度来审视大禹治水，并从中揭示出若干启迪。

一、个人品牌建构的时代意义

个人品牌是一种客观存在，但却是一个新颖的概念。美国的戴维·麦克纳利等人在《个人品牌》一书中写道："你的品牌是他人持有的一种印象或情感，描述了与你建立某种关系时的全部体验。"①而劳拉·雷克则在他的文章中说道："个人品牌是指个人拥有的外在形象和内在涵养所传递的独特、鲜明、确定、易被感知的信息集合体。能够展现足以引起群体消费认知或消费模式改变的力量。具有整体性、长期性、稳定性的特性。"②而在美国休斯敦专门为企业家提供辅导培训的希勒公司，其总裁乔·希勒曾说道："个人品牌向他人传达一种积极的期望，他是对别人的承诺，是你在受众中的首要形象。个人品牌的效用非常强大，一旦形成，很难形成挑战与竞争。"③显然，这正是我们所主张的：品牌背后是主体的人，因此品牌首先应具有信誉主体性，由此品牌即是信誉主体与信任主体的关系符号，其既指狭义的产品品牌，也指广义的各类主体品牌，当然也指个人品牌。④

　　个人品牌一旦形成，则可望"以个人为传播载体、具有鲜明的个性和情感特征，符合大众的消费心理或审美需求，能被社会广泛接受并长期认同，可转化为商业价值的一种社会注意力资源"⑤。不仅仅如此，个人品牌还是一个由技能、经历、业绩、诚信、个性、品德、知名度等聚合而成的综合体，有公认的无形价值，有公众肯定倾向的客观依据，其标志着身份、体现着实力。⑥一定意义上可以说，任何个人均在通过自身不同方式的努力，在自我实现的过程中，也在打造自身的个人品牌。如果说，在农业社会个人品牌由于家庭为主的生产限制了人们的活动方式与范围，绝大多数的个人品牌往往拘束于村落、乡间等狭小的空间，仅有少数政治人物在实现自身的政治抱负中才可能进行较大范围的个人品牌建构；那么在工业社会，人们的生产方式与生活形态呈多样化趋势，且人们的交往范围相对扩大，这也使得个人品牌发展的范围更加广阔、数量也相应增多，如企业家、营销员、技工师傅等均已成为个人品牌诞生的大户。但不可讳言的是，作为工业社会标志的生产流水线上，人数更为庞大的工人却失去了个性化存在，甚至比不上农业社会个人品牌在村落中的顽强体现。当社会进入信息

　　①［美］戴维·麦克纳利、卡尔·D.斯皮克：《个人品牌》，赵恒译，中信出版社2003年版，第12页。
　　②［美］劳拉·雷克：《创建和提升个人品牌之七要素》，孙美玲译，《品牌》，2013年第2期。
　　③［美］埃尔弗·努锡法拉：《个人品牌的力量》，吴威译，《中国企业家》，2002年第11期。
　　④舒咏平：《品牌即信誉主体与信任主体的关系符号》，《品牌研究》，2016年第1期。
　　⑤徐浩然：《个人品牌——学会自我经营生存的生存法则》，机械工业出版社2007年版，第29页。
　　⑥许敏等：《公众人物个人品牌塑造与形象公关研究》，《西安社会科学》，2009年第9期。

时代，一方面信息社会需要通过各类社会组织主体信誉建构来产生信息价值，这就形成了品牌化的社会大趋势；另一方面，品牌尤其是典型的产品品牌，是以无数个体人的劳动为结晶、以无数的个体品牌为集合的，且在信息社会个体劳动者或生产者均可通过社会化媒体而个性鲜明地进行个人品牌的建构；为此，个人品牌的建构在信息社会不仅成为产品品牌或组织品牌的微观支撑，同时也成为信息时代最活跃的媒体存在。

既然信息社会为个人品牌建构提供了广袤的沃土，如此我们就需要对中国历史上最早的个人品牌——大禹如何在"大禹治水"中得以建构予以深度解读。

论国家品牌传播

二、大禹治水：个人品牌建构的历史标杆

在大禹之前，虽然黄帝炎帝、尧舜均获得了很高的历史评价，但其功德与业绩却因缺乏历史记录而语焉不详；唯有大禹，在其具体的治水历程记载中，再现了一个生动具体、活生生的治水领袖形象，并成为历史上第一个具有卓越政治业绩、崇高个人品行记载的品牌人物。正因为如此，"绝大多数中国学者确信，大禹是中国文明起源与国家形成过程中颇具重要作用的'信史'人物"①。司马迁的《史记·夏本纪》中，系统地叙述了由大禹到夏桀约400百年间的历史，其中大部分记载的是与大禹有关的"史事"：出自黄帝的显赫"世系"；禹的父亲鲧被推举治水却获失败；舜举禹继鲧后继续治水；大禹以疏导为治水理念、聚集队伍、带头示范、三过家门而不入，终于治水成功；此后开九州、定贡物、制五服、成氏族联盟首领继承人；后即天子位，开启夏王朝；……在司马迁笔下，一个功绩卓著的远古部落首领和中国首个朝代"夏"开创者大禹的形象跃然纸上。

在大禹个人品牌建构中，治水功绩首当其冲。尧舜时代"洪水滔滔，浩浩怀山襄陵，下民其忧"，禹父鲧奉命治理洪水，然而治水不力，由大禹接替其父。《庄子·天下篇》曰："昔者，禹之湮洪水、决江河而通四夷九州也，名山三百。"《淮南子·齐俗训》中写道："禹之时，天下大雨，禹令民聚土积薪，择丘陵而处之。"《尚书》中则述说道：禹娶涂山氏之女为妻，新婚仅三四天，便出发治水，儿子夏启呱呱坠地，他没有见过一面。孟子

———————
① 周书灿：《大禹传说的兴起与丰富扩大》，《吕梁学院学报》，2011年第2期。

为此称道："禹八年于外，三过其门而不入。"《史记》中所载的则是"居外十三年，过家门不敢入"。这些文献都记载了大禹在治水中表现出的艰苦卓绝作风，以及无暇顾及家庭及儿女私情。大禹治水成功，又划分九州，实行地缘为主的政治治理与经济发展，即所谓"九川既疏，九泽既洒，诸夏艾安，功施于三代"。大禹治水的成功，可以说是为华夏文明奠定了环境基础，也为中华民族开启了以功德建国、法治德治兼容的治国模式。[①]

当然，以大禹治水为主而支撑建构的大禹个人品牌，无疑具有浓郁的神话与传说色彩。但在远古时代，这往往是不可避免的。有专家对此撰文写道："农耕时代的君主形象有相当程度的距离感、神秘感、庄严感，因而具备了半人半神的属性。在农耕时代，时空辽阔，传播速度慢、成本高，社会动员不易。由于权力与传播的高度一体化，政治家与臣民间的信息不对称：权力越大，掌握的信息资源越多，而孤陋寡闻的人，则处于权力的边缘；统治者不仅消息灵通，而且直接控制着信息扩散的范围与节奏。民众获取的政治信息少，清晰度低，统治者与臣民距离遥远，以至存在认知的空白，增强了想象的空间。于是统治者在人民心目中，形成了带有距离感、神秘感、庄严感和敬畏感的政治形象。"[②]而大禹时代，尚为人类早期，农耕生产方式也才刚刚起步，传播手段也极为原始，因此大禹个人品牌的建构则必然有着后人想象虚构，甚至夸张神化的成分。即便如此，大禹的个人品牌却几乎毫无争议地建构起来了。如，毛泽东从小对大禹就很崇拜，熟悉其人其事，在领导中国社会主义革命和建设事业的过程中，只要踏足有关大禹传说之处，他都必定亲自拜谒。基于大禹的功德，毛泽东曾数次借大禹来论人说事：1949年10月24日，毛泽东曾对湖南有关负责人说：我们要像大禹治水那样，采取切实可行的办法做好当地10万人员的安置和管理工作，由此向社会各界和国际社会展示中国共产党人的正义形象，证明中国共产党有能力解决失业军政人员和广大孤寡群体生计等民生问题。在1958年成都会议上，毛泽东又说道：禹王惜寸阴，我们爱每一分钟。我们领导广大人民群众改变国家的贫穷落后面貌，就要像大禹一样珍惜每一寸光阴，以时不我待的精神状态投入到社会主义建设的大跃进中去建功立

---

① 李殿元：《论司马迁对大禹形象的提升》，《成都大学学报》(社会科学版)，2014年第1期。

② 张昆：《历史视野中的政治家形象》，《现代传播》，2015年第9期。

业。①毛泽东无疑是中国历史上功勋卓著的领袖，本身就是中国最伟大的个人品牌，却也从内心高度认可大禹的品牌形象，显然大禹治水完全可成为中国历史上个人品牌建构的第一个标杆。

三、个人品牌建构的基本要素

大禹治水以及历史、现实中诸多品牌人物，实际上向我们昭示了个人品牌建构的如下基本要素：

1. 人物实绩的他者认同

如果说大禹治水开启了华夏文明②、秦始皇统一了中国、唐太宗开辟了大唐盛世、毛泽东领导中国人民站立起来、邓小平引领中国走向富裕道路等，验证的是中国政治人物个人品牌的政治实绩，那么在更广阔的领域，其个人品牌则总是在其优胜方面颇有实绩建树。如历史上的孔子创儒学且弟子三千、司马迁著《史记》、李白杜甫的不朽诗篇、曹雪芹写下《红楼梦》、张骞通西域、张衡提出浑天说、毕昇发明活字印刷术；现实中的钱学森为两弹一星做出贡献、袁隆平研发"杂交稻"、张瑞敏让"海尔"走进国际市场、马云开创了阿里巴巴模式、任正非带领华为进行技术创新、姚明李娜让世人重新审视中国体育……

关于人物实绩，中国文化中又简明地化为立德、立功、立言的"三不朽"之说。《左传·襄公二十四年》中记载道："豹闻之，'太上有立德，其次有立功，其次有立言'，虽久不废，此之谓三不朽"。所谓"立德"，即自身成为道德化身、垂范世人；而"立功"乃为国为民建立功绩；"立言"则是提出具有真知灼见的言论。如对于大禹，司马迁在《史记·五帝本纪》写道："禹为人敏给克勤；其德不违，其仁可亲，其言可信；声为律，身为度，称以出；亹亹穆穆，为纲为纪。"其"德不违、仁可亲、言可信、身为度"指的就是大禹遵循道德、仁慈可亲、言诚信、行为范，即大禹从道德上审视也是可万世崇敬的个人品牌。而在《史记·夏本纪》中，司马迁则记载：大禹治水成功后，"于是九州攸同，四奥既居，九山刊旅，九川涤原，九泽既陂，四海会同。六府甚修，众土交正，致慎财赋，咸则三壤成赋"。显然，大禹治水、

① 贺永泰、赵芝瑞：《功德无量：毛泽东眼中的大禹形象》，《上海党史与党建》，2009年第7期。

② 吴宗越：《华夏文明始于治水》，《华北水利水电学院学报》（社会科学版），2001年第3期。

大禹分九州等卓著功绩也足以让其个人品牌青史留名。由于当时的文明程度及其传播媒介所限，大禹所言无法以"立言"方式转化为不朽，但大禹的立德、立功则已经富有说服力地告知我们：个人品牌建构需以个人实绩来获得无数他者认同，这无疑是个人品牌建构的核心元素。

2.人物创建实绩可回溯的故事

女娲造人类、黄帝统海内、神农尝百草、仓颉造文字、尧舜扶民生等诸多古代神话人物，似乎也富有出色的功绩，但却由于缺乏创建其业绩的历程，而未能形成具有人性的故事，终归被看作是神话传说中的英雄人物，而非具有鲜活人生气息的个人品牌。但大禹却不同，他的治水业绩及其过程，却有着人性化的记载，有着付出艰辛做出牺牲才创建实绩的品牌故事。如《孟子·滕文公上》写道："禹八年于外，三过其门而不入。"《吕氏春秋》则曰："禹娶涂山氏女，不以私害公，自辛至甲四日，复往治水。"《华阳国志·巴志》写得更是活灵活现："禹娶于涂，辛、壬、癸、甲而去，生子启呱呱啼不及视，三过其门而不入室，务在救时，今江州涂山是也，帝禹之庙铭存焉。"可以说，任何个人品牌其实绩总是与对应的、可回溯的人生故事联系在一起的。这也正是英雄、模范、标兵、企业家、科学家、艺术家之所以得到社会厚爱、成为个人品牌的原因。如，"隆平高科"虽然是个企业品牌，但其基石却是"袁隆平"个人品牌。在创建其品牌的过程中，其故事是如此的鲜活：在三年困难时期，袁隆平亲眼看见过的5个饿殍成为他研究高产水稻的基本动力。在1960年，他偶然发现一株水稻与众不同，第二年春天，他把这株稻种播到试验田里，结果表明这是一株地道的"天然杂交稻"。从此，他跳出"无性杂交"学说的束缚，开始进行水稻的有性杂交试验。在无数个头顶烈日、脚踩烂泥、驼背弯腰的寻觅中，终于在1964年他发现了一株雄花花药不开裂、性状奇特的稻株。经人工授粉，结出了数百粒第一代雄性稻种。从此，袁隆平像"追赶太阳"一样在湖南与海南之间赶场，以进行杂交稻的实验，其育种方法从三系向两系、再向一系超级杂交稻迈进。如今在我国，有一半的稻田里播种着"隆平高科"培育的杂交水稻，每年收获的稻谷60％源自他培育的杂交水稻种子。1980年，杂交水稻作为我国出口的第一项农业专利技术转让美国；20世纪90年代初，联合国粮农组织向发展中国家推广杂交水稻。而杂交水稻成果在国内获得第一个特等发明奖，并连续荣获国际科学大奖。国际水稻研究所所长斯瓦米纳森曾由衷称赞："我们把袁隆平先生称为'杂交水稻之父'，因为他的成就不仅是中国的骄傲，也是世界的骄傲，他的成就给人类带来了福音。"而美国汤·巴来伯格教授在他著的《走向丰衣足食的世界》中写道：袁隆平把西方国家抛到了后面，成为世界上第一个成功地利用了水稻杂种优势的伟大科学家。

3.人物实绩与故事的物化文本

大禹之所以成为个人品牌建构的第一人，其重要的原因则是大禹的实绩与故事，已经转化为大量的物化文本。所谓文本，"是指任何一种可供考察和读解的人造物"①。记载大禹实绩的文本丰富而多样：在河南登封，有禹都阳城古遗址、记载大禹治水三过家门而不入的嵩山启母阙；在河南，更有大禹受封地，亦称"夏邑"的华夏第一都禹州；在浙江绍兴，有大禹东巡狩时崩于会稽而落葬的禹王陵；此外多地还有以记载、传诵大禹治水之功德而得名的禹功矶、大禹庙、禹王碑等。当然记录承载信息最丰富的还是各种各样的语言文本，如《尚书·洪范》《尚书·禹贡》《尚书·虞书·益稷》《山海经·海内经》《孟子·滕文公上》《吕氏春秋》《史记·五帝本纪》《史记·夏本纪》《华阳国志·巴志》《水经注》等均有大禹治水及道德功绩的具体叙述与记载。在媒体越来越发达的今天，个人品牌的人物实绩与故事已经更为便利地在各种文本载体上存在与传播。如乔布斯对于社会贡献的实绩随着苹果一代代的产品及纸质或电子介质的媒体而化为文本；莫言所撰写的可供无限解读却支撑起作为中国第一位诺贝尔文学奖获得者的著作义本；在阿里巴巴平台上总是第一时间试用阿里巴巴产品的"首席体验员"乔丽、常年做慈善的"快递哥窦逗"、利用"淘女郎"呼唤社会关注自闭症儿童的何宁宁、由奥运冠军转型为淘宝明星店主的劳丽诗、从17岁成为淘宝粉丝而今为"云客服"的90后黄碧姬，他们以其业绩及阿里巴巴上市仪式上作为用户代表成来敲钟而转化为个人品牌的文本。可以说，目前我国正兴起的"大众创业、万众创新"，其实更可以看作是顺应现代社会"万众创品牌"的趋势与潮流，期间则必然会形成诸多信息文本，不仅会使我国成为孵化无数个人品牌的最佳沃土，而且将聚合性地催生更多产品品牌以及组织品牌，最终更集群性地让中国这个伟大的国家品牌熠熠生辉！

（《湖南行政学院学报》2017年第1期）

---

① [美]斯蒂芬·李特约翰：《人类传播理论》，史安斌译，清华大学出版社2004年版，第221页。

下　编

品牌传播与新媒体广告

XIA　BIAN

PIN PAI CHUAN BO YU
XIN MEI TI GUANG GAO

品牌传播理论建构的主体性、史学观及新思维

【内容摘要】 品牌传播作为富有价值导向的传播，虽然由广告延伸而来，但因品牌本身富有综合性与相对宽广的覆盖面与适用性，因此急需进行品牌传播理论层面的建构。而在其理论建构中其中三个命题尤为关键，即：品牌传播研究本质是主体性传播理论建构、品牌传播史研究是对于人类传播智慧的传承、品牌传播载体研究是对于媒体思维的突破。

【关键词】 品牌传播；理论建构；主体性传播

习近平2004年12月在浙江省经济工作会议上的讲话中曾经明确说道："品牌是一个企业技术能力、管理水平和文化层次乃至整体素质的综合体现。从一定意义上说，品牌就是效益，就是竞争力，就是附加值。"[1]国务院办公厅所颁发的文件中也明确指出："品牌是企业乃至国家竞争力的综合体现。"[2]也就是说，品牌乃是富有显著价值的企业、国家及各类组织乃至

---

[1] 习近平：《干在实处 走在前列——推进浙江新发展的思考与实践》，中共中央党校出版社2006年版，第146—147页。

[2] 国务院办公厅：《关于发挥品牌引领作用推动供需结构升级的意见》，http://www.gov.cn/zhengce/content/2016-06/20/content_5083778.htm.

个人的主体性体现。由此，由广告延伸而来的品牌传播，则需突破其工具理性、实践层面而在更为宽广的视域中进行理论建构。而品牌传播理论建构，如下三个题项乃为关键。

一、品牌传播研究本质是主体性传播理论建构

传播学奠基人拉斯韦尔对于传播过程是以五要素来描述的，即：传播者—讯息—媒介—受众—效果，并由此开辟了传播学的五个研究领域。由于传播学诞生之始，威尔伯·施拉姆、拉斯韦尔、霍夫兰等传播学的奠基人均在二战期间参加了美国统计局与战时新闻局的工作，其职责就是针对政府在紧急战争状态下如何传播、产生效果，因此其传播主体本身就是不言而喻的、明确的美国政府，这就使得传播学一开始就无需对"传播者"或传播主体展开研究，传播学初创期的诸多成果自然落到讯息、媒介、受众、效果这四个环节或要素之上。如此，其实践与理论研究演绎的结果致使至今传播者定义依然模糊不清，传播主体的研究依然缺位。

虽然传播学理论系统建构者施拉姆曾明确指出："使人类有别于其他动物社会的主要区别是人类传播的特定特性。"[1]即其定义是突出了传播的主体性，但其理论体系中却是以传播符号、传播代码、传播途径、传播媒介、传播效果来建构的。虽然也阐述了信息发送者与信息挑选，但传播主体分析却未能涉及。我们知道传播作为人类精神交往的重要方式，是人类为了满足自身需要，且自觉主动发起的。因此，传播的诸要素均要取决于传播主体——"人"的因素，从人的需要与传播目的出发。马克思曾说道：当现实的人"通过自己的外化把自己现实的、对象性的本质力量设定为异己的对象时，这种设定并不是主体；它是对象性的本质力量的主体性"[2]。这就是说，现实中的人们需要展示自身的主体性力量，其自身的实践必然将主体本质赋予对象，从而让对象性的存在体现出主体性的本质力量。而传播正是人的主体性付诸信息、借助于媒介、到达于受众对象的主体性活动。我国著名传播学者郭庆光对于人际传播定义为"两个行为主体之间的信息

① [美]威尔伯·施拉姆、威廉·波特：《传播学概论》，陈亮等译，新华出版社1984年版，第3页。
② [德]马克思：《1844年经济学哲学手稿》，中共中央马克思恩格斯列宁斯大林著作编译局译，人民出版社2000年版，第124页。

活动"，对于组织传播则阐释为"以组织为主体的信息传播活动"①，显然他对于个体与组织作为传播主体把握是非常清晰的。但是由于在大众媒介环境下，传播学的研究总是重心落于大众传播、大众媒介之上，郭庆光对于在界定大众传播主体为"专业化的媒介组织"，基于这样的媒介中心论认知，也就不知不觉地把传播定义为"社会信息的传递或社会信息系统的运行"②。如此在传播这一核心界定中"传媒"作为5W中的一个环节得到空前突出，而真正的"传者"，即"传播主体"消失了。

可以说，当大众媒介占据传播中重要地位之时，必然诞生一个媒介主体，又由于媒介与新闻的专业主义在大众传播中占有强大的话语权，这就使得作为社会运行主体——各类组织及个人本应是传播主体的，却消淡退隐了。这在新闻理论中表现尤为突出：由于新闻专业主义强调：新闻必须服务于公众利益，不是服务于某政治或经济集团；新闻从业者是社会的观察者、客观的报道者；是信息流通的"把关人"，采纳的基准是以中产阶级为主体的主流社会的价值观念③；这就使得新闻与媒体成为独立的主体，或者成为中产阶级主体的代言人。马克思主义新闻观则强调"政治家办报"，认为无产阶级政党就是要把党报党刊等主流媒体办成真正代表无产阶级和人民大众的利益、实现党性与人民性相统一的"喉舌"。马克思就曾明确指出：报刊"它生活在人民当中，它真诚地同情人民的一切希望与忧患、热爱与憎恨、欢乐与痛苦"④。也正是胡耀邦在时任总书记时所说："我们党的新闻事业，究竟是一种什么性质的事业呢？就它最重要的意义来说，用一句话来概括，我想可以说党的新闻事业是党的喉舌，自然也是党所领导的人民政府的喉舌，同时也是人民自己的喉舌。"实践中马克思主义新闻观的核心即"党性和人民性从来都是一致的、统一的"，实际上最简洁、明了地回答了新闻媒体的主体乃是"党和人民"的代言。在我国，新闻传播的主体即中国共产党领导的、人民当家作主的社会主义中国。或者说，中华人民共和国就是我国新闻传播事实上的主体，就是我们要不断建构的国家

　① 郭庆光：《传播学教程》，中国人民大学出版社1999年版，第81、101页。

　② 郭庆光：《传播学教程》，中国人民大学出版社1999年版，第5页。

　③ 陆晔、潘忠党：《成名的想象———中国社会转型过程中新闻从业者的专业主义》，《新闻学研究》，2002年7期。

　④ 中共中央马克思恩格斯列宁斯大林著作编译局编：《马克思恩格斯选集》（第1卷），人民出版社1995年版，第352页。

品牌。

如果说在传播领域占据大分量的新闻传播存在着隐形的，却无时不在的国家主体，那么在利用媒体进行广而告之的广告领域，其主体则为广告主或品牌主。由于广告的实务操作主要是广告公司，所派生出来的概念与思维角度也多是从广告公司出发的，以致在广告领域最常见的思维视角就是广告公司主体或媒介主体；事实上的广告主或品牌主这一主体也无形中被边缘化了。随着以网络为代表的新媒体强势崛起、随着广告主或品牌主可以利用自有新媒介进行自主传播，凸显广告传播主体进行价值建构的品牌传播也就应运而生。也就是说，品牌传播来源于广告，但在凸显其主体性传播的同时，又将品牌传播理念让更广阔领域的主体性传播所分享。在广告传播中，广告主虽然更多的是企业，但国家形象广告、政党参选广告、公益广告，其背后的广告主主体则无疑是国家、政党以及各类社会组织；而且这所有的广告主均有一个品牌建构的使命，需要通过各种途径方式与环境建立良好互动关系，如此，品牌传播自然成为其信息社会须臾难离的实践领域。

当然，对于传播主体性研究其实在不同领域不同角度也总在进行。如我国新闻学者杨保军从新闻传播活动中分析到：印刷新闻纸是新闻传播主体与接受主体分立对应关系开始的标志；新闻活动中存在传受主体不分的情况，且将伴随人类历史的始终①。这里他显然是从具体的新闻传播者与阅读者来认识主体的；但他又曾写道："新闻控制本质上属于一种文化控制，并且主要是一种精神文化控制，直接指向人们的价值态度和价值观念。新闻控制实质上是一种利益控制，就是一定的利益集团按照自身的利益目标对新闻信息流进行控制。"②这里对于新闻实施控制的无疑更是本质性的新闻传播主体。曾有位研究主体哲学的学者写道："真正的主体只有在主体间的交往关系中，即在主体与主体相互承认和尊重对方的主体身份时才可能存在。"③这意味着，凡有接受对象存在，则必然有着不同的传播主体存在。这就必然地分化出各种领域的传播主体：国家形象传播主体、社会主义核心价值观公益传播主体、环境保护公益传播主体、各级政府部门施政

① 杨保军：《论传播主体与接受主体的关系》，《国际新闻界》，2003年第6期。
② 杨保军：《新闻理论教程》，中国人民大学出版社2010年版，第280页。
③ 郭湛：《主体性哲学——人的存在及其意义》，云南人民出版社2002年版，第253页。

传播主体、企业形象传播主体、产品促销广告传播主体、文体活动传播主体、旅游产品与业务传播主体、组织与团队运行传播主体、家庭及成员活动传播主体……。不同角度、不断细分的传播主体固然清晰地存在，但作为具有涵盖面的传播学，却需要有相对概括性的传播主体，以及主体性传播研究。而品牌传播作为主体传播研究则很好地弥补了传播学中主体缺位之不足，且启发传播学者可从多角度对传播主体这一富有阔大空间的领域展开研究。

既然传播学的发展需要建构主体性传播学说，那么"品牌"对于主体性的涵盖与价值则无疑需要进一步明确。品牌在早期是作为"用来区分不同生产者的产品之烙印"①来被认识，并广泛地用于市场经济领域；随着信息时代各类实践主体需要符号化、信息化，并投入正向价值建构的传播，主体品牌化成为必然的趋势，并为学界所关注。由此，现代的品牌则成为"信誉主体与信任主体的关系符号"，同时品牌"移用为个体的人，是个人品牌；平行移用为各类不同的社会组织，则构成不同组织的品牌；而上升为一个国家，那么国家则也同样成为品牌"②。而由品牌观来观照人类历史，则可发现从原始氏族社会以来，主体的人无不是通过信誉的建构来推动自身的实践，都是有意无意地建树品牌来实现自身价值、推动社会发展。由此，品牌既具有宽阔的主体涵盖面，同时又简洁概括性地体现了各类主体的价值追求；品牌传播研究则较好地体现了主体性传播理论建构的本质。

二、品牌传播史研究是对于人类传播智慧的传承

由于传播主体或主体性传播从来没有在传播研究中占据应有的位次，因此既有的传播史很少考虑传播活动实施的主体——"人"；而是自然性地臣服于大众媒介的力量，将更多传播史探索眼光投向媒介发展史。如郭庆光《传播学教程》就非常典型，其在"人类传播的发展进程"一节中写道："语言的产生是真正意义上的人类传播的开端。从语言产生到今天的信息社会，人类传播本身也经历了一个漫长的发展过程。传播是通过一定的媒介、手段或工具来进行的。根据媒介产生和发展的历史脉络，我们可以把迄今

①［英］保罗·斯图伯特：《品牌的力量》，尹英等译，中信出版社2000年版，第2页。
②舒咏平：《品牌：信誉主体与信任主体的关系符号》，《品牌研究》，2016年第1期。

为止的人类传播活动区分为：口语传播时代、文字传播时代、印刷传播时代、电子传播时代。"①或许这种媒介形态为基准的传播史研究，确实能简明地梳理清晰媒介在社会发展中的地位与作用，但传播作为人的主体性实践方式，即使从传播学诞生以来就具有的五要素来审视，都决定了传播史的梳理不能局限于媒介史。由于传播学研究中的主体缺位，致使主体性传播一直未得到清晰梳理，使得"传播"这种人类最普遍的实践活动，尚未能进行史的追踪、史的梳理与总结，并在史中获得启迪。

所幸的是，已有诸多学者从传播的不同领域进行了专门史的研究。如传播思想史、传播制度史、新闻史、媒介史、修辞史、广告史、教育史、文学史、艺术史、中外交流史、文化传播史、翻译史、旅游史、邮驿史、印刷出版史、宗教史等，几乎各个领域都涉及丰富多彩的传播现象。由于学科界限需要统一，因此有学者建议将传播史的领域界定为三个方面：一是传播媒介史、二是传播者角色与制度史、三是传播观念史②。此观点依然是传播史的细分性研究，能否有以人为本、以主体性传播为本体的传播史研究呢？1993年，在厦门大学我国第一代传播学学者们举办了一次"中国传统文化中'传'的座谈会"；会上约定，由孙旭培先生主编、两岸28位学者共同参与编写一本旨在从源远流长的华夏文明中梳理出传播现象的著作。这就是人民出版社出版的《华夏传播论》。应该说该书成功地探索了中国传播史研究的广泛领域，但这毕竟是一本让传播学界内外更多人对中国传统文化中的传播现象感兴趣的集体合著③，尚无法视作主体性传播的史论。此后不久，李敬一的《中国传播史》由武汉大学出版社出版，应该说该书突出了传播主体的要素，如"史实论""人物论""思想论""发展论"均鲜明地梳理了传播主体的传播智慧，但在理论架构上还是传统史学模式，史论多于对传播学的诠释④。也就是说，作为传播史的研究，其传播主体的色彩并没有显示出学科的特色，依然是以传统的史学概念与话语来探讨传播智慧，这就使得传播学本体色彩未能清晰显示。

当我们超越媒体形态变迁的眼光、从细分的传播现象走向具有综合性的品牌传播史研究，我们则可以很分明地考察人类史上主体人为了正向价

① 郭庆光：《传播学教程》，中国人民大学出版社1999年版，第28页。
② 王琛：《20年来中国传播史研究回顾》，《当代传播》，2006年第6期
③ 孙旭培：《华夏传播论》，人民出版社1997年版，第7页。
④ 杨永军：《论我国"传播学本土化"的理论建构》，《学术论坛》，2005年第3期。

值建构的品牌而展开传播的智慧及其得失，并因此将形成主体性传播史。如果说我国古代沉淀下来的三皇五帝是中华民族先祖传播建构的圣祖品牌，那么春秋战国时期出现的"诸子百家"则可以说是他们通过游说传播建立起来的个人品牌。如"轩辕黄帝"作为中华民族的始祖，率领先民播百谷草木、发展生产、始制衣冠、建舟车、制音律、创医学，以致打败蚩尤统一华夏部落，创下赫赫业绩；同样，"神农炎帝"作为炎黄子孙的始祖之一，则制耒耜种五谷、尝百草明医药、制陶器开集市、治麻布让民着衣、作五弦以乐百姓、还立日历分农时、创教育启民智德，并联合黄帝促进炎黄部落结盟，共同击败了蚩尤；可以说黄帝与炎帝，不仅成为中华民族的象征也成就了其个人品牌。而他们之所以富有威望有所作为，显然在当时就是通过原始社会的人际传播、群体传播而建立其圣祖之品牌，并在悠悠岁月中又通过《水经注》《山海经·西山经》《国语·晋语四》《左传》《史记·五帝本纪》等文字文本传播至今。在东周末年的春秋战国时期，由于社会离乱，出于士族阶层的诸子"不再具有固定的官职，诸侯各自为政，小国林立，客观上为他们的自由流动提供了可能。他们或转向民间，或被不同的国家所聘用，开始扮演知识传播者和思想创造者的角色"[1]。如此，他们自由地发挥了主体性思维，建立了个性的主体思想观点，并通过游说、进谏、辩论、演讲、教学、著书等方式进行传播，就有了"处士横议，诸子纷纷著书立说"[2]的百家争鸣繁荣局面。在这个主体性张扬的时代，为中国乃至人类创造了儒家、道家、墨家、名家、法家、兵家、阴阳家等学术流派品牌，而且也建立了中国历史上星光最灿烂时期的老子、孔子、庄子、墨子、孟子、管子、荀子、孙子等学术代表人物的个人品牌。恩格斯曾盛赞文艺复兴时代："这是一次人类从来没有经历过的最伟大的、进步的变革，是一个需要而且产生了巨人——在思维能力、热情和性格方面，在多才多艺和学识渊博方面的巨人的时代。"[3]显然，在我国春秋战国时期，学术流派迭出、思想巨人群起，也正是一个主体性品牌传播的辉煌时期。

马克思曾经指出："无论历史的结局如何，人们总是通过每一个人追求他自己的、自觉期望的目的来创造他们的历史，而这许多按不同方向活动

① 林甘泉：《从文明起源到现代化》，人民出版社2002年版，第395页。

② 章学诚：《文史通义》，刘公纯标点，古籍出版社1956年版，第28页。

③ 中共中央马克思恩格斯列宁斯大林著作编译局编：《马克思恩格斯选集》（第3卷），人民出版社1972年版，第445页。

的愿望及其对外部世界的各种各样作用的合力，就是历史。"①因此在历史发展的长河中，在人类不同的实践领域与生存层次，人们通过各种组织形式来达成愿望、创造历史，在与外部世界形成互动作用中，其主体性传播或多或少均具有品牌传播性质。如古代的宗教、庙观、家族、宅第、集镇、村庄、店铺、商号、作坊、书院、师傅、帮派等；如近代社会的党派、政府、工厂、企业、商场、学校、医院、媒介、农庄、科研院所、文化机构、社会团体、事业单位、政府部门、生活共同体等；可以说只要是存在运作实践，就具有鲜明的主体性，就具有品牌传播的内涵，就是品牌传播史，以致主体性传播史研究的对象。史上这些非常清晰的传播主体如何运用当时的媒介手段来建构品牌，且推进历史发展，其角度正是我们品牌传播史的研究范畴，而且可以帮助我们通过历史上主体传播的种种史实及其透视出的传播智慧，这显然更富有人类传播智慧解析与传承的史学意义。

三、品牌传播载体观是对广告媒体思维的突破

传播学的诞生正是大众媒体在发挥注射力、扫射力的时候，且当时的传播学创始人立足大众媒体进行了学科奠基；但他们所做出贡献换个角度则又必然地成为束缚：直到今天，传播的研究视野主流还是牢牢捆绑在大众媒体之上。尤其是广告，其在19世纪伴随着便士报运动而诞生，从此则一直依赖大众媒体而存在，当提及美国的广告高地纽约"麦迪逊大道"，就自然知道这里广告公司丛生林立则是依赖这条大道上云集着美国CNN、《时代》《时尚》等诸多媒体而生存②。由此，广告实务与研究也就无法摆脱媒体思维，一切的创意、表达、投放、送达、接触等广告要素无不是基于大众媒体的媒体思维而展开。

随着网络时代的到来，人的"耳目喉舌"的有限性被空前地打破，公众的信息接收不仅由大众媒体转移到网络空间，而且基于网络线上的"准社会交往"发展成为几近真实状态的人际交互③，从而形成一种"媒介化社

① 中共中央马克思恩格斯列宁斯大林著作编译局编：《马克思恩格斯选集》(第4卷)，人民出版社1995年版，第248页。

② ［美］马丁·迈耶：《麦迪逊大道——不可思议的美国广告业和广告人》，刘会梁译，海南出版社1999年版，第7页。

③ Lüders.M. Conceptualizing personal media. New Media& Society,2008,10(5):683-702.

会"，即：一个全部社会生活、社会事件和社会关系都可以在网络媒介上展露的社会，由此网络媒介影响力对社会实现了全方位渗透①。如此，品牌必然依靠无所不在的网络信号，将品牌信息化解为各类沟通载体，使受众及消费者通过正式和非正式的渠道反复接收与品牌、与企业身份相关的信息，从而引发他们对品牌的认知与认同②。随着各类、各层面的品牌传播更多自主地付诸基于网络的社会媒体抑或自媒体，其传播渠道的研究必然由大众媒体走向小众媒体，乃至更加细化的一对一微观载体。在工业社会演进到网络支撑的信息社会，品牌传播无疑需要更全更多的媒体，且必然性地主动进行品牌信息的全透明展示，从而形成品牌主与品牌受众信息的全面对称。品牌传播如此对于"全媒体、全透明、全对称"的追求体现到媒体呈现上则构成了品牌传播载体观：各类能呈现品牌信息的事物均将成为有效的品牌载体。如在品牌传播思维中，品牌创始人、企业领袖、企业员工、企业建筑、品牌产品、产品包装、品牌终端、品牌代理、品牌网站、品牌App、品牌电商、品牌互动维护、品牌高管的微博微信等均具有了与大众媒体、社会媒体同样的传播功能，由此可统摄为"品牌载体"。

"品牌载体"是在媒介网络化、碎片化、小众化趋势下应运而生的，它一定意义上突破了广告业紧盯单纯媒体的媒体思维。在媒体思维中，曾经针对大众媒体的无穷分解与无止境的碎片化，有专家提出了"广告载具"说：单一媒体中刊登广告的特定空间与时段，且具有不可分割性、具体指向性、自由选择性这三大特点③；由此，品牌传播需要采纳综合型的媒体载具战略，即一种整合、系统、立体、360°无死角的载具策略④。但我们这里的"品牌传播载体"观，则在兼顾单纯媒体或载具之"物"的基础上，还将载体的眼光延伸向品牌主体性的"人"。而就国家品牌形象塑造上看，我国传播学学者程曼丽教授就认为政府、企业和全体国民三大类主体均起着传播载体作用⑤。薛可等学者则曾经通过实证证实：个人代言在国家品牌形象的传播中起到了正向效果，国外媒体对国家领导人的关注度最高，文体

①［美］曼纽尔·卡斯特：《网络社会的崛起》，夏铸九等译，社会科学文献出版社2001年版，第15页。

② Press.M & Arnould. E.J. How does organizational identification form? A consumer behavior perspective［J］. Journal of Consumer Research，2011，38（4）：650-666.

③舒咏平：《媒体碎片化趋势下的广告载具微观承接》，《现代传播》，2007年第2期。

④刘晓倩：《论碎片化趋势下品牌传播的"分身术"》，《新闻研究导刊》，2017年第4期。

⑤程曼丽：《大众传播与国家形象塑造》，《国际新闻界》，2007年第7期。

艺术名人其次，而企业家和第一夫人的关注度偏低；国家形象代言人中，第一夫人的传播效果最好①。也就是说，国家品牌也往往通过个人载体得到有效的传播。而在同仁堂、全聚德、茅台、海尔、联想、福特、波音、奔驰、松下、索尼、微软等中外著名品牌的成长历程中，我们都能很分明地看到品牌于背后"人"对于品牌的承载意义。如：乔布斯作为"苹果"的形象代言、雷军总出现于"小米"新品发布会、董明珠在电视上自信地说"格力，让世界爱上中国造"、马云在世界各地频频为"阿里巴巴"业务进行主题演讲……我想谁也不会否定这些领袖级的"人"乃是品牌最佳的载体。但我们这里更想强调的是：在网络媒体环境中，作为品牌载体的"人"，已不单单是品牌创始人或企业领袖，而是必然地体现于她的所有员工以及品牌关系人。因为在数字化生存中，一定意义上已经实现了人即数字、数字即人；每个人总是不知不觉地在数字生存表现中自然地展示自我、展示所依托的、所关联的品牌。如，特定品牌企业员工的微博微信、各类直播平台上品牌人言行的自然直播呈现、电子商务平台上客户的评价与打分、专业分享平台上人们旅游经历与生活经验的实录与分享等，无不是最具有品牌传播效应的载体。也就是说，"品牌传播载体观"顺应网络时代，正视传播渠道过剩且无所不在的环境事实，拓展了单纯媒体思维，打通了物与人之间以及符号与内容之间的隔膜，且进入了品牌传播载体微观层面；这不仅仅还原品牌传播进行时的客观事实，更是开拓了品牌传播"媒体-载体"的实践领域与研究领域。毫无疑问，"品牌传播载体观"涉及的对象、领域、方式、方法等，其复杂程度均远远超出了单纯的广告媒体思维；但科学总是不断挑战未知、走向精细，这恰恰是学科成为科学，学科进入成熟的标志，是工具性的广告学走向主体性与完整本体性的品牌传播学深厚学理性所在。

（《现代传播》2018年第1期）

① 薛可、鲁炜琳、鲁思奇：《中国国家形象个人代言的传播效果研究》，《新闻大学》，2015年第2期。

品牌:传受双方的符号之约

——"狗不理"品牌符号解析

【内容提要】本文以"狗不理"这一品牌特例,对品牌符号进行了深层次的解析。在分析"狗不理"品牌符号建构中消费者起主导性作用基础上,指出消费者的信任预期乃是品牌符号"所指"内涵建构的主导因素。而在品牌符号的历时性运用中,符号系统构成以及符号阐释,均会产生内涵所指的差异;这就需要进行品牌主与消费者互动沟通、进行产品品质坚守与验证的"核心价值"传播,从而真正达成品牌乃为消费者主导的传受双方信誉符号之约。

【关键词】品牌;传受双方;符号之约;品牌符号解析

"品牌",既是经济现象,更是传播现象。当企业将它的冠之以特定符号的产品通过营销、广告、公关等扩散给消费者,消费者也就在品牌符号信息的认知与品牌产品消费体验中,不仅接受了该符号的产品,而且连同符号本身——"品牌"也一道接受、达成消费,并使得品牌符号得以存在。表面看,品牌符号的传播主体就是企业,而消费者无疑正是接受者;然而事实远非如此简单，因为消费者从来就不是一个单纯的受者，而企业也并非只是扮演传者角色。本文正是在此基本前提下，以"狗不理"这一品牌特例的解析来认知品牌符号的深层内蕴。

一、消费者主导的"狗不理"符号意指

在符号学基本理论的阐释中，现代语言学家索绪尔关于语符能指与所指关系的基本理念无形中构成了符号学的基石。他在自己的著作中一再表示，对于语言"我们建议保留用符号这个词表示整体，用所指和能指分别代替概念和音响形象。后两个术语的好处是既能表达它们彼此间的对立，又能表示它们和它们所从属的整体间的对立"①。而"能指"与"所指"，在另一位符号学家罗曼·雅各布森看来，则分别为符号的两个方面："一个是可以直接感觉到的指符signans，另一个是可以推知和理解的被指signatum。"②

就营销与品牌学家们看来，"品牌"作为符号的典型性则是如此清晰：美国营销学的权威人物菲利普·科特勒认为："品牌是一个名称、术语、标记、符号、图案，或是这些因素的组合，用来识别产品的制造商和销售商。它是卖方做出的不断为买方提供一系列产品特点、利益和服务的允诺。由于消费者视品牌为产品的一个重要组成部分，因此建立品牌能够增加产品的价值。"③品牌学家大卫·艾格则认为："品牌就是符号，一个成功的符号（或标志），能整合和强化一个品牌的认同，并且让消费者对于这个品牌的认同更加印象深刻。我这里所指的'符号'，包括了任何能代表这个品牌认同的东西与做法。"④也就是说，这些关于品牌的表述，均分明地指出了品牌符号的两层特性：

$$品牌符号\begin{cases}能指：名称、标志\\[2em]所指：产品、服务、企业、声誉等\end{cases}$$

① ［瑞士］费尔迪南·德·索绪尔：《普通语言学教程》，高名凯译，商务印书馆1980年版，第102页。

② ［英］特伦斯·霍克斯：《结构主义和符号学》，瞿铁鹏译，上海译文出版社1987年版，第129页。

③ ［美］菲利普·科特勒等：《市场营销导论》，俞利军译，华夏出版社2001年版，第212—213页。

④ ［美］大卫·爱格：《品牌经营法则：如何创建强势品牌》，沈云等译，内蒙古人民出版社1999年版，第54页。

一般来说，品牌符号两个层次中的能指——"名称""标志"，更多的是由品牌主来创设，而所指则需由品牌主提供，且获得消费者认同的。但我国著名的老字号品牌"狗不理"却是一个特例：消费者在其品牌符号建构中的主导性得到了全面凸显。狗不理集团对于"狗不理"品牌诞生是这样进行权威表述的：

> "狗不理"始创于1858年。
>
> 清道光年间，河北武清县一农家，四十得子，为求平安，取名"狗子"，期望像小狗一样好养活（按照北方习俗，此名饱含着淳朴的挚爱亲情）。狗子十四岁来津学艺，在一家蒸食铺做小伙计，狗子心灵手巧又勤奋好学，练就一手好活，于是不甘寄人篱下，自己摆起包子摊，他研制了水馅半发面、口感柔软，鲜香不腻、形似菊花，色香味形都独具特色的包子。于是，引得十里百里的人都来吃包子，生意十分兴隆，狗子忙得顾不上跟顾客说话。这样一来，吃包子的人都说"狗子卖包子不理人"，日久天长，都叫他"狗不理"。[①]

在如上表述中，"狗不理"品牌符号的形成，可以说是由消费者主导建构的。在索绪尔的语言符号学中，如果说狗子"研制的水馅半发面、口感柔软，鲜香不腻、形似菊花，色香味形都独具特色"的包子为"所指"，而"狗不理"则是"能指"。在皮尔斯的符号理论中，"狗不理"乃为"符号代表物"、特色包子为"所指对象"、消费者则是"解释者"。问题在于，在其符号形成中，消费者不仅扮演解释者角色，而且还承担了"狗不理"这一符号代表物创设者的工作。"狗不理"这一符号代表物，具有鲜明的情境性、戏谑性色彩。在狗子包子铺的特定情境中，"狗"指代的是包子铺主狗子其人，"不理"则指生意火爆无暇与顾客说话，由此，在小商铺所形成的小小消费圈内，与店铺主人熟悉、又获得满意消费的顾客，在其主体意识中建构出独具特色的包子意象与价值的同时，则自然地、戏谑性地赋予了"狗不理"符号能指。

而以法国符号学家罗兰·巴尔特的理论看来，"狗不理"品牌符号形成，即："饮食的语言结构只是由某种集体性用餐法或某种个别性'言语'

---

① 狗不理集团：《"狗不理"出典》，http://www.chinagoubuli.com/jsp/index.jsp，2010-3-9.

构成的。"其间的"意指作用，可以被看成是一个过程，它是一种把能指和所指结成一体的行为，这个行为的结果就是记号"①。"狗不理"就是这样的记号，因为"记号就是由一个能指和一个所指组成的。能指面构成表达面，所指面则构成内容面"，"记号一旦形成，社会就可以使其具有功能，把它当成一种使用的对象"。②如此，就构成了"狗不理"这特有的记号或符号。

表1　"狗不理"符号的意指构成

能指	所指	
狗不理	①水馅半发面、口感柔软，鲜香不腻、形似菊花，色香味形都独具特色的包子 ②狗子忙得顾不上跟顾客说话，吃包子的人都说"狗子卖包子不理人"	
记号	消费者体验与评价	狗子所为
	← 消费者意指过程 →	

在如上"狗不理"符号的意指构成过程中，我们可以看到：其"所指"的"狗子"其人，他以其特色产品与服务氛围之所为构成了狗子包子铺的产品与服务之内涵，其"能指"的"狗不理"符号，却是消费者赐予的"记号"；而且，这个"意指"心理过程的主体却是消费者。他们在体验并消费了狗子的产品与服务后，进行了符号的意指——"狗不理"品牌符号的创造，明确了该符号的表达面与内容面，即"能指"与"所指"。如此，狗子与消费者达成了一个符号约定，即：狗子向消费者约定的是"狗不理"所指，消费者约定的则是"狗不理"能指与所指期待。从中，我们无疑可以很明确地认知到：在"狗不理"符号建构中，消费者起了主导性作用。

当然，其他更多的品牌符号不同于"狗不理"这一特例，其能指层面的品牌"名称""标志"等记号，往往是品牌主设计的。但我们不能忽略的是，品牌符号的生命力在于所指内涵，即品牌产品与服务在消费者心中的总体评价。这就决定了品牌符号即使在能指记号创设之时，品牌主也是把消费者认可、欢迎的预期作为主导性的目标。随着品牌符号被大量的传播、使用、消费，其内涵所指则必然地越来越被消费者所认识、所评价、所信任，并形成品牌声誉。整合营销传播的提出者舒尔茨就说道："品牌个性能给品牌一个生命与灵魂，能让消费者轻易地将本品牌与竞争品牌区别开来，它能给消费者一种既熟悉又亲密的朋友般感觉。""所以说'消费者主导策略'毫不为过。……整合营销传播的核心是使消费者对品牌萌生信任，并

① [法]罗兰·巴尔特：《符号学原理》，李幼蒸译，中国人民大学出版社2008年版，第14、27页。

② [法]罗兰·巴尔特：《符号学原理》，李幼蒸译，中国人民大学出版社2008年版，第21、23页。

且维系这种信任，使其存在消费者心中。"[①]我国对品牌卓有研究的学者何佳讯则在剖析了现代品牌经营的种种现象之后，也强调了消费者对于品牌的重要性，他认为："消费者对产品如何感受的总和，才称品牌。"[②]也就是说，品牌符号之所指，不仅是对应产品、服务、企业，更是消费者体验、感受的总和，是以"消费者为主导"的。

二、"狗不理"符号所指的历时性差异

在索绪尔的理论中，语言产生、运用和发展是约定俗成的，决定语言既是任意的，又是社会约定性的。其在于"言语活动有个人的一面，又有社会的一面；没有这一面就无从设想另一面"。[③]语言与概念、客观事物的某种联系，绝大多数情况是由无由言说、无法澄明的偶然因素、历史情境因素、人类发展际遇因素在人们的无数次交往实践中形成规定的，因而它不可能获得某种自在必然性的论证。就像"狗不理"符号的形成，对于进行语言行为的消费者来说，乃是以一种没有丝毫制度规范而任意创设的。但"狗不理"符号一经确立，它就"会凭借集体习惯的约束而强加于个人"而具有了社会性；如此"一个符号在语言集体中确立后，个人是不能对它有任何改变的"。[④]即使"狗不理"品牌符号所指中的主体"狗子"本人，最初并不愿意接受"狗不理"符号，而欲以"德聚号"称之，却也无法奏效。这就是语言符号社会性的力量。

但语言符号的分析又是复杂的，因为"一方面，语言处在大众之中，同时又处在时间之中，谁也不能对它有任何的改变；另一方面，语言符号的任意性在理论上又使人们在声音材料和观念之间有建立任何关系的自由"。"符号在时间的连续性与在时间上的变化相连"，而"有关演化的一切都是历时性的"。[⑤]显然，"狗子"本人不愿接受"狗不理"品牌符号，而最后又必须无可奈何地接受，显然不能单纯地以共时性的、社会性的眼光来

品牌：传受双方的符号之约

①［美］唐·舒尔茨等著：《整合行销传播》，吴怡国等译，中国物价出版社2002年版，第111、116页。

②何佳讯：《品牌形象策划：透视品牌经营》，复旦大学出版社2000年版，第10页。

③［瑞士］费尔迪南·德·索绪尔：《普通语言学教程》，高名凯译，商务印书馆1980年版，第29页。

④［瑞士］费尔迪南·德·索绪尔：《普通语言学教程》，高名凯译，商务印书馆1980年版，第134、104页。

⑤［瑞士］费尔迪南·德·索绪尔：《普通语言学教程》，高名凯译，商务印书馆1980年版，第113—114、119页。

认识，而需历时性地、发展的角度从两个方面分析：

其一，"狗不理"符号系统构成形成内涵漂移

符号学家巴尔特认为符号形成是一个"意指作用"的过程，而在构成一个"意指系统"中，一切意指系统都包含一个表达层面（E）和一个内容层面（C），意指作用则相当于两个层面之间的关系（R）；这样我们就产生了一个表达式：ERC。继而，可以假定，这个ERC系统——"系统1"本身变成另一系统"系统2"的单一成分……这样，系统1（ERC）变成表达层面（E）或系统2的能指。[1]即：

表2　符号系统构成分析表

系统1	ERC	—	
系统2	E	R	C

而"狗不理"品牌符号可视作系统2的E："能指"，其依赖的系统1中的两个语言符号元素"狗"与"不理"，却有着自身的ERC构成，即：能指"狗"与所指"家养的动物"、能指"不理"与所指"不理睬的态度"形成两层面的关系。在巴尔特看来，由系统1到系统2的这种符号外延与内涵的变化是一种全新的"涵指"，并形成了"神话"；而"神话是一个奇特的系统，它从一个比它早存在的符号链上被建构：是一个第二秩序的符号学系统。那是在第一个系统中的符号（也就是一个概念和一个意象相连的整体），在第二个系统中变成了一个能指"[2]。也就是说，在原有的语言系统中的"狗不理（睬）"整体，已经在"狗不理"品牌符号系统中蜕变为自己的"神话"，仅仅是借用了原系统中的整体符号，而"所指"则全然不一样。"狗不理"品牌符号已与"狗不理（睬）"原符号系统产生了内涵所指的漂移与落差。其可表示为：

表3　符号系统构成内涵差异表

内涵差异	系统1	动物不理睬的"狗不理"	—	
	系统2(品牌)	"狗不理"	R	狗子的包子产品与服务情境

其二，"狗不理"符号阐释形成内涵落差

---

① [法]罗兰·巴尔特：《符号学原理》，李幼蒸译，中国人民大学出版社2008年版，第55页。

② 转引自李彬：《符号透视：传播内容的本土诠释》，复旦大学出版社2003年版，第137页。

当"狗不理"品牌符号社会化形成，它的社会性也就得以确定，因此即使"狗子"本人力图弃用也无能为力。因为，"语言结构是语言的社会性部分，个别人绝不可能单独地创造它或改变它。它基本上是一种集体性的契约，只要人们想进行语言交流，就必须完全受其支配"①。但就"狗不理"品牌符号社会性或集体性约定而言，却又是受限制、有条件的，犹如"一套菜是参照一种（民族的、地区的或社会的）结构构成的，然而这个结构是随着时代和用食者的不同而体现的"②。也就是说，"狗不理"品牌内涵或所指所约定的，仅仅是狗子包子铺创业之始、特定消费情境下的产品与服务。如果说，"狗不理"符号创设的当时，既为符号建构者，又为符号的解释者的消费者对内涵所指并无歧义，即不会进行原意之外的阐释；那么，经过历时性的时过境迁，特定的情境已经不复存在，"狗不理"品牌符号的解释者就会还原于"狗不理（睬）"语言符号之系统1，必然按照一般语言符号内涵所指产生"连狗都不会理睬"的符号联想与阐释。

从狗子其人而言，他虽然乐享"狗不理"品牌符号的市场效应，也能体会到其中强调"他不理人"是由于产品受欢迎的良好内涵，但该符号具有一种下里巴人的戏谑色彩，且容易引起错误阐释，他意识深处总存在着隐隐的担忧与不满意，这才有他要改名为"德聚号"的企图。在其情其境中的狗子尚且有如此担忧，而随着"狗不理"品牌符号历时性的运用，其背离"狗不理"品牌符号所指的阐释与解构也同样成为必然。正如解构主义所主张的："我们认为自己所把握了的客观世界，或意义的世界，其实都只是一个由语言构成的那个世界的对应物；也正是从这个意义上说，过去认为是很稳定的'意义'，由于语言本身的性质和语言结构自身逻辑的作用，就变成了一种极不稳定的能指符号的滑动。"③"因为能指总是流动不居，漂浮无定，在意指过程中能指与其说指向一个所指，不如说是带出一个能指——即所谓的'漂浮的能指'和'滑动的所指'。"④其实，任何品牌符号的意指过程均存在着"所指滑动"的现象，如中文"奔驰"品牌符号，其所指早已经脱离了早期品牌创始人 daimler 和 benz（戴姆勒-本茨）的内涵；而英文"SONY"之品牌符号，内涵也脱离了最初的小型收音机产品，

---

① [法]罗兰·巴尔特：《符号学原理》，李幼蒸译，中国人民大学出版社2008年版，第4页。

② [法]罗兰·巴尔特：《符号学原理》，李幼蒸译，中国人民大学出版社2008年版，第13页。

③ 盛宁：《人文困惑与反思——西方后现代思潮批判》，生活·读书·新知三联书店1997年版，第86页。

④ 转引自李彬：《符号透视：传播内容的本土诠释》，复旦大学出版社2003年版，第149—150页。

以及盛田昭夫受"SONNY BOY"（可爱的小家伙）流行词启迪的情境；"诺基亚"的品牌符号，现代的消费者怎么也不会产生其当初生产纸尿布的阐释。如此，"狗不理"品牌符号在人们历时性的接受阐释中，与最初的内涵所指产生落差也就成为必然。

虽然凡品牌符号均存在原始的内涵所指与人们接受中的所指阐释存在着差异，但可以说没有哪个品牌如"狗不理"这样，在历时性运用中让该符号受者的接受阐释存在如此巨大的落差。其所指落差可图示为：

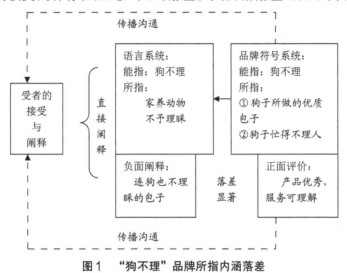

图1　"狗不理"品牌所指内涵落差

在如上"狗不理"品牌所指内涵的显著落差中，显然我们看到了必须以传播沟通来消除落差，彰显其品牌所指真相的任务。

三、品牌核心价值传播与"狗不理"内涵回归

由于"狗不理"语言符号（系统1）与品牌符号（系统2）所指之间巨大落差的存在，可以说，任何该符号的接受者对于"狗不理"品牌符号必然存在这样的心路历程：

犹疑：为什么该包子会"狗不理（睬）"？

悬念：为什么"狗不理"包子受欢迎、"狗不理"还成为著名品牌？

寻觅："狗不理"品牌符号在常规的系统1之外肯定另有所指？

其疑问，皮尔斯的符号理论中的"三元组合"可以给予最恰切的解释。在皮尔斯看来，符号由符号代表物（repersentamen）、所指对象（object）、

解释者（interpretant）构成；符号构成本身就是符号活动或符号化过程：由第一性的符号代表物到第二性的所指对象，再到第三性的解释者，说明人类通过符号来认识世界，但符号并不完全代表世界的意义，还要通过人对世界的解释，也就是人与客观世界之间的互动。由于皮尔斯的符号理论强调人对符号的解释、强调人与客观世界的互动，因此具有鲜明的认知性、动态性和互动性。①其实也就强调了人们作为实践主体对于符号解释的主体性、自觉性。而对于品牌符号、包括"狗不理"品牌的内涵建构来说，就需要进行品牌符号所指内涵的自觉传播。符号学的兴盛，导致传播学发展乃是一种逻辑上的必然。正如英国符号学学者霍克斯所说："符号学的疆界，如果它有的话和结构主义接壤，两个学科的兴趣基本上是相同的。"但"从长远看来，两者都应被囊括在第三个容量很大的学科内。它简单地叫作交流传播"②。而在品牌符号所指内涵的解释、交流、传播中，如下三点是需格外强调的：

1.品牌主、消费者的传者、受者角色是不断转换的

我们已经知道，主导"狗不理"品牌符号建构的是消费者，而且也正是消费者当初人际之间的传播扩散，才迫使狗子接纳该符号，并与消费者达成一种品牌符号约定。在这组传播关系中，显然消费者扮演了传者角色，而品牌主狗子却是受者。随着"狗不理"品牌符号历时性地运用，"狗不理"品牌所指内涵不可避免地发生演变：经营者已由狗子传递到其继承者、"狗不理"包子的销售情境也已时过境迁、其产品形态也由单纯的"包子"进行了延伸。而当初体验"狗不理"包子与服务，并担任品牌符号解释者的消费者，也历时性地产生分化：新生代的、本身就具有松散性的消费者人群或隐约知晓"狗不理"符号所指，或全无所知。如此，后继的"狗不理"品牌主为了市场效应，理所当然地成为最自觉的品牌符号传播者，而分化的消费者，则会根据他们最切实的"狗不理"消费体验、根据狗子其人初创"狗不理"品牌的故事传播，对其内涵或肯定或批评或毁誉参半或二次传播，既扮演着受者，又不断扮演着传者。后继的品牌主也会在消费者参差不齐的传播中，扮演受者，并进行经营行为的调整。显然，这里的传者、受者角色不断转换，恰恰验证了"传播"更应是双向的、互动的

①郭鸿：《现代西方符号学纲要》，复旦大学出版社2008年版，第21页。
②[英]特伦斯·霍克斯：《结构主义和符号学》，翟铁鹏译，上海译文出版社1987年版，第127页。

"传通"，这也是英文communication的真意所在。

2.品牌传播总是围绕品牌符号所指之"核心价值"进行

虽然"狗不理"品牌符号在历时性运用中内涵不可避免地发生演变，但"狗不理"品牌符号诞生的叙事文本却从来未变，并成为其160多年品牌传播的核心。而该文本是对"狗不理"包子产品的高品质、受消费者欢迎的特点进行了格外的突出，甚至该文本中对于服务不周——"狗子忙得不理人"也给予了理解与原谅。也就是说，"狗不理"品牌的核心价值乃为高品质、得消费者欢迎的优质产品。英国品牌学家斯图伯特曾说道："品牌不是违背消费意愿而强加在'品牌的忠诚信徒'头上的。品牌使消费者在日益复杂的世界上充满自信地购物。品牌为消费者提供了质量、价值和产品满意方面的保证。"[1]显然，品牌符号总是所指着其对于消费者有价值的内涵，包含了消费者对品牌所指代的产品信誉与商业信用的聚焦性认知与认可，也是品牌主不断追求、长期积累的产品信誉。

如此，品牌符号实际上是品牌主与消费者在"核心价值"上达成的"协议"。英国学者布莱克斯顿认为：成功的品牌关系都具有两个因素：信任和满意。其中，信任受风险、可信度和亲密性的影响，而满意是主动性和支持性的函数。[2]哈佛商学院助理教授苏珊·佛妮尔1998年提出品牌关系质量概念，用以衡量品牌关系的强度、稳定性和持续性。其6个部分：爱与激情、自我联结、相互依赖、个人承诺、亲密感情、品牌的伴侣品质。[3]而美国营销学者汤姆·邓肯等人则从企业实际运作的角度提出评价品牌关系的8个指标：知名度、可信度、一致性、接触点、回应度、热忱心、亲和力、喜爱度。[4]虽然如上观点各异，但对品牌关系中的"信任""依赖""承诺""可信"却是高度一致的。实际上，其昭示的均是品牌价值最核心的"信用"。而这种以信用为核心的品牌核心价值，显然不可能以"忽悠"式的宣传、广告来建立，而只能是以高品质产品为事实基础，通过持续的营

① ［英］保罗·斯图伯特：《品牌的力量》，尹英等译，中信出版社2001年版，第12页。

② Blackston, M.Observations: Building Equity by Managing the brand's Relationships. Journal of Advertising Research, 1992(5-6):101-105.

③ Fournier, Susan. Consumers and Their Brands: Developing Relationship Theory in Consumer Research. Journal of Consumer Research. 1998(3):343-373.

④ ［美］汤姆·邓肯、桑德拉·莫里亚蒂：《品牌至尊——利用整合营销创造终极价值》，廖宜怡译，华夏出版社2000年版，第37、38页。

销、消费、沟通来验证、来建构。而"狗不理"品牌符号也正是在产品品质坚守、验证的"核心价值"传播中，不断实现着内涵所指的回归。

3.品牌：消费者主导的传受双方符号之约

以品牌符号建立起来的在品牌主与消费者协议关系中，品牌主承诺的是品牌产品信誉与价值，而消费者承诺的是对于品牌价值的期待与消费的真实体验。正是在这种协议的执行中，"狗不理"品牌符号得到了160多年的历史延续与生命力焕发，其他富有生命力的品牌莫不如此。但需要正视的是，品牌的历时性发展不可能一成不变：时代在变、市场在变、消费者在变、品牌主同样需要与时俱进。如"狗不理"品牌符号内涵所指，在今天已经不是一个"生意兴隆的包子铺"，而是一个多元化企业集团，其以餐馆业为龙头，并拥有高档酒店业、中式快餐、物流配送、速冻食品、养殖基地、新品开发、培训学校等多种业态。这样就必然存续着品牌新的"符号化"过程以及解释性传播。

当品牌主不断将其变更了的品牌符号内涵所指与相对稳定的品牌符号能指予以统一，即对品牌符号代表物进行内涵解释，表面看这种品牌传播的主体是品牌主，但就其实质而言，主导品牌命运的却是消费者。因为没有消费者的关注、消费、验证，任何的品牌传播也只是自说自话、毫无效应。如"三鹿奶粉"事件前期，一方面"三鹿"还在背离事实地进行大众传播，另一方面消费者也在进行切合"三聚氰胺奶粉引发无数结石婴儿"事实的人际传播、群体传播，其意见博弈的结果，乃是"三鹿"品牌符号内涵赋予了"结石奶粉"所指，其品牌大厦轰然倒地。而在2010年初爆发的"丰田"召回事件，也恰恰是消费者的不断投诉，迫使丰田对850万辆丰田车进行召回维修，其总裁频频道歉。显然，如果品牌不能让消费者产生信任感和满足感，消费者就会立即中断与品牌的关系；即使在大众传播与全球市场一体化环境下，品牌符号建构的主导者依然是消费者。我国品牌研究学者张树庭曾写道："品牌意义在消费者对产品和营销的认可中逐步积累，一方面消费者通过接触营销信息、亲自体验产品或服务与相关群体沟通等方式，对品牌从不了解到熟悉，逐步积累起对品牌的认识，了解企业传递的品牌意义。另一方面，消费者从自己的价值观念出发，对企业传递的品牌信息进行重新解释，形成了新的意义，并影响了其他消费者对品牌的理解，逐步形成一股强大的力量，最终使企业意识到必须认可消费者的

221

解释，并对营销信息作相应调整，从这个意义上讲，消费者参与品牌意义的建构。"①美国品牌专家汤姆·邓肯等人则强调："很多公司眼中看到的品牌，只是印在产品包装上的名称和商标，他们忽略了以下真相：真正的品牌其实是存在于关系利益人的内心和想法中。换言之，即使公司拥有品牌名称和商标的所有权，品牌的真正拥有者却是关系利益人。"②如此便引出了我们对于"品牌"符号的认识，即：品牌是包括组织与个人在内的品牌主，以可以进行传播流通的符号能指以及符号所指的内在事物（产品、服务、行为等）通过消费扩散，而在消费者或接受者那里产生的倾向性的印象，是品牌主与以消费者为核心的受众一种聚焦性的信誉约定。

如上，我们结合"狗不理"品牌符号的解析，探究了品牌作为品牌主与消费者，或曰传者与受者的符号之约，以启迪品牌主与消费者共同成熟起来，通过品牌符号内涵建设与发展，进行切合事实的解释传播，增进了传受双方的沟通与约定，促进和谐消费以及自主品牌建设与发展。而另一方面也需认识到，品牌传播也形成了一柄双刃剑，在品牌符号解释传播的约定中，部分奢侈品的品牌主与消费者也可能达成了共谋，激发人们由需求向欲求的升级，引导无限制的、畸形的符号消费，使无餍足的、以符号满足"欲求"的消费主义侵蚀于人们、滥觞于社会，形成一个值得警惕的消费潮流。

（《现代传播》2011年第2期）

---

① 张树庭：《论品牌作为消费交流的符号》，《现代传播》2005年第3期。

② ［美］汤姆·邓肯、桑德拉·莫里亚蒂：《品牌至尊——利用整合营销创造终极价值》，廖宜怡译，华夏出版社2000年版，第11页。

"品牌传播"内涵之辨析

【摘要】 随着"品牌传播"在实践中越来越广泛地运用，并成为学术研究的明确对象；其内涵的揭示愈显重要。本文在与相关概念的比较中，提出品牌传播的内涵为：以品牌信誉建构为目标、以包含产品"文本"、服务满足、广告、公共关系、营销对话在内的多种互动沟通为手段的现代主体性传播实践活动。

【关键词】 品牌传播；广告；公共关系；整合营销传播；内涵辨析

自学界早在2001年提出"品牌传播"概念[①]，"品牌传播"在实践中运用越来越广泛，其研究论著也越来越多见。截至2012年1月，中国知网上以"品牌传播"为题的国内文献共有971条。从其年份分布上看，1998年仅1篇，2006年在数量上突破了100篇，2011年的文献数量更达162篇。在2011年国务院新增的"广告与媒介经济"二级学科研究范围中，更明确写道："品牌传播：研究企业或产品品牌的战略规划，以及规划实施的理论与

---

① 余明阳、舒咏平：《论"品牌传播"》，《国际新闻界》，2002年第3期。

实践问题。"①显然，"品牌传播"将正式成为人文社会科学的研究对象。为此，进行其概念的内涵辨析与揭示就显得尤其重要。

一、相关概念的本质追索

1.广告

虽然广告已经成为一个产业，广告人也随着媒体发展环境变化而不断赋予"广告"的新内涵，但与单向度的大众媒体息息相关的"广而告之"的本质内涵却总难以从既定的社会认知中脱离。1894年，被誉为美国现代广告之父的阿尔伯特·拉斯克尔提出，广告是"印在纸上的推销术"（Salesmanship in print, driven by a reason why），这一定义揭示出广告的核心含义，即广告是销售的手段。1948年，美国营销协会的定义委员会（The Committee on Definition of the American Marketing Association）为广告下了定义，几经修改，形成了迄今为止影响较大的广告定义："广告是由可确定的广告主，对其观念、商品或服务所作之任何方式付款的非人员性的陈述与推广。"另外，美国学者威廉·阿伦斯对广告下的定义也有着广泛的影响力，他认为"广告是由可识别的出资人通过各种媒介进行的有关产品（商品、服务和观点）的、有偿的、有组织的、综合的、劝服的、非人员的信息传播活动"。

在吸纳这些较具权威性的广告定义之核心要素后，我国的学者也对"广告"的内涵进行了阐述：台湾的樊志育教授在《广告学原理》中论述："广告者，系讯息中所明示的广告主，将商品、劳务或特定的观念，为了使其对广告主采取有利的行为，所做的非个人的有费的传播。"丁俊杰教授在《现代广告通论》中表述："广告是付费的信息传播形式，其目的在于推广商品和服务，影响消费者的态度和行为，博得广告主预期的效果。"倪宁教授在《广告学教程》中指出："广告是广告主为了推销其商品、劳务或观念，在付费的基础上，通过传播媒体向特定对象进行的信息传播活动。"陈培爱教授在主编的《广告学概论》中解释："现代广告是指一种广告主付出某种代价的，通过传播媒介将经过科学提炼和艺术加工的特定信息传达给

---

① 第六届新闻传播学科评议组：《新闻传播学二级学科目录"广告与媒介经济"(050303)》，2011年6月稿。

目标受众，以达到改变或强化人们观念和行为的目的的、公开的、非面对面的信息传播活动。"

纵观以上的界定，我们能够清晰地看到"广告"内涵的核心要素：其一，广告必须有明确的广告主，即出资人。在广告所占有的时空范围内，受众可以一目了然地识别出资人的传播内容与目的。广告中有确切的广告主，一方面是出资人付出费用应该得到回报，可以使广告所产生的效应直接作用于广告主，另一方面能够对广告主产生一定的警示作用，表明其必须对传播内容的真伪承担相应的责任。其二，广告是一种付费行为。广告作为一种传播活动，要将特定信息传递给消费者就需要占据媒体的时间和空间，而各种媒介的使用必须支付费用。由于媒体的时间和空间最终是由广告主购买的，因此传统广告从策划创意制作到媒体运用，都在很大程度上代表广告主的意志，广告主对传播有一定的控制作用。其三，广告是传播对广告主有利的信息。由于广告的终极目的是为了营销，因此在广告中传递的商品、服务、观点信息都是基于广告主利益最大化的前提，加之传统媒体单向性的特点，使得广告的"传""受"双方基本处于信息不对等的状态，缺乏互动话语权的受众在接受广告时则必然处于一种"被迫接受"的地位。其四，广告是非个人的传播行为。这是广告与人员销售直接提示、介绍、演示商品等最大的区别，广告必须是通过大众媒介"广而告之"的行为。传统广告无论针对什么样的细分受众，主要是利用大众媒体进行广而告之，但传统媒体利润获得所需要的规模性，均导致了大众媒体广告其受众细分的有限性与传播范围的泛化。如此，大量接触到广告信息的受众则必然不会是精准的目标受众。当"广告"内涵的四大核心要素不能涵盖当前新媒体广告的"互动性""消费者主导""广告主自主传播"等特征时，"广告"内涵的局限已经得到充分的显现。虽然不少学者以"新广告""后广告""超广告"等前缀增添方式，来指代急遽变更的新媒体广告现象，但其基本的一个前提却是共同的：长期基于单向度传统媒体之上的"广告"，其约定俗成的"广而告之"的内涵已经越来越局促了。

2.公共关系

公共关系，通常的认知基本为"通过信息传达、说服和调整来引导公众支持一个行动、事业、运动或者机构的一种努力"[①]。其概念与内涵在实

---

① Edward L. Bernays.The Engineering of Consent. Norman：University of Oklahoma Press，1955：3-4.

践中进行本质追索，却呈现为一种两极分化之趋势：其一是广义的公共关系，其内涵已经无限放大，泛化到凡人类在社会关系范畴中的实践皆无所不在，如国际事务、国家政治、组织管理乃至人际间的沟通，均处处有着泛化的公共关系；其二是狭义公共关系，其内涵则限定在社会组织为自身运作与发展，而所进行的能引起公众注意与媒体传播、具有一定公共性的活动。

　　引起公共关系分化的原因是：第一，公共关系自身存在就是从分化对象中抽取出来的一种认识的角度。当我们的公关学者从古代思想中提炼出公共关系思想，用古今中外各种案例来诠释公共关系真谛时，实际上已经埋下了公共关系必然分化的种子。而在现代社会，当社会组织成为社会运行的主体时，公共关系无所不在，却又泛化近无，但公共关系的精神却随着人性化、民主化、互动性、双赢乃至多赢的追求而更显其生命力。第二，法制基础上的价值升华加速，促进了公共关系分化。为了更积极地面向未来展开良性竞争与可持续性发展，各类社会组织的行为必须超越法制规范的最基本层面，进行价值的升华，走向道德信誉聚焦的品牌建构。这种社会组织品牌的建构，是其组织行为全方位的提升，远远超出了公共关系"讲真话""对等沟通"的层面，由此公共关系的分化成为必然。第三，新媒体的零门槛与扩散效应，加速了公共关系消解。以网络为代表的新媒体迅猛发展，使得任何一个社会组织面向不同的目标公众均是零门槛的、极为便利的信息发布与对话沟通平台，这也成为公共关系分化的助推器。在与公众的关系达成中，公关真谛依然存在，但公共关系自身消解，让位于更专门化的业务概念。

　　三种原因形成了三种推力，并合力汇成公共关系分化的趋势，因此促使我们对公共关系理论本体进行再定位：其一为"泛化扩散极"，也就是广义的公共关系，指的是组织运行各类行为中所追求的自觉借助传播沟通，以与其各种关系的目标公众取得和谐的思维意识与基本素质。其二为"集中凝聚极"，也就是狭义的公共关系，指组织运行依凭公关意识所进行的，各种专门化的、人际的、组织的、大众化的传播活动的总称。当我们认识到由二极走势构成的公共关系本体定位时，无须因公共关系概念日益在我们的视线中淡出而焦虑失落，反倒应为公共关系意识素质在社会的全方位渗透而感到骄傲。①

3.整合营销传播

"整合营销传播"（Integrated Marketing Communication，简称IMC）是当今营销学和广告学的一个热门研究领域，从1993年美国西北大学唐·E·舒尔茨教授等人出版了重要著作——《整合营销传播》以来，近20年的时间里有无数的专家学者着力于此研究，但究竟什么是IMC至今仍然需要我们继续探索。作为"整合营销传播之父"的舒尔茨教授也在不断地修正自己的观点，但舒尔茨教授三本有关IMC著作中都无一例外地将整合营销传播视为单项营销活动的整合，强调借助多种传播手段和多渠道的传播方式，如广告、公共关系、促销、直效营销等，以完成或实现与消费者之间建立良好关系的"营销目标"。在舒尔茨教授的论述中并没有把与消费者建立良好的品牌关系视为整合营销传播的核心价值追求，由于品牌关系在整合营销传播理论中的缺失，无形中就强化了整合营销传播的功利性色彩。

在舒尔茨所倡导的整合营销传播观念的基础上，真正实现从观念到操作，并基本完成整合营销传播理论构建的是汤姆·邓肯。汤姆·邓肯对整合营销传播终极价值的理解是对舒尔茨教授以来有关认识的进一步发展总结，他的最大贡献在于把"建立品牌关系"作为整合营销传播的中枢，把"追求品牌资产"作为整合营销传播的终极目标。而且整合营销传播的对象范围也大大地突破了一般的企业与顾客范畴，是企业与所有关联系统的交流互动。汤姆·邓肯创造性地提出了"关系利益人"（stakeholders）这一概念，同时揭示了品牌在整个企业系统中的最大包容性和最广关联性价值。由于有关品牌的资讯无处不在，关系利益人利用这些资讯可以自动整合，并作出对品牌的判断，从而决定了其对品牌的支持程度。所有关系利益人对品牌的支持程度累积起来就构成了品牌资产。虽然汤姆·邓肯的观点大大地拓宽了整合营销传播的视野和执行空间，但整合营销传播在营销层面上的终极追求始终是其必然的落脚点，尽管舒尔茨教授在重新定义整合营销传播时指出，"整合营销传播是品牌传播的一个业务战略过程"，它"在本质上是战略，在执行上是战术"②，但在实际的企业运作过程中，整合营

---

① 舒咏平、段双银：《新媒体与公共关系研究》，武汉大学出版社2009年版，第142—149页。

② [美]唐·E.舒尔茨、[英]菲利普·J.凯奇等：《全球整合营销传播》，何西军等译，中国财政经济出版社2004年版，第65页。

销传播始终无法脱离基于功利性策略的窠臼，更多地被视为一种策略性的操作方法，以实现单项的具有功利性的营销目的。

二、"品牌传播"的本质内涵

1.本质目标：品牌信誉的建构

在最早提出"品牌传播"的概念时，我们将其界定为："一种操作性的实务，即通过广告、公共关系、新闻报道、人际交往、产品或服务销售等传播手段，以最优化地提高品牌在目标受众心目中的认知度、美誉度、和谐度"。[1]应该说在市场竞争环境、媒介生存环境经历了10年的风雨变化后来反观这样的内涵界定，其依然体现出前瞻性与恰切性，其品牌传播的"三度目标——认知度、美誉度、和谐度"在今天看来因突出了"和谐度"也同样具有合理性与指导意义。但我们的认知依然需要前进、需要在学理层面对"品牌传播"目标进行聚焦性的提炼，这不仅是"品牌传播"概念与时俱进地进行充实性演进的需求，同时也是从战略意义和现实操作层面上对"品牌传播"的目标进行新的审视，我们提出品牌传播的本质目标应该是"品牌信誉的建构"。

英国学者布莱克斯顿认为：成功的品牌关系都具有两个因素：信任和满意。其中，信任受风险、可信度和亲密性的影响，而满意是主动性和支持性的函数。哈佛商学院助理教授苏珊·佛妮尔1998年提出品牌关系质量概念，用以衡量品牌关系的强度、稳定性和持续性。其6个部分：爱与激情、自我联结、相互依赖、个人承诺、亲密感情、品牌的伴侣品质。而美国营销学者汤姆·邓肯等人则从企业实际运作的角度提出评价品牌关系的8个指标：知名度、可信度、一致性、接触点、回应度、热忱心、亲和力、喜爱度。[2]虽然如上观点各异，但对品牌关系中的"信任""依赖""承诺""可信"的认知却是高度一致的。实际上，其昭示的均是品牌价值最核心的"信用"。而这种以信用为核心的品牌核心价值，显然不可能以"忽悠"式的宣传、单向度的广告来建立，而只能是以高品质产品为事实基础，通过

① 余明阳、舒咏平：《论"品牌传播"》，《国际新闻界》，2002年第3期。

② [美]汤姆·邓肯、桑德拉·莫里亚蒂：《品牌至尊——利用整合营销创造终极价值》，廖宜怡译，华夏出版社2000年版，第37页。

持续的营销、消费、服务、沟通来验证、来建构。

然而在残酷的市场竞争环境中，总有不少企业因为见利忘义、急于求成、心存侥幸，而未能坚守企业品牌的灵魂——诚信，"当一个社会组织远离目标公众、一心追求所谓'知名度与美誉度'的时候，华而不实的浮躁将使得它的决策人在轻实在、重虚名的轨道上越滑越远，直至出现重大的危机"①。三鹿奶粉隐瞒着"三聚氰胺奶粉致婴幼儿结实"的悲惨事实，却蓄意欺骗地进行着"专业生产、品质有保证""名牌产品、让人放心、还实惠""生产名优乳品，奉献社会民众"的广告宣传；"达芬奇家具"为了使高分子树脂材料、大芯板和密度板生产的家具价格翻上十几倍甚至上百倍，煞费苦心地将国产家具送出国去"挂洋头"，还信誓旦旦地对消费者进行着"100%意大利生产""所用原料为名贵实木白杨荆棘根"的虚假宣传。实际上，"三鹿奶粉""达芬奇家具"本身就是产品"文本"，即负载着生产者的诚信信息，也在传播中接受产品"文本"诚信信息的解读。著名经济学家吴敬琏曾指出："从长远看，中国最缺乏的不是资金、技术和人才，而是信用，以及建立和完善信用体系的机制。"②虽然"品牌传播"概念的"和谐度"目标追求其本质是品牌主与目标受众之间相互理解、相互信任，但是由于"信誉"已经成为企业最稀缺的资源，因此我们的"品牌传播"概念更应该明确提出以"品牌信誉的建构"为本质目标，以根本性地指导品牌传播的实践行为。

2. 根本手段：双向对称之沟通

传播学的奠基人韦尔伯·施拉姆曾经说过"大多数传播是双向的"，"最典型的和最频繁的传播格局是一种扩大了的双向关系"，"这种关系的结果是，随着交流的继续进行，理解很可能变得越来越接近"。③斯科特·卡特李普和阿伦·森特、格伦·布鲁姆在《有效公共关系》中提出了"双向对称"理论，虽然其理论模型的指代对象是公共关系，但这一模型的核心思想适合指导社会组织的任何沟通传播行为，一方面我们要把组织的想法和信息向公众进行传播和解释；另一方面又要把公众的想法和信息向组织进行传播和解释，目的是使组织与公众结成一种双向沟通和对称的和谐关

① 舒咏平：《有关"知名度、美誉度"的质疑》，《公关世界》，2000年第2期。
② 谢巧生、李淑贞：《传统文化与先进构建学术研究论文集》，鹭江出版社2006年版，第257页。
③ 〔美〕威尔伯·施拉姆·威廉·波特：《传播学概论》，陈亮等译，新华出版社1984年版，第48—49页。

系。J.Thomas Russell 和 W.Ronald Lane 在《Klppner 广告教程》中预言道："未来的广告和传播的标志是消费者参与程度更高、控制力更强，广告和传播由单向传播向双向沟通转变。"①唐·E·舒尔茨所主张的"整合营销传播"，同样显示出由单向往双向转化的互动性趋势。为此，在新旧媒体全方位整合的今天，我们更应看到广告、公共关系与营销内涵中"双向对称沟通"真谛的追求，同时将广告、公共关系、营销作为品牌传播的手段来看待，突出品牌传播服务于消费者及公众的双向互动性。

在企业与消费者的品牌关系建构中，基于产品"文本"基础上的品牌认同是基础，而消费者及公众是否对品牌产生认同感，主要受相互间双向对称沟通的程度所影响。过去处于被动地位的消费者几乎没有与企业平等对话的机遇与平台，"企业单向度的广告信息发布本身追求的也只是'信息邂逅'的高概率，即：希望目标消费者能高概率地接触广告信息，或希望所发表的广告信息能够高概率地引发媒体接触者关注"。②今天的消费者，诚如台湾学者黄振家所指出："消费者拒绝传统广告，却可以在新媒体环境中选择想观看的广告类型、品牌信息。"③丁俊杰教授也指出：消费者不再相信单一的信息来源，他们需要不断地"搜索""分享"和"比较"，从而获取自己更需要和更满意的信息。针对消费者的"搜索满足"心理，我们的品牌传播必然将"双向对称之沟通"作为根本手段，才能适应消费者由"被动"转为"主动"的身份特征变化。

当我们将基于产品事实基础的广告、公共关系、营销对话、服务满足等在内的互动沟通作为品牌传播的手段时，还必须看到迅速崛起的新媒体，正"以数字传输为基础、可实现信息即时互动的媒体形式，其终端显现为网络连接的电脑、手机、电视等多媒体视频"④为"双向对称之沟通"的实现提供了强大的技术支撑。有学者指出"虽然新媒体仍然是一种媒体形式，但是，它同现有的大众媒体已有根本性的区别。它提供了一种技术平台，一种沟通平台，具有数字化、多媒体、实时性和交互式传递等特征"⑤。正

① [美]威尔伯·施拉姆、威廉·波特：《传播学概论》，陈亮等译，新华出版社1984年版，第24页。

② 舒咏平：《"信息邂逅"与"搜索满足"——新媒体环境下广告传播模式的嬗变》，《新闻大学》，2011年第2期。

③ 黄振家：《广告产业的未来》，《广告大观》（理论版），2008年第3期。

④ 舒咏平：《新媒体广告》，高等教育出版社2010年版，第4页。

⑤ 陈刚：《新媒体与广告》，中国轻工业出版社2002年版，第12页。

因为这样的根本性特征，新媒体可以帮助品牌与消费者进行有高度个人相关性的对话，逐渐建立目标受众对新媒体广告、公共关系、营销对话等双向对称沟通的依赖性，从而实现品牌传播的效果，并使得品牌与消费者彼此享有价值。

可以概括地说，品牌传播的本质内涵即为：以品牌信誉在消费者及公众心目中建构为目标、以包含产品"文本"、服务满足、广告、公共关系、营销对话在内的互动沟通为手段的现代主体性传播实践活动。

三、"品牌传播"与相关概念

1.涵盖"广告"的包容关系

当"广告"内涵的四大核心要素（广告必须有明确的广告主；广告是一种付费行为；广告是传播对广告主有利的信息；广告是非个人的传播行为）不能涵盖当前新媒体广告的"互动性""消费者主导""广告主自主传播"等特征时，"广告"内涵演进的主要取向便是"品牌传播"。由于在19世纪末诞生的现代"广告"，比诞生于20世纪上半叶的"传播"学更早，这就构成了我们讨论的一个基本前提：广告从本质上虽然属于传播，但由于其独立性更早，也就形成了自身的生命力。但在随时代变化而发展的研究与运用中，"广告"就得从"传播"中获取理论营养，"传播"的性质与规律也就不能不考虑。在传播的视野中，营销固然以成功的传播沟通为前提，但独立性的营销学已有专门化、独立性的研究，而实际已经独立的广告业务与理论展开显然是需要进行正视的。那么，避开围绕营销对象——包含实体与虚体性劳务在内的商品购销——展开研究的营销学，广告传播更多的是对商品符号的传播，从而引导广告受众依循商品符号来进行消费。而商品符号的高度抽象即"品牌"。失去品牌符号指代的广告，消费者的接受也无所适从，其传播也必然是没有意义与价值的。也就是说，从学理上看品牌传播与广告的关系是涵盖"广告"的包容关系。

从实践角度看，品牌传播的实质是通过所有的互动沟通手段来塑造消费者头脑中品牌竞争优势的认知过程，为了形成品牌认知，我们需要借助于广泛的沟通手段把品牌的核心价值根植于消费者心中，达到引导消费者的目的。然而众多沟通手段中，广告只是一个非常重要、运用广泛的沟通手段。品牌传播的形式可以很多，不一定囿于广告，但广告生来就是为传播品牌信息而服务的。品牌传播涵盖"广告"的包容关系具体体现为：第一，品牌传播的宏观目标决定了单次广告活动的微观目标，任何一次广告活动都是对品牌声誉所作的长期投资；第二，品牌传播的核心内容决定了广告诉求的具体内容，品牌传播的基本信息是广告策划创意的基础与前提，虽然广告策划创意需要灵感与顿悟，但广告策划创意的逻辑前提是品牌自身的个性化特点。

此外还需强调的是：广告概念历来的表述运用，主要强调的是"广而告之"的一个领域，属于不带任何价值取向的中性界定；而品牌传播则由于强调了"品牌乃信誉的建构"，这就凸显了一种以社会标准为取向、以受众的集体共识而作旨归的积极价值取向，一定意义上"品牌传播"概念及内涵本身就引导着包含广告、公关、新闻、营销传播在内的各种主体的价值追求，在助益于品牌经济效益实现的同时也履行了其社会责任。

2. 与"公共关系"的有限交合

我们所揭示的"品牌传播"本质目标为"在消费者及公众心目中建构品牌信誉"，如此，作为其信誉建构手段之一的公共关系，则必然与品牌传播形成交合。品牌信誉的建构，一定意义上是建立起品牌与消费者之间以"信誉"为基石的品牌关系。既然要建立这种品牌关系，就要运用各种能够与消费者进行双向对称沟通的手段，以达到覆盖所有信息接触点的目的。为此，"以关系为逻辑起点，以组织——公众——环境关系为基本概念，以生态学为元理论基础，以社会文化系统的组织扮演社会好公民为主体定位，以双向传播为方式，以实现组织利益和公共利益的和谐为最终目标"[①]的公共关系自然进入品牌传播的视野，成为品牌传播的重要手段之一。但"公共关系"与"品牌传播"的关系是有限地交合，各自还有着广泛的话语空间。

就品牌传播而言，需要借助传播手段之一的公共关系来实现树立品牌形象、传递品牌信息、沟通协调关系、处理品牌危机的目的，但品牌传播的目的又不拘泥于此层面，其终极目标是与消费者建构起以信用为核心的品牌关系。要实现这一终极目标，还需要在坚守产品品质，让产品"文本"在无言诉说的前提下，整合各种能够与消费者实现双向平等沟通的手段来

① 陈先红：《公共关系生态论》，华中科技大学出版社2006年版，第179、292页。

进行现代主体性的传播实践活动。而从公共关系来看，因在新媒体发展颠覆了传统传播方式的今日其存在方式表现出分化的趋势，那么能够与品牌传播进行对接的公共关系显然是"集中凝聚极"，即组织运行依凭公关意识所进行的，各种专门化的、人际的、组织的、大众化的传播活动。而在内涵无限放大，凡人类的社会关系范畴中均有着公共关系实践的"泛化扩散极"中，公共关系还有着广泛的不拘泥于为品牌传播而服务的拓展空间。

3.指导"整合营销传播"的道术关系

在进行"整合营销传播"概念的本质追索时，我们已经明确地揭示出"整合营销传播"所突出的"营销"功利性与策略性，整合营销传播的提出是基于营销的视角，即强调"能够找出消费者问题的解决之道——消费者利益点"，而"消费者利益其实就是消费者对品牌的要求，对我们来说要定好方向，不能只是与消费者沟通时的空话。决定消费者利益点，必须根据消费者的要求与欲求"[①]。也就是说，整合营销传播强调的是符合消费者利益的营销卖点，它侧重于双方当时利益的达成与共赢。汤姆·邓肯虽然把建立"品牌关系"作为了整合营销传播的中枢，但其建构品牌与消费者之间忠诚关系的终极目标还是为"追求品牌资产"，所以整合营销传播其实质还是营销层面的一种具体战术。

但今天的市场已正如著名管理学家汤姆·彼得斯所言："市场上的产品已经争夺得不可开交。因此，如果想要在这个拥挤得不像话，而且越来越糟糕的市场中凸显自己，那么建立品牌就比以往更为重要，而不是不重要。"[②]广告专家拉里·莱特（Larry Light）同样认为："未来营销之战将是品牌之战，是为获得品牌主导地位而进行的竞争。企业和投资人把品牌视为企业最有价值的资产。品牌是至关重要的概念。"[③]品牌何以如此重要，一定意义上是因为品牌代表了品牌拥有者与消费者之间的"协议"。品牌乃是品牌主长期积累的商业信用，同时也是消费者对品牌所指代的商业信用的聚焦性认知与认可。而品牌传播强调以品牌信誉在消费者及公众心目中建构为本质目标，在尊崇消费者的立场上，以包含产品"文本"、广告、公共关系、营销对话、服务满足等在内的互动沟通为手段，强调长短效应兼

① [美]唐·舒尔茨等著：《整合行销传播》，吴怡国等译，中国物价出版社2002年版，第107页。

② [美]汤姆·彼得斯：《重启思维》，顾淑馨译，中信出版社2007年版，第161—162页。

③ [美]戴维·阿克：《管理品牌资产》，奚卫华、董春梅译，机械工业出版社2006年版，第3页。

顾的系统聚合。这种注重专一品牌符号的神形兼备的聚合，更重视不同阶段利益实现后的品牌积累，从而上升到企业发展的战略层面。因此，以品牌信誉的建构为本质目标的品牌传播与以品牌资产的追求为终极目标的整合营销传播之间自然形成了指导与被指导的道与术关系。当然，不同层面的道术关系将殊途同归，均有利于品牌的良性成长、企业的可持续性发展。

（《现代广告学术季刊》2012年第2期）

论国家品牌传播

"信息邂逅"与"搜索满足"

——新媒体环境下广告传播模式的嬗变

【摘要】新媒体演进引发了广告传播模式的嬗变。嬗变中反思传统广告模式的本质，乃为"信息邂逅"，即广告信息对于毫无准备的消费者是不期而遇的；而新广告模式的核心则为"搜索满足"，即消费者为了消费需求主动进行广告信息搜索并获得满足。两种广告模式特点鲜明，虽正在此消彼长，却将长期并存。

【关键词】信息邂逅；搜索满足；广告传播模式嬗变

新媒体的急遽发展使得广告传播进入了一个令人错愕不已的转型期，不仅"新媒体广告""数字化广告""互动广告""超广告传播""新兴广告"等新概念扑面而来，而且不少学者们也颇是迷茫感叹："我们现在处于一个失语症的阶段，用传统的东西讲新的东西讲不清楚。但是新的东西是什么样，我们还没找到新的模式、新的术语把它讲出来，这个阶段是最痛苦的。传统广告业有很多概念都是混乱的，现在的变化太快，在这个环境里面，

235

我们缺乏一套新的理论来把现在的变化讲清楚。"[1]但也正是这种迷雾千重的现实，才更需要我们从理论上涤清思虑、清晰观照正在发生的广告传播模式之嬗变。

一、传统广告模式本质的反思：信息邂逅

传统广告模式无疑是嬗变发生的基础，那么其本质是什么呢？

我们知道，现代广告是随着大众传媒的发展而发展的，正如"麦迪逊大道"之所以成为广告高地的代名词，乃在于在它短短1英里的街区有CNN等两大广播暨电视网的总部、《时代》、《时尚》等几十家杂志的编辑部，以及数千位电台、报纸全国业务代表的办公室的所在地，于是有了BBDO、达彼思、麦肯、扬雅、智威汤逊、奥美、李奥贝纳等无数广告公司集中于此，并花费了全美约一半的广告费[2]，由此可见广告对于媒体的依赖性。虽然，在整个20世纪，广告人从不同方面进行了广告要义的强调，如"印在纸上的推销术"、"独特的销售主张"（USP）、"定位论"等，但其强调的都是广告"说什么"的问题，而无论"说什么"的广告，其自身如何与其目标消费者实现信息相遇的难题一直没有得到本质的揭示。固然"媒体选择与组合"成为广告核心业务，"媒体的接触率""媒体的到达率""千人成本"等术语也得到引入应用，却并不能改变广告主自揣的判断："我知道我的广告费一半浪费了，却不知道哪一半。"实际上，其问题的症结就在于大众媒体环境下广告模式的乃是以"信息邂逅"为本质的。

传统广告传播模式之所以为"信息邂逅"的，乃在于在大众传媒环境下对广告受众的媒体接触判断是模糊的，单向度的广告信息发布本身追求的也只是信息邂逅的高概率，即：希望目标消费者能高概率地接触本广告信息，或希望所发表的广告信息能高概率地引发媒体接触者关注。美国学者曾描绘到："全美大约有1750家日报、450家电视台、3300家广播电台、600种普通杂志、32万座看板，还有几百万公共交通车上的车厢广告。……广告主的问题是一个属于选择的问题，站在密集的行列中，等待着帮助他

---

① 陈刚：《集体失语下的广告业转型》，《名牌》，2008年7期。

② [美]马丁·迈耶：《麦迪逊大道——不可思议的美国广告业和广告人》，刘会梁译，海南出版社1999年版，第7页。

做哪种选择的，是成千上万带着许多真实和未证实的事实与数字的媒体推销员。"①在如此多的媒体选择中，以及每一媒体丰富的时间空间选择中，追求消费者对广告信息的接触概率显然是最明智的标准。可选择的媒体信息可以说是无穷大的，而广告主发布的广告信息也是非常有限的，如此，任一消费者对于具体广告信息的接触则只能是"信息邂逅"的浪漫一遇。

在"信息邂逅"广告传播模式中，相对于广告主的刻意传播，消费者邂逅广告信息无疑是被动的、是无意识中的咋然相遇。如此，又导致广告信息邂逅之后的两个层面的接受：

一是广告信息的无意识接受。正如麦克卢汉所说："广告把借助鼓噪确立自身形象的原理推向极端，使之提升到有说服力的高度。广告的作用与洗脑程序完全一致。洗脑这种猛攻无意识的深刻原理，大概就是广告能起作用的原因。""广告不是供人们有意识消费的。它们是作为无意识的药丸设计的，目的是造成催眠术的魔力。"②也就是说，让消费者的无意识多次邂逅广告信息，从而在大脑皮层留下印记，产生对广告信息的识记与好感。这也是萨瑟兰所强调："广告产生的即使很小的效应对我们选择商品品牌也会产生影响"，犹如"在天平的一端加上一根很轻的羽毛即可使天平发生倾斜"，发生广告接受的"羽毛效应"。③

二是无意识过程中意识咋然唤醒后的接受。广告心理学认为："优秀的广告作品不仅能引起消费者注意、理解和使消费者产生肯定的情感和态度，而且还应当使消费者'过目不忘'；能将宣传的商品牌子和商标牢牢记在心上。"④这里，实际上指出了一个消费者对广告由无意注意转为有意注意的前提，即广告作品的"优秀"。我们知道，当今的社会是一个传播过度的社会，据统计，每个生活在都市中的市民每天要通过各种媒介途径被迫接触2000多条广告信息。如此，广告人就需要"考虑一下普通读者们，他面前有很多东西，他有时间细读的可能性只有百分之一"；就需要广告的"主题

① [美] 马丁·迈耶：《麦迪逊大道——不可思议的美国广告业和广告人》，刘会梁译，海南出版社 1999 年版，第 153 页。

② [加] 马歇尔·麦克卢汉：《理解媒介：论人的延伸》，何道宽译，商务印书馆 2000 年版，第 282、283 页。

③ [澳] 马克斯·萨瑟兰：《广告与消费者心理：什么奏效，什么不奏效，以及为什么》，瞿秀芳、鹿建光译，世界知识出版社 2002 年版，第 7 页。

④ 欧阳康：《广告与推销心理》，中国社会出版社 2000 年版，第 75 页。

吸引他们，使他们能给我们一点注意"①。这也正是美国广告学家阿伦斯所告诫；"广告是否完成告之、劝服和提示这些基本任务，创意在其中起着重要作用。"②如此，在传统的信息邂逅广告模式中，广告创意就成为广告信息无意识向意识接受转化最关键的因素。围绕着广告创意，一些经典的广告主张由此提出，如"独特的销售主张"（USP）、"品牌形象"、"定位论"、"内在的戏剧性"等。即便如此，如果你以一个消费者的眼光来看广告创意，你会"注意到那些你会归类成'正中目标'或是接近目标的诉求是这样少得可怜"③。"人们可能都在纷纷谈论一则有轰动效果的新广告：客户可能喜上眉梢，广告代理洋洋自得。但是，这条广告或许是个美丽而空泛的外壳。事实上，它甚或正在赶跑顾客。"④因为，广告创意艺术上轰动性的审美接受与其刺激消费的功能性说服接受，往往会彼此消解，消费者的理解中会因为创意艺术的杰出而使其意识上邂逅的却是审美的愉悦信息，其想约会的"情人"——营销信息——却失之交臂。⑤

根据如上所述，传统的"信息邂逅"广告传播模式可图示为：

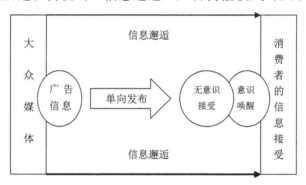

图1 "信息邂逅"广告传播模式

在如上图示的信息邂逅广告模式中，我们可以很清晰地看到，消费者接受广告信息所处的被动地位，以及广告信息发布的单向特性，由此也可认识到一方面由于大众媒体对于消费者信息邂逅的重复而给广告带来强大的效能，另一方面则由于媒体信息的庞杂与消费者主体意识参与不足而使

① ［美］克劳德·霍普金斯：《我的广告生涯&科学的广告》，邱凯生译，中国人民大学出版社2008年版，第136、133页。

② ［美］威廉·阿伦斯：《当代广告学》（第七版），丁俊杰等译，华夏出版社2000年版，第349页。

③ ［美］詹姆士·韦伯·扬：《广告传奇与创意妙招》，林以德等译，内蒙古人民出版社2000年版，第26页。

④ ［美］罗瑟·瑞夫斯：《实效的广告》，张冰梅译，内蒙古人民出版社2000年版，第33页。

⑤ 张殿元：《反美学观照：广告文化对艺术审美价值的消解》，《新闻大学》，2007年第4期。

得"信息邂逅"广告传播模式效率相对低下。

二、新广告模式的核心：搜索满足

随着世纪之交以网络为代表的新媒体迅速发展，我们所需要正视的现实是：传统的大众媒体依然主流性存在，而数字化的新媒体强势崛起势不可挡。当我们将关注的目光投向基于新媒体的新广告模式，可以发现"技术的转变已经威胁到广告业对于媒介和受众的控制力。"正如李奥贝纳广告公司的斯皮特勒所说："以前我们认为自己无所不能。我们可以使用大众媒介……对于所有人我们意味着一切。但新的媒介稀释了那样的努力。"[①]

根据全球独立广告代理商联盟ICOM（International Communication Agency Network）针对各国媒体环境调查显示，前10大成长最快媒体，几乎全与新媒体相关，如下表：

表1　全球前10大成长最快媒体[②]

名次	媒体
1	部落格/电子邮件/社群网站
2	病毒营销
3	因特网置入性营销
4	手机图文广告
5	创意户外广告
6	体验营销
7	游击营销
8	关键词
9	手机简讯广告
10	电视节目置入性营销

而在广告研究领域，许正林等人对西方具代表性的2007年度5种期刊的170篇论文进行统计，其5大研究热点中关于新媒体广告研究占到了4个，即"手机广告及相关研究""网络广告研究""植入式广告研究""有关涉入的研究"。其中，"涉入"（engagement）又称顾客涉入研究，即是对新媒体环境下，消费者越来越处于主动地位，深深处于广告、营销活动之中，其

---

① ［美］约瑟夫·塔洛：《分割美国：广告与新媒介世界》，洪兵译，华夏出版社2003年版，第14、17页。
② 资料来源：《动脑杂志》，台湾经济研究院产经数据库整理，2007年6月。

至承担起广告、营销信息制作者、传播者的角色。[①]

　　黄升民教授对于新媒体环境下的广告传播则说道："广告从简单的传播工具，向集多种交流渠道和多类交流方式于一体的沟通平台演化，实质是广告媒体化的一种功能推演。平台的搭建对于捕捉分散与聚合的需求和市场而言意义非凡，'多媒体'与'泛媒体'潮流为广告传播的平台化提供了必要的条件，我们可以凭借其定向、精准、互动等特征，向消费者和企业充分传递各自所需的有效信息，从而填平企业与消费者的信息鸿沟，消除二者之间的信息不对称。"[②]在此背景下，一直处于被动地位的消费者受众从"信息邂逅"广告模式中获得觉醒，诚如台湾学者黄振家所指出：消费者拒绝传统广告，却可以在新媒体环境中选择想观看的广告类型、品牌信息。[③]这也正是丁俊杰所指出的"消费者不再相信单一的信息来源，他们需要不断地'搜索''分享'和'比较'，从而获取自己更需要和更满意的信息。这就又提出一个命题：在信息泛滥的今天，怎样才能吸引消费者主动出击去搜索并分享广告信息？我们的回答是'广告传播平台化'，以网络技术和数据库技术为内核，将原来对于消费者的'轰炸式'的传播方法演化为'尊重本体需求下的吸引'模式"[④]。简言之，即为"搜索满足"广告传播模式。

　　"搜索满足"广告模式的出发点，是视受众为主动的，即消费者受众出于消费信息的需要，不再只是被动的，且主要依凭无意识接受来获得广告信息，而是主动进行搜索，且在搜索中不断比较、求证广告信息，以满足消费决策最基本信息的需求。其图示为：

　　① 许正林、薛敏芝：《2007年西方广告研究综述》，《中国广告》，2008年第3期。
　　② 黄升民：《分聚之间的危情与转机———略论新世纪以来中国广告产业的内在驱力》，《国际广告》，2007年第9期。
　　③ 黄振家：《广告产业的未来》，《广告大观》（理论版），2008年第3期。
　　④ 丁俊杰：《2008年，中国广告业的动力与动向》，《山西大学学报》（哲学社会科学版），2008年第3期。

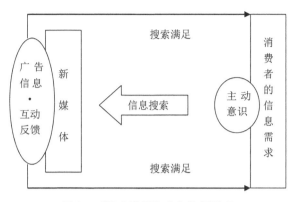

图2 "搜索满足"广告传播模式

在如上模式中，我们可以看到，一方面消费者搜索广告信息不仅是主动的、理性的，而且是以"满足"为标准、为旨归的；另一方面，消费者与广告信息的相遇并非是一种随机性的邂逅，而是他在新媒体的信息世界中自主搜索到诸多信息，且进行了多方比较、咨询、甄选出来，甚至是获得双向性互动反馈的。也就是说，这里的"广告信息"不是"信息邂逅"中具体特指的广告作品所包含的信息，而是一个信息由少到多、又由多到简、由泛而专的动态的信息结构。而要使具有如此内涵的"广告信息"实现消费者的"搜索满足"，其途径主要有如下两种方式：

其一，全面、客观、互联的数据库平台

这是一个由行业数据、品牌数据、产品数据、消费数据等构成的庞大社会化数据库平台；其直面消费者的终端体现形式为：电脑终端、家庭数字电视、3G手机。而其背后则是一个庞大的商业内容行业：包括品牌网站及虚拟商店、行业网站、专业商场网站、网上消费者社区、数字电视广告频道等。媒体经济学家布鲁斯·欧文曾说道："我对自己提出的最重要的问题是：怎样使广告成为人们不仅愿意容忍而且乐于获得的东西？"[1]当广告信息的数据库足够庞大，且分类清晰、实时更新、链接快捷，消费者所需要的广告信息应有尽有，等待消费者点击、遥控、浏览的"广告"，显然就是他们"不仅愿意容忍而且乐于获得的东西"了。

其二，即时、具体、人性化的互动平台

这是由品牌网站或虚拟商店的咨询员、行业网站值班专家、商场网上导购员、网络社区专业领袖、有消费经验的热心人、数字电视广告频道主

① [美]鲍勃·加菲尔德：《大混乱，2.0后广告时代来临》，崔怡译，《国际广告》，2007年第11期。

持人等操作，能即时、有针对性回答消费者的具体咨询，且程序互动、充满人性化的服务平台。在这个平台上，广告已"由劝服、诱导向告知与沟通的功能回归"①。而这种互动沟通，在传统的大众传播是无法实现的，但"现在我们拥有能力来集中进行浪费程度最小的传播，我们将使用新颖独特的方式与美国社会中较小的阶层进行沟通，每次一个"②。即"一对一"的广告信息服务，在网络平台上已是家常便饭。而随着具备双向互动功能的数字电视普及，设置专门的广告专业频道，使广告摆脱依附于其他频道的从属地位，走专业化之路，拓展发展的空间，构建"碎片化"的消费受众得以重聚平台，与网络实现无缝融合，这不仅是数字电视广告服务的基本走向，更是"搜索满足"广告模式中互动平台拓展的一次飞跃。③

由上可见，如果说"数据库平台"是对消费者广告信息搜索"量"的满足，那么"人性化互动"则是信息搜索"质"的满足。正是新媒体技术实现的这种量与质的信息满足服务，新广告模式的核心"搜索满足"则得到了确定。

三、广告模式嬗变中的实践自觉

上文论述的两种广告模式的差异是如此的鲜明，我们不妨从下表的对比中得到更为清晰的认识：

表2　两种广告模式差异对比表

对比项	"信息邂逅"模式	"搜索满足"模式
出发点	消费者是被动的	消费者是主动的
媒体特征	单向度的	双向性的
代表性媒体	报纸	网络
广告代表形态	平面、电视短片	关键词＋品牌网站
广告形态特征	相遇告知的	邀请引导的
信息含量	有限而模糊的	丰富而清晰的
接受行为	邂逅、注意	搜索、点击
接受反应	好感记忆	实时互动
作用于消费	好感记忆唤醒	理性比较、求证
广告重点	广告的创意高下	广告的数字路径
广告策略核心	个性化信息告知	整合性信息满足

①　张金海：《20世纪广告传播理论研究》，武汉大学出版社2004年版，第181页。

②　[美]约瑟夫·塔洛：《分割美国：广告与新媒介世界》，洪兵译，华夏出版社2003年版，第16页。

③　陈致烽：《数字电视催生广告专业频道——基于电视数字仪的新思考》，《湖南文理学院学报》（社会科学版），2008年第3期。

对于广告模式的嬗变，固然需清晰认识，但同时还需看到其还只是"嬗变"而不是"替代"。这因为，一方面新媒体强劲崛起，另一方面传统媒体活力依然。根据IBM产业价值研究所进行的产业价值分析，其所提出的全球各类型广告量预测显示：2002年至2010年，全球广告量，大约可以维持5.7%～5.9%的成长，其中必须注意的是，2006年至2010年，新兴媒体广告有将近22.4%的成长，而传统媒体广告也将有4.4%的微幅成长。其启发我们，立足于新旧媒体上的两种广告模式虽然在演绎着此消彼长的历史变革，却将长期并存，需要广告人由此进行着如下两方面的实践自觉：

其一，在"信息满足"广告模式中寻求创新

我国《广播电视有线数字付费频道业务管理暂行办法（试行）》规定：付费频道不得播出除推销付费频道的广告之外的商业广告，但经批准的专门播出广告或广告信息类服务的频道除外。显然，其传递的明确信息是：付费频道不得播出除推销付费频道广告之外的商业广告；"专门播出广告或广告信息类服务的频道"可以播出商业广告。也就是说数字电视普及导致了电视这一最具影响力的传统媒体蜕变为新媒体，其一直沿用的"信息邂逅"广告模式也将由"搜索满足"模式所取代。数字电视的收费固然成为电视媒体稳定的收入源，但更具市场潜力的广告信息"搜索满足"服务，则需要遵循模式规律的创新。创新是广告产业的核心价值，也是广告产业的最大特色，可惜的是，传统的广告产业多半将创新精神专注在广告信息设计与广告媒体应用层面，很少认真思考如何提供创新的商业形态。而随着"搜索满足"导向的广告模式渐成主流，对应消费者的广告信息需求，以及广告主所提供的信息搜索满足服务，整个广告产业进行创新探索，开发新颖的广告信息搜索满足服务形式，已是当务之急。

其二，在媒体融合中寻求广告模式整合

"媒体融合"（Media Convergence）是美国麻省理工学院媒体实验室创始人尼葛洛庞帝提出的[1]，随后，美国的罗杰·菲德勒、托马斯·鲍德温等学者均指出了媒体在宽带技术与政策导引下"大汇流""大融合"的趋势。在这种媒体融合的趋势中，传统媒体不仅获得了新质——如"报网互动"中报纸版面的网络呈现[2]，而且还在人们生活空间依然扮演着不可或缺的"信

---

① Quoted in Stewart Brand, The Media Lab: Inventing the Future at MIT. New York: Viking Penguin, 1987: 11.

② 范志忠：《论"报网互动"的发展态势与传播特征》，《新闻与传播研究》，2008年第1期。

息邂逅"模式的主体角色。因为在全新的信息"搜索满足"广告模式中，其实还隐匿着一个前提：消费者进行的是有目的、有对象的搜索。而消费者广告搜索目的，尤其是搜索对象的确定，往往就有着传统媒体"信息邂逅"服务的功劳，如路牌广告、报刊广告对于品牌形象的树立与品牌网站的告知。也就是说，在新旧媒体并存的社会，消费者对于品牌及产品信息的搜索满足，往往依循的是二步接受规程：邂逅品牌及产品门类的基本信息——根据消费需要进行相应品牌信息的搜索满足。如此，"信息邂逅"与"搜索满足"两种广告模式，构成具有互补性的"两程传播"，并由此而得到整合。这也是媒体融合研究者所指出的："有生命力的广告模式将是嵌入融合布阵中的资讯和服务的软性模式。广告主的营销信息将融合到新的产业链条中，在立体化、互补式的传播布阵中得到全新的营销沟通效果。"[1]如此，"信息邂逅"与"搜索满足"两种广告模式在媒体融合中实现了有机整合。

（《新闻大学》2011年夏季号）

① 王菲：《媒介大融合》，南方日报出版社2007年版，第29页。

传媒视界
CHUANMEI SHIJIE

论国家品牌传播

新媒体广告的"原生之困"与管理创新

【摘要】新媒体广告形态泛化导致去广告识别性，并由此呈现出"原生之困"：内容无差异之困、接受的两面效应之困、管理无从着手之困。如此则必然促使新媒体广告走上管理创新之路，其创新之选择应为：推行广告公信力评估管理制度、舆情大数据有机融入评估体系、评估发布与执法监管形成衔接。

【关键词】新媒体广告；原生之困；广告管理创新；公信力评估

伴随着"互联网+"时代到来，以移动互联网为核心的新媒体得以迅速发展，因其开放、互动、多元、平等、即时、便捷等特点，在孵化出新媒体广告的同时，也必然催生"坚持依法治网、依法办网、依法上网"，以及"建立多边、民主、透明的全球互联网治理体系"①之思路。为此，我们一方面对新媒体广告予以深层认识，另一方面也逻辑性地推进到新媒体广告管理创新的思考。

---

① 《乌镇倡议》，http://news.xinhuanet.com/world/2015-12/18/c_128546176.htm.

一、新媒体广告及其"原生之困"

相对于传统媒体广告而言，新媒体广告的发展可谓日新月异。数字技术和网络技术的飞速发展直接催生了大量新媒介形态，如大数据、云计算、物联网、微传播、移动互联、O2O等新媒体应用形态层出不穷，使得信息传播正经历着前所未有的变革。体现到广告领域则自然挑战既有的广告内涵："广告是由可识别的出资人通过各种媒介进行的有关产品（商品、服务和观点）的、有偿的、有组织的、综合的、劝服的非人员的信息传播活动。"[①]也就是说，新媒体广告绝非如平面广告、电视广告那样具有非常清晰的识别性，甚至也绝非现有可清晰识别的网络广告。虽然《新广告法》强调对于在互联网页面以弹出等形式发布的广告，应当显著标明关闭标志，确保一键关闭；但同样也明确写道："利用互联网从事广告活动，适用本法的各项规定。"因此，我们这里更需关注的则是一切利用互联网从事广告推广的信息传播。如此，我们则可自然而明确地揭示出新媒体广告的本质内涵：以数字传输、网络在线为基础、可实现信息即时互动、终端显现为网络链接的多媒体视屏，广告主有意识地向广告目标受众传播品牌及产品信息的传播行为与形态[②]。如此，新媒体广告形态就远远不止网络上可以清晰识别，且可一键关闭的广告，而是各种各样的网络内容形式均可纳入新媒体广告角度来审视，只要直接或间接传播产品或广告主品牌信息，均具有新媒体广告性质。

由如上新媒体广告性质所决定，我们完全可以形成如此理解：互联网上所有信息内容形态也可能就是新媒体广告形态，即实现了无法识别的去广告形态化。如此，新媒体广告就泛化为当下业界甚热的原生广告。但细细推敲原生广告，却可发现其概念的非科学性：其一，原生广告仅仅是网络领域浑然无迹的广告内容，却不指代其他介质上广告的无识别，因此"原生"并非严格意义上的原生；其二，原生广告，美国互动广告局认为其要做到三个一致：与页面内容一致，与网页设计一致，与受众在平台上的行为一致，这就形成与诸多网络信息内容的无识别、无差异、无法界定，

---

①［美］威廉·阿伦斯：《当代广告学》，丁俊杰等译，华夏出版社2000年版，第7页。

②舒咏平：《新媒体广告传播》，上海交通大学出版社2015年版，第12页。

而缺乏明确界定的对象就难以构成科学概念；其三，原生广告仅仅是广告公司为了推销其信息服务业务并形成收费，故以收费与否来指代原生广告，但收费并不能体现到明确的信息形态差异之上。因此，我们认为原生广告概念是非科学的，但新媒体广告的原生性却可以成立。因为新媒体广告在新媒体领域与原生的新媒体内容浑然一体，具有新媒体之上内容的原生性。

也正是新媒体广告基于新媒体之上的原生性，自然构成了"原生之困"：

1.新媒体广告与新媒体内容缺乏差异之困

新媒体广告在新媒体之上的原生性，使得其与新媒体内容形成高度同构，诚如喻国明所言："原生广告是指内容风格与页面一致、设计形式镶嵌在页面之中，同时符合用户使用原页面的行为习惯的广告。"[1]而新媒体广告操盘者、凤凰网营销总经理付继仁则说道："原生广告是内容营销的最高形态。"[2]这就是说，无论网页整体，还是新闻、图片、视频，既可能是常规网络内容，也可能是具原生性的广告。尤其是在企业自媒体及社交媒体中，其广告与内容本身就是浑然一体的。因为企业自有新媒体如官方网站、网上品牌店、App，其诞生本身就具有传播品牌与产品的广告使命。而企业社交媒体则可以无限制地进行账号注册，并构成矩阵式传播。以小米手机为例，新浪微博与小米产品有关的官方账号多达12个，而其创始人团队也纷纷注册了个人账号，两类微博相辅相成，与受众进行人性化的交流互动，俨然构成小米品牌与产品最具效果的微博广告传播矩阵。

2.形态无差异而形成受众接受的两面效应之困

美国移动广告公司 NativeX 曾给出的数据，基于新媒体的原生广告点击率、效率分别比非原生广告高出220%与150%。也就是说，新媒体广告以其内容富有价值、呈现形态新颖，且往往淡化广告的商业功能而呈正向的接受效应。这也正是无数企业纷纷自设品牌新媒体，且将各类信息推送到新媒体平台的根本原因。但新媒体广告的原生性同时就是一把双刃剑，在受众无阻碍地接受正向品牌与产品信息的同时，新媒体广告也同样以原生性让防不胜防的受众接受着虚假信息的侵害。在2014年整治互联网重点领

① 喻国明：《镶嵌、创意、内容：移动互联广告的三个关键词——以原生广告的操作路线为例》，《新闻与写作》，2014年第3期。

② 付继仁：《原生广告：媒介营销模式的创新》，《广告大观》，2013年第8期。

域广告专项行动中，全国工商系统检查互联网站 16.9 万家、监测互联网广告 112.8 万条，查处违法互联网广告案件 5232 件。在微博领域，金山毒霸和猎豹安全浏览器在 2014 年第一季度就拦截微博虚假广告 100 万次，发现 8 万余个微博大号从事过虚假广告营销。在微信领域，朋友圈"集赞"是欺诈广告的高发地。据人民网报道，腾讯 2013 年初打击网络黑色产业链的雷霆行动共封停累计 3 万个假货公众账号。这还是可以进行识别与拦截的新媒体广告，而更多网站、网页、App、微博、微信的虚假内容并不是那么清晰可辨识，也自然难以自动拦截封停，也就必然地在每时每刻侵害着受众。

3. 形态无识别而形成广告管理无从着手之困

由于"提供价值内容""嵌入媒体环境"构成了新媒体广告原生性的具体体现，这使得广告形态无识别，如凤凰网就坦言其几乎没有平面广告、视频广告的身影；这就使得广告管理无从下手、难以监管①。2015 年 9 月 1 日开始执行的新《广告法》，被媒体称为"史上最严的广告法"，其对新媒体广告的监管，包括三个方面的内容：一是规定"利用互联网从事广告活动，适用本法的各项规定"，原则上将互联网广告纳入了广告法的适用范围。二是规定"利用互联网广告发布、发送广告，不得影响用户正常使用网络。在互联网页面以弹出等形式发布的广告，应当显著标明关闭标志，确保一键关闭"。三是规定"互联网信息服务提供者对其明知或者应知的利用其场所或者信息传输、发布平台发送、发布违法广告，应当予以制止"。新《广告法》中增加了对互联网广告监管的有关条款，确是众望所归。但细读新法条款，结合新媒体广告实际，却发现广告法对新媒体广告的原生性管理捉襟见肘。因为，新广告法虽然涵盖了所有"利用互联网从事广告活动"，但实际上可操作的监管对象仅仅是可"一键关闭"的清晰可辨的网络广告。新《广告法》第十四条明确规定："广告应当具备可识别性，能够使消费者辨明其为广告。大众传播媒介不得以新闻报道形式发布广告，通过大众传播媒介发布广告应当有广告标记，不得使消费者产生误解。"可见，广告法规定了广告必须可识别的特性，如此才可能构成监管。但新媒体广告的原生性，已经去广告识别，加之移动互联、微传播趋势使得媒体门槛无限降低，传播载体无限增多、流水式的广告内容、无法留痕取证，导致海量管理内容的出现，广告监管必然陷入对象海量、无从辨别、无从

① 陈丽平：《原生广告对既有广告业态秩序的挑战》，《青年记者》，2015 年第 2 期。

下手之困境。

如上新媒体广告的"原生之困"，使得新媒体广告管理无法再简单走消费者举报、工商局监管之路，而需进行管理创新。

二、新媒体广告管理创新之选择

由于新媒体广告超越了《广告法》中有关"广告应当具备可识别性"的规定，但同时又具有《广告法》所规定的"直接或者间接地介绍自己所推销的商品或者服务的商业广告活动"之特性，因此既需纳入广告的管理范畴，又需要进行管理创新。针对上文所指出的新媒体广告"原生之困"，我们提出的管理创新选择为"公信力评估导向的新媒体广告监管模式"。其要点有三：

1.推行新媒体广告公信力评估管理制度

所谓公信力，即指公众的信任度。新媒体广告虽说陷于"原生之困"，难以进行广告形态的区分，但从内容上却可以进行明确的识别，即：其内容必定是附着特定品牌的。为此，我们曾提出新媒体环境下"广告"内涵演进的取向就是"品牌传播"，其理由为：（1）新媒体广告的互动性，决定了受众可以选择广告信息，广告主也可自主传播广告信息，从而具有双向互动的"传播"特性得以凸显；（2）新媒体广告使广告主可以自主便捷地传播广告信息，这里的广告信息，则不仅是直接的、功利性的产品信息，还包括突出广告主良好形象的品牌信息，而产品信息又是归属于品牌的，因此新媒体广告必然催生了"品牌传播"[①]。"品牌传播"作为新媒体广告的内容本质，虽然无法进行形态识别基础上的监管，却可以进行内容公信力的评估管理。由此，新媒体广告公信力评估管理应运而生。无疑，新媒体广告公信力评估将为我们提供了企业、消费者、社会、政府、广告业多方利益平衡性的视角，是引导新媒体广告健康发展的导向性旗帜。

而要建立新媒体广告公信力评估管理制度，首先需要推行的即第三方评估。2015年8月，李克强总理主持召开国务院常务会议，听取政策落实第三方评估汇报，提出要用第三方评估促进政府管理方式改革创新。国际上，美国多采用民间主导的第三方评估模式、英国多采用政府主导的第三方评

[①] 舒咏平：《品牌传播：新媒体环境下广告内涵演进的取向》，《中国广告》，2009年第10期。

估模式、法国多采用行业主导的第三方评估模式。但无论采用哪种第三方评估模式，在评估的过程中都坚持公开透明的原则，即对社会组织的评估过程和结果都向社会公众开放，使公众能够了解到社会组织运行的真实情况[1]。早在2007年，民政部就下发《民政部关于推进社会组织评估工作的指导意见》；2015年5月，民政部又专门发布了《民政部关于探索建立社会组织第三方评估机制的指导意见》。两个意见均指出：需保证第三方评估机构的独立性、公开性和结果运用，确保第三方评估机构与政府部门脱钩，保证第三方评估机构客观公正的立场，保证第三方评估结果的可信度，增强其公信力；要求第三方评估公开透明，坚持信息公开，使社会组织处于"玻璃屋"中。为了新媒体广告公信力评估能得以规范进行，这就需要让独立于广告主、广告公司及媒体、政府监管部门的，具有中立性、权威性的专业评估机构进入，从而保证新媒体广告公信力评估的客观与公正。而新媒体广告公信力评估结果的发布，一般要受政府监管部门审查，同时还要接受舆论的审视考验。当然，公开透明的"玻璃屋"也还可能存在暗箱操作空间；这就需要坚决杜绝由于利益集团的胁迫而篡改数据，以致公信力的评估也缺乏公信力。

2.舆情大数据有机融入评估体系

目前大数据技术与大数据产业发展迅速，已使得诸多传统的广告公司进入以大数据为基础的新媒体广告传播业务，甚至转型为科技服务公司。由此，在广告业的大家庭内就有了善于驾驭大数据、熟悉新媒体广告的新型广告公司。此类科技型广告公司可与高校科研机构合作，联合通过招投标而获得新媒体广告公信力评估资格授权，从而成为广告监管部门委托的新媒体广告评估第三方。如此，该第三方就可以依据其大数据挖掘能力，进行新媒体广告评估的智能化操作，以大数据来支撑新媒体广告公信力的评估。此前，该第三方公司则需将评估维度、指标体系、大数据所获得的指标参数进行富有透明度的公示，从而获得公开性、公平性、公正性，真正实现公信力评估的可行性。该项评估持续进行，则有望成为新媒体广告公信力评估的品牌，成为广告行业最有创新性、导向性的一项工作业绩。

这种舆情大数据的评估运用，在新媒体广告业已经不是问题。如百度联盟在2014年推出"按效果付费"的CPA广告平台前，为保障联盟资源的

① 石国亮：《通过第三方评估推动社会组织公信力建设》，《中国社会组织》，2015年第10期。

优质性，推出了"大联盟认证制度"，通过对联盟成员诚信、网站的绿色安全性、品牌知名度和口碑等指标进行综合认证评估，为CPA广告模式的发展夯实基础。国内移动广告平台点媒在2015年发布DSP+新版本时，与秒针、友盟、CNZZ和艾瑞等众多主流第三方数据监测机构进行合作，专门增加了广告主自定义第三方监测功能；即由广告主实时监视平台广告的大数据呈现。可见，市场看到了信任评估和第三方平台的价值。但目前的评估还仅仅是以传播效果和行动效果为主，主要是为广告主的广告投放提供依据；倘若真正实施旨在推动新媒体广告业健康发展的公信力评估，则更多需要纳入新媒体广告受众舆论之要素。因为，新媒体广告的互动性使得更多的受众已逐渐形成一股重要的力量来对抗商家新媒体广告的虚假性。查灿长教授就认为：新媒体广告自诞生以来就一直处于缺少法制监管的地带，一些广告主单纯追逐经济利益而不顾及伦理失范，其不仅损害消费者利益，而且严重污染了社会风气；于是，广大网民通过在公共领域中表达观点，借助舆论监督敦促新媒体广告主与广告代理公司对新媒体广告内容的信息真实性进行自我审视，从而形成对新媒体广告行业监督的第四种力量。[①]显然，这种网民对于新媒体广告的监督舆论也将通过数据挖掘而进入公信力评估体系，从而科学技术使得公信力评估更具有公信力。

3.评估发布与执法监管形成衔接

新媒体广告公信力评估，既是大数据挖掘技术与第三方评估机制的结合，更是依法监管与舆论监督有机地整合。法治是底线、具有震慑力，其法治标准就是法律法规，其立法执法本身就是一个信息公开的过程。而舆论，则本身就是信息透明的必然，是公信力评估的前提与最强大的支持力量。如此，基于舆情的评估与依法监管就形成了有机的对接，且整体上又置于舆论监督之下。这可以从下面的"新媒体广告公信力评估管理模式"图得以说明：

① 查灿长、孟茹:《第四种力量的崛起:网民舆论监督助推新媒体广告行业自律》,《上海大学学报》(社会科学版),2015年第3期。

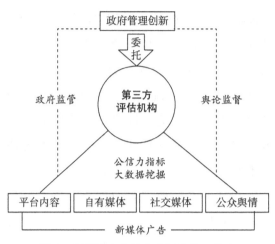

图1 新媒体广告公信力评估管理模式

在此模式图中——上端的政府监管部门通过政府采购招标，向富有实力的第三方评估机构进行委托授权。同时政府监管部门不再对具体的、海量的、无识别的新媒体广告进行直接监管，而是就新媒体广告公信力评估的过程，以及呈现的成绩与问题进行监管。其中，对正向成绩宜进行引导张扬、对负向问题依法进行追踪监管。这样，政府对于新媒体广告监管就实现了有所为有所不为，从而提高了监管效率，实现了管理创新。

而居于该模式中央地位的第三方评估机构，在通过严格招投标获得政府的采购委托，则依据科学的公信力指标体系，对呈现为大数据的新媒体广告进行信息挖掘，并进行智能化的统计甄选，从而形成对于新媒体广告的公信力评估。其公信力指标体系、大数据挖掘技术、公信力评估结果则需置于政府监管与舆论监督视野之中。

该模式图也进一步明确了新媒体广告几乎在所有新媒体载体均原生性存在，其包括各网络平台内容、各企业自有媒体、企业与相关的社交媒体，以及公众对于特定企业、特定品牌、特定产品的舆情信息。这里，我们正视了新媒体广告原生性存在的事实，却不再拘泥于广告形态，而是专注于"品牌传播"内容的公信力评估。

公信力评估导向的新媒体广告监管模式，走出了资源有限的政府机构面对管理对象无限的尴尬，也突破了以往动辄十多家国家机构联合对虚假广告、违法广告进行突击性、运动性管理的模式。应该说，正是新媒体广告的"原生之困"，反而激发我们进行广告管理的创新。其无疑从理论上是可行的，但更呼唤广告产业链上的各环节主体来联合推动，从而在先行先试中付诸实践，真正实现新媒体广告管理上的创新。

（《现代传播》2016年第3期）

企业公益传播：公益营销的超越

【内容摘要】 在营销推广与形象建设的平衡中，公益营销日益在操作与理论上得到重视。但是，公益营销因营销规定的私利性而并不能达到公益的效果，甚至对企业营利与品牌形象产生负面影响。因此，本文从公益性回归的角度提出企业公益传播应是对公益营销的超越，并揭示企业公益传播的本质内涵乃为通过公共社会的真正受益而提高品牌在公众心目中形象。

【关键词】 企业公益传播；公益营销；品牌形象建构

近年来，公益营销由于可以带来实现塑造形象和扩大盈利的利好，正日益受到企业重视与实施。然而，"公益营销"本身就存在一个悖论：究竟是营销目标的实现还是公益目的的达成才是企业公益行为的指导方针？公益行为是否仅仅是企业赢利动机的掩饰？赢利与公益的目的性冲突，使得"公益营销"本身就是一个矛盾体，造成了实践中企业在公益旗帜下的营销牟利，而营销牟利的本质又必然抵消其公益性努力，损坏企业的品牌形象。由此，我们必须对公益营销进行反思，理论上廓清企业公益行为的认识。

一、公益营销的理论与实践辨析

公益营销理论（Cause-Related Marketing，CRM）产生于20世纪80年代，是从"软推销"中演进出来的产物。公益营销的权威定义是P.Rajan Varadarajan 和 Anil Menon 在1988年提出的：公益营销是一个制定并实施营销活动的过程。企业以消费者采取购买行为并带来收益为前提，对某项公益事业给予一定金额的赞助，最终满足企业组织与被资助个人双方的目标。[1]他们认为，公益营销的标志就是以促销为目的，承诺将一定比例的销售收入（通常为0.1%）投资给公益事业。对企业而言，公益是刺激消费者购买的诱饵。一个典型的公益营销案例是可口可乐公司开展的"美化得克萨斯"项目。可口可乐公司规定，消费者每将一张购买公司旗下"马里兰俱乐部"咖啡的凭证邮寄给可口可乐公司，就捐助十美分给得克萨斯州的高速公路与公共交通部门，作为该部门清洁州立公路与种植绿化带的费用。该案例清晰揭示了"先有营销，后有公益"是公益营销的内在逻辑。

也正是这一逻辑招致人们的反感和怀疑。为了保证现金回流的速度，大多数公司在操作公益营销时都刻意回避那些需要长期投入资金的公益项目，但是短期的有限的公益投入很难延续效果，因而舆论称公益营销为"企业的伪善"（corporate hypocrisy）。[2]有时企业在营销上的花费甚至远超对公益事业的投资。美国运通公司1983年为修缮自由女神像募集资金的公益项目被誉为公益营销的鼻祖。运通公司许诺，在当年第四季度内，每产生一笔该公司信用卡的交易，就为修整自由女神的工程捐助一美分；每新发一张该公司的信用卡，就为修整自由女神的工程捐助一美元。最终，运通信用卡当季的使用率比1982年同期上升了28%，新发信用卡的数量也大幅度增长。运通公司兑现承诺向自由女神的修整工程捐款170万美元，这绝非一个小数字。但令人更为惊叹的是，运通公司在宣传此次企业的公益行为上就花了600万美元。舆论认为，如果公司捐出600万美元，而只用170万

① Varadarajan，P.R.，& Menon，A. cause-related marketing: a coalignment of marketing strategy and corporate philanthropy. Journal of marketing，1988（52）:58-74.

② Morris，R.I.，& Daniel.，A.B. How to give away money intelligently. Harvard Business Review，1985（63）: 86-91.

美元来打广告，效果会更理想。①《公益营销》的作者乔·马尔科尼在这本书的结尾处暗示了公益营销的潜在风险："对公益暗藏其他目的，却在实施时试图以体面示人，这种做法相当危险，很容易适得其反。"②随着买方市场的成熟，消费者对产品质量的要求越来越高，公众认知企业公益行为的纬度也越来越多元。清华罗德企业社会责任研究室和清华大学媒介调查实验室联合发布的《快速消费品行业企业社会责任指数研究报告》显示，消费者所关注的企业社会责任顺序前三名为：产品质量76.8%；环境保护59.9%；诚信经营47.4%。"慈善事业与社会公益"仅以24.3%排在第四。③这说明健康安全的产品和诚信的市场行为是企业最基本的公益行为。如果企业仅仅出于营利上的考虑，一面在产品品质、诚信等基本的公共利益上敷衍塞责，一面施行公益营销，马尔科尼所说的"适得其反"的结果就将产生。企业不但无法实现预期中的品牌认同和产品销售，还会引起大规模的抵触运动。2008年伊利集团成为北京奥运赞助商，这一万众瞩目的公益行为为伊利赢得了广泛赞誉。但奥运会闭幕不到一个月，国家质检总局就曝光在伊利集团的液态奶产品中检测出三聚氰胺。伊利品牌遭到公众的指责和抵制，产品销量骤降，最严重时下降幅度达到90%。④

针对公益营销的理论局限，美国学者试图从消费者对公益营销的行为反应和感知变化来反思公益营销，并引进利益相关人、营销道德等理论来拓展公益营销的理论空间。但是他们都无法回避营利主导的公益营销带来的灾难性后果。"重营销轻公益""重宣传轻行动"的操作，导致企业达不到预期的营利目标，甚至引发公众反感。农夫山泉"一分钱"捐赠希望工程开创了国内知名企业"以公益做促销"的先河，并使农夫山泉在公众心中树立了"负责任企业"的形象。然而，上海大学学者的实证研究证明，由于"一分钱"捐助仅停留在媒介宣传阶段，64%的被访者认为该项目对自己是否选购农夫山泉产品没有影响，37%的被访者认为该项目会增加自己对农夫山泉的印象，"但是增加的印象不深"。事后，"一分钱"项目募捐资金的金额数和流向不明遭媒体曝光，69%的消费者认为企业的经营活动

① Wall, W.L. Companies Change the Ways They Make Charitable Donations. Wall Street Journal, 1984(1): 19.

②［美］乔·马尔科尼：《公益营销》，邱裴娟译，机械工业出版社2005年版，第135页。

③ 骆闻：《"企业社会责任"需要被消费者认同》，《公益时报》，2009年12月7日。

④《伊利蒙牛产品销量骤降90%以上》，http://news.hexun.com/2008-10-30/110682756.html.

可能存在问题，对农夫山泉的品牌形象造成了巨大损失。[1]

实践中的公益营销至少存在如下三点不足：其一，强化了公众以营销绑架公益的认知。公益营销以消费者产生购买为前提，实际上是通过对消费者公益心的挟持（也可称为"公益剥削"）来完成自利的公益投资。从消费者心理来看，消费者购买产品并不是出于认同公益营销的企业，而是为了获得道德实践的自我满足感。其二，突出了企业的投机形象。为了获得媒体版面和超常规的"广告"效果，公益营销在选择公益项目时多是急功近利的。这就是多数企业选择一次性投资的助学项目，而对于老年群体、临终关怀、环境恶化等需要深入和长期介入的公益领域少有涉足的原因。其三，忽略了无形资产增值。唐·舒尔茨曾说："老实说，有很多公司所具备的绝对多数东西都不像它们的品牌一样拥有客观的赚钱能力或目前的市值。"[2]根据大卫·艾克（David A·Aaker）的品牌资产"五星"概念模型，品牌资产核心特征要素（包括：品牌知名度，品质感知力量，品牌联想，品牌忠诚度）都是以消费者感知即无形资产为衡量标准。而公益营销以现金回报来作为采取公益行为的前提，要么是不透明的公益主题绑架，要么则是建立在营销数据上的公益提成；按受众的基本智商来审视，他们也绝对不会给企业的无形资产加分。所谓"公益"，权威的解释是指公共的利益，多指卫生、救济等群众福利事业。相对于商业事业而言，具有非营利的性质。而公益营销实质上扭曲了"公益"的本质，同时约束了企业的公益行为。这种概念上的内在悖论就是施行公益营销的企业为何屡屡陷入公益、营利两难相顾的泥潭的原因。

二、相关理论的启示

营利为前提的公益营销既然存在难以消解的弊端，那么企业公益行为应是如何？借鉴企业公益行为涉及的相关理论：管理学的企业社会责任理论，营销学的社会营销理论，以及广告学的品牌传播理论，可以有所启发。

① 孙绵绵、帅萍：《农夫山泉公益营销实证研究》，《销售与市场》（管理版），2010年第5期。

② [美]唐·舒尔茨、海蒂·舒尔茨：《整合营销传播：创造企业价值的五大关键步骤》，何西军、黄鹏等译，中国财政经济出版社2005年版，第167页。

1.企业社会责任论的启示

西方学界普遍认为企业社会责任是企业公益行为的逻辑起点。"企业社会责任"理论（corporate social responsibility，简称 CSR）发祥于 20 世纪 50 年代，属于管理学领域的概念，经历半个多世纪的演变，到今天已经形成了一个庞大的理论体系，衍生出企业责任表现（Corporate Social Performance），商业道德理论（business ethics theory），利害关系人理论（stakeholder theory），以及企业公民（corporate citizenship）等一系列相关理论。Clarence C. Walton 在《企业社会责任》一书中提出，CSR 是企业一定程度上的自愿而非强制行为。企业必须接受：履行社会责任时投入的资本也许无法产生直接的、可计算的经济回报。Thomas M. Jones 进一步提出判断自愿的标准是企业的公益行为是否迫于外力，遵守法律和履行契约的企业公益行为是出于强制性的要求，因而不能被算作 CSR。而 20 世纪末企业社会责任研究的领军人物 Archie B. Carroll 则认为：CSR 是由经济责任、法律责任、道德责任、慈善责任四个部分组成的金字塔，经济责任是履行所有责任的基础。知名管理学学者 Michelle E. Porter 认为 CSR 就是市场竞争的战略武器。企业对能带来社会效益，又能带来经济效益的"互利"慈善领域进行的战略性投资，从而塑造差异化的企业形象，增强公司竞争力。

以上观点尽管在 CSR 的驱动力是道德还是经济的问题上存在争议，但它为我们提供了从道德驱动考察企业公益行为的视角。美国经济发展委员的出版物《工商企业的社会责任》曾指出："企业是在公众的允许下运行的，它的基本目的是为社会需要——让社会满意提供服务。"因此，作为一种商业化的竞争战略，那些不仅考虑利润，还出于道德驱动力履行公益责任的企业更能获得公众的肯定，实现良好的商业效果和社会效果。

2.社会营销论的启示

菲利普·科特勒与杰拉德·佐特曼在 1971 年发表于 Journal of Marketing 的文章《社会营销：计划社会变化的方法》中首次提出"社会营销"，它指"精确计算社会项目的设计、应用和控制，以影响公众对社会观念的接受程度，包括对社会项目产品的规划、定价、传播、分销以及营销调查"[①]。简单地说，就是用营销的一套方法来传播公益观念，促成社会问题的解决，

---

① Kotler, P& Zaltman, G. Social Marketing: An Approach to Planned Social Change. Journal of Marketing, 1971(35):3-12.

达到社会环境的改善。在这篇社会营销的开山之作中，作者创造性地提出以4P促使公众参与诸如购买国债、加入国防部志愿者、通过青少年犯罪法案等公益活动。公益产品的设计，受众参与公益的精力、财力付出，参与公益的便利，以及公益活动的推广对公益目标能否实现具有重要作用。被称为"营销大师"的科特勒建议用营销的手段经营社会公益事业，乍看起来不可思议。然而，科特勒却在这篇文章中指出，运用营销的逻辑来实现社会目标是自然而然的发展，也是一个有前景的发展。

科特勒的这番话不无道理。在当前商业竞争白热化的现实背景下，以扩大销量为功能的营销已接近"天花板"，人们不得不为营销的生命力找寻新的春天。用营销为公益服务，开拓了营销更为广阔的适用空间，促成社会改变的结果也为营销的道德诟病找到了出路。事实上，越来越多的企业正在把解决公益问题作为营销的目标。石油巨人壳牌通过在非洲帮助当地人发展小企业来帮助他们彻底摆脱贫困；沃尔玛通过简化包装来保护环境；谷歌公司在2004年成立非营利事业部门"谷歌公益"，并将其1%的股份、1%的利润、1%的员工时间捐赠给该部门，希望谷歌公益将来有一天能"让整个世界受益"。这些企业巧妙地将公益与业务结合起来，在传统业务外找到了新的机会。比尔·盖茨认为，这种现象可能是商业活动"体制创新"的开始。社会营销表明，商业活动与公益可以实现完美的结合。通过设立具体的公益目标，企业公益行为可以促成社会完善，企业随之找到一种全新的赢利模式。

3.品牌传播论的启示

"品牌"一词由西方传入，最初是用来区分不同生产者的产品。从20世纪50年代至90年代，品牌理论经历了从品牌标识、品牌形象、品牌个性、品牌资产到品牌认同的演变，该理论演变路径反映了打造品牌的实践逐步从品牌的视觉特征转向品牌与公众的内在互动。星巴克的总裁哈沃·舒茨曾说，品牌"必须让消费者知道：你不只是为了赚钱，你也有自己的主张"。大卫·艾克则在《品牌经营法则》一书中提出，品牌就是产品加企业加人（个性与顾客关系）和符号（隐喻与传统）的整体。[①]到20世纪90年代末，唐·舒尔茨提出整合营销传播理论，从深化企业与客户的互动出发，

---

① ［美］大卫·爱格：《品牌经营法则：如何创建强势品牌》，沈云等译，内蒙古人民出版社1998年版，第47页。

将营销手段、传播手段、客户管理与企业管理揉为一体。进一步肯定了消费者认同对于品牌生存和发展的生命线意义。"品牌传播"的概念由笔者和余明阳教授在2002年首次提出，指"通过广告、公共关系、新闻报道、人际交往、产品或服务销售等传播手段，以最优化地提高品牌在目标受众心目中的认知度、美誉度、和谐度"。[①]这一概念突破性地将品牌归属为目标受众（不仅仅是消费者）的认知，企业只是掌握一系列传播手段的传者。研究者Godfrey认为企业公益行为可以创造"道德资本"或"关系财富"。通过传播公益行为，企业强化了声誉，与公众更为接近，使他们产生更高的信赖、忠诚以及好感。企业公益行为的直接结果就是通过传播手段强化品牌在公众心目中的认知度、美誉度和和谐度，其在财务上的回报则是品牌取得公众认同后的后续结果。

品牌传播理论充分说明了公众对企业公益行为的重要性。首先，买方市场下人们对品牌的感知已经转变为一种心理体验，未来的品牌经营必须着眼于引起公众在心灵上的共鸣。公益合乎普适的道德规范和人类悲悯的天性，能引起公众天生的好感，利于在他们心中树立品牌形象。其次，公众才是品牌的裁判。成功的品牌传播不能仅靠传统的线上传播，还要在产品、广告、员工等每一个与公众的接触点实现有效互动，包括：以高品质的产品打基础，以独到的企业文化凝聚人心，以巧妙的经营策略获得认同。因此企业必须依靠系统的传播战略向公众传达其公益行为：企业最基础的公益责任就是保证品质，使公众从产品体验中获得实际利益；其次通过传播公益行为传达企业的公益理念，营造积极向上的企业文化；此外，通过投入公益项目促成社会改变，企业自然达成品牌认同的最大化。因此，从公众出发的企业公益行为抓住了品牌传播以目标受众为中心的关键，具有在买方市场下建立强势品牌的预期效果。

综合而言，三种相关理论对企业公益行为的逻辑贡献如下：

表1　企业公益行为的逻辑

企业公益行为		
动机	目标	结果
企业社会责任	社会营销	品牌传播

---

① 余明阳、舒咏平：《论"品牌传播"》，《国际新闻界》，2002年第3期。

企业公益行为		
动机	目标	结果
不仅考虑利润,还出于道德驱动力	设立具体的公益目标,促成社会完善,找到赢利模式	直接结果:通过传播手段强化品牌在公众心目中的认知度、美誉度和和谐度,后续结果:品牌取得公众认同后的财务回报

三、企业公益传播的界定与内涵

如前所述,理论和实践均证明,公益营销以企业私利为主导,归根结底是"皮下注射"式的传者导向的营销战略,不足以应对今天互动式的传播环境和在互动中日益主动的公众。企业公益传播应因势利导地超越公益营销,适应现代商业环境。

所谓"公益传播",是以公益为目标或以公益为内容的传播。从字面上理解,企业公益传播就是企业以公益为目标或以公益为内容的传播。但是,由于企业公益传播同时糅合了企业树立品牌的商业战略,这一概念必须涵盖与公益对等的商业意义。企业公益行为相关理论揭示了其"公益先行,公众评定"的逻辑,因此,企业公益传播应以实现公共利益为目标,以自身可得资源投资社会公益事业,获得对等的企业声誉资本的积累,实现企业可持续发展。

企业公益传播的内涵突破了"公益营销"的内在悖论,从"公益营销"营利的功利性本质中走出,确立了公共利益的实现在企业公益行为中的本位作用,同时也强调企业公益传播是通过传播企业公益行为获得公众认可,从而为企业积累声誉资本,提升企业品牌的战略传播。实际上,已有典型案例证实企业公益传播的内涵对企业公益行为的指导作用:企业不以促销为直接目的的公益行为,往往可以经受住市场的考验,获得较高的品牌美誉度和丰厚的市场回报。

1985年,美国Trailways长途汽车公司与全美的警察部门合作,实施免费送流浪青少年回家的公益活动。公司承诺:只要有社会需要,这个公益活动就会一直持续下去。与公益营销活动相比,"免费回家"项目出于公益目的,持续时间长,不需要以消费者购买为前提,是典型的企业公益传播。实施该公益项目后,Trailways公司的市场表现突飞猛进,成长为仅次于灰狗

（Grey Hounds）公司的美国第二大长途汽车公司，"免费回家"被评为当年最成功的公益活动之一，在"不言利"的企业公益传播中实现了名利双收。

随着一对一的新媒体互动工具微博的诞生，企业公益传播找到了一个新的发布平台。通过微博平台，企业可以与广大未知的公众建立联系，直观地了解公众对企业公益传播的认知。中粮集团在2010年7月12日开通了微博账户"中粮美好生活"，提倡"健康饮食和健康生活方式"，是国内企业探索微博特性和价值的一次里程碑式的尝试。两年来，该微博账户每日围绕"美食美刻""自然之源""看心情"等主题发布时令食补、菜谱、心理激励的公益内容，邀请微博用户参加在线公益活动，这些公益传播与中粮集团的品牌形象——全食品供应链紧密相关，却不涉及任何中粮产品的信息。而以"美好生活"为口号，教导粉丝们通过动手制作美食享受生活乐趣，学习食品的知识进行养生调理，同时分享趣味性的心情短文和游记。微博用户"新闻控是我"称"中粮美好生活"为"氧气微博"。微博用户"回到未来"说，"通过拍照片上传微博晒空碗的这样一个简单的举动，让我更加懂得了知足。同时看到国内粮食不足与饥饿人群的一些数据后，我立刻转发了这条微博，希望我身边的朋友都能看到，能够从我做起，节约粮食，珍惜美好生活，同时能让更多人享受到美好生活"。微博用户"璐徜徜"表示最为中意介绍食物知识的"自然之源"主题，"平日发布的内容都很实用，也十分贴心"。截至2012年7月，"中粮美好生活"的粉丝人数超过18.7万名，平均每条微博实际覆盖的用户超过10万。"中粮美好生活"潜移默化的企业公益传播，以实用性和趣味性为粉丝营造"美好"的互动体验，使广大微博用户建立起中粮集团关注食品安全，打造美好生活的品牌联想，培养了公众的品牌信任度，获得了理想的品牌效应。

可见，企业公益传播真正回归了公益性，明眼的社会大众自然能感受到企业的社会责任感。企业尊重公众的利益，其品牌信誉也就自然在公众的心理世界得到理想的建构。我们认为，企业公益传播表达了企业对人类社会的人文关怀，彰显了企业深刻的精神内涵，而这种无价的财富才是企业值得被人们永远铭记的理由。未来一定会有更多的企业投身于公益事业，若这些企业都能领会企业公益传播的内涵，则社会、企业、公众都有一个可期许的美好未来。

（《现代传播》2012年第9期）

受众中心的网络广告呈现

——以"大众点评网"为例

【摘要】当"互动共享"为标志的 Web2.0 时代来临时，"受众中心"才真正成为广告传播的逻辑起点。技术赋权使得受众参与信息的生产、传播与共享成为可能，主体意识从未如此彰显的受众迫使广告传播形态必须发生与其行为变化相适应的颠覆性变革。"大众点评网"的消费者评价模式正是这种变革的具象化体现，透视其表象可以看到"受者参与创造广告内容""互动共享隐性广告"和"信息服务广告"是网络广告发展的方向与未来。

【关键词】Web2.0；受众中心；网络广告；大众点评网

"广告演进的历程一再提示我们，广告的变迁与媒介的发展密不可分"①，当反观广告形态与媒介形态的交互发展历程时，我们始终绕不开广告受众这一重要话题。媒介形态的变迁改变着广告受众的媒介接触行为与信息接受方式，广告受众的改变又反过来推动媒介形态以及筑基之上的广

---

① 张金海、王润珏：《数字技术与网络传播背景下的广告生存形态》，《武汉大学学报》，2009年第4期。

告形态发生变迁。过去的被动受众在今天的新媒体技术赋权下逐渐转变成真正意义的主动受众，他们在双向沟通和去中心化的开放平台中以多种形式、低成本地参与信息的生产、传播与共享，这样的变化也必然导致广告呈现形态的变革。

一、Web2.0时代，受众真正成为广告传播的逻辑起点

广告传播强调"受众中心"的立场并不是Web2.0时代的产物，从广告学以及营销学理论的发展可以清晰地辨明"传者中心"思维向"受众中心"思维的转变轨迹。早期广告偏重推销作用，其出发点是产品，这与早期的市场学理论偏重生产者是一脉相承的，因此无论是约翰·肯尼迪的"广告是印在纸上的推销术"、罗瑟·瑞夫斯的USP理论，还是李奥·贝纳的"发掘产品与生俱来的戏剧性"都是站在广告主的视角来探讨如何在广告中诉求产品的卖点。而大卫·奥格威在漫长的广告生涯中强调建立在市场调查基础之上的创意哲学，无疑投射出一种由产品视角转向消费者视角的自觉追求。而被美国营销协会2001年举办的"20世纪营销理论评比"确定为"有史以来对美国营销影响最大的观念"——定位理论以及90年代唐·E·舒尔茨教授的"整合营销传播"理论更是愈发清晰地明确了消费者的中心地位。

虽然广告传播的思维意识已经有了"传者中心"向"受众中心"的转变，但广告呈现形态的演进必然受媒体形态的制约。传统四大媒体的特点是"一个中心节点、单一的信息源、专门的信息生产组织、点到面的大众传播"，此种模式下的信息传播存在信息单向流动，受众横向交流缺位，信息来源单一，信息容量有限的多种弊病。[1]在传统"少数媒体与海量受众"的二元结构中，媒体只能专注大众的基本面，忽略或者说毫无能力去顾及小众的个性需求，所以大众传播环境下的广告传播模式只能是追求"信息邂逅"的高概率，即"希望目标消费者能高概率地接触本广告信息，或希望所发布的广告信息能高概率地引发媒体接触者的接触"。因此，"在传统的'信息邂逅'广告传播模式中，相对于广告主的刻意传播，消费者邂逅广告信息无疑是被动的，是无意识地咋然相遇"[2]。而网络媒体的出现极大

① 黎明：《网络广告的形态演进与未来发展》，《湖北大学学报》，2011年第6期。

② 舒咏平：《"信息邂逅"与"搜索满足"：广告传播模式的嬗变与实践自觉》，《新闻大学》，2011年第2期。

地降低了生产、传播信息的各种成本，客观上可以满足受众主动而非被动、多渠道而非单渠道、双向而非单向的信息需求。但网络媒体的革命性优势并不是一蹴而就的，网络媒体是在对传统媒体形态、传播形态、产业形态的移植、借鉴和创新中逐渐成熟起来的，因此依附于网络媒体的网络广告同样有着逐步进化的漫长历程。

Web1.0时代依附于早期网络媒体的广告有着典型的传统广告形态印记，从1994年10月27日美国著名的《热线杂志》（Hotwired）在其网络版主页上推出14位广告主的图像和信息开始，旗帜、通栏、图片、文字、链接、浮动和弹出式等广告陆续进入受众视野，但大体上都延续了传统广告的传播逻辑：网站如同传统大众媒介，是广告内容的生产者与传播者，而网民如同传统媒体的读者或观众，只是被动地浏览或点击广告并获取信息。Web1.0广告并未呈现出与传统广告迥然相异的传播形态，总体上坚持了"传者中心"的逻辑起点，但随着网络媒体互动技术的革命性突破，"传者中心"的Web1.0广告越来越不适应受众的行为变化，甚至激起了广告受众强烈的逆反与回避心理，网络广告点击率的下降正好佐证了这一事实。国际方面，1996年点击率作为网络广告的效果测量方式被采纳时，网络广告的点击率大概是7%，2002年降至0.7%；2006年降至0.2%，2008年低于0.1%。[1]国内方面，广告拦截软件的广泛使用同样体现了网民对广告的反感情绪，国内网络广告的点击率通常低于0.5%，一般水平为0.3%。[2]研究表明网络是更趋向于目标与任务导向性的媒体，受众使用媒体更多的是满足自己的信息检索需求，信息检索过程中体现出高参与感与明确的目标指向性，当受众认为广告成为了"感知目标障碍"时，会对广告持负面甚至回避态度[3]。鉴于受众的抵触情绪，网络广告的呈现形态必须寻求颠覆性的突破，而网络媒体逐步演化出与互联网革命性互动技术相匹配的新媒介形态Web2.0正好为网络广告呈现形态的变革提供了良好的媒介环境。

Web2.0的概念产生于2004年，蒂姆·奥莱利（Tim O'Reilly）在与工

---

① Fulgoni G.M. & Morn M.P. ."Whither the click？ How online advertising works". Journal of Advertising research,2009（7）：134-142.

② Fulgoni G.M. & Morn M.P. ."Whither the click？ How online advertising works". Journal of Advertising research,2009（7）：134-142.

③ Cho C.H. & Cheon H.J. ."Why do people avoid advertising on the internet？". Journal of Advertising，2004（4）：89-97.

作伙伴的脑力激荡中提出了此概念，并推动全球第一次Web2.0大会于2004年10月在美国旧金山召开，Web2.0概念由此迅速传播开来。狭义上，Web2.0是指Web2.0站点，具体类型主要包括论坛、博客、Twitter、BBS、SNS、维基、微博、视频或图片共享等网站。其与Web1.0站点的本质区别是信息发布模式不同：Web2.0站点本身不生产和提供内容，只是一个信息交互平台，只提供框架和规则，信息内容由受众生成（UGC，User Generated Content），站点运用特定的技术模块将受众生成的信息分类以对应其他受众的搜索行为，最终让受众与受众之间便捷地横向交流，即实现"所有人对所有人的传播"。广义上，Web2.0指代一种"互动共享"精神，"由原来的自上而下的由少数资源控制者集中控制主导的互联网体系，转变为自下而上的由广大用户集体智慧和力量主导的互联网体系"①。

Web2.0时代的互联网已经变得正如克莱·舍基在《未来是湿的》一书中所描述的那样，分享与合作的工具交到了普通大众的手中，打破了人与人之间原来的地域、学识、阶层等"干巴巴"的束缚，人们可以基于共同的喜好和经历等重新组成社会群体，分享信息、发起行动，可以凭兴趣聚合，这是一个湿的世界。"湿世界"颠覆了传统意义上的"受众"概念，网络受众超越了单一的信息接收者的客体身份，成为网络信息的生产创造者、聚合排序者与互动传播者，传统传播者的中心地位逐渐消弭，作为网络节点的受众正逐渐成为Web2.0时代的新中心、新的逻辑起点。受众的自主性、创造性和共享性反映到对广告信息的接受和传播方面，就是对广告信息拥有控制权，能够选择是否接受和传播广告信息，何时、何地以及以何种方式接受和传播广告信息。看清了广告受众的这种根本性变化以及网络媒体的革命性互动技术所赋予的自主权和独立权，我们可以说，Web2.0时代，受众真正成为广告传播的逻辑起点，只有符合广告受众自我主体性意识的新广告呈现形态才能产生传递品牌信息、产品信息、服务信息的良好效果。

二、"大众点评网"以受众为中心的网络广告呈现特质分析

在2004年Web2.0概念正式提出来之前，已经有了Web2.0式的传播模式和商业模式，成立于2003年4月的"大众点评网"是消费者发布最真实体

①李良荣：《西方新闻事业概论》(第3版)，复旦大学出版社2006年版，第304页。

验的互动平台，这与Web2.0的"互动共享"精髓不谋而合。"大众点评网"的创始人张涛认为其最初的框架灵感源自三个方面：其一，美国成立于1979年的Zagat survey坚持以问卷调查形式将普通大众对于餐厅的消费评论进行收集整理并汇聚成《查氏餐馆调查》；其二，具有典型口碑传播特质的亚马孙"书评黑板"；其三，2002年底兴起于美国的维基百科，"大众点评网"集三者特质于一体并创新出了全球最早的独立第三方消费者点评网站。网站从最初的提供餐饮点评信息向提供购物、休闲娱乐、生活服务等点评信息的全面拓展中始终秉承"互动共享"精神。这种坚守积聚了稀缺的注意力资源，截至2012年第三季度的官方数据显示，"大众点评网"月活跃用户数超过5400万，点评数量超过2200万条，月综合浏览量超过12亿，其中移动客户端的浏览量已经超过总体浏览量的60%，移动客户端的独立用户数量超过4500万。在全球范围内，当大多数Web2.0网站还处于缺乏赢利模式的困境时，2008年就开始盈利，此后每年的收入均以超过200%的速度增长，2010年实现收入近2亿元的"大众点评网"显得格外耀眼[1]。关于"大众点评网"作为第三方点评网站的成功经验已经有许多学者进行过剖析与梳理，我们无意再赘述，只想从"受众中心"的视角来探析这一符合Web2.0"互动共享"精神的"消费者评价模式"表现出怎样的颠覆传统广告逻辑的新特质，这又预示着网络广告会有怎样的变化与未来。

1. "传者单独生产广告内容"向"受众参与创造广告内容"的演进

"大众点评网"上关于各商家的评价信息并非来自受商家所主导的广告公司，也不是来自作为渠道把关人的网站编辑，而是来自曾经被视为被动接受者的消费者。在"大众点评网"为消费者与商家、消费者与消费者之间进行互动沟通所搭建的平台上，消费者乐于发布真实体验后的评论信息，这些信息虽然琐碎而且分散，很大程度上还带有主观色彩，但客观上起到了广告传播的良好效果，消费者的真实评价反而比商家自我粉饰的传统广告更能赢得同样是消费者的关注与信赖。研究表明，消费者所作的产品评论对于生产者和消费者都是重要的信息来源，在线消费者评论在网络口碑营销中扮演着越来越重要的角色[2]。北京三里屯附近的"一坐一忘"丽江餐

① 袁茵：《大众点评网的"慢功夫"》，《中国企业家》，2011年第6期。

② Li Jin & Zhan Lingjing. Online persuasion：how the written word drives WOM：evidence from consumer-generated product reviews. Journal of Advertising research，2011(3)：239-257.

厅开业初做好了亏损3个月的心理准备，但没想到"大众点评网"上点评用户的美言却让开业15天的生意立即火爆了起来①。为何会有如此好的广告效果，根本原因是广告内容的生产者由"传统垄断信息的传播者"向"传者和受众"共同参与的方向发生了嬗变，从而使得广告公信力上升。

广告公信力的核心是信任，是受众对广告主所提供的品牌、产品或服务的信用体验及品质认定。传统由广告主把控的广告内容受商业利益最大化的驱动难免不会对消费者隐匿企业的不良信息，甚至是传达虚假信息，因此广告的公信力较差，而"受众参与创造广告内容"的新广告呈现形态正好弥补了传统广告生产方式的先天不足。对于广告主而言，由乐于成为意见领袖的消费者先期体验产品与服务，然后将自己的真实感受在Web2.0平台上与其他消费者分享，从而让更多的消费者与广告主建立一种信任关系是更为有效的网络广告传播形态。2007年尼尔森调查公司在全球47个国家展开了一项关于互联网使用者对13种不同广告类型的信任度调查，26486位受访者中，有超过三分之二的人认为"来自消费者的推荐"是他们最信任的一种广告方式②。2009年美国口碑营销协会的调查数据表明，世界前20强的品牌声誉都是和"用户生成内容"（UGC，User Generated Content）相关，34%的博主发表关于产品和品牌的意见，在选择商品和服务时，人们更加关注这些品牌在社交网络上的排行③。

"受众参与创造广告内容"一方面增强了广告本身的公信力，另一方面也是受众自主性、创造性的体现与满足。许正林教授等人对西方具有代表性的5种期刊2007年度的170篇论文进行了统计，其5大研究热点就包括了"有关涉入的研究"。"涉入"（engagement）就是顾客涉入，指"新媒体环境下消费者越来越处于主动地位，深深处于广告、营销活动之中，甚至承担起广告、营销信息制造者、传播者的角色"④。传统面向消费者的"广告创意征集"活动可谓"受众参与创造广告内容"的一种雏形，而Web2.0媒体环境下UGC（User Generate Content）概念的普及正好为网络广告的创新注入了新的活力。2010年声势浩大的"凡客体"广告正是"受众参与创造广告内容"的成功，以"我爱……，我不爱……，我是……，我不是……"

① 袁瑛：《大众点评网：集结群众智慧》，《商务周刊》，2007年第6期。

② 薄琥：《媒介社区化聚合》，中国传媒大学出版社2011年版，第46页。

③ 杨海军、阴雅婷：《新媒体环境下的广告舆论生成与网络口碑传播》，《新闻界》，2010年第12期。

④ 许正林、薛敏之：《2007年西方广告研究综述》，《中国广告》，2008年第3期。

为基本叙述模式的广告体以摧枯拉朽之势风靡整个网络，借助社交媒体快捷地扩散式传播，整个广告活动迅速演变成全民参与的广告创作运动。"受众参与创造广告内容"的成功案例不胜枚举，但总体呈现出 J.托马斯·罗素和 W.罗纳尔德·莱恩所预测的趋势，"未来的广告和传播的标志是消费者参与程度更高、控制力更强，广告和传播由单向传播向双向沟通转变"①。在消费者即媒体的 Web2.0 时代，每一位消费者都是随时随地发布广告信息的主体。

2. "单向传播显性广告"向"互动共享隐性广告"的演进

《消费者王朝与顾客共创价值》一书的作者普拉哈拉德（Prahalad）和拉马斯瓦米（Ramaswamy）认为，消费者的传统角色正在发生转变，他们不再是孤立的个体，而是开始汇聚成不可忽视的力量；在做出购买决策时，他们不再盲目地被商家引导，而是主动积极地搜集各种有关信息；他们不再被动地接受广告，而是主动向企业提供反馈②。"大众点评网"上的消费者点评模式正是汇聚了消费者的"众语"来对接其他消费者在购买决策前的主动搜索行为。就美食搜索而言，消费者可以根据菜系、商区、排行榜、地标、地铁沿线等不同的分类指标交叉排序逐渐锁定自己的搜索目标，再进入具体的餐厅品牌页面阅读不同的消费者给出的详细评价。除此之外，消费者还可以注册成会员，根据自己的喜好定制个性化主页，可以在"会员榜"上筛选出自己信任的星级会员加以"关注"，直接阅读他所发布的所有点评信息，以"回应"或者"私信"的方式与其进行互动交流。来自消费者的评价可以是正面信息也可以是负面信息，但不允许是商家炒作性质的点评内容，也不允许含有辱骂、侮辱或人身攻击等不正当语言，这种褪去了劝服、诱导和强迫性的"两面诉求"客观上成为消费者乐于接受的隐性广告，其所体现出来的开放性、平等性与共享性正好符合了 Web2.0 时代消费者的自我决策意识。

对于被点评的商家而言，是否能产生提高知名度、美誉度、忠诚度的隐性广告信息完全取决于消费者每一次的实际体验。传统的显性广告一直强调借助大众媒体去单向地宣传企业的品牌、产品及服务，在夸夸其谈的

① J.Thomas Russell & W.Ronald Lane. Kleppner's Advertising Procedure（13th edition）. London：Prentice Hall，1996.

② Prahalad C.K. & Ramaswamy V. The future of competition：co-creating unique value with consumers. Boston：Harvard Business School Press，2004，80.

说辞背后常常难以兑现广告承诺。而在Web2.0时代，信息沟通的畅通无阻迫使商家不仅仅要重视"如何说"，更要强调"如何做"，商家提供给消费者的所有体验感受都将成为话题源头。触动消费者感官与心灵的行为必然引起消费者的诚心推荐与乐此不疲地传播，而与消费者预期感知相违背的言行必然导致批评和质疑。信息的高度透明与快速共享客观上督促企业必须坚守诚信经营的根本，同时还要学会聆听消费者的声音，以及时和公正的反馈来解除消费者的抱怨。"我们现在进入一个广告的新纪元，是寻求对话而非独白；是能引发回应但不是刻意安排。广告已不再是我们所认识的'广而告之'了"①。

广告除了"单向传播"向"互动共享"演进之外，从"显性"向"隐性"的悄然变化也是符合受众心理接受机制的一种必然。《广告，艰难的说服》一书指出传统的广告就像莎士比亚笔下6月的杜鹃，"人们听到它的叫声，但不理睬它"②，因此有学者指出，在一个广告信息铺天盖地的时代，只有把广告做得不像广告，让受众在没有任何心理戒备的情况下悄然接受，才能取得最好的效果。如果把广告作品作为一种叙事文本来看待，它与文学作品、电视剧、电影、新闻等其他叙事文本的最大不同是叙述者和接受者常处于一种对立状态，接受者总是以一种怀疑或排斥的态度来审视广告内容。因此，受众不会主动去接受一个广告文本，或许太短，或许没有意义，或许全部意义都在于促使你消费。近十年在各大国际广告节上获得大奖的广告作品其实已经显现出了"单向传播显性广告"向"互动共享隐性广告"变化的趋势：一方面广告中对"物"的叙事部分演化成了对"品牌符号或精神"的叙事，另一方面广告也越来越模糊与其他艺术门类或者表现形式之间的界限，只专注受众能否在愉悦的互动共享体验中去自主完成对品牌意义的识别与建构。植入式广告的持续火爆，快闪式广告的迅速风靡，情景互动广告在欧美串红，微电影广告成为新宠等无不证明"互动共享隐性广告"的威力，在受众的积极参与和Web2.0媒体平台的推波助澜下，各种"互动共享隐性广告"发生爆炸式裂变传播，创下了传统广告难以企及的辉煌业绩。

---

① [美]唐·舒尔茨等：《整合行销传播》，吴怡国、钱大慧等译，中国物价出版社2002年版，第21页。

② [美]米切尔·舒德森：《广告，艰难的说服：广告对美国社会影响的不确定性》，陈安全译，华夏出版社2003年版，导言第2页。

3."强势推销广告"向"信息服务广告"的演进

在传统大众媒介环境下，广告主功利主义的主导、消费者检索行为的困境和信息传播技术的诸种限制使得广告传播只能在有限的版面与时段内以一种极其简化的风格强势推销基于商业竞争意图的某些优点。传统广告就像阿尔·里斯在《公关第一，广告第二》中所描述的，"夸大的言辞和过多的数目是造成广告有效性下降的因素。广告所传播的信息被视为具有片面、偏颇、自私等特点，并且是公司主导，而不是消费者主导"[①]。当"受众中心"的逻辑起点一旦确立，信息传播、检索技术取得革命性突破，传统"传者中心"的"强势推销广告模式"必然式微。弗兰克·毕奥卡曾总结了"主动性受众"的五个主要特征：选择性，在媒介的使用上具有较强的选择性；实用性，运用媒介满足特定需要或达到特定目的；意图性，有目的地使用媒介内容；参与性，主动参与、思考和使用媒介；主动性，不容易被媒介说服[②]。Web2.0时代的广告受众已经充分地展现出这五种特质，不再是"强势推销广告模式"中的"信息邂逅"者，而是主动的信息"搜索满足"者。坎高卡（Korgaonkar）和沃琳（Wolin）的研究也表明，信息动机与社会逃避动机是人们使用网络的主导动机[③]，网络广告传播向"信息服务模式"的演进可谓契合了"主动性受众"的真正需求。

"大众点评网"的成功是"信息服务广告"的成功，网站对消费者提供的所有信息服务都是免费的，同时还提供商家优惠券、团购等附加服务。为了给消费者提供客观可信的指南性服务信息，"大众点评网"有意识地将点评内容和商业进行了隔离，一方面综合网站众多会员的"总体评价"分数，根据科学的计算公式由程序自动更新生成商户的总体"星级"指标，另一方面不允许任何商家的介入而删除负面点评内容、更改得分等级。"大众点评网"客观公正的"信息服务功能"很好地对接了消费者的"信息检索行为"，在帮助消费者减少购买决策中的不确定性与风险的同时也赢得了诚信经营者的认可。作为媒介平台的"大众点评网"以受众为根本出发点，用消费者最真实的体验与感受来承载企业的品牌、产品与服务信息，在

---

① ［美］阿尔·里斯、劳拉·里斯：《公关第一、广告第二》，罗汉、虞琦译，上海人民出版社2004年版，第79页。

② ［美］斯蒂芬·李特约翰：《人类传播理论》（第7版），清华大学出版社2004年版，第360页。

③ Zheng zhou & Yeqing Bao."Users'Attitudes toward Web Advertising：Effects of Internet Motivation and Internet Ability". Advances in Consumer Research，2002(1)：71-78.

"我为人人，人人为我"的传播环境中最终达到了消费者、企业主、媒介平台三方共赢的理想境界。

"受众中心"的逻辑起点要求广告人的思维意识必须专注受众的信息需求，而人工智能技术的发展也保证了这种人本情怀的实现。从网络广告的未来来看，信息内容的匹配是一对一连接广告主与消费者的关键。借助可寻址定位技术，每位受众喜欢哪种食品、哪些商品、哪些网站等信息都能形成庞大的数据库，广告主可以针对受众的个性化喜好推送出完全差异化的广告内容。此时的广告要想成为媒体经济学家布鲁斯·欧文所说的"人们不仅愿意容忍而且乐于获得的东西"就必须在信息的丰富、真实和互动等方面体现出与传统广告截然不同的感官体验优势，所以"从满足受众需求的角度出发，网络广告要成为适应受众需求的有价值资讯"①是网络广告重要的发展方向。

三、结　语

新旧媒体的竞合已经是一个不争的事实，新的传播媒介与传播形态的兴起并不意味着旧的传播媒介与传播形态的消亡，同理，网络广告新呈现形态的兴起并不是对Web1.0广告的替代式置换，多种广告呈现形态还会在长时期内共存与互补。Web2.0的互联网媒介形态还会继续朝着更高的版本进发，受其赋权的受众将会爆发出更加强烈的自我主体意识，新旧网络广告呈现形态在整体格局中不会处于同等地位，一定会有"推陈出新和此消彼长"的漫长变化。今天的受众对广告主所主导的，以强势推销为手段的单向传播显性广告已经具有了批评、解构和颠覆的力量，网络广告向着"受者参与创造广告内容""互动共享隐性广告"和"信息服务广告"的演进是适应广告受众"人本情怀、互动信任、个性追求"的心理和行为变化的重要发展趋势。

(《新闻大学》2013年第4期)

---

① 周俊:《基于受众能动性的网络广告》,《国际新闻界》,2004年第5期。

基于企业自有数字媒体的品牌传播聚合性

【摘要】信息碎片化与媒体碎片化，使得作为受众的消费者接受品牌信息需进行艰难聚合。由于数字新媒体的诸多利好，企业已经敏锐地建立起自有数字媒体体系，但在自有数字媒体上呈现的信息却往往凌乱、功利化，使得品牌传播呈现一种反聚合现象。由此，基于企业自有数字媒体的品牌传播，则应顺应消费者需求，强调系统的聚合性，形成"形散神聚"的品牌聚合传播。

【关键词】企业自有媒体；自有数字媒体；品牌传播；聚合性

如果说19世纪伴随报纸而诞生的"广告"（advertising），具有明显的"广而告之"的单向性；那么20世纪中叶诞生的"传播"（communication），则是以双向沟通为本质的。如此，品牌传播超越广告的深层逻辑，即首先是作为双向度"传播"、更多是以受众为导向的；为此，品牌传播的实践与理论思考，同样也需要从作为受众的消费者探析出发。

一、信息碎片引发消费者对品牌接受的聚合艰难

论国家品牌传播

　　后现代主义是对传统的否定与割裂，"碎片化"是其重要的特征之一。近年来，"碎片化"被引入不同领域，其本质特征正在影响着人们生活的方方面面。如果说物质消费形态的"碎片化"主要体现在产品消费方面，那么精神消费形态的"碎片化"则主要体现在消费者的媒介接触上[①]。早在20世纪90年代，营销学之父菲利普·科特勒就曾指出："市场细分导致了媒体细分——那些能更好地适应今天的目标化战略的更集中的媒介大量增加。"[②]总之，"技术导致媒介的碎片化，顾客的个性化需求导致品牌的碎片化等一系列变化，那些原本被我们视作同一集体共享同一特征的分块被打得更碎，出现了彼此差异更加显著的碎片"[③]。这也意味着随着小众传播时代的到来，为品牌服务的媒介不得不实行碎片化分割，以实现对品牌信息更加独立和更具针对性的"碎片"承载。如某份报纸的报眼位置、某个电视栏目的片前某一时段，或者在新媒体环境中开发出来的传播工具，如一些影视节目中的植入性情节、购物网站中的相关性推荐、搜索关键词排序等。在这样的碎片化媒介环境下，消费者在浏览信息时往往在不同平台间频繁穿梭，接触到的是散落于各类媒体平台间的"碎片化"品牌信息。"顾客对于一个企业品牌形象的认知，很难通过企业有意识地向顾客传达的计划内信息进行全面了解，那些超出企业控制范围的计划外信息以及与品牌形象直接相关的产品和服务信息，都会以这样或那样的形式，零散地作用于顾客的意识，对顾客的品牌形象认知产生影响"。[④]这些"碎片化"的传播信息散零碎小，品牌深层次的含义无法有效地传达给消费者，因为重点已经淹没在信息的碎片化海洋之中而凸显不出来[⑤]；并且在多个琐碎的品牌信息堆砌下，消费者可能很快遗忘这些信息，从而无法形成心中的品牌形

　　① 黄升民、杨雪睿：《碎片化：品牌传播与大众传媒新趋势》，《现代传播》，2005年12期。

　　② ［美］菲利普·科特勒等：《市场营销导论》，俞利军译，华夏出版社2001年版，第379页。

　　③ 程士安等：《碎片化：21世纪营销变化的关键词》，《广告研究》，2007年第1期。

　　④ 中国人民大学舆论研究所品牌形象实验室：《试论品牌形象管理"点—线—面"传播模式》，《国际新闻界》，2010年第3期。

　　⑤ 肖扬：《我国数字出版发展战略研究》，博士论文数据库，2013年5月。

象，以至于品牌传播信息在消费者接受中的得到聚合总是很艰难①。由此，企业迫切需要在消费者、在接受者那里能实现品牌信息的有效重聚。

营销传播中的"用同一声音去说"（Speak with one voice），无形地将整合营销传播的核心指向了"品牌"。实际上，任何品牌均是信息聚合传播的产物。学者们认为：一个"品牌"的建立包括两方面的内容，一是表层信息，如品牌名称、图案、色彩、包装等；二是深层信息，如产品的特点、利益与服务的允诺、品牌认知、品牌联想等，两者共同构成了品牌传播的信息源，作为一个中枢纽带，品牌几乎把所有的企业元素都连接起来，如企业历史与动态、产品科技含量与功能、企业家人格、企业员工素养、消费者的品牌认知等，成为一个具有最大包容性和最广关联性的价值核心②。品牌之所以如此重要，是因为"品牌代表了品牌拥有者与消费者之间的'协议'，它不是违背消费者意愿而强加在'品牌的忠诚信徒'头上的。品牌使消费者在日益复杂的世界上充满自信地购物。品牌为消费者提供了质量、价值和产品满意方面的保证"。③"品牌和消费者之间的信任不是一蹴而就的，而是消费者在购买、了解过程中不断获得有关信任的信息逐步累积形成的，是一种理性的认知过程"④。显然，品牌积累了企业长期的商业信用，也聚焦了消费者对品牌的认可，理所当然地成为品牌信息重聚的归宿。由于品牌符号的聚焦性，在消费者对于品牌传播接受中，其产品特性与功能会被弱化，却会将相关产品的所有信息碎片聚合在具体的品牌名下。如谈及电视机，消费者立即会将信息碎片聚合到"海信""康佳""LG"等一个个品牌之上；而谈及手机，则又会将信息碎片聚合到"苹果""三星""小米"之上。但是，一方面在同一行业中产品往往具有同质化倾向、品牌又需要实现区隔；另一方面又由于消费者的注意力有限，而品牌信息碎片又往往零散而纷繁，要准确地实现记忆中的单个品牌信息重聚又往往特别艰难。为此，整合营销传播的提出者唐·舒尔茨也开始转向"品牌传播"，他说："营销只是一种市场工具，是可以被模仿、学习、复制的；而品牌才是企业最核心的竞争力，是不可复制且独一无二的。传播的目的是品牌资

① 周昱、张嘉:《新媒体"碎片化"特征对品牌传播影响研究》,《商场现代化》,2013年第28期。
② 张金海、段淳林:《整合品牌传播的理论与实务探析》,《黑龙江社会科学》,2008年第5期。
③ ［英］保罗·斯图伯特:《品牌的力量》,尹英等译,中信出版社2001年版,第12页。
④ 孙曰瑶、沙楠:《基于品牌信用度的性质研究》,《南京财经大学学报》,2010年第5期。

产的长期积累而非只是短期的营销利益。"[1]这样一来，企业开始意识到，"不能继续在传统的产品或服务差异化的基础上进行竞争，他们必须在他们能创造、管理和随着时间加以巩固的基础——进一步说，就是品牌上进行竞争"[2]。"解决注意力不足这个问题的办法并不取决于更好的技术或更多的信息，而在于找到管理注意力的更好办法。"[3]显然，学者们高度重视的是品牌信息碎片如何在注意力分散的消费者那里得到"重聚"，并在信息重聚中进行品牌传播，这样就强化了消费者的品牌记忆，弥补了消费者信息碎片重聚的艰难。也就是说，品牌传播的聚合性完全是针对消费者对于品牌碎片信息接收重聚的艰难而有的放矢地提出的。

二、企业自有数字媒体传播的反聚合现象

品牌碎片化信息的聚合性，需要发挥多平台间的协同传播效应，发挥其在不同营销环节中的位置和功用，从宏观上保持品牌信息整合战略的清晰认知，在各类细分媒体平台上实现整合一致的沟通与管理，从而形成品牌信息的整合循环机制，为消费者捕捉碎片化品牌信息构筑一个有效有序、整合一致的传播环境。然而，面对碎片化的媒介，企业不可能平均用力，只能优化媒体配置，把那些可能对品牌传播发挥重要影响力的平台作为信息聚合的焦点。全新的AISAS消费者行为模式（Attention注意、Interest兴趣、Search搜索、Action行动、Share分享）模式，将消费者在注意商品并产生兴趣之后的信息搜集（Search），以及产生购买行动之后的信息分享（Share），作为两个重要环节来考量。这也导致了企业主在品牌宣传投放时不再仅仅依赖以"围攻轰炸"为特色的传统媒体，而是开始更多地采用具有"互动""精准""定向"等特征的数字新媒体[4]。根据日本电通对数字媒体平台的细分，企业自有数字媒体指的是企业自身拥有的网络平台资源，比如企业官网、企业博客、App平台等。企业自有的数字媒体与传统媒体的

① 李光斗、唐·E.舒尔茨：《"整合营销传播"与"整合品牌传播"——李光斗与唐·E.舒尔茨高峰对话》，《中国广告》，2007年第6期。

② [美]唐·E.舒尔茨：《将营销学和营销传播学带进21世纪》，[美]道恩·亚科布奇、博比·卡尔德：《凯洛格论整合营销》，邱琼、刘辉锋译，海南出版社、三环出版社2007年版，第11页。

③ [美]托马斯·达文波特等：《注意力经济》，谢波峰等译，中信出版社2004年版，第10—11页。

④ 黄河、江凡：《论中国大陆网络广告的发展分期》，《国际新闻界》，2011年第1期。

最大区别在于，这些媒体是顾客"自发性"的"品牌接触点"。一般受众愿意关注一个企业的网站、微博、微信，多是基于对品牌广告、品牌活动、品牌新闻等企业行为产生了兴趣，并有对应的需求，想要更深入地了解品牌。此时，企业的各种自有数字媒体，自然而然地成为最有效的品牌信息接触点与聚合点。这为品牌信息如何通过更有效的传播渗透到顾客的心灵之中开辟了一个新的渠道，这一渠道是从"传—受"双方着眼的，是双方均期许的信息相交点，也是品牌信息聚合所需关注的切口[①]。

尽管企业自有数字媒体"已经具备建立互动式客户关系的能力，但很少有企业真正建立互动式的整合营销策略，大多数企业对于建立互动式的传播策略只是点到即止，停留于表层。而且，企业对于怎样将电子媒体与消费者数据库组合转化成为整合传播策略也知之甚少"[②]；从而忽略了它们在品牌建构过程中系统性地、聚合性地塑造品牌形象的功能，以至于传递的信息呈现出种种反聚合的现象。主要表现在以下三个方面：

1. 仅满足于品牌在自有数字媒体之上的存在，重营销轻管理

在品牌传播与建构过程中，只有当企业传递出来的信息既可以彰显品牌内涵，又可以代表某种生活方式、满足某种需求的时候，其发布的信息才有了价值。这与舒尔茨强调的"议题相关性"观点不谋而合：企业发布信息必须从顾客的接受心理出发，设法"将顾客与企业的品牌连结起来"，只有在公众认为媒介的内容具有与其自身相关和实用性的情况下，媒介议程才能影响到公众议程[③]。而在企业自有数字媒体的实际操作中，多数企业并没有从战略上重视自有数字媒体对品牌的系统建构作用。一方面，仅满足于在自有数字媒体上占个位、亮个相。调查显示，目前的中小企业虽然有85%的企业运用互联网，却仅有48%的企业拥有独立的网站或网店。不仅如此，大多数企业只是粗放式地建立自有数字媒体平台，并无专人负责，大都局限在信息发布这样简单的用途之上。尽管定位如此之低，很多企业仍然难以保证对网站的关注和投入，接近六成的企业网站一个月都难以更新一次，多数企业的网站只是一个摆设。另一方面，即使内容经常更新，对发布内容的管理却不够重视。通过关注发现，企业网站、企业微博，其

---

① 舒咏平：《品牌聚合传播》，武汉大学出版社2012年版，第173页。

② James W.Peltier，John A.Schibrowsky，Don E.Schultz：《互动式整合营销传播：统合IMC、新媒介以及数据库营销的力量》，陈欢译，《新闻大学》，2004年第3期。

③ 倪宁、张勤：《试析广告传播中的"议程设置"》，《国际新闻界》，2011年第10期。

发布的信息、展示的商品或推广的活动，多是内容各异，没有在发挥各自优势的基础上形成统一的传播①。此外，企业自有数字媒体发布的信息，其操作也多是营销思维导向。随着"精准营销""微博营销""微信营销"等词汇成为网络营销的热点，使得企业的各种自有数字媒体俨然成为一个个典型的营销工具。多数企业的自有数字媒体，除了营销信息，几乎看不到其作为一个品牌企业的"品牌"信息。短期内，自有媒体上的营销信息对于消费者会有正向影响；但是从长期效果来看，随着时间的推移，营销信息往往会逐渐淡化，顾客长期记忆中所需积淀的品牌信息却难以形成。这也就不难理解为什么有些品牌的产品信息在各种自有新媒体频频亮相，却达不到让人印象深刻的品牌传播效果，其因就在于重战术营销而忽视对品牌信息的战略管理。

2.忽视通过自有数字媒体进行品牌关系管理

在当今的营销环境中，依靠产品差异来获取竞争优势在某种程度上已经变得越来越困难。美国品牌专家邓肯认为：塑造、维护和强化品牌关系已经成为过程论营销的核心问题②。1992年，Blackston根据人际关系交往的原理规范了品牌关系的定义，创新性地提出品牌关系就是"消费者对品牌的态度和品牌对消费者的态度之间的互动"，并发现成功的品牌关系都具有两个因素：信任和满意。信任建立在亲密的基础上，亲密程度取决于品牌成功创建与消费者的个人连接；满意则是通过以顾客为中心，采取主动的态度来获得。诸多企业在进行传统的市场营销时往往自然而然地使用以消费者为中心的研究策略，而在进行互动式传播策略时却抛弃了这一逻辑，完全漠视自有数字媒体的"互动"作用，依旧像对待传统媒体时期的消费者那样，"机械"地处理各种问题，即使在最终销售环节，如京东商城的客服界面，无论是消费者询问特定的区域能不能送货，或者缺货商品什么时候到货，都是系统的自动回复。就连精准性、私密性更强的微信媒体上，这种情况也非常普遍。许多用户抱着与品牌一对一聊天的心态来关注品牌的公众账号，但大多数用户关注了某品牌并试图与其聊天后，发现对方根本不像微信上的好友，更像是一部机器。消费者对企业品牌的"心理认知"

论国家品牌传播

---

① 《2013年上半年中国企业互联网应用状况调查报告》，https://www.docin.com/p-2109154487.html.

② ［美］汤姆·邓肯、桑德拉·莫里亚蒂：《品牌至尊——利用整合营销创造终极价值》，廖宜怡译，华夏出版社2000年版，第46页。

是通过"品牌接触点"来实现的：当消费者接触到企业传递出来的若干品牌信息后，会将储存在神经元上的与企业品牌相关的信息都调动起来，形成品牌感知。实证研究表明："企业内部对品牌的期望往往会与顾客的实际感知之间存在差异。"①这意味着品牌发出的信息与其所说和所做的不一致，意味着品牌传递的信息散漫、模糊，意味着多数企业缺乏清晰明确的品牌信息聚合传播理念。

3. 自有数字媒体上的品牌危机管理乏力

在企业自有数字媒体上，品牌传播面对的目标不再是传统媒体传播中的"容器人"或"单面人"，而是更加活跃的、乐于自我表达的、渴望在社群中寻找角色定位的、热衷于分享的网络"社会人"。这些新媒体时代的具有强烈社交要求网络用户们，经常会在某些品牌传播活动中跳出来，来一场出乎企业传播计划之外的集体爆发②。这让企业管理人员陷入了更加无法掌控的品牌传播窘境，以至于常常采用一些错误的危机应对方式。"西门子冰箱门"事件中，西门子的危机公关在时间和内容上依旧倚重传统的新闻媒体，忽视了整个事件的主要发声平台——作为消费者罗永浩的微博，导致整个过程中，西门子在微博上应对呈现被动、乏力的状态。面对随后而起的网友疑问，西门子总部也未主动进行处理，激化了网民的不满情绪③。农夫山泉"标准门"爆发前不久，已经屡屡暴露出各种问题，但其回应基本上都是轻描淡写，缺乏危机的发现能力，以致最后退出北京桶装水市场。西门子和农夫山泉的问题在于没有意识到自有数字媒体时代的"危机的瞬间升级"。以信息技术为载体的自有数字媒体极大地释放了人们的社会表达，为每一个人都安装了向社会喊话的"麦克风"。这种新兴的媒介环境极易造成大众围观、引发迅捷与多样的意见表达④。这就是说消费者不再是纯粹的消费者，也可能是企业正向的或负面的宣传者。自有数字媒体平台对于企业品牌自主传播可以说是机遇与风险同在，企业能够使用的自有数字媒体越多，越类似于福柯提出的"全景敞视监狱"中描述的情形，企业被全方位360度地展示在受众面前。"滚雪球效应"和"蝴蝶效应"在自有数

① Johan Bosch, Elmarie Venter, Ying Han. Christo Boshoff. The Impact of Brand Identity on the Perceived Brand Image of a Merged Higher Education Institution. Management Dynam ics, 2006, 15(3): 36-54.

② 王怡:《社会化媒体中品牌传播观念的转变》,《人民论坛》,2011年第9期。

③ 周世禄、王文博:《西门子冰箱事件的微博内容框架分析》,《新闻与传播研究》,2013年第2期。

④ 喻国明:《"关系革命"背景下的媒体角色与功能》,《新闻大学》,2013年第2期。

字媒体时代得到了最大程度的验证。

在社会系统中，品牌既是一种经济现象，又是一种社会、文化和心理现象，它的认知与创建都是一个动态传播与发展的过程。因此，品牌聚合传播需要一个以品牌建构为导向的统一性的传播机制，这种统一的传播机制首先就是构建适应于品牌传播的组织体系，以保障品牌传播的实效性和操作性；同时还需要品牌传播的战略认知与制度认同，从而调动企业全员自觉地参与到品牌传播之中。但目前我国大多数企业组织体系中，没有专门的品牌传播部门与岗位，从而无法对传播过程中的各个品牌信息进行协调、整合。一些公司的品牌战略、品牌定位等核心传播内容仍然由公司的一些高层领导兼职担任，然后把那些具体的传播活动交予不同的部门共同担负。这就使得自有媒体的品牌传播企划和监控更显复杂，一旦协调缺乏，各自发出的信息就会自说自话，甚至自相矛盾。尽管有少数企业开始建立起品牌传播部门，但运作人员且多是从营销、市场部门转岗过来，采取的多是传统的营销思路，并未上升到"品牌传播"的高度。管理企业网站的是技术人员，发布企业微博、微信的是营销人员，危机事件又是公关部门负责的，这样就难免导致自有数字媒体发布的信息出现反聚合现象。

三、形散神聚：品牌自有数字媒体传播之取向

企业的每一个细节都可能成为传播品牌的符号。这些符号可以是品牌名称、品牌标识、产品包装，可以是品牌领导人的态度、故事，甚至是员工的一个举止，"这些细节我们无法一一列出，它们呈现在任何一个可能的时空中存在，却又难以穷尽，这便注定了其碎片化的呈现状态"[1]。由于品牌形象的呈现不可能是整体的，这更加注定了品牌在自有数字媒体传播环境中也很难以一个整齐划一的形象获得所有公众的认知与共鸣。为了使公众可以通过浩如烟海的信息碎片去感知品牌，企业不得不将品牌形象掰开揉碎，散入到各个平台，如企业宣传册、网站、博客、微博、微信、广告等，进而针对不同细分用户特征进行不同方式的品牌传播。尽管呈现品牌的符号是"形散"的，但其品牌形象却不会因其碎片化的呈现而被分割得支离破碎、无法识别，因为每一个品牌都有着令公众印象深刻且相对稳定

---

① 隋岩、张丽萍：《企业形象的碎片化呈现与传播》，《新闻大学》，2013年第5期。

的核心符号，其核心符号从不同角度展示着品牌的独特魅力。如：海尔的"真诚到永远"、苹果公司缺了口的"苹果"、海底捞的"微笑式服务"，这便是核心符号传播的效果。核心符号往往是企业着力传播给公众的符号聚焦，是品牌神韵之所在。因此，品牌传播的"形散"，是以"核心符号"的"神聚"为前提的。掰开揉碎的"形散"传播只是便于用户在不同类型的数字媒体间自由穿梭时也能够感知到整合一致的品牌信息，通过多点的个性化信息接触以及差异化的服务沟通，最终实现"神聚"的传播效果。唐·舒尔茨曾在其整合营销传播理论中清晰地表述道："要想和顾客建立关系，不单只是交换资讯，厂商还必须整合种种形式的传播，形成一致的诉求，才能建立起和顾客的关系。"[1]汤姆·邓肯也认为："在整合营销传播活动中，如果从一次活动到另一次活动或从一个媒体到另一个媒体，都能统一信息的风格，就拥有了一致性。"[2]可以看出，作为整合营销传播的专家唐·舒尔茨与汤姆·邓肯，均不约而同地进行了品牌聚合传播的转向，强调这种品牌传播的精髓是消费者对于品牌集中统一的感受。而这种感受则来源于企业在品牌传播过程中不断地制造"议题相关性"、不断地聚合各种品牌信息，从而实现顾客对于品牌的"认知一贯性"。尽管不同的自有数字媒体在传递信息时可以使用不同的语气与方式，但对于"品牌一致性"的"核心符号"必须进行明确而执着的坚守，如此才能避免"形散"的信息之间产生抵消与损耗。纵观那些做得较好的企业，他们的官网、微博、微信发布的信息，既有对社会的深切关怀，对生活的真知灼见，又有行业的知识、企业的文化，消费者可以从点点滴滴的信息碎片中感受到品牌"神聚"性的律动。例如"小米"的新品发布、"小米"的新视频上线、"小米"创始人雷军出席某重要论坛、"小米"的品牌网站、创始人团队个人微信、"小米"旗下的"米聊"与"米U"的新话题等，其一个个碎片信息，实际上均以"为发烧而生"的小米之魂而在消费者头脑中实现品牌聚合。

品牌传播除了要抽象出能够面向所有公众的"共通的品牌意义"之外，还要能够针对不同社群甚至个人的特征进行个性化的传播，让受众在体验中形成自己对品牌的印象。保持品牌信息的一致，对发布信息进行优化，

①［美］唐·舒尔茨等著：《整合行销传播》，吴怡国等译，中国物价出版社2002年版，第546页。

②［美］汤姆·邓肯：《广告与整合营销传播原理》，廖以臣等译，机械工业出版社2006年版，第193—194页。

尚属于初级程度的聚合，因为这些信息是"经过设计"的，是可以影响和控制的①。而在品牌传播的实际环境中，消费者对于企业、产品或服务的咨询、抱怨、建议等信息，却超出了品牌主所能掌握的范围。"新媒体时代，谁能够最大限度地激发用户贡献内容，谁能对用户贡献信息的流向进行引导，对碎片化信息内容的呈现结构进行优化，对信息资源进行深度发掘、整合和利用，谁就最有可能获取说服和影响他人的能力"。②而通过企业自有数字媒体的互动系统建立品牌关系，不仅是一项新型的投资，更是一次自我的革命。微软公司在推出windows95时，就曾出现一天4万个用户咨询的情形。企业的自有数字媒体体系一旦建立，即生存于"全景敞视监狱"的媒介环境中，被全方位展示在公众面前，面对的是不计其数的、不分时段的、四处散落的公众的咨询、建议、抱怨，而专门的品牌传播管理部门的传播力量毕竟有限。如果中途放弃这些互动关系的投资与运作，消费者一旦从企业得不到回应，从而转入向别的消费者诉苦，就极有可能产生雪崩效应，对品牌造成更为严重的损坏。为了维护品牌形象，企业必须以系统化和跨部门的方式来解决这个问题，这就要求企业建立完备的品牌聚合传播机制，成立专门的品牌传播部门，如此才能整合资源进行全员品牌管理，将员工力量集合起来，将品牌共识转化为全员品牌建设的行动，最终形成品牌创建的合力。以"品牌管家"定位的奥美公司就认为：企业里的每一个部门和每一项职能，都负有沟通的责任。认清一个企业所做的每一件事与没有去做的每一件事，都传达出一个代表品牌信息的事实。建立专门的品牌传播部门并非不允许各个自有数字媒体自行发布品牌信息，只是从宏观上、战略上确立品牌传播的标准，确保各个自有数字媒体发出的信息与品牌定位、品牌形象契合。以戴尔为例，其公司不仅建有社会化媒体指挥中心，而且在每个官方账号背后，均成立了综合性的运作团队，并成立了专门的社会化媒体大学，聘请专家对员工进行培训，以使每一位员工都能成为企业的品牌大使③。也就是说，要想让每一个员工均能通过自身的社交媒体进行自觉的品牌传播，企业不能只是流于发布多少条微博或微信的形式上要求，更需要将品牌理念、品牌定位、品牌文化走进员工心里，

传媒视界
CHUANMEI SHIJIE

论国家品牌传播

---

① [美]汤姆·邓肯、桑德拉·莫里亚蒂：《品牌至尊——利用整合营销创造终极价值》，廖宜怡译，华夏出版社2000年版，第84页。

② 喻国明：《传媒新视界——中国传媒发展前沿探索》，新华出版社2011年版，第111页。

③ 陈刚：《创意传播管理：数字时代的营销革命》，机械工业出版社2012年版，第60—62页。

让员工真正富有对于品牌的归属感和向心力，从而有机地实现品牌传播的聚合。"九阳"基于自有数字媒体的品牌传播已经成为业界学习的案例，究其原因，不仅是企业的官方自有数字媒体发挥了核心作用，更重要的是实施了"全员社会化传播策略"：九阳的员工微博、微信作为企业自有数字媒体的主力军，担负着"全员社会化营销"的品牌传播重责；员工自有媒体的品牌微信息，最真实而有效地影响他们身边的朋友、同学、亲戚；员工们利用碎片时间与"形散"的媒体碎片，一对一地为消费者答疑解惑。其中，最勤奋的一位员工创下了全年回答400多个网友问题的解答记录，而他并不隶属客服部门，亦非市场销售人员，而是一位基层管理人员。

显然，企业不仅需开发出系统的、矩阵式的自有数字媒体，形成"形散"的媒体碎片之"微力量"；而且需系统聚合品牌传播信息，建立包含员工社交媒体在内的自有数字媒体传播体系，积沙成塔式地聚合成"巨力量"，如此才有望实现品牌的聚合性传播，让消费者便捷地进行碎片化品牌信息接收聚合，形成低成本、高效率的品牌传播收益。

（《新闻大学》2015年第2期）

搜索平台上的广告信息呈现

【摘要】在新媒体环境下，广告信息需要高度精准服务，以适应"搜索满足"的广告传播模式，而作为信息供需第一端口的"搜索平台"就成为商家必争之地。本研究通过实证性的内容分析，客观地得出了广告主在搜索平台上进行广告信息呈现，即品牌传播的实态；并在此基础上，有针对性地提出了在搜索平台上进行广告信息供给优化的策略。

【关键词】搜索平台；广告信息；广告信息呈现；品牌传播

一、搜索平台：信息供需的第一端口

在新媒体环境下，广告的一切都改变了，最典型的就是受众接受广告信息行为的改变。台湾学者黄振家指出：消费者拒绝传统广告，却可以在新媒体环境中选择想观看的广告类型、品牌信息[1]。这也正是丁俊杰所指出的"消费者不再相信单一的信息来源，他们需要不断地'搜索''分享'和

---

[1] 黄振家：《广告产业的未来》，《广告大观》（理论版），2008年第3期。

'比较'，从而获取自己更需要和更满意的信息。这就又提出一个命题：在信息泛滥的今天，怎样才能吸引消费者主动出击去搜索并分享广告信息？我们的回答是'广告传播平台化'，以网络技术和数据库技术为内核，将原来对于消费者的'轰炸式'的传播方法演化为'尊重本体需求下的吸引'模式。"[①]简言之，即"搜索满足"广告传播模式脱颖而出。所谓"搜索满足"广告模式，即视受众为主动的、消费者受众出于消费信息的需要，不再只是被动的，且主要依凭无意识接受来获得广告信息，而是主动进行搜索，且在搜索中不断比较、求证广告信息，以满足消费决策最基本信息的需求[②]。

显然，作为信息聚合平台的搜索引擎，在"搜索满足"的广告模式中，既是消费者搜索的第一入口，同时也是企业进行品牌传播的重要平台与端口。搜索引擎作为信息聚合器，在满足网民获取信息需求的同时也聚合了搜索背后的消费需求，为广大商家实现精准营销提供了更广阔的平台。搜索平台凭借其强大的搜索聚合功能，将搜索用户所需的品牌相关信息，精准地展现在消费者的面前，改变了以往品牌信息传播无的放矢的状况。搜索平台这一强大的功能满足了广大商家精准传播的需求，同时，又凭借其成本低、传播形式多样、传播效果可测量、性价比较高的传播优势，受到广大广告商的欢迎，甚至成为各大企业进行品牌传播的首要选择，在众多企业的营销费用中占据重要地位。对于更加注重品牌形象建设与维护的大型企业来说，搜索引擎营销平台更成为其进行品牌推广的最佳选择。

搜索引擎市场的不断发展，也推动了我国搜索引擎行业的成熟。在我国以百度为代表的搜索引擎运营商已经获得了长足的发展，无论是在搜索技术方面，还是广告运营策略、收费策略等方面都已经形成了一套完整的体系。2013年，我国搜索引擎运营商市场规模为393.6亿，较2012年增长36.7%[③]。由于搜索引擎营销具有门槛低、收费低、能够实现精准营销等特点，已经被广大企业所广泛应用。目前使用最为广泛的是竞价排名与搜索引擎优化：竞价排名，是指企业购买收费的搜索引擎广告，以保证用户在进行信息检索时，能够优先看到企业所发布的信息；引擎优化则是指企业

① 丁俊杰：《2008年，中国广告业的动力与动向》，《山西大学学报》(哲学社会科学版)，2008年第3期。
② 舒咏平：《"信息邂逅"与"搜索满足"》，《新闻大学》，2011年夏季号。
③ 数据来源：易观智库，《2013年第4季度中国搜索引擎市场季度监测》，2014年1月。

利用技术手段，对企业网站进行优化，使搜索引擎在信息抓取的过程中，能够更容易获取网页信息，优质的网站也能获得较高评分，进而获得较高的搜索排名。自1994年雅虎等分类目录型搜索引擎的诞生后，搜索引擎营销网络营销已经获得飞速发展，2004年搜索引擎营销开始获得各大企业的广泛认可，成为企业进行品牌推广的重要手段之一，时至今日，则已经成为占据互联网广告主导地位的传播方式。市场分析机构 I Crossing 所进行的一项调查数据显示：至2012年，美国企业投入到搜索引擎营销的费用已是2007年的315%[1]，搜索引擎营销在美国得到飞速发展，受到企业青睐。在我国，搜索引擎市场规模也不断扩大，成为互联网广告中最受欢迎的广告平台。易观智库 EnfoDesk 产业数据库发布的《2013年第4季度中国互联网广告市场季度监测》数据显示，2013年第4季度我国互联网广告运营商市场规模为300.7亿，较2012年第4季度增长42.8%。其中，百度占到31.4%，阿里巴巴占到17.5%，谷歌中国占到5.7%，占据市场前三位置[2]。而与传统的广告媒体相比，2013年百度的广告收入已经超过多年占据中国广告收入榜首的CCTV。可见，搜索引擎平台已成为广告主最佳选择。

二、广告主信息的搜索平台呈现

既然搜索平台对于消费者、对于广告主均如此重要，那么广告主是如何将自身的信息在搜索平台呈现的呢？为此我们进行了实证性的研究。本研究选取我国国内最具典型代表性的百度搜索平台为研究对象。百度搜索引擎是全球最大的中文搜索引擎，也是我国国内搜索引擎市场最具影响力的搜索平台。自百度2000年创立以来，一直不断开发新的产品，形成了一条相对完整的产品链，百度百科、百度知道、百度音乐等更是成为大众所熟知的搜索产品，而2008年凤巢系统的推出，更是为企业进行精准营销，提供了更加完善的服务。而对于广告主的选择，我们则首先从国内500强企业中随机抽取35家企业，在世界500强企业中随机抽取5家外资企业作为参照；随后，又分别对这40家企业进行编号，并进行等距抽样，最终选取保利地产、蒙牛乳业、方正集团、上海家化、宝洁等五家企业作为样本。选

① 数据引自：《百度搜索营销更利品牌渗透》：http://www.sem8848.com.cn/baidu/20090805131.html.

② 数据来源：易观智库，《2013年第4季度中国搜索引擎市场季度监测》，2014年1月。

传媒视界
CHUANMEI SHIJIE

论国家品牌传播

定五家企业后，以企业名称为关键词在百度搜索引擎进行搜索，选取搜索结果页面的前10页作为研究样本，对其进行具体内容分析。基于我们对于新媒体广告更多体现为品牌传播概念的认识，广告信息内容主要为：品牌内容传播来源分析、品牌传播内容及形式分析、品牌内容传播互动性分析。其内容分析的结果主要为：

1.品牌内容传播来源丰富了搜索用户的需求

品牌内容传播来源直接显示了品牌主对品牌传播的控制力度，同时，也能够帮助企业了解品牌信息的主要来源，从而对于如何组织品牌系统的传播，如何调整或利用其他主体辅助进行品牌传播，如何有效应对多来源的品牌传播有非常重要的意义。

统计结果显示，在基于搜索平台的品牌传播中，垂直网站已经超越品牌主主导的信息来源占69%，成为传播品牌信息的重要来源；其次，则为品牌主主导的品牌信息来源占25%；干扰性信息来源则为6%。而在品牌主主导的品牌信息来源中，官方网站（其中包括一些子公司官方网站）仍是企业借助搜索平台进行传播的主体，占48%，其中宝洁、蒙牛乳业、方正集团都在官方网站上用官网字样进行标注，增加了其醒目度与可信度。同时，作为基于搜索平台的品牌传播，各家企业均非常注重对于搜索平台的迎合性，普遍使用搜索平台进行品牌传播内容的组织与传播，其中百度百科作为综合性品牌传播工具，百度知道作为互动性传播工具，更是受到各大企业的青睐；这类信息来源占37%。而品牌主的官方微博则作为辅助性传播渠道，也被各家企业所采用，其占比为15%。在垂直网站传播来源方面，占50%的新闻网站无疑是最重要的品牌信息来源，在垂直网站品牌信息传播中占据主导地位；招聘类网站、证券网站则凭借其功能性以及品牌传播内容的综合性，成为垂直网站中品牌信息来源的第二大渠道，分别占15%；销售网站、互动网站分别占7%、5%，在品牌信息来源中也占据一席之地；其他则为8%。这种多来源的品牌信息，使得作为搜索用户的消费者得以将所搜索获得的信息进行参照求证，以引导其消费决策。

2.搜索平台上的品牌传播内容挑战广告主品牌管理能力

点击搜索结果并进行内容的阅读，是网民进行搜索的最终目的。因而，在搜索平台所展现的内容，很大程度上影响了网民对品牌的第一观感，也关乎网民获取有效信息的效率，因而对于搜索平台所展现的品牌传播内容进行分析，进而帮助企业了解搜索平台所主要展现的信息内容，对于帮助企业进行自身内容传播的组织、管理是非常重要的。

统计结果显示，在基于搜索平台品牌传播的内容中，综合信息占比最重，占33%，综合信息多集中涵盖了企业品牌的有形与无形资产要素，内容含金量较高，对企业品牌形象塑造多起到正效应。其次，则是股票信息和新闻信息，分别为22%、21%，股票信息多是由专业财经机构进行发布，分析股市行情，这类信息多是对企业市场情况、营收情况、重大人事调整等信息进行公布及预测，多为中立性信息，对品牌建立的影响度相对较弱，多是为满足股民的搜索需求所进行的信息发布。新闻信息则是由专业的新闻垂直网站进行发布，这类信息，内容多较为复杂，既有企业所发布的公关信息，也有新闻网站自发策划撰写的新闻稿件，既有对企业正面的评价，也有对企业负面的评价。信息类型的类目是招聘信息、销售信息、人物信息，其占比分别为10%、6%、6%。这些信息多是针对特定人群，比如有求职需求的人，有购买需求的人，对企业领导人有较大关注的人等，这类信息虽然受众面相对较窄，但其针对性更强，因而在其中传播的品牌内容更容易获得网民持久的注意力，是传播品牌信息，塑造品牌形象的重要方式。

具体到各企业品牌传播内容类型来看，各企业品牌传播中各类内容所占比重各不相同。比如，上海家化所传播的综合信息类型只有15条，远远少于其他企业，而其传递的股票型信息却高达55条，又远超其他企业。这其实是对搜索平台资源的浪费，对于拥有众多子品牌的上海家化来说，子品牌的知名度已经远远高于母品牌，然而只有实现子母品牌的共赢才会为企业的发展带来更多的机遇，因而应该更加注重品牌综合信息的传递。而与之属于相同类型的宝洁公司，其搜索平台信息类型布局却相对更为合理，销售信息多达15条，这对于产品的销售，品牌的推广都具有较高的价值。而不足之处则是其不注重对于干扰信息的管理，导致大量的干扰信息占据了传播平台，浪费了传播资源。

表1　五企业品牌传播内容分类

内容＼企业	综合信息	股票信息	新闻信息	销售信息	人物信息	招聘信息	干扰信息
保利地产	29	39	16	7	2	7	4
蒙牛乳业	47	10	30	4	3	7	4

内容＼企业	综合信息	股票信息	新闻信息	销售信息	人物信息	招聘信息	干扰信息
上海家化	15	55	24	4	0	4	2
方正集团	47	4	17	2	3	27	2
宝　洁	31	4	22	15	3	9	17

　　通过上述对品牌传播内容的类型研究，还可发现，由于综合信息、股票信息、销售信息、人物信息、招聘信息这五类信息，所传递的信息内容基本都较为客观中立，或者优化美化企业形象，而且各大企业的内容相似性非常高，对于品牌的塑造基本上都能够起到积极的作用。然而，与这些类型信息不同，新闻信息则是复杂多样，既有美化企业形象的宣传信息，也有对企业的抨击，再加上新闻信息对舆论的引导程度很强，网络传播又有节点裂变的特点，因而传播速度非常快，传播影响力也非常大。新闻信息报道就像双刃剑，一方面非常容易帮助企业进行推广，另一方面也非常容易使企业品牌受到负面影响，对品牌造成重大冲击。因而，新闻信息已经成为各大企业重点关注甚至是监控的内容。在此，本文也对新闻信息内容进行定性研究。统计结果显示，在来自新闻信息的报道中，有52%为对企业的正面报道，40%为负面报道，8%为中立报道，总体来看正面报道仍占据主要部分。然而，在互联网时代，由于网民的浮躁心态，对于负面报道的传播率、信任度往往大大超过正面报道。因而做好负面报道的应对和处理工作对于企业来说是品牌内容传播中的重任。

　　而在对企业品牌的正面报道中，公关新闻起到了重要作用，五家企业57条正面新闻报道中，公关活动信息共计22条，在塑造企业美好品牌形象中起到了重要作用。其中，蒙牛乳业公关活动信息最多，在20条正面报道中有12条来自公关活动，比如"蒙牛公益、蒙牛邀请草原十佳母亲到厂参观、蒙牛向雅安震区捐助牛奶及1000万元现金、蒙牛工厂开放活动迎来低碳骑行团"等。而在对企业品牌的负面报道中，基于搜索平台的品牌传播负面内容报道呈现了一定的集中性，多是围绕公司发展问题以及公司产品问题的报道。在对上海家化16条负面报道中，其中关于集团内部斗争的负面报道有9条；在对方正集团的8条负面报道中，其中7条是关于"方正集团到底由谁控制"的负面报道；在宝洁的7条负面报道中，其中有6条是关于"宝洁创新乏力，一哥地位动摇"的报道；在保利地产的4条负面报道中，关于保利房产产品质量的报道有3条；在蒙牛乳业的6条负面报道中，其中3条是关于蒙牛产品质量问题。

3.搜索平台上的品牌传播形式应用尚有很大空间

由于搜索平台有极强的聚合能力，与品牌相关的各类信息聚集在搜索平台，怎样才能够抓住网民的注意力，促使网民发生点击行为，与品牌内容传播的形式密不可分。因而，我们对基于搜索平台的品牌内容传播形式进行了聚焦研究。在对品牌内容传播"形式"进行编码中，我们将其分为"文本与图片、纯文字链接、纯图片传播、视频传播"四种形式。

统计结果显示，在基于搜索平台的品牌传播形式中，文字链接更受传播者的喜爱，其次则是图文结合的传播形式，而图片以及视频传播形式被使用的则较少。基于搜索平台的品牌传播，由于每个页面固定承载10条信息，因而简洁的文字链接更受传播者钟爱。图文并茂的传播形式虽然能够更好地抓取网民的注意力，但是由于搜索平台每页展示内容有限，因而对于图文并茂的传播形式不能设置过多，要合理运用。而图片传播则因其传播内容单一，更多的是对品牌标识、品牌代言人图片的展示，并不能有效地满足网民的搜索诉求。而视频传播，虽然能够传达较多的品牌信息，且生动形象，在满足网民观感需求的同时，也能够满足受众的信息需求，但是其缓冲时间较久，制作成本较高，且占用网民时间较长，因而应用也相对较少。

表2　五企业品牌内容传播形式研究

形式 / 企业	图文	文字链	图片	视频
保利地产	20	83	1	0
蒙牛乳业	25	78	0	2
方正集团	14	88	0	0
上海家化	10	93	1	0
宝　洁	28	68	4	1

在五家企业当中，以宝洁的传播形式最为丰富，用到了四种传播形式，而且对于图文传播运用得也最多，当然这与宝洁的企业性质密切相关。由于宝洁日化产品种类丰富，大量的图片使用，能够让消费者获得更直接的

观感，进而刺激其购买行为。这显然启迪我们的企业，在传播形式的运用上还有很大的空间。

4.搜索平台上的品牌传播内容互动性有待加强

社交媒体的出现，使得网络品牌传播互动性特征愈发明显，企业可以通过微博、博客、社区论坛等社交媒体，达成与消费者的双向互动。在充分掌握消费者动态与反馈的同时，组织品牌传播，使品牌传播达到更好的效果。基于搜索平台的品牌内容传播，一定量的信息也来源于互动网站，因为互动型媒体类型非常多样，而传播内容也较多，因而在搜索引擎抓取信息时，被抓取的概率较高，非常容易出现在搜索平台。因而，对于搜索平台所展现的互动性媒体进行研究，帮助企业了解信息来源，有效的应对互动性媒体中所产生的各类信息，并利用互动性媒体与网民达成互动，对于企业有非常重要的意义。

统计发现，在搜索平台中，出现的互动型媒体类型主要包括微博、百度知道、天涯论坛、猫扑、博客、开心网、人人网、客服电话、百度贴吧等九种形式。其中，以微博、百度知道、天涯论坛、博客等形式最为常见，是每个企业都需要进行关注的互动型信息来源。其中，微博、百度知道多由企业主导传播与互动，而天涯论坛、猫扑、博客、百度贴吧等类型互动媒体则多由个人主体发起传播行动，进而引发其他个体的关注与互动，此类互动性媒体较易形成群众性舆论，产生沉默的螺旋现象，最终产生主导性言论，因而对于此类互动型媒体，企业要多加关注。

在对搜索平台展示的信息标题进行点击，进入着陆页进行阅读时，可以发现，目前我国企业在运用互动型媒体方面还有所欠缺，对互动型媒体的运营规律还没有充分掌握，对于互动型媒体的重要性也还缺乏应有的认识。以天涯论坛传播内容为例，2012年12月11日一位网名叫做"失足保利"的网民在天涯论坛中发表"黑心保利地产谁之过？"一文，对保利殴打业主的行径进行曝光，并配以图片。这一文章随后引发了6747的点击量，并引发了136条评论回复，在回复的136条内容中，全部为保利的负面信息，例如名为"保利暴力一家亲"的网友在论坛中强烈谴责"保利殴打妇女老人"，名为"飞ty火"的网友则谴责保利披着央企的外衣，欺负老百姓，更多的网友则是直呼"买保利房需谨慎"，最终在论坛中将保利塑造为一个依托国家背景极其不负责任，欺负老百姓的无良地产商，对于保利的品牌形象造成了极大的损害。然而在整个传播过程中，却未见保利官方进行回应。

与保利的忽视行径不同，蒙牛乳业对于天涯论坛却较为重视，甚至作为传播公关软文的平台。2005年6月光明牛奶被爆过期奶返厂加工再销售，引起了舆论对乳制品产品品质的关注。2005年6月15日，名为Toccata的网友在天涯论坛发表了"蒙牛：牛奶的品质就是人的品质"一文，文中对蒙牛产品的品质进行了宣传与评价，对蒙牛所获得的"中国航天员专用乳制品"等各项殊荣进行罗列，同时对蒙牛严格的产品加工工艺进行介绍，宣扬"诚信蒙牛，蒙牛诚信，产品等于人品"企业理念，力图塑造蒙牛优质产品、优质企业文化的品牌形象。然而结果却适得其反，该篇文章的点击量为41489，回复数为779，在779个回复中，几乎全部为负面评论。有的网友认为蒙牛此时在落井下石，有的则认为蒙牛在此做广告，拿消费者当傻瓜，并对其产品进行了猛烈的抨击。例如网名为"慕容鸿""秋水江湖"的网友直接抨击蒙牛在论坛做广告，并表示强烈鄙视，"蜀中流氓A"则抨击楼主是蒙牛的枪手，并调侃其应该收取公关费。该软文的发布，非但没有发挥应有的效用，还引发了一系列负效应，与蒙牛使用互动型媒体进行品牌传播的初衷背道而驰。由此可见，企业对互动型媒体运营规律的认知不足，直接导致了互动型媒体负效应的产生。

三、广告主在搜索平台上信息供给的优化

针对目前企业在基于搜索平台的品牌内容呈现的现状，为提升企业基于搜索平台的品牌传播质量，结合搜索平台品牌传播的规律与特点，我们提出以下如下优化性策略：

1.优化企业主导传播来源，加强与垂直网站的竞争与合作

在基于搜索平台的品牌内容传播中，多信息来源冲击了品牌主的内容传播控制力，应对多来源的品牌内容传播，企业可以从以下两个方面进行传播状况的改变：其一，加强内容传播控制力度，确保企业主导品牌内容占据黄金位置。这就加大企业主导的品牌传播力度，使其在数量上能够与来自其他渠道的信息相抗衡，增加网民点击到来自企业主传播内容的概率；同时，注重加强来自品牌主的信息与其他信息的区隔，比如在官方网站的链接上，加

上官方字样，提升官方信息来源的醒目度，使网民搜索能够更快地获取信息。此外需进行竞价排名及SEO优化，使来自企业的品牌内容来源，能够出现在搜索平台的黄金位置。Spink的一项研究显示，大多数用户只查看返回结果的头10条，平均查看结果的数量是2.35页[①]；另一项研究则显示约70%的用户只查看了Google检索结果的首页，用户平均只查看1.7个结果页面[②]。因而企业在利用搜索平台传播的过程中，需要重视通过竞价排名，SEO优化等方式使自身所传播内容出现在网民注意力最为集中的黄金地段。其二、加强与垂直网站的竞争与合作。在互联网传播时代，独自掌控品牌内容传播来源已经不可能实现，因而加强与垂直网站的竞争与合作，成为最佳选择。一方面，要积极与垂直网站展开竞争，掌握一定的内容传播主导权；另一方面，也要与垂直网站进行合作，通过垂直网站平台发布品牌信息，比如达成与销售网站、招聘网站的合作，拓宽品牌传播渠道。

2.统筹规划品牌传播内容，提升内容传播系统性

由于搜索平台的聚合性以及传播来源的多样化，基于搜索平台的品牌传播内容也丰富多样。内容的复杂化，也提升了企业内容管理的难度。若想改善这一状况，企业必须提前对品牌内容的传播进行统筹规划，合理分配平台资源，通过系统性的传播塑造企业的品牌形象。首先，要对品牌传播内容进行合理配置，因为搜索平台每页展示信息有限，因而企业必须根据自身特点以及网民的搜索意图，合理设计综合信息、新闻信息、招聘信息、销售信息等所占的比重；其次，要善于与垂直媒体进行竞争合作。作为传播内容制造者的企业：一方面可以通过控制自身行为来控制对外传递的内容，进而影响垂直媒体的传播内容的选择；另一方面可以与利益相关垂直媒体进行合作，达成关于品牌内容传递的一致行为。而对于一些干扰内容也要及时进行整顿优化，防止网民注意力的分流。

3.有效运用公关手段传播正面信息，实时监控负面信息降低影响

在统筹规划品牌传播内容的同时，企业也必须有效运用公关手段传播正面信息，同时也要注重对品牌传播负面内容的监控，及时发现负面内容并进行有效处理，以降低其影响力。由于基于搜索平台的品牌内容传播，

---

① Spink，Amanda，Jaek L. XU. Selected Results from a Large Study of web Searching：the Excite Study Information Research，2005.12.

② 邓小昭：《网络用户信息行为研究述略》，《情报杂志》，2006年第2期。

是网民主动搜索的结果，与正面传播内容相比，负面传播内容更容易引起网民的关注。因为许多正面传播内容可能是企业公关的手段，而负面信息多来自其他传播渠道，更容易获取网民的信任。因而，企业必须注重对搜索平台负面内容的管理。首先，企业要注意对搜索平台展现结果的监控，及时发现负面内容来源，并对负面内容进行及时回应；其次，由于搜索结果所展示的都是企业近段时期内所产生的负面信息，话题集中度较高，企业可以有针对性地进行话题处理。

4.注重互动型媒体运用，有效开展传播活动

互动型媒体是一把双刃剑，一方面增加了企业及时发布信息的渠道，降低了获取网民反馈的成本，另一方面也提升了企业产生品牌传播内容危机的可能性，网民可以不受任何审查地利用互动型媒体随意发布对企业品牌的不满。因而，在应对互动型媒体时，企业一方面要充分掌握互动型媒体的运营规律，另一方面要充分掌握网民心理，积极应对互动型媒体所带来的负面传播。首先，在利用互动型媒体传播的过程中，要对各类型互动媒体进行特性分析。比如微博多是企业主导的传播内容，本身就是为宣传企业品牌内容而设立，因而在该平台上发布企业品牌的正面信息多会获取良好的效果。而论坛社区一般是网民自由发表意见的社区，因而如果企业在论坛中发布过于直接的公关广告信息，则会引发负效应。其次，对于论坛中网民所发表的负面信息，企业要给予足够关注，及时进行互动，消除负效应。

5.根据企业特色，组织内容传播

由于每个企业性质不同，产品不同，所要塑造的品牌形象也不尽相同。因而，在企业基于搜索平台的品牌内容传播中并无固定的模式可言，各企业要根据自身的特色，进行内容的组织。企业特色不同，其传播渠道、传播内容、传播形式、互动型媒体的选择与运用，都会有所不同。搜索平台作为信息集中地，网民通过对各类传播内容的标题的浏览，就会形成初步的品牌印象。经过良好统筹策划的品牌传播，必然能够展现出品牌个性与特色，而杂乱的无组织的传播，在增加网民信息获取难度的同时，也难以形成美好的品牌印象。因而，企业必须根据自身传播需求，组织内容传播才会达到最佳效果。

（《湖湘论坛》2014年第6期）

从案例看企业的"品牌传播"

【摘要】宝洁公司以"品牌总监"取代"营销总监"、少林寺招聘媒体官等案例，昭示的是"品牌传播"岗位对企业的重要性：帮助企业实现互联网时代产品与客户之间的"无缝对接"、为企业布下一张可实时获取信息调节行为的神经网络。由此，企业需进行设置"品牌中心"的机构改革，中心之下则又可分设品牌管理部、公关拓展部、媒体管理部。企业组织变革无疑显示了品牌引领式发展成为信息社会的基本取向。

【关键词】企业组织变革；品牌中心；品牌传播

一、对两则案例的解读

案例1：宝洁品牌职位震撼诞生

2014年7月1日，宝洁公司震撼发布："营销总监"职位从公司组织中删除，取而代之的是"品牌总监"！这一消息震撼所在，就在于把企业一直看作为命脉所在的"营销"进行了颠覆性的革命。

成立于1837年总部位于美国俄亥俄州的宝洁公司，目前拥有美容美发、居家护理、家庭健康、食品饮料等300多个品牌，其中十亿美元品牌数达到25个。宝洁所营销的300多个品牌的产品畅销全世界140多个国家和地区，拥有50亿消费者，美国98%的家庭使用宝洁的产品，远胜过世界上任何一家企业。宝洁成功的原因除了160多年来一直恪守产品高质量原则之外，独特的品牌管理系统也是其获得成功的重要因素之一。宝洁公司早在1931年就引入品牌管理系统，可以说是品牌管理的先驱。宝洁官网对品牌传播部职位是这样描述的："世界级的商业领袖，从这里启程；宝洁品牌管理部是一个拥有世界上最好的品牌建设者和商业领袖的全球性组织。我们致力于发展品牌和品类的共享领导，并让我们的继承者延续下去。"宝洁全球市场营销及品牌建设执行官毕瑞哲对此曾自豪地说，"我们有全球品牌经理人，这些人从全球角度管理品牌，他们很有经验，了解相关品牌在全球范围的意义；在地方层级，我们也设有品牌经理人，他们擅长从区域层面管理品牌。全球品牌经理人设定品牌形象、品牌定位以及可在全球范围运作的宏大理念"。

曾任宝洁公司品牌经理、后加盟于奥美公司的查尔斯·戴克（Charles L. Deckeer）在其所著《宝洁的观点品牌王国的99条成功准则》中指出：宝洁的品牌管理系统之所以卓有成效，是因为一个支撑此系统的清晰的基本信念："消费者购买品牌而不是购买产品。由于品牌是宝洁的制胜核心，其企业组织也以品牌经理人为中心。当研发部门发明出一个新产品并准备上市时，品牌经理被授予营销的任务。品牌经理负责所有与品牌相关事务以及其福利，尤其是与消费者的关系"。他特别强调"品牌经理就像轮子的中心，资料的汇集与人才招募构成一个类似轮辐的图案，其中包括产品开发、研制、包装设计、市场研究、业务拓展、电视广告制作、促销支援以及其他种种的部门。从1931年以来，宝洁公司的最高主管都是品牌管理出身，90%的管理阶层也都来自品牌管理"。

可以说，这次宝洁公司将组织调整的大刀砍向"营销"，而将"品牌"大树特树，乃是"蓄谋已久"。正如宝洁公司声明中所称：这项改革是为了将品牌资源统一起来以专注提供更好的品牌商业效果，能明确责任更快地做出决定，为创意和执行留出更多时间。

宝洁改革引发的震撼，该震醒当前中国诸多企业对"品牌"的误解了：品牌就是品牌设计、商标的运用。他们忽略了品牌就是战略、品牌就是营销的前奏：品牌本身是传播的对象与结晶，品牌传播是指企业将自身品牌信息符号通过传播扩散，能够在消费者（或接受者）那里产生以信誉为核心、良好的倾向性印象与认可，从而让品牌形成企业与消费者的一种聚焦性约定符号。品牌一旦被消费者认可，营销就是水到渠成的事了。

案例二：少林寺招聘媒体官

2014年9月1日，少林无形资产管理公司发布信息：招聘媒体总监、主编各一名。要求：文字功底扎实，兼具英文沟通经验者、有新媒体实战、组织、运营经验者优先；对中国传统文化认知和践行，有志于少林文化传播与发展，薪酬面议。

消息一经发出，立刻引发了人们的关注与讨论，其关注重点聚焦于"寺庙是否过度商业化？"却忽略了"媒体官"的含义本身。也就是说，人们尚没有将少林寺作为一个品牌来看待，倘若人们认识到"少林寺"需要作为中华千年品牌来保值升值、永续发展，知道少林寺已拿到45个类别、200多项商标的注册证书，知道少林寺举办各项论坛、讲座、座谈、祈福、典法会等文化活动弘扬了少林文化，也就可以理解少林寺作为一个国内外知名的"品牌"需要进行带有"商业化"的传播了。然而从品牌传播的专业角度来看，少林寺招聘"媒体总监"并不科学："媒体"包括大众媒体与自有媒体，大众媒体指传统的报纸、杂志、电视、广播、图书等媒体，属于公共平台。而自有媒体则是企业自有的传播渠道，包含一个企业组织可自我掌控的媒体总称，其内含非常丰富，除了企业宣传册、企业报刊、企业书籍、产品宣传页、海报等常见视觉识别的自媒体之外，还有品牌官方网站、品牌官方微博、企业领导人微博与博客、企业主导的行业论坛、品牌词条、品牌植入的微电影、品牌商务平台、品牌资讯平台等自有新媒体。需强调：自有媒体的职能与使命就是进行品牌传播，而不具备公共的平台性。由于人们公认的媒体多是指大众媒体，其媒体官需具备公共性；而少林寺招聘媒体总监时尽管强调"其核心任务是保证'少林''少林寺'这一中华千年品牌保值升值、永续发展"，这显然与人们所认识的"媒体"人格格不入。也就是说，少林寺招聘的岗位为"品牌传播"总监才是合理的，他的主要工作即围绕少林寺品牌来进行包含"自有媒体使用与维护""品牌管理""公关活动"等在内的"品牌传播"。

通过以上两则案例，我们可以看到"品牌传播"岗位对企业的重要性，它不仅帮助企业实现互联网时代产品与客户之间的"无缝对接",而且悄无声息地为企业布下一张信息网,所有关于产品、企业及其服务的信息都通过这张网与客户进行充分有序交换,实现品牌传播的最大效应。

二、企业"品牌传播"岗位的设置与职能

目前国内企业已经开始着手有关调整,在自有的组织架构中已经设立品牌传播的相关岗位,如下图所示:

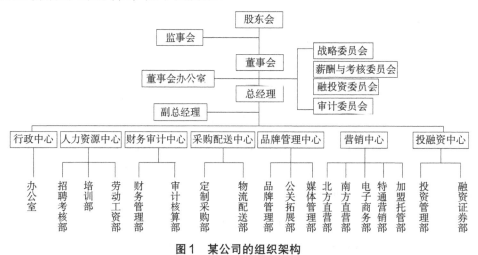

图1 某公司的组织架构

由上可见,企业的"品牌传播"职能部门与岗位的设置是势在必行。

1."品牌传播"部门的设置与职能

随着顺应时代、顺应媒体环境、顺应市场的"品牌传播"理念的提出,相应的企业职能部门设置则应更科学合理。目前有的企业设置了"品牌中心",比如1976年在法国创立的迪卡侬集团(2008年成为Oxylane集团),是全球体育用品的设计者和品牌的缔造者,同时也是运动用品的零售商。该集团从1986年开始发展自有品牌的设计和生产,目前已经拥有17个消费品牌及7个物料品牌,生产遍布全球16个国家和地区,集团在全球拥有超过5万名员工,行业排名全球领先。该集团设置有"品牌中心",负责保持与目标客户的经常接触、扩大客户与品牌的数字化战略,与外部市场、地区、政府等沟通联络,同时也负责与供应商、销售部门的协商,重在维系与品牌有关联的各种关系,但对于品牌自身建设和维护较少涉及。

也有企业建立了"媒体中心",如红星美凯龙集团在2009年5月全额投

资建造了国内唯一的商业MALL精众媒体平台"和合传媒",即:红星美凯龙集团媒体运营中心。根据该集团发布的公开信息显示2009年至2011年,集团依托红星美凯龙百MALL家居大平台,历时三年和合传媒成功搭建了覆盖全国80个重点城市100多家红星美凯龙卖场的精众联播网,成为中国第一大家居终端精众传播媒体平台。其媒体中心负责的是借助自有的媒体平台进行市场推广、市场企划、广告发布等。

还有些企业设置了"品牌管理部",比如知名IT企业"百度"已经成为中国最具价值的品牌之一,英国《金融时报》将百度列为"中国十大世界级品牌"。百度设置的品牌管理部主要负责品牌和产品推广策划、执行、传播,同时也负责协调跨部门及供应商资源进行市场的管理等,但其品牌管理部地位不高,潜力有待挖掘。

可以说,诸多优秀企业目前已经有强烈的品牌发展意识,开始考虑设置以品牌为核心的部门机构,也都关注组织架构来适应管理变革,从而增强核心竞争力,为企业带来的新的增值空间。但目前各企业设置的机构名称往往五花八门的,统一为更为科学合理性的、名正言顺的名称应是"品牌传播中心",理由如下:

第一,品牌是传播的对象与结果。这是品牌传播中心存在意义的逻辑起点,当今企业的竞争在于所拥有的品牌的竞争,对品牌的传播管理尤为重要。品牌管理中心作为战略性的独立职能部门,直接接受最高领导指示,其他部门无权跨部门、跨层级去管理品牌,它要承担的是品牌战略管理的内容。

第二,品牌传播包含主动的管理。品牌传播中心需进行动态管理,需要不断的审视环境的变化、趋势的变化,作出主动性的应对。适时对公司品牌战略的实施进行评估,并提出持续改进的意见,特别在出现公关危机时,品牌传播中心将发挥核心作用。

第三,自有媒体是为品牌传播服务的。无论现在还是将来,对企业而言,线上的媒体必须被最大限度地挖掘利用,包括线上品牌舆论监控、自媒体技术维护、自媒体内容发布、大众媒体关系维护、数据库管理等。

2."品牌传播"岗位分设与职能

"品牌传播中心"的运作还需要下设部门予以支撑,其部门的任何行为和活动都应该与企业的品牌发展战略目标息息相关,并发挥特色优势,支持品牌战略目标的实现。而具体在"品牌传播中心"部门之下,则可分设三个分部门（见上图）或经理岗位，其职能分别如下：

（1）品牌管理部（经理）：负责监控市场、市场调查、品牌规划、品牌传播策略制定、品牌传播执行与督导；

（2）公关拓展部（经理）：负责线下公关活动执行、合作伙伴建立、危机事件处理；

（3）媒体管理部（经理）：负责线上品牌舆论监控、自媒体技术维护、自媒体内容发布、大众媒体关系维护、数据库管理。

"品牌传播中心"依靠这三个部门的彼此合作正常运转。各部门需明确其创造的价值和努力方向，并承担相应责任和对应权力，相互配合以实现最终的工作任务。目前，中粮集团办公厅品牌管理部被定位为"集团品牌管理的专业机构"，对集团范围内所有涉及品牌经营中心/管理中心/直属 BU 进行专业管理及支持。并且明确了集团级品牌管理职责为母品牌管理和建设、建立统一的媒介管理体系、建立基础调研数据分享平台、管理集团内大型活动、培训团队整体品牌运营能力等。而下属的经营中心/管理中心品牌管理机构负责具体各级品牌进行管理、完善对所辖品牌的管理结构、功能和专业性建设、保证母子品牌发展方向的一致性、负责媒介计划和预算的制定，具体完成统一采买等。可以看出中粮集团对品牌规划发展非常重视，但如果中粮集团在此基础上还能综合考虑纳入线下公关活动执行、危机事件处理以及自媒体的管理等工作部门或项目，将会使得企业增强母品牌与子品牌之间的系统协调性，其资源的整合也将会更加有效，战略优势会更加强盛而持久。

我们知道，品牌本身能够建立对质量信誉做出一种承诺与保证，使品牌商品增加文化因素，合理地进行溢价，使企业有可能比同档次的普通商品价格高出 20%～80%，甚至超出数十倍。而品牌传播做得有效，必然有利于品牌良好形象的建立，有利于企业巩固现有消费者的品牌认可与忠诚，不仅能够直接有助于销售量的增长，而且企业营销将在各个环节能够有效实现成本的控制，同时在市场中获得销售总额中所占营销成本会降低。可以说品牌传播有效，营销必定好做。毫无疑问，设立品牌传播专属部门和岗位很有可能成为企业变革的下一个标杆。

（《企业研究》2014 年第 10 期）

"小米"品牌成功与企业自媒体矩阵策略

【摘要】"小米"以极少投放广告的方式，快速打造了一个市场熟知的品牌，从品牌传播渠道角度审视，关键在于其"企业自媒体矩阵"策略的运用。小米井然有序的"自媒体"矩阵，支撑起了小米的"互联网思维"，也促成了小米品牌传播效应。"小米"的品牌传播模式可以概括为"品牌提示＋自媒体矩阵"的组合策略，其中间环节是搜索端口，以随时随地满足消费者主动的品牌搜索需要，并达成品牌信息满足。

【关键词】"小米"品牌；自媒体矩阵；品牌传播策略

一、"小米"：让企业家惊艳的品牌

"小米"，这是一个几乎是一夜之间就闪亮地出现在我们面前的品牌：Canalys公布的2014年第二季度智能手机出货量报告显示，小米手机在中国智能手机市场份额占14%，排名第一，首超三星，成为中国第一大手机厂商。Strategy Analytics的数据则显示，2014年第二季度，小米攫取了5.1%的全球市场份额，远高于去年同期的1.8%，成为全球第五大智能手机厂商。

301

而此时，距"小米"2011年8月第一次亮相才不到三年时间！

　　小米其实生不逢时，其诞生恰逢手机的一片"红海"：苹果虽独占鳌头，但已呈式微；三星追随猛进，一路高歌；诺基亚已遏制颓势，有所返光；而HTC、中兴、华为、金立、联想等品牌，也各自切取蛋糕。对于这样的"红海"市场，经济学家一般的建议都是：没必要进去了。小米却偏偏"逆其道而行之"，果断进入。不仅如此，小米从成立之日起，就以"为发烧而生"作为其产品理念与品牌理念，立志做一款高性能的发烧友爱好的手机。这不能不说是"剑走偏锋"之招。"发烧友"的目标人群定位，按照常规的营销运作思维来讲，确实太"过于狭窄"。然而小米用事实令人们大跌眼镜：2011年8月16日，小米手机1正式发布，9月5日，小米手机1正式开放网络预订，半天内预订超30万台。12月18日，小米手机1第一次正式网络售卖，5分钟内30万台售完。当众多手机品牌费力吆喝叫卖的时候，小米已经实现了上百万的销量，这足以见证"为发烧而生"的威力。从2011年小米1首批预订开始到2014年小米4上市，小米的每一款新品上线，基本上都是按照几小时几分几秒的速度售罄。2014年，小米以新加坡、印尼市场为跳板，开始了进军全球的步伐。

　　小米用了不到四年的时间，以极少投放广告的方式，打造了一个市场熟知的品牌，实现自身身价的"超级跳"：从2.5亿美元到如今的百亿美元，一跃成为业内与苹果相抗衡的手机制造商，这对大部分手机制造商来讲简直就是天方夜谭。如果说，红海策略关注的是在现存市场空间内如何胜过竞争对手，那么蓝海策略关注的则是如何脱离已有的市场边界，从而把竞争者甩在后面。小米的成功逆袭被解读为"用互联网思维颠覆传统企业的游戏规则"，正是蓝海战略的最好例证。小米的LOGO是一个"MI"形，是Mobile Internet的缩写，代表小米是一家移动互联网公司，"移动互联网"也成了小米重点强调的概念。小米的产品开发在互联网、营销宣传在互联网、渠道销售在互联网，小米也成为互联网手机的代名词。这种互联网手机模式，改造了现有的手机市场体系，从产品研发、成本结构、消费方式、售后服务等诸多方面，带给消费者全新的体验和感受。可以说，小米手机以小众的"发烧友"为"星星之火"，已经燃起了市场上品牌"燎原"势头。

二、"小米"自媒体矩阵策略的启迪

小米的成功让业界人士津津乐道，诸多专家对小米成功的分析也颇见真谛，如：有人肯定其"饥饿营销"手法的纯熟运用，有人称赞其对"参与感灵魂"的精准把握，有人将其归功于"品质与价格"的完美结合。不可否认，每一种分析都是小米成功之道；但归根结底还需落到"企业自媒体"几个字之上。倘若没有互联网上的各种小米自媒体，再好的"饥饿营销""参与感""三三法则"都失去了翩翩起舞的平台。正是小米井然有序的"自媒体"矩阵，支撑起了小米的"互联网思维"，掀起了小米风暴。显然，小米的自媒体矩阵策略值得我们关注，并从中可获得启迪：

1.搜索满足中，"小米"铺天盖地

从2010年雷军召开小米手机发布会以来，小米手机能否成功就成为业界一大热点话题。2012年，"小米手机"一度成为百度十大热门关键词。当输入"小米"两字，几乎所有靠前的搜索页面都被小米的自媒体占据。小米官网、小米百度贴吧、小米官方客服电话、小米旗舰店、小米社区、小米之家……不仅如此，打开"小米"品牌的任一接触点，均能与其他小米页面连通。以小米官网为例：在这里可以找到小米的各类产品、配件，并且实现在线购买；可以直接链接到小米的微博、微信、QQ空间、米聊；可以在这里面要求1小时快修服务、7天无理由退货、15天免费换货；可以了解小米相关新闻，也可以加入小米；可以下载相关软件，可以进入小米后院、香港小米、台湾小米，享受英文服务，甚至在页面右侧直接进行话费充值。当"小米"的信息在网络上铺天盖地、无所不在，能随时随地满足人们对"小米"的搜索，这就必然颠覆了人们对于"小米"的认知：诚如现在一提及"苹果"，首先是手机，其次才是水果一样；现下的"小米"，首先它也不再是一种谷类，而成为"互联网手机""发烧友手机"实实在在的品牌。

2.互动沟通中，"小米"载体多多

这里的"载体"指的是小米的"自媒体"。如果说"参与感"是小米的灵魂，那么这个灵魂的载体就是小米各种各样、丰富多彩，且构成矩阵式的自媒体。

"小米网店"：作为一家生产产品的品牌商，小米知道，发烧友最为关注的就是小米产品，发烧友会上网直奔你的网店。因此，小米的自媒体矩阵中，天猫电器城"小米官方旗舰店"乃是重中之重；其产品发布、销售预订均在该自媒体上进行。

"小米官网"：或许品牌网站已经不是一种受人们关注的自媒体，但却是最权威、信息最能深度传播的载体；小米官网必然地担负起品牌背书、企业文化、品牌动态、产品展示、促销信息发布、产品销售的平台功能。

"小米论坛"：其包含小米社区、米聊、米柚等多种空间，小米更多地用它来积累"发烧友"，培养忠实用户，开展口碑传播。小米论坛上沉淀的粉丝意见，将很多问题暴露、提供给开发上游。如小米手机的无锁刷机系统功能得益于不断有发烧友在小米论坛上呼唤。而小米手机不装任何输入法也源于用户发起的自主投票，让用户自主选择装什么样的输入法。

"小米微博群"：属于"小米"微博群的数量恐怕难以统计，不仅有小米官方微博，小米每一款产品有微博、市场的每一个区域有小米之家微博、小米创始人团队以及高管均建有微博，其中小米的领军人雷军微博就有近1000万粉丝。小米网负责人黎万强在实名认证的微博上公布了小米公司的支付宝账户可用余额：2.36亿元，这一招"炫富"就使得该微博获得大量转发。雷军等七个合伙人参照热门电影《那些年我们追过的女孩》的风格，拍了一系列的海报视频发到微博，从而引发了"小米青春版"微博高潮：转发量203万，涨粉丝41万。

"小米QQ空间"：小米曾经通过自己的认证空间账号向QQ空间用户发送了12万抢购码，很快就下单4.5万，销售转化率达到37.5%。用户的QQ账号还与小米网打通，用户可直接使用QQ号登陆小米官网下单购买任何产品。

"小米微信群"：作为信息私享的小米内部员工微信以及各个微信群，不仅是内部沟通的渠道，更成为口碑传播的信源、信道。而小米微信公众号则被定位成客服媒体，并为此开发了一个技术后台，某些重要的问题会转到人工客服，实现一对一地回复，这极大地提升了用户对小米品牌的忠诚度。在发展微信粉丝的时候，小米会定期举行有奖活动来激活用户。而小米的每次微信活动又都会在其微博账号、合作网站、小米论坛、小米官网上提前一两天发布消息，告知活动详情，放置微信的推广链接，以及微信二维码。

"小米App"：小米除了在官方"小米应用商店"App中融入热门的应用软件外，还开发了"小米鉴定"App，可以轻松一键鉴别小米手机真伪；"小米路由器"App使手机端可以自由遥控路由器；小米锁屏（百变锁屏）独立App，不需要刷MIUI系统就能在任何一款Android 2.3以上系统的手机上设置自己喜欢的解锁模式。而"小米应用商店"不仅有专属的用户论坛，还在页面下方标注了"应用分发""开发者服务"等链接，访问者可以进入"小米开发者中心"，"小米新浪微博""微信公众平台"来进行互动，甚至进行"商务合作"。

据不完全统计，由上述企业自媒体组成的小米自媒体矩阵，积聚了7000多万的粉丝，他们每天均在源源不断为小米提供各种产品、服务建议，并自发进行口碑传播，而发布信息的成本近乎零。为此，小米将米粉尊为上帝，每年都会组织一场盛大的"爆米花年度盛典"，把陪伴小米一同成长的米粉们从全国各地请来，为他们制作专门的VCR。此外，小米还制作了《爆米花》杂志，让米粉成为时尚封面的主角。在2013年4月9日的小米米粉节上，小米特别发布了一部专门感谢100个铁杆粉丝的微电影，名字叫作《100个梦想的赞助商》，对他们表达感谢。

由此我们可以想见，"小米"自媒体矩阵与其说是媒体，不如说是媒体集聚的广大米粉，以及米粉构筑的忠诚消费群与坚实的市场。

3.饥饿期待中，"小米"顺势送达

为发烧而生是小米的理念，小米手机还未上市，就已经将"发烧"理念打得火热。高配低价、参与开发，不仅勾起了手机发烧友的好奇，还吸引了媒体关注的目光。在公众对小米认可、喜爱、向往，产生消费期待的时候，小米选择的是一轮轮的预订、抢购方式，限量发售，每轮开放购买的时间都非常有限，这让小米手机总能在很短时间内销售一空。在小米手机最紧俏的时候，黄牛党疯狂抢机抬价，甚至微博平台上有人转让"小米手机的购买权"，而小米公司和雷军则不断道歉，称因为产能不足才采用限买的方式，这无疑让小米手机更加引发业内关注。与每一轮手机产品销量快速增长相伴随的是米粉数量的快速激增，而米粉数量的增长又反过来提升了小米的知名度与话题度。在"市场饥饿"蓄势到恰到好处之时，新款"小米"产品又在众多期待中应运而生，且顺势送达到稍显饥饿的消费者手中。为增加"饥饿营销"的影响力,小米还与一些平台合作,为饥饿营销升温,如借用百度浏览器推出抢购小米的功能,网友晒出的成功抢购截图中也多是通过这几款浏览器发出,以至于这种浏览器被称为"抢米神器"。随着粉丝的"病毒式"扩散,小米的合作伙伴也越来越多。从宣布与联通合作,到"微博开卖",再到上线天猫。可以说,小米的粉丝在"饥饿营销"中并未真正地饥饿,这一点是比苹果更智慧的"营销",且为营销的互联网思维提供了一个开创性的案例。

4.信息茫然中,"小米"与你邂逅

虽然"小米"自媒体矩阵很强大,但在现代社会信息海洋中,对于某一个体消费者来说,可能依然是隔膜的,无数个体消费者在一定意义上总处于对特定信息的茫然之中,这就需要给予强而有力的提示。而小米在建设强大的自媒体矩阵的同时,则实行的是"炫目引爆"、抢夺大众媒体亮点的策略,让"小米"与目标群体高概率信息邂逅,提示关注!而具体实施则是:"小米"不上电视则已,一上必定是受众最瞩目的载具。目前为止,小米仅仅在2013年央视春晚推出品牌形象广告《嘿嘿》,2014年央视春晚做了品牌形象广告《我们的时代》。以2014年央视春节晚会广告为例:首先,小米官网、小米公司董事长CEO雷军在微博上宣布了将在春晚前的最黄金时段投放时间长达1分钟的广告,这立刻引发了新浪资讯、网易手机等IT媒体的争相报道。接着,小米在优酷上传了2014央视春晚广告片《我们的时代》,但尚处于加密状态。1月26日,小米在其官网正式首映了这部广告片。小米社区同时公布了春节期间,小米央视春晚广告的播放时间表,并公布了抢先看点赞地址,在观看广告片的同时,还可以参与点赞砸金蛋赢大奖的活动。广告发布之后,湖南卫视快乐大本营的几位主持人发表微博对其进行了盛赞,这种盛赞又被小米的各种自媒体疯狂转发。如此,就构成了"信息诱饵+自媒体矩阵信息陷阱"的组合策略,其图示如下:

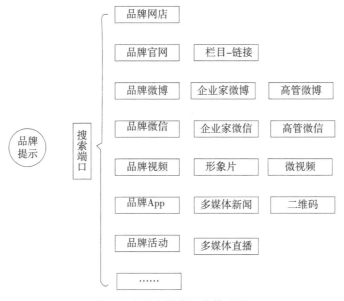

图1 企业自媒体矩阵策略图

　　上图所清晰显示的"信息诱饵+自媒体矩阵信息陷阱"的组合策略，即在企业自媒体矩阵基础上，向所有即将关注的消费者张开搜索端口，以随时随地满足品牌搜索需要；同时则通过强势大众媒体进行品牌的炫目提示，以引发受众进入搜索，并自觉自愿地陷于品牌自媒体矩阵而无可自拔，从而兴高采烈地发烧消费。可以说，如上品牌传播策略乃是当今信息环境下企业最科学的选择，这恰是"小米"品牌成功昭示的奥秘所在。

（《企业研究》2014年第10期）

媒体经营中的品牌传播服务空间

【摘要】新媒体带来的冲击使得传统媒体经营必须进行反思、创新、转型。而从媒体经营角度审视，单一的广告刊播依赖其困境日渐显示。实际上，"广告"概念已不适应现代竞争语境，内涵更为丰富合理的"品牌传播"已被广为接受应用。品牌传播有两个本质要点："品牌"，即以企业为主的、各类主体信誉的符号化构成；"传播"，即包含广告、公关、新闻、人际交流、新媒体互动在内的沟通与扩散。该两要点不仅显示了价值的归属，更突出了现代媒体环境下的传播互动性。对于媒体经营来说，其核心的转型即：由广告经营走向品牌传播服务！而客户关系导向的品牌传播服务空间主要则有：量化调查、创意策划、媒介事件、营销沟通和品牌传播"品牌化空间"打造。

【关键词】媒体经营；广告；品牌传播；服务空间

　　长期以来，由于市场力度没有得到充分发挥，传统媒体的经营基本上是以一种非常粗放的方式在进行，大多数媒体停留在卖广告版面或卖广告时段上，而且基本上是站在卖方市场的角度，等待广告客户上门。广告收入成为传统媒体的主要收入来源，甚至是唯一的收入来源，谈不上真正的专业化媒介经营。清华大学媒介经营与管理中心根据国家统计局的数据分析后发现，绝大多数报纸的主营收入是广告收入加上发行收入，广告收入占主营收入的比重超过70%。但随着以互联网为代表的新媒体的崛起，传统媒体在销量、广告方面等都受到了前所未有的冲击。据权威研究机构CTR数据显示，2013年中国市场传统媒体刊例广告同比增长仅为4.5%，创近五年来的新低。而2013年度中国网络广告同比增长46.8%，增幅是传统媒体的10倍多。面对传媒产业这样的一个发展趋势，笔者以为媒体经营的转型升级已是迫在眉睫的任务。而当务之急是转变媒体经营理念，拓展媒体品牌传播的服务空间。

一、经营理念的转变：由"广告"到"品牌传播"

《中国广告》杂志社社长张惠辛指出："品牌的营销传播开始挣脱广告的狭隘的空间，我们以前总是认为做品牌、做传播就一定是在做广告，就是广告的事情，现在看来，品牌传播的概念开始全面突破广告的制约。"由此，他告诫道："广告公司与媒体的观念及运作都必须突破广告的范畴。"[1]而"突破广告的范畴"，是对"广告"概念的突破还是对"广告"内涵的突破呢？对此，我们认为应该从广告赖以存在的媒体环境去展开研究。

面对新媒体的发展，黄升民教授指出："占据主导地位的大众消费正分崩离析、逐步瓦解，取而代之的是小众化、碎片化消费。"而消费的变革，则必然"推动着数字新媒体营销的不断成熟与发展，威胁到广告业对于媒介和受众的控制力"[2]。正如美国传播学家沃纳·赛佛林等人所言："目前，广告业正处一个变化阶段，其主要原因是媒介环境发生了巨大变化。传统上针对广大不知姓名观众的大众媒介广告是一种行将消亡的传播形式。"[3]无疑，传统的大众媒介广告在新媒体步步进逼中逐渐让出自身的领地是个必然的趋势。其主要体现如下：（1）传统的纸质媒体与新媒体融合，

---

① 张惠辛：《超广告传播：品牌营销传播的新革命》，东方出版中心2007年版，前言。

② 黄升民：《数字改变未来——数字新媒体如何影响未来营销传播》，转引自中国传媒大学广告主研究所编：《新媒体激变·广告2.0时代新媒体真相》，中信出版社2008年版，序第3页。

③ ［美］沃纳·赛佛林、小詹姆斯·坦尔德：《传播理论：起源、方法与应用》（第四版），郭镇之、徐培喜译，华夏出版社2000年版，第1页。

变身为新的媒体形式；（2）数字电视，电视收看由广告支持改变为交费选择，使得传统的电视广告变身为专门化的电视购物频道；（3）网络广告自身也蜕变为品牌信息、产品展示体验、电子商务的一体化；（4）信息与智能手机界面的融合，催生出受者个性化的信息定制与智能选择。由于如上四点的推动，传统意义上的广告存在方式，以及所支撑的广告概念及内涵，促使我们对其进行深思。

《中华人民共和国广告法》第二条规定："本法所称广告，是指商品经营者或者服务提供者承担费用，通过一定媒介和形式直接或者间接地介绍自己所推销的商品或者所提供的服务的商业广告。"而在一些代表性的广告论著中，"广告"的内涵也大体相同，如，美国学者阿伦斯认为："广告是由可识别的出资人通过各种媒介进行的有关产品（商品、服务和观点）的、有偿的、有组织的、综合的、劝服的非人员的信息传播活动。"[①]丁俊杰教授认为："广告是付费的信息传播形式，其目的在于推广商品和服务，影响消费者的态度和行为，博得广告主预期的效果。"[②]陈培爱教授认为："现代广告是指一种广告主付出某种代价的，通过传播媒介将经过科学提炼和艺术加工的特定信息传达给目标受众，以达到改变或强化人们观念和行为的目的的、公开的、非面对面的信息传播活动。"[③]将如上内涵的广告置身于大众媒体环境、紧紧对应以广告公司、媒体广告经营为主构成的"广告行业"，自然没有不妥。可以说，既有的广告概念与内涵，是特定时代产物，且依然具有其合理性、生命力。但是，在新媒体环境下，我们将全新的广告形态及其一些主要特点，如"互动性""消费者主导""广告主自主传播"等引入到"广告"内涵中进行审视，我们无疑可以发现：作为广告主的企业已经不单纯地将商业信息的发布寄托于如上界定的纯广告，却越来越多地付诸可自我掌控的、付费支出方式多元化的会展、活动、终端、新媒体、关系管理。资深广告人、北京大学的客座教授刘国基认为：最好连"广告"的概念也"革命"掉，因为"广告"的定义直接与大众传播媒体挂钩，今天，已进化为"双向的、互动的、参与式的、数据库驱动"的沟通行为，甚至消费者已经成为"需求广告"的发布者……对各种品牌体验自动出击

① ［美］威廉·阿伦斯：《当代广告学》，丁俊杰等译，华夏出版社2000年版，第7页。

② 丁俊杰：《现代广告通论》，中国物价出版社1997年版，第6页。

③ 陈培爱：《广告学概论》，高等教育出版社2005年版，第6页。

表态，形成舆论社群，全面摆脱企业主通过广告发布话语控制权。显然，受传统"广告"内涵之约束，"广告"的生命力受到了极大制约，其核心的"广告策划"几乎丧失了空间。这不由得令全体广告人深思：是坚守存在内涵已存在欠缺的"广告"概念，而坐视运作与研究空间的萎缩？还是与时俱进地进行"广告"内涵的更新与充实性的演进，甚至进行概念的革命与创新，让其焕发生命力？答案只能是后者。

那么，广告新内涵将如何演进呢？我们主张：广告内涵演进的新取向应为——"品牌传播"。由于在19世纪末诞生的现代"广告"，比诞生于20世纪上半叶的"传播"学更早，这就构成了我们讨论的一个基本前提：广告从本质上虽然属于传播，但由于其独立性更早，也就形成了自身的生命力。但其研究与运用中，"传播"的性质与规律却不能不考虑。由于信息社会传播的重要，营销已发展为整合营销传播，但独立性的营销学已有专门化、独立性的研究，而实际已经独立的广告业务与理论向传播提升显然是格外需要进行正视的。那么，避开围绕营销对象——包含实体与虚体性劳务在内的商品购销——展开研究的营销学，广告传播更多的是对商品符号的传播，从而引导广告受众依循商品符号来进行消费，而商品符号的高度抽象即"品牌"。失去品牌符号指代的广告——产品广告，消费者的接受其实是没有识别的接受、无所适从的接受，或曰无效广告，其传播也必然是没有意义与价值的。如此，基于品牌符号由表及里地传播，学理上就使得广告的内涵应向"品牌传播"演进。"品牌传播"的概念诞生于2001年，其本质要点有两个：（1）"品牌"，即以企业为主的、各类主体（个人、组织等）信誉的符号化构成；（2）"传播"，即包含广告、公关、新闻、人际交流、新媒体互动在内的沟通与扩散[1]。总之，品牌传播强调的是以客户为中心，要求媒体经营措施要能够满足品牌和消费者的双向沟通，最终达到提高消费者价值、实现公司利润最大化两个企业经营目标。品牌传播符合当今竞争激烈的市场要求，媒体的广告经营要想获得切实的效果，需要从依赖广告传播转向依赖品牌传播。

---

① 舒咏平：《品牌传播教程》，北京师范大学出版社2013年版，第19页。

二、经营空间的拓展:从"单一硬广发布"到"客户关系管理性的品牌传播服务"

以品牌传播的理念来审视媒体经营,我们可以发现中国媒体的经营可以分为五个阶段:(1)单一媒体硬广告发布的品牌传播服务阶段;(2)多媒体组合性广告发布的品牌传播服务阶段;(3)硬广告+软文组合的品牌传播服务阶段;(4)事件参与性及品牌整合传播服务阶段;(5)客户关系管理性的品牌传播服务阶段。客户关系管理性的品牌传播服务是现阶段中国媒体经营空间拓展的方向,也是品牌传播经营理念在实际应用中的根本要求。所谓"客户关系管理(Customer Relationship Management,CRM)",它指的是一个不断加强与顾客交流,不断了解顾客需求,并不断对产品及服务进行改进和提高以满足顾客的需求的连续的过程。其内含是企业利用信息技术(IT)和互联网技术实现对客户的整合营销,是以客户为核心的企业营销的技术实现和管理实现。客户关系管理注重的是与客户的交流,企业的经营是以客户为中心,而不是传统的以产品或以市场为中心。

一般说来,"单一媒体硬广发布"主要是通过单向信息传播,参与到企业单一销售环节,同设计、研发,决策管理,以及售后服务、用户沟通等没有必然联系。而"客户关系管理性的品牌传播服务"是以顾客需求为中心,坚持双向互动原则,为企业提供全方位市场信息服务、关系沟通服务和品牌传播服务。其本质是以客户关系为导向的媒体企业价值创造。这是中国媒体经营现代转型升级过程中产业自立的基本依据,并将进一步拓展媒体经营的空间,引导中国广告业和媒体经营走向新一轮发展与繁荣。

客户关系导向的品牌传播服务空间主要有如下五种:

1.量化调查

随着大数据时代的来临,人们的思维变得越来越理性,量化的数据成为人们决策的最重要依据。然而数据的客观与真假成为各类量化调查的最大问题,直接决定着数据的公信力和效力。各类媒体,特别是传统媒体在权威性和公信力方面有着天然的优势,为此,既进行注重公信力的自身选题调查,或开展品牌主需要的评价调查,是媒体新的生存方式,也是服务经营的方式。如《深圳特区报》时尚消费版的"购物习惯与商场评价大调查",就是利用了《深圳特区报》这一在当地具有权威性和公信力的媒体,联合深圳新闻网与第三方调查机构——搜智市场研究机构共同在深圳开展的量化调研活动。旨在全面了解深圳市民的购物习惯，通过民意测验监督和促进各商家的经营运作，为消费者与商家架起沟通的桥梁。此次活动，凭着"科学调查、服务社会"的宗旨，以及媒体本身的影响力和号召力得到了深圳欧宝丽珠宝、兆亮珠宝、深圳市泰乐仕科技、海岸城、鱼美人减肥研究院等品牌企业的深度参与，实现了媒体、社会、品牌企业的三方共赢。

除主题量化调研之外，数据库也是未来极具竞争力的新媒体元素，它能提供新的信息产品，左右人们的信息方式。比如《日本经济新闻》设有庞大的日本经济研究中心，全面监控分析日本经济运行数据，发布日经指数。英国路透社约有40多万个终端和5万多个客户，数据库已成为路透集团最主要的盈利模式。

2.创意策划

作为最具有新信息、最具有多方面信息的媒体，自然也最能知道政府、品牌、行业、社会的最新需求；同时，任何创意与策划又是在有效信息基础上组合产生的；为此，根据品牌主的需求，为其进行传播创意与策划就成为媒体的核心竞争力之一；而创意与策划的智力成果就是知识产权，是可以经营的。以《长沙晚报》"名师大讲堂"为例。该报每年策划组织"湖南高考名师大讲堂"大型活动，聘请湖南省"七大名校"中的现任高三教师，开展语、数、外等十科的专题讲座。这一活动不但在长沙学生、家长中引起巨大反响，还吸引了全省各地的学生参加。每次讲座时，可容纳数百人的会议厅总是座无虚席。活动通过《长沙晚报》的"高考名师大讲堂"专栏专版、星辰在线（www.changsha.cn）高考频道、《学生·家长·社会》杂志、湘江手机报等传播途径，向全省200万高考考生提供最权威、最及时的高考复习指导，获得广泛好评。这一活动，不仅获得了可观的门票收入，而且搭建了一个开发教育培训机构广告市场的平台，爱尔眼科以及一些留学机构、民办补习学校等业外相关资源被充分挖掘出来。此外，该报还将讲座后的名师讲稿解析汇编成《高考名师大讲堂总复习指导》增刊，因便于学生复习迎考而颇受青睐。

3.媒介事件

美国学者丹尼尔·戴杨在其著作《媒介事件》中指出：竞赛、征服、加冕、无脚本事件等媒介事件，具有"非常规性、垄断性、不可预见性"等特点；具有某种超凡的凝聚力和影响力。①媒介事件的影响力在事件本身的重要性和各种媒体强势报道的双重作用下达到空前的程度。在媒介事件笼罩下的人群，由于对媒体所报道事件的高度关注，处于一种激昂的兴奋状态，表现为容易激动、神经敏感、情绪容易受到周围人和事的感染。媒介事件在某种意义上来说，激发起了人们内心潜在的共性价值，相比较而言，人的个性在媒介事件的影响下则趋于弱化。由于媒介事件本身放大了传播价值，吸引社会注意力，由此则往往成为经营服务的载体。近年来最成功的一次媒介事件就是轰动全球的"大堡礁招聘"。

2009年初，澳大利亚昆士兰旅游局发布大堡礁护岛员招聘信息，凭借其"世上最好工作"的卖点，不仅吸引了世界各地人士的广泛参与，而且引起世界媒体的高度关注，成为一个轰动全球的"媒介事件"。经过数月海选，34岁的英国义工本·绍索尔（Ben Southal）最终从全球3.4万求职者中脱颖而出，在5月6日底赢得"世界最好工作"。7月1日，绍索尔正式上岗，工作时间6个月。其日常工作是巡视珊瑚礁、喂海龟、观鲸鱼，然后拍照、写博客，向世界宣传这个旅游胜地……无疑，绍索尔成了大堡礁招聘的大赢家。然而，真正的大赢家却是澳大利亚昆士兰旅游局。他们以170万美元的低成本，却收获了价值1.1亿美元的全球宣传效应，成功进行了一次超值的旅游营销。其实，从一开始，"大堡礁招聘"就不是一个简单的招聘，而是一个经过精心策划和组织的公关活动。昆士兰州旅游局公关项目经理卡莱（Nicole）女士说，"这是一项旅游营销活动，我们筹划了3年，经费预算总价170万澳元，其中包括了护岛人15万澳元的薪水。"正是凭借精心策划与组织安排，大堡礁招聘才一举成为吸引世界各国媒体进行海量报道的媒介事件。

4.营销沟通

各个品牌主体，自身也具有媒体使用权，尤其是具有了各自品牌官网，其重大品牌营销沟通信息已经多在官网上发布；但这种沟通信息扩散面非常有限，如果能够在公信力强的媒体上发布，则效果会更佳。同样，消费者越来越成熟，其对于品牌评价、品牌产品的需求也更需要媒体使用权

---

① [美]丹尼尔·戴扬、伊莱休·卡茨：《媒介事件：历史的现场直播》，麻争旗译，北京广播学院出版社2000年版，第28页。

传媒视界
CHUANMEI SHIJIE

论国家品牌传播

（如团购、拍卖等），如此，媒体服务的机会就必然产生。媒体的角色也就很自然地实现由供应商向服务商转型。以报纸为例，传统报业生存和发展的必备条件就是拥有广泛的读者基础，但随着新媒体的飞速发展，读者对报纸的阅读兴趣降低，接触时间大为减少。相反，对互联网的日平均接触时间则大大增加。我国三网融合后，报纸的内容产品在数量和时效上更将处于劣势。显然，传统报业未来不能仍然将自己定位为内容供应商，靠"卖内容"谋求生存和发展，而应转换思维，树立客户理念，关注客户体验，让受众参与媒体的生产流程，以大众最便捷、最喜欢的方式传播内容，通过策划线下活动，邀请客户参与体验，实现由供应商向服务商的转型。如《南方都市报》，打出"南都 V 团购"，明明白白团房，将优惠进行到底的口号，以团购的方式，向开发商争取更大优惠折扣，给购房者更大优惠实惠。真正实现了为品牌企业和团友的双重服务，同时自身也获得了可观的收入。

5.品牌传播"品牌化空间"打造

随着媒体环境的变化、经营理念的变更，将品牌传播综合性服务作为定位与理念的专门化媒体——"专属空间"进行品牌化经营，将是媒体品牌化经营的重要走向。近年来，德州电视台的发展就是得益于品牌传播"专属空间"的打造与经营，由此形成了德州电视台盈利创新模式，并获得了2012年度艾菲奖。德州电视台的新盈利模式就是针对目标人群，利用线上线下两个平台，推行"广告栏目化、栏目活动化、活动规模化"。广告栏目化方面打造"第一房产、车界广场、财经在线、金色乡村……"20多个咨询类栏目，占据黄金位置，增加播出频次；协助企业办营销活动，收入同比增长300%；全台全员策划组织活动，做到"运作有团队，管理有机制，年度有规划，月月有计划"；广告收入由4400万增加到7000万，增长率为59%，市场份额增加到40%。

随着传媒业的不断成熟、信息技术的不断应用以及市场的逐渐细化，报业的客户服务意识不断增强，已经逐步实现了由"坐商"到"行商"的转变，现在需要强调的是由"行商"到"全面服务提供商"的升级。已有不少报业集团将原有的读者热线扩展为呼叫中心，甚至进行公司化运作。例如，《长沙晚报》利用新的热线电话96333成立问讯公司，承接原热线电话的所有功能并全面升级，不仅可接受读者新闻报料、发行投诉、广告咨询、评报订报、建议求助等，还可以面向社会开展票务销售、家政服务、企业咨询、商品销售等便民服务。同时，充分利用现代通信与计算机技术，为集团系列媒体实现专业的客户服务与支持，将服务种类扩展为配送、中介、导医以及导购等增值性的服务，全面覆盖《长沙晚报》及其集团系列媒体《知识博览报》《品周报》《娱乐快报》《学生·家长·社会》杂志、星辰在线网站、湘江手机报等。此外，《长沙晚报》将基于网站的新闻服务拓展为电子商务、游戏娱乐以及信息技术等增值性服务，如星辰在线网站的影像中国、星辰电影等，形成了一个综合性的服务平台。

结　语

新媒体的高速发展大大挤压了传统媒体的生存空间已是一个不争的事实，媒体的经营在新的媒体环境下必须对原来单一的广告经营模式进行反思、创新和转型。"广告"的概念已不适应现代媒体竞争的语境，内涵比"广告"更为丰富合理的"品牌传播"已被学界和业界广为接受并应用。对于新时期的媒体经营来说，最重要的转型之一，就是由单一广告经营走向全面品牌传播服务。

（《中国媒体发展研究报告》2014年卷）

超越营销的品牌营销传播

——新媒体环境下广告主的抉择

【摘要】 以大数据、移动互联网等为代表的新媒体快速发展，广告主猝不及防地进入信息社会的透明屋。由此，广告主经历了摆脱实体、淡化功利、战略统摄的超越营销三部曲，即经由广告、整合营销传播而进入品牌营销传播阶段。立足新媒体环境进行品牌营销传播，还需要做到理念保障、组织保障、制度保障，从而实现品牌传播对于营销有效引领。

【关键词】 新媒体环境；广告主抉择；超越营销；品牌营销传播

遍布新媒体之上的大数据，是企业战略、营销策略制定的依据。大数据专家写道："大数据分析有时候能明确地使企业获得比顾客更多的信息优势。""超级大数据分析革命常常给消费者带来实惠，因为它能够帮助卖方与政府更好地预测谁将需要什么。"①如果说兵家的战场战略制定，离不开翔实而准确的情报；那么今天企业的市场战略制定，更翔实而准确的市场情报，则已经遍布于新媒体之上。随着大数据、云计算、物联网、微传播、

①［美］伊恩·艾瑞斯：《大数据思维与决策》，宫相真译，人民邮电出版社2015年版，第33、14页。

移动互联、O2O等新媒体应用形态层出不穷，使得信息传播正经历着前所未有的变革。在此背景下，一方面是"互联网思维"正在改变着人们的思维方式，另一方面则是"互联网+"在加速刷新各行各业。这一趋势，最典型地体现无疑促使广告主进行超越营销的品牌营销传播之全新抉择。

一、超越营销的三部曲

1.摆脱实体：广告对营销的第一次超越

营销之父菲利普·科特勒对于营销的权威定义为："为创造价值及满足需要和欲望来管理市场，从而实现交换和建立关系。"[1]我们知道，营销比推销更先进的是从消费者的需要出发，重视建立关系；但从科特勒的权威定义上审视，营销本质中的"实现交换"，始终摆脱不了商品之实体。由此，营销的4P理论，即 Product（产品）、Place（销售渠道）、Price（价格）、Promotion（促销）组合思想自然成为营销摆脱不了的基本内涵。而营销中以商品实物为中心的物流、结算，即实现交换的核心环节，更是营销得以实现的本质所在。

而广告从诞生那一天开始，就立足媒体且摆脱了商品实体的束缚。1729年，美国广告之父本杰明·富兰克林创办的《宾夕法尼亚日报》，刊登了一则推行肥皂的广告。这被看作是第一则现代广告，其商品的呈现不再是实体，而是纸媒上的图案与文字符号。在广告理论界早期最具有代表性的观点，无疑是肯尼迪提出的"广告是印在纸上的推销术"。具有国际影响的美国广告学者阿伦斯则如此给广告定义："广告是由可识别的出资人通过各种媒介进行的有关产品（商品、服务和观点）的、有偿的、有组织的、综合的、劝服的非人员的信息传播活动。"[2]美国得克萨斯大学广告学系也早在1995年就提出了"广告即信息交流的"观点，他们认为未来的经济社会和媒体将发生巨大变化，广告的定义不应该局限在传统的范围内，"从商业的角度来讲，广告是买卖双方的信息交流，卖者通过大众媒体、个性化媒体或互动媒体与买者进行的信息交流"[3]。由此，广告的价值得到凸显，

---

① ［美］菲利普·科特勒：《市场营销导论》，华夏出版社2001年版，第17页。

② ［美］威廉·阿伦斯：《当代广告学》，丁俊杰、程坪、苑菲等译，华夏出版社2000年版，第7页。

③ The faculty of the Department of Advertising, College of Communication, the Unicersity of Texas at Ausin, Austin, Texas, Thonghrs about the Futuse of Advertising–A White Poper, Duc, 1995.

即：摆脱营销所要实现交换的商品实体，而将营销所要实现的实体商品交换提升到符号化、信息化的运作层面。也就是说，作为符号、信息扩散的广告，由于摆脱实体的纠缠，而对营销实现了第一次超越。如此，广告从营销中独立出来，并显示出一种巨大的进步与革命，即市场的开拓不再拘泥于产品实物的营销，而是产品符号化、信息化的传播。这是切合媒体发展、信息传播大趋势的，是工业社会开始进入信息社会的时代选择。理所当然，任何广告主如想开拓更为广大的市场，广告就成为营销的基本前提，成为19世纪开始、贯穿整个20世纪，至今依然绕不开的选择。

需说明的是，数字也是一种符号，是一种抽象度、准确性更高的符号；因此，近年"数字营销"概念的提出并得到广泛的认可，一定意义上正是数字媒体环境下广告形态对于营销超越的一种全新呈现。

2.淡化功利：传播对营销的第二次超越

可以说，19世纪伴随以报纸媒体诞生的广告（advertising），与生俱来就有"广而告之"的单向宣传特性，且由于大众传媒具有广阔的覆盖面，广告成为价格不菲的信息投资。如此，广告主必然的选择就是将产品功能进行清晰诉求，以尽快实现市场上的利益转化，从而抵消庞大的广告费的支出。可是，随着媒体产业发展，媒体越来越碎片化，广告的受众也加速分化，广告主要引导消费、促进营销，开始把关注点转移到传播之上。相比单向度的广告，诞生于20世纪中叶，并延续至今的传播（Communication）则是以双向性的信息分享与沟通为本质特征的。于是整合营销传播概念得以提出。所谓整合营销传播，即"企业或品牌通过发展与协调战略传播活动，使自己借助各种媒介或其他接触方式与员工、顾客、投资者、普通公众等关系利益人建立建设性的关系，从而建立和加强他们之间的互利关系的过程"[①]。被认为是整合营销传播之父的美国西北大学教授唐·舒尔茨则这样强调：整合营销传播是关系营销得以实现的保障，而"要想和顾客建立关系，不单只是交换资讯，厂商还必须整合种种形式的传播，形成一致的诉求，才能建立起和顾客的关系"[②]。由此，在整合营销传播体系中，广告发出的不仅仅是产品功能与价格优惠之类的功利性信息，而是统一的品

① ［美］汤姆·邓肯：《广告与整合营销传播原理》，廖以臣、张广玲译，机械工业出版社2006年版，第193页。

② ［美］唐·E.舒尔茨、斯坦利·I.坦纳鲍姆、罗伯特·F.劳特伯恩：《整合营销沟通》，孙斌艺、张丽君译，上海人民出版社2006年版，第546页。

牌个性诉求声音；其公共关系活动则以公益性、文化性的名义极力取悦消费者；而由企业数据库支持则进行各种感情沟通为主的经销商、重点客户关系的维护。显然，这些淡化商品交换的功利性，旨在建立关系的双向传播，自然实现对营销、对广告的超越。

3.战略统摄：基于数字化的品牌传播对营销的第三次超越

如果说营销、广告、整合营销传播各自重心不同，但却拥有着一个相同的共性，即：服务于某个阶段营销的业绩，属于市场战术策略层面。而进入数字化环境，尤其是大数据时代，当广告主与消费者双方均呈现通透性，广告主的整体形象——品牌——成为实现营销的关键要点；而凡涉及品牌的广告主任何言行均具有了战略统摄性质。

消费者信息，无疑是广告主战略制定之基石。在大数据中，消费者已经变得通透起来。我们知道，大数据即"指无法在一定时间内用常规软件工具对内容进行抓取、管理和处理的数据集合"①。由于信息时代催生了海量的信息，如此大数据已经"像空气一样围绕在每个人的身边，每个人都是数据的创造者"；这就使得大数据的提炼其实正是还原了事实真实。②如此，消费者的各种行为事实上在互联网空间留下了各种各样的数据，如此大数据的集合，就使得消费者的所思所虑、所需所为，均变得通透明朗。

同样，在数字媒体与大数据环境中，广告主的通透性即广告主自身的信息透明，且总是进行着丰富性、丰裕性的品牌传播。如企业的官方网站进行着广告主全景性的信息裸露；而各类形象视频则直观地展示着企业建筑、设备、技术、产品、文化、市场；百度地图把企业的地址，甚至代销点也展示得一清二楚；企业的网上商店与消费者评价打分，则把广告主的产品、服务、市场表现呈现得淋漓尽致；而企业官方微博微信，以及各类高管、员工的微博微信，则无时无刻不在进行着广告主行为的直播；……可以说，越是敢于敞开胸襟，袒露品牌企业的方方面面，让作为受众的消费者看得明明白白，广告主就越能取信市场，从而用信誉的积累转换为品牌效应。

实际上，唐·舒尔茨继提出整合营销传播之后，其理念快速向品牌提升，他说道："品牌是买卖双方一致认同，并可以据此达成某种交换协议，

① 杨正洪:《智慧城市》,清华大学出版社2014年版,第13页。
② 车品觉:《决战大数据》,浙江人民出版社2014年版,第29页。

进而为双方都创造价值的东西"，"品牌是为买卖双方所识别并能够为双方带来价值的东西。"①英国品牌学家保罗·斯图伯特也说道："品牌不是违背消费者意愿而强加在'品牌的忠诚信徒'头上的。品牌使消费者在日益复杂的世界上充满自信地购物。品牌为消费者提供了质量、价值和产品满意方面的保证。只要品牌保持其作用，消费者就会继续给以支持，反之，如果消费者不喜欢某个品牌，或品牌不能满足消费者的需要，或出现了另一个更好满足消费者需要的品牌，品牌的区别功能就使消费者避开不满意的品牌，另选一个替代者。"②如此，作为广告主与消费者建立以信誉为核心的全方位关系的品牌传播，就具有了既融合营销、广告的策略要素，更拥有了理念、文化的战略意义，并实现对营销的第三次超越。

作为战略统摄性的品牌传播具有两方面的本质，即："信誉建构"与"双向沟通"，为此，其定义则可表述为："以品牌信誉在消费者及公众心目中建构为目标、以包含产品品质、服务满足、广告、公共关系、营销对话在内的互动沟通为手段的现代主体性传播实践活动。"由于整合营销传播理论（IMC）影响广泛，因此我们有必要将品牌聚合传播（IBC）与之进行比较，见下图③：

IMC	IBC
请注意消费者	请尊崇消费者
单项营销活动的整合	长短效应兼顾的系统融合
注重一个声音	注重专一符号
多种硬手段的整合	神形兼备的聚合
基于大众媒体	基于数字媒体
营销层面	战略层面

图1　IMC与IBC的比较

由上图可见到，从IBC的"长短效应兼顾的系统融合"、从有形产品与无形文化的"神形兼备的聚合"等角度审视，其超越IMC的营销战术层面，而实现对营销融合的战略统摄也就非常清晰了。

---

①［美］唐·舒尔茨、海蒂·舒尔茨：《唐·舒尔茨论品牌》，高增安、赵红译，人民邮电出版社2005年版，第8—9页。

②［英］保罗·斯图伯特：《品牌的力量》，尹英等译，中信出版社2001年版，第12页。

③舒咏平：《品牌聚合传播》，武汉大学出版社2008年版，第382页。

二、品牌营销传播的三大保障

当广告主来到立足新媒体环境的品牌营销传播全新关口，而要实现高效的运作则需在既有基础之上建立如下三大保障：

1.理念保障

当广告主进行了品牌营销传播的战略抉择，需在企业上下建立的理念共识主要有：

"企业即事业"的价值升华——企业当然是以盈利为本质的，但上升到服务人类的事业高度，做品牌就成为价值体现的自觉的行为，而不仅仅是营销赢利。

满足消费者全方位需求——市场调查资料表明，"认牌消费"已经成为一种普遍的消费现象；因为，品牌既是信誉的标签，同时也是文化价值的展现。可以说，认牌消费既是一种消费安全的保障，又是心理满足的需要。

帮助进行企业长短效应兼顾的营销——品牌有助于销售量的增长、品牌有助于商品合理溢价、品牌有助于营销费用降低，并形成后续市场营销力。也就是说，品牌导向的营销传播，不仅仅帮助营销人员当年业绩的提升，而且还为后续市场进行了铺垫与酝酿。

提升经营品位获得更大尊重——消费者及公众由衷认可，可使广告主或曰品牌主获得多方面的尊重。可以说，营销业绩或许更多体现在经济收益上，而品牌成功却能让广告主全方位地获得社会敬重。

我国经济转型的关键抓手——我国目前正面临经济转型，其基本内涵即：内需导向、结构调整、自主创新，而这三者均聚焦于品牌。由此，品牌营销传播便成为企业与政府实现经济转型的关键抓手。

2.组织保障

全球最大的广告主、日化企业"宝洁"于2014年7月1日宣布：即日起，营销总监转型为品牌总监，营销部门重新命名为"品牌管理部门"，其工作4大领域：品牌管理、消费者与市场、沟通传播、设计。宝洁公司对此举专门阐释道：这是为了提高品牌和商业效果，简化程序，提高效率。

"宝洁"组织机构的变革，无疑是企业顺应信息社会大趋势的理性举措。我们知道，新兴的数字媒体为每一个人都安装了向社会喊话的"麦克风"，如此也必然容易造成大众围观、引发迅捷与多样的意见表达。[①]这就必然使得消费者不再是纯粹的消费者，而可能是企业正向或负面的宣传者。而在广告主层面，企业如何实现多种媒体选择中的品牌营销传播，显然需要建有专门的组织体系机构。目前，我国大多数企业组织体系中往往只在营销中心建有市场部，但以营销业绩考核为取向的营销部门，一切围绕当年的营销额、回款率打转，其属下的市场部要想真正担负起品牌传播的战略功能是不现实的。因此，企业设置"品牌中心"成为必然的组织保障。如法国迪卡侬集团就设置有"品牌中心"，在全球对17个消费品牌及7个物料品牌进行了高效传播运作管理。

"品牌传播中心"的运作还需要下设部门予以支撑，其部门的任何行为和活动都应该与企业的品牌发展战略目标息息相关，并发挥各自优势，协调一致地支持品牌营销传播战略目标的实现。而具体在"品牌传播中心"部门之下，则可分设三个分部门或经理岗位，其职能分别如下：

品牌管理部（经理）——负责监控市场、市场调查、品牌规划、品牌传播策略制定、品牌传播执行与督导；

公关拓展部（经理）——负责线下公关活动执行、合作伙伴建立、危机事件处理；

媒体管理部（经理）——负责线上品牌舆论监控、自媒体技术维护、自媒体内容发布、大众媒体关系维护、O2O线上支持、数据库管理。

工信部2014年专门颁发了《关于2014年工业质量品牌建设工作的通知》，其中就明确写道：……推进工业企业品牌专业人员（品牌经理、首席品牌官）培养、推动产业聚集区域品牌建设、组织全国品牌故事演讲比赛、品牌创新成果发布等。[②]而企业品牌专业人员的岗位设置，将形成一个全新的企业"品牌人"群体，他们的人生发展路径由下图可清晰显示出来：

① 喻国明：《"关系革命"背景下的媒体角色与功能》，《新闻大学》，2013年第2期。

② 工业和信息化部：《关于2014年工业质量品牌建设工作的通知》，http://www.miit.gov.cn/n11293472/n11293832/n12843926/n13917012/15901650.html；2014.2.27.

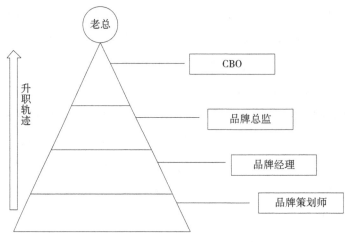

图2　企业品牌人的人生规划

品牌部门建立以及品牌专业人员的发展，给我们带来的思考主要有：（1）立足大数据与新媒体，企业自主的品牌营销传播比重越来越大，我们的人才培养与科学研究更应该直接与企业需求对接。（2）企业品牌管理部门的建立，使得广告、传播专业毕业生的职业生涯目标将由市场需求非常有限的"著名广告人"转向发展空间巨大的企业优秀"品牌开拓者与管理者"。（3）由于品牌营销传播人才更具有战略思维，且更能有效融合性指导营销，那么其未来的企业CEO成长路径将形成这样的嬗变：如果此前100年，企业CEO是从营销出生的；那么伴随新媒体的强劲发展、企业由工业时代进入信息时代，此后100年企业CEO将由品牌管理部门诞生。

3.制度保障

如今的广告主，真可谓是真正的品牌传播主人了！因为任何不至于置身新媒体之外的企业，其实均具有了丰富且多样性的自媒体矩阵。显然，立足企业自媒体并高效进行媒体运作，就需要有相应制度管理。同时，企业的品牌营销传播往往涉及线上与线下的配合，即O2O策略——线上和线下（Online To Offline）互动的新型商业模式[①]，这更需要规范的制度管理。也就是说，仅仅从企业的媒体运作、O2O运作方面来审视，品牌营销传播的制度建设与保障就必然是不可或缺的。

而实际上，由于面对信息社会错综复杂的环境，担负企业生存发展重责的品牌营销传播不仅不允许出现任何可能引发"蝴蝶效应"的些小失误，

---

① 张波等:《O2O实战》,机械工业出版社2013年版,第49页。

而且还需创新性地为品牌形象提升建立传播业绩。这就需要建立科学规范的管理体系，如下有关企业品牌传播管理制度均应是建章立法的范畴：

《品牌接触与品牌营销的大数据挖掘分析制度》——这为常规性的线上品牌接受与营销信息大数据挖掘分析做出规定。

《市场调研与品牌竞争力分析制度》——这是将线下调查与线上数据分析进行综合，并对企业品牌市场竞争的诸多要素进行分析、提出报告进行规范。

《品牌定位检视与产品优化改进制度》——即通过调查分析数据，对企业品牌的市场表现进行定位检视，并提出品牌产业优化的改进建议制度；可以说，该项制度对于以往的营销人员以及以广告为主的市场开拓者来说，乃是一个全新的进步。

《企业自有媒体内容信息发布与技术维护制度》——对企业官方自有媒体，以及以企业为背书的企业高管的社交媒体之信息内容、发布方式，以及技术维护等作出规定。

《企业新闻宣传与广告投放管理制度》——即企业通过各类大众媒体、公共场合发布新闻，进行广告投放，进行科学规范的管理。

《品牌、产品核心竞争概念与营销培训制度》——品牌的市场亮相、产品的核心竞争力往往体现在核心竞争概念上，对此需进行统一规范的约定，并通过营销培训制度形成企业在品牌营销传播中口径一致。

《目标市场调查与品牌营销传播策略制定与执行制度》——就特定的区域市场、或某一类人群的特定市场进行聚焦性调查，并制定企业进入该市场的品牌营销传播策略，并对执行细则进行相应规定。

《O2O一体化的品牌传播与销售促进管理制度》——线上线下高度协调的品牌传播以及营销促进，需要科学的管理，其制度就成为必要。

《企业文化、品牌文化建设与丰裕性传播规范》——同样，作为传统营销人员、广告人员，完全不必理会企业文化、品牌文化建设，但在进行品牌全面竞争时代，企业文化与品牌文化已经成为竞争制胜的深层法宝，也是品牌丰裕性传播的内容源泉；相应地也需要进行规范管理。

《品牌危机管理制度与处置预案》——在信息时代，不可预测的因素空前增多，品牌危机防范与处置则不可不早作准备，这也必然地体现到制度预案上。

《品牌管理部职能与岗位责任制度》——作为企业战略的情报信息部、发展战略的"发改委"、市场营销的参谋部、营销执行的空中支持部，品牌传播管理中心的职能以及各个岗位的职责不可谓不重大，因此理所当然需要制定相应的责任制度。

可以说，任何企业倘若能结合自身行业与市场的实际进行如上制度的建设与执行，该企业的品牌营销传播必将成为行业的一面旗帜。

综上所论，即信息数字化促生了"互联网+"，让所有企业进入品牌直播的透明屋；而旨在品质信誉建构、重在双向沟通互动的"品牌营销传播"将粘连一切决定企业生存发展的利益攸关者；如此，当信誉导向的品牌关系建立，营销也就水到渠成！

（《广告研究》2015年第3期）

从华为看"品质成就品牌"

【摘要】20多年来始终不渝地在品质的把控上追求极致，做出了超出消费者预期的产品，这才成就了"华为"品牌，成为"中国品质"向世界亮相的最佳名片。华为的"品质成就品牌"之路，其关键的品质文化主要体现为：契合"供给侧结构性改革"与"品质革命"的东风、以受众为导向的质量体系、"零缺陷"的质量管理、满足用户体验的"大质量观"、质量为先的品牌文化。

【关键词】"华为"品牌；品质文化；品质成就品牌

2016年，手机市场两则信息引起消费者的热议：

一则是在全球市场上表现良好的三星公司因手机爆炸而陷入风波，因为Galaxy Note7手机发布一个多月后，全球范围内已发生三十多起因电池缺陷而造成的爆炸和起火事故，甚至因为三星手机起火导致了美国西南航空公司一架客机发生火灾。这使得三星公司不得不宣布停产并召回这款手机。而在中国，虽然该款手机未实行召回，但几乎所有航班起飞前均有广播告示：您的三星Note7手机请勿带上飞机。

另一则信息是华为P9/P9 Plus手机一上市就得到海内外消费者的由衷认可，加之华为全线业务在国际市场上亮点频出，使得中国消费者见面往往流行这么一句口头语："'华为'表现这么出色，还是咱们的自主品牌，我要购买华为手机挺挺咱们中国品牌。"

一反一正，此消彼长，2016年终华为的消费者业务——即手机业务，销量达1.39亿台，销售收入1780亿人民币，同比增长42%。消费者业务已经占到华为整个销售收入的34.2%。目前，华为已是仅次于苹果、三星的全球第三大手机企业；而华为P9/P9 Plus也成为华为史上首款出货量突破千万的高端旗舰产品。刚进入2017年的1月7日，华为就郑重宣布：华为Mate9正式在美国开卖！这是历史以来，中国国产高端机第一次打入美国市场。同时，华为也确定了手机业务2017目标：销售额冲击330亿美元，其相当于2280亿元人民币，年增幅为28%。无疑，华为显示出了在全球的品牌自信。其手机市场已稳居国内第一，世界第三；全球高端品牌的影响力持续上升，英国著名品牌管理和品牌评估独立顾问公司Brand Finance发布的"2016年全球品牌价值500强"中，"华为"位居第47名；而在Inter brand最佳全球品牌TOP100中排名72位；Brand Z全球最具价值品牌百强排名50位。

"华为"品牌如此快速成长，其奥秘的核心就在其品质文化。

一、契合"供给侧结构性改革"与"品质革命"的东风

2015年11月10日，在中央财经领导小组会议上习近平首次提出了"供给侧结构性改革"，指出："在适度扩大总内需的同时，着力加强供给侧结构性改革，着力提高供给体系质量和效率，增强经济持续增长动力，推动我国社会生产力水平实现整体跃升"。2016年5月11日，国务院总理李克强在国务院常务会议上，着重部署促进消费品工业增品种、提品质、创品牌，更好满足群众消费升级需求。明确提出要培育和弘扬精益求精的工匠精神，引导企业树立质量为先、信誉至上的经营理念，立足大众消费品生产推进"品质革命"，推动"中国制造"加快走向"精品制造"，赢得大市场。而在2016年6月20日，国务院办公厅出台《关于发挥品牌引领作用推动供需结构升级的意见》，文件强调"品牌是企业乃至国家竞争力的综合体现，代表着供给结构和需求结构的升级方向"。

显然，"供给侧改革——品质革命——品牌引领"形成了一体化的大趋势。而华为品牌的大幅度跃升，显然对应了这一趋势。2016年3月，由国家质量监督检验检疫总局组织实施的中国质量领域最高政府性荣誉——"中国质量奖"颁奖仪式在人民大会堂举行。华为公司凭借"以客户为中心的华为质量管理模式"获得该奖项制造领域第一名的殊荣。国务委员王勇出席颁奖仪式并向华为公司董事长孙亚芳颁发获奖证书。华为公司首席质量官李刚表示，"华为能够获得'中国质量奖'制造领域第一名的殊荣，是对华为长期坚持以'质量为生命'的肯定和褒奖。在中国新常态经济转型升级期间，为实现'三个转变'（中国速度向中国质量转变、中国制造向中国创造转变、中国产品向中国品牌转变）和制造强国，华为公司将不断探索，提供新的经验。努力让全球更多客户和消费者享受到华为高质量产品和服务"。而研读华为品牌的成长历程，其实就是一部品质坚守的质量提升史。

二、以受众为导向的质量体系

华为是做通信服务起家的，从2000年开始，华为走上了快速发展的渠道，有了自己的产品体系并开始了全球化的历程。在发展的初期阶段，华为就明确了"以客户为中心"的价值观，但质量在这个问题上还没得到体现。因此在这种快速增长中，质量问题突显，客户的抱怨越来越多，以客户为中心的华为员工就得一趟趟飞到世界各地为客户更换产品，但这样做不仅耗费人力物力，而且客户的抱怨依然没有减少。于是，在2000年的一次大会上，华为将质量确定为品牌战略核心的起点，开始了持续的质量体系建设。

华为以做质量建设的小学生开始为第一阶段，虚心向IBM、西门子、三星、索尼、松下等著名公司学习。华为发现，这些优秀企业对于产品质量的理解与中国企业有本质不同，他们的思维不仅仅是通过质检，而是"质量=零缺陷，产品必须完美"；企业必须全员抓质量，通过全员改进把质量做到零缺陷。学习企业还不够，还得研究不同国家的标准。华为在欧洲大面积开发业务时，注意到欧洲国家多，运营商多，标准也多。为此，华为在为不同的运营商服务时，需要仔细了解每一家的标准，再将标准信息返回到国内，进入设计、开发、生产制造等环节。欧洲的客户认定供应商开发的产品质量好不好，有一套详细的量化指标，比如接入的速度是多少，稳定运行时间是多少，等等。北美地区的质量标准同样苛刻到了极致；因为北美市场人工成本带来服务成本很高，华为在进入北美市场时得到的建议就是质量要稳定到"免维护"，这就要求产品不止要少出问题，更重要的是要确保不能出问题，因为一旦出一星一点问题也就意味着高昂的维护成本。

随着不断进入新市场，通过学习研究则不断完善质量管理方法、提高质量管理层次，华为逐步建立起自己的质量体系，这就进入了华为质量管理的第二阶段。在几年前，业界有新手机发布的时候，在不同的国家都要有不同的发布时间，原因在于每个国家用户的需求不同、政府监管要求不同、行业质量标准也不同，因此，往往使得手机厂商必须针对不同国家做适配后再发布。但经过多年的摸索、分析与总结，华为在整合各国标准要求的基础上，现在已经可以全球统一发布新款手机。在建立自身质量体系的过程中，华为不仅意识到标准对于质量管理的重要作用；而且随着欧洲、北美市场的业务开发，逐渐形成了华为自己的一套"集大成的质量标准"。在这个标准建立阶段，基于流程需要，则不断强化标准对于质量的要求，通过严苛的量化指标让产品得到客户的认可。

三、"零缺陷"的质量管理

在建立了质量体系的基础上，华为并始重点开拓日本、韩国的市场。来自这些市场的客户的苛刻让华为对质量又有了更深入理解。在拓展欧美市场时，只要产品有一定的达标率就可以满足客户要求，就被定义为好产品。但是产品达标率到了日本就行不通，在日本客户看来，无论是百分之一、千分之一的缺陷，只要有缺陷就有改进的空间。2007年4月，华为公司70多名中高级管理者召开了质量高级研讨会，以克劳士比"质量四项基本原则"（质量的定义、质量系统、工作标准、质量衡量）为蓝本确立了华为的质量原则。这是华为质量体系的第三个阶段，从那个时候，华为开始引入克劳士比的零缺陷理论，并结合自身的业务实施质量工程。

如，为解决一个在跌落环境下致损概率为三千分之一的手机摄像头质量缺陷，华为调集了30多个专家做了一个月的试验，用了20多种测试方案来测试；最终华为在投入数百万元人民币不断测试后，终于找出问题并予以解决。

为解决某款热销手机生产中的一个非常小的缺陷，以"荣耀"命名的手机事业部曾经关停生产线重新整改，影响了数十万台手机的发货。

而在华为 P8 上市的时候采用了全球最窄边框的设计，但却带来了一个小问题：点胶会有些许溢出，虽然完全能通过良品率检测且符合标准，但华为继续进行高强度的测试，其结论是这样的点胶溢出，会造成手机在使用几年后边框略微松动，虽然消费者在使用中根本感受不到，但视质量和诚信为生命的华为绝对不允许这种品控不良的产品出现在市场，因此，华为直接将这一批次产品放弃，这也导致了销售环节中出现了极其严重的断货问题，损失多达十几亿。

还有一个手机按键可靠性测试的例子：为了搞清楚按键的失效模式需要反复做测试，每一次都是以 100 万次为单位做按键测试；在华为的质量主管部门看来，这个按键在被按了 100 万次之后反应是什么样的，看看哪一个地方是薄弱环节，然后去改善它。最后，还会基于这个测试和质量标准对生产线上的按键质量再定一个标准，确保按键通过标准达到按压 20 万次没有任何问题。

华为拥有在业界首屈一指的可靠性检测及产品认证准入实验室，可以保证华为的产品品质。而华为的每一款产品上市前都会经历严苛的环保测试、强度测试、性能测试和最极端的环境挑战。正是靠着对产品瑕疵"零"容忍的质量原则和对产品品质不断提升的追求，华为走出国门 20 年，用优质的产品、服务和领先的技术，开拓了全球 170 多个国家和地区的市场。在华为，遵守质量的诚信原则不能打破，它是华为一切行动的标尺，它能够带来商业价值，同时也是品牌的价值和内涵所在。

四、满足用户体验的"大质量观"

客户的需求在变，没有一套质量体系是可以一成不变的。完成了流程、标准、文化的纬度建设，华为又遇到了新问题：如何让客户更满意。此时，卡诺的质量观成为华为学习的新方向。围绕客户满意度，华为的质量建设进入第四个阶段：以客户为中心的闭环质量管理体系。这就要求在基础质量零缺陷之外，要更加重视用户的体验，并由此建立起以客户为中心的闭环质量管理体系。

2015年，在华为一年一度的质量工作汇报会上，华为总裁任正非对前一阶段的工作进行了总结，并提出建立大质量管理体系这一持续的发展规划。他在发言中说道："目前公司在质量问题上的认识，仍然聚焦在产品、技术、工程质量这些领域，而我认为质量应该是一个更广泛的概念。我们沿着现在的这条路，要走向新领域的研究，建立起大质量管理体系。"在这样的体系内，每一个人对于最终的质量都有贡献。质量与业务不是两张皮，而是融在产品开发、生产以及销售、服务的全过程中。"所以，华为的质量管理是融入在各个部门的工作流程中去开展的。"

在"大质量观"指导下，华为不仅创新思想，而且创新质量管理的工具与方法。为此，华为花巨资建立了一套完整的流程管理体系，涵盖了消费者洞察、技术洞察、技术规划、产品规划、技术与产品开发、验证测试、制造交付、上市销售、服务维护等各个领域，并且有专门的队伍在做持续优化和改进。在这个管理体系中，华为建立的"客户满意与质量管理委员会"（CSQC）发挥了重要作用。这个机构作为一个虚拟化的组织存在于公司的各个层级当中；在公司层面，由公司的轮值CEO亲任CSQC的主任，而下面各个层级也都有相应的责任人。这样，保证了华为每一层级的组织对质量都有深刻的理解，知道客户的诉求，把客户最关心的东西变成华为改进的动力。

华为还建有源于客户逆向管理质量的体系。比如运营商BG，每年都会召开用户大会。在这个大会上，邀请全球100多个重要客户的CXO来到华为，用三天的时间、分不同主题进行研讨，研讨的目的就是请客户提意见，给华为梳理出一个需要改进的TOP工作表单。然后华为基于这个TOP清单，每一条与一个客户结对，并在内部建立一个质量改进团队，针对性解决主要问题。第二年的大会召开时，第一件事就是汇报上一年的TOP10改进状况，并让客户投票。这个逆向管理就基于华为的"大质量观"。华为质量不仅仅是大家普遍认识的耐用、不坏，还是一个大质量体系，包括基础质量和用户体验，不仅要把产品做好，还要持续不断地提升消费者的购买体验、使用体验、售后服务体验，把产品、零售、渠道、服务、云端协同等每一个消费者能体验和感知的要素都做好。华为的价值观是以客户为中心，所以华为的质量观也与其他企业不同，华为是从客户的角度看质量，所以满足客户需求的、用户期待的，都应该算作是质量。可以说在全球真正能以"零缺陷"为管理体系的企业已经不多见，而像华为这样演进到以客户满意度为基础的大质量观的企业更是少见。

五、质量为先的品牌文化

一个企业成为高质量的企业，华为认为根本是文化。工具、流程、方法、人员能力，是"术"；"道"是文化。任正非举过一个例子，法国波尔多产区之所以有名质红酒，从种子、土壤到种植……形成了一整套完整的文化，这就是产品文化，没有这种文化就不可能有好产品。任正非在外界很少公开露面，但在内部的讲话却很多。在以客户为中心这一永远不变的主题之外，任正非讲得最多的就是"质量文化"。对于"大质量"体系，他这样说：大质量管理体系要介入到公司的思想建设、哲学建设、管理理论建设等方面，形成华为独有的质量文化、品质文化。

质量的保证，不能依赖于制度和第三方的监管，这样的质量会因人而异，也不可延续。而文化，即全员认同的质量文化，则将自然而然地体现在每一个华为人每时每刻的工作中。文化的形成是一个慢工程，但一旦形成就是最强大的竞争力。近几十年的业界潮起潮落，不断有新的风口，但华为一直是一家很朴素的公司，提出了"脚踏实地，做挑战自我的长跑者"的口号。用任正非的话说，华为公司这只"乌龟"，没有别人跑得快，但坚持爬了28年，也爬到行业世界领先，也就成为消费者由衷认可的品牌。任正非知道竞争会对慢跑型公司带来短期的冲击，但他要求公司上下一定不能有太大变化。比如，消费者行业变化大，将来也可能会碰到一些问题，所以华为一再强调整个企业上下都要有战略耐性，要耐得住寂寞，扎扎实实把质量做好；因此，品牌可以说是长跑的结果、是一种傻傻的追求。

由此，华为的大质量管理体系融入公司的研发、制造、销售、服务、管理等所有环节，形成华为的质量文化。这就是华为人所熟知的质量方针："时刻铭记质量是华为生存的基石，是客户选择华为的理由。""我们把客户要求与期望准确传递到华为整个价值链，共同构建质量；我们尊重规则流程，一次把事情做对；我们发挥全球员工潜能，持续改进；……"正是华为基于以客户为导向的质量文化，将产品做到了极致，使华为产品本身成为其品牌传播的最佳媒体。正如品牌真谛所表达："品牌就是产品和消费者的关系"。

　　质量为先、品质为王，华为积极推进产品质量的品牌战略落地，基于用户和消费者需求持续创新，20多年来始终不渝，在品质的把控上可以说做到了极致，做出了超出消费者预期的产品。正是这样的产品品质，才成就了"华为"品牌，成为"中国品质"向世界亮相的最佳名片。显然，在经济转型、供给侧结构性改革以及品质革命的大潮中，华为的"品质成就品牌"之路，将给中国企业以深刻的启迪。

　　　　　　　　　　　　　　　　　　　　　　（《企业研究》2017年第3期）

从云南白药品牌策略看供给侧结构性改革

【摘要】"云南白药"牙膏以超出消费者心理预期的市场价格面市，让云南白药从一个百年老制药企业转型成为一个大健康产业集团。实践证明，云南白药的品牌延伸策略成功成为当前中国经济转型之路经典的注脚。即消费者日益提高的需求是供给侧结构性改革的动力、品质提升是供给侧改革的核心、品牌是引领供给侧改革的旗帜。

【关键词】"云南白药"；品牌策略；供给侧结构性改革

2004年，在牙膏市场，突然闯入一个陌生的品牌"云南白药牙膏"，且定价不菲，上市时零售价22元/支；当时市场上的牙膏多数在10元/支以下，可以说2004年以前10元/支以下的牙膏最好卖，也最容易被消费者接受，而云南白药牙膏22元/支的价格，一经推出便大大超出了消费者的心理承受能力。然而经过13年的发展，"云南白药牙膏"让云南白药从一个百年药企成为一个大健康产业集团。事实证明，云南白药的品牌延伸策略成功了；其成功之路无疑成为当前中国经济转型之路经典的注脚。

云南白药经历了一个多世纪的洗礼，从1902年"曲焕章百宝丹"（当时俗称"云南白药")问世以来，始终秉承"传承不泥古，创新不离宗"的精神，从原来单一的白药产品转变成为现今的跨行业、多层次的产品组合结构；从改变剂型的胶囊和喷雾剂，到创可贴和皮透产品，再到云南白药牙膏、药妆和急救包，云南白药通过创新再造，研发出一系列和现代生活融合的产品，推动中医药产业实现突破式增长，让百年品牌返老还童。2017年3月，中央电视台公布了2017年"国家品牌计划"的入选企业名单，云南白药成功入选国家品牌计划-TOP合作伙伴。

云南白药的发展过程，我们无疑可鲜明地看到中央供给侧结构性改革在企业界的典型呈现：

1.消费者日益提高的需求是供给侧结构性改革的动力

根据马斯洛的需求层次理论，在基本需要未得到满足之前，是不可能有更高层次的需要的。消费者的消费需求莫不如此。在低收入社会，受收入水平和生产能力的限制，人们追求的仅仅是衣、食、住等方面最低限度的满足；在工业社会，人们开始追求物质生活的丰富；而进入信息化社会，人们开始追求文化以及精神方面的充实，需求层次的不断提高直接导致了人们消费领域的整体升级。

针对这些日益严重的问题，2015年11月，在中央财经领导小组会议上习近平首次提出了"供给侧改革"，指出："在适度扩大总内需的同时，着力加强供给侧结构性改革，着力提高供给体系质量和效率，增强经济持续增长动力，推动我国社会生产力水平实现整体跃升"。2016年5月习近平在省部级主要领导干部学习贯彻党的十八届五中全会精神专题研讨班上的讲话对此进一步阐释道："当前和今后一个时期，我国经济发展面临的问题，供给和需求两侧都有，但矛盾的主要方面在供给侧。比如，我国一些行业和产业产能严重过剩，同时大量关键装备、核心技术、高端产品还依赖进口，国内庞大的市场没有掌握在我们自己手中。再比如，我国农业发展形势很好，但一些供给没有很好适应需求变化，牛奶就难以满足消费者对质量、信誉保障的要求，大豆生产缺口很大而玉米增产则超过了需求增长，农产品库存也过大了。还比如，我国一些有大量购买力支撑的消费需求在国内得不到有效供给，消费者将大把钞票花费在出境购物、'海淘'购物上，购买的商品已从珠宝首饰、名包名表、名牌服饰、化妆品等奢侈品向电饭煲、马桶盖、奶粉、奶瓶等普通日用品延伸。据测算，2014年我国居民出境旅行支出超过1万亿元人民币。事实证明，我国不是需求不足，或没有需求，而是需求变了，供给的产品却没有变，质量、服务跟不上。有效供给能力不足带来大量'需求外溢'，消费能力严重外流。解决这些结构性问题，必须推进供给侧改革。"同月，国务院总理李克强在国务院常务会议上，部署促进消费品工业增品种、提品质、创品牌，更好满足群众消费升级需求，会议认为，消费是最终需求。消费者日益提高的需求是供给侧改革的动力。加强供给侧结构性改革，才能更好满足群众消费升级需求。

可以说，正是对应中央倡导的供给侧结构性改革，云南白药率先走出了一条顺应顾客与市场需求、不断突破自我、全面变革创新，以提档转型的品质产品实现了供给侧结构升级。云南白药公司在透皮剂产品开发上市的同时，又相继开发出了云南白药酊、云南白药气雾剂、云南白药胶囊、宫血宁胶囊等产品，极大地稳固了核心业务产品。在稳定、巩固核心业务产品的同时，云南白药决定把药品研发方面的大量科研成果，用于个人护理产品，这既能服务消费者，也能把新品类产品的品质快速提升。云南白药牙膏就是在消费者日益提高的需求下产生的一款产品。云南白药通过市场销售人员的市场反馈发现，由于白药散剂良好的止血止痛功效，一些消费者在牙龈出血时，经常把白药粉涂抹在牙膏上来刷牙，效果竟然非常好；云南白药本身在止血方面疗效神奇，加上它配方绝密，具有竞争对手无法模仿的优势，云南白药及时准确地抓住消费者需求，认为如果能把白药与牙膏结合起来，兼具云南白药止血功效与牙膏的清洁功能，那么这款产品将很好地满足那些牙龈炎患者的需求。面对激烈竞争的市场，云南白药决定打破常规的新产品开发方法，采用以团队为基础的同时产品开发方法，经过团队努力奋战，短短几个月时间白药牙膏被成功开发出来。

2004年初，云南白药牙膏上市了。与白药创可贴定价策略不同，白药牙膏是以高端产品的形象出现，把刷牙变成了口腔护理和保健治疗的过程，它的零售价处于市场高位。2005年公司在广告、促销、公共关系、人员推销方面进行了全面的策略调整与强有力的执行，得益于差异化的定位和良好的功效，消费者很快接受了这支新颖的牙膏。结果云南白药牙膏一炮打响，累计为云南白药带来了121个亿的市场销量。无疑，正是消费者日益提高的需求给企业带来了无穷的发展动力，更带来了企业转型升级发展的战略契机；也正是通过围绕消费者不断变化的需求模式，云南白药锐于产品创新，这才会在牙膏这个已经非常成熟的领域异军突起，成为供给侧结构性改革的一株奇葩。

2.品质提升是供给侧改革的核心

中国正在兴起一个规模可观的中产阶层，其消费需求正从"有"向"优"升级。当巨大的产业规模不能与庞大的消费群体完全对接，就会出现一方面低端产品产能过剩，另一方面追求中高端品质的消费流向境外。李克强总理在2016年的《政府工作报告》中提到"工匠精神"，并倡导了一场与大众生活息息相关的"品质革命"；从就任总理之初力倡打造中国经济"升级版"，到提出中国经济要迈向中高端，再到正式提出"品质革命"，李克强总理的发展创新理念可谓一以贯之，即"品质提升是供给侧改革的核心"。而"品质革命"，首要的事情就是将创新精神与工匠精神相结合，并具体落实到一家家具体的企业身上，转化到一个个品牌化的产品之上。云南白药就是以"质量就是满足需要，即提供满足用户要求和期望的产品及服务"的质量定义，不断突破自我，以"传承不泥古，创新不离宗"的创新及工匠精神，不断满足顾客与市场对质量的需求从而取得了市场上的成功。

云南白药以"药"为本，将传统中药融入现代生活，着力打造4P融合的全过程质量管控体系，构建了基于4P（GAP/GLP/GMP/GSP）的全产业链、全过程、溯源可控的质量管理体系，涵盖良种选育、标准化种植、创新性研究、规范化生产、现代化物流与信息化运营。通过CNAS认可的第三方检测和安全性评价两大平台，强力支撑质量体系有效运行。在良种选育与产品可追溯系统建设过程中，准确鉴定1万多种天然药物，采集10余万份药用植物标本，有效把控品质源点；通过物料和产品的质量信息控制系统，实现产品全程监控与溯源。同时整合质量大数据，利用大数据"线上线下"模式收集各环节的顾客需求，通过PDCA循环，将需求中提到的"问题点"作为改进点，将改进点作为创新点，不断变革创新，持续提升产品质量，使公司各过程控制阶段无缝对接形成一个整体，不仅能够满足政策法规和行业规范的要求，同时保证了全过程的有效控制及产品质量安全。

云南白药牙膏的研发定位于"非传统牙膏"，不仅针对牙齿健康防护，而且要做"口腔全能健康牙膏"。于是提出"像研发药品那样研制牙膏，像生产药品一样生产牙膏"的质量主张，从四个方面做到品质硬道理：其一，普通牙膏是以清洁牙齿为主要用途的日化用品，而云南白药是以牙膏为载体对口腔进行全方位的护理保健；其二，云南白药的药理、药效和临床支持是云南白药牙膏功能的最大保证，并进行了药品到日化品的跨类创新；其三，选用了价格是一般碳酸钙磨料的十几倍的高档洁牙磷酸钙磨料以及相应的高级润湿剂，从独家的药品配料上保证了产品的品质；其四，以生产药品的GMP体系和储存产品的GSP体系全面保证产品质量，即以日化类前所未有的严苛生产管理体系来制造日化类的高档放心产品。由此，企业最大限度保障和提升了云南白药牙膏的安全性和品质感，是使之成为一款国内首创、划时代的革命性口腔护理、保健产品。

3.品牌是引领供给侧改革的旗帜

当前，中国供需关系正面临着严重的结构性失衡，供需错位成为阻挡中国经济持续增长的最大障碍，产能过剩成为制约经济发展和经济转型的一大包袱，与此对应的是中国供给体系，中低端产品过剩，高端产品供给不足，这与中国品牌发展严重滞后不无关系，当前，中国已经是世界第二大经济体，经济总量大约是美国的70%，但有全球影响力的品牌寥寥无几。在全球最有价值的品牌排名中，中国只有华为、联想进入前100强，而美国上榜品牌超过50个。

另外不容忽视的是，我国企业和产品在很多领域，产品品质已经接近或达到西方一些著名品牌的水平，但由于我们不掌握关键的核心技术，无法完成设计和开发新产品，也不能控制销售渠道，因此只能在世界OEM分工体系中，位于产业链的最低端，付出巨大的生产资源甚至环境资源的代价，却只能获得较少的代加工收益。很多行业出现这样一些场景，明明在中国生产的产品，到国外转一圈，贴上国外的品牌，立刻身价增加几倍甚至几十倍。为此，2016年6月国务院办公厅专门颁发《关于发挥品牌引领作用推动供需结构升级的意见》指出：当前我国品牌发展严重滞后于经济发展，产品质量不高、创新能力不强、企业诚信意识淡薄等问题比较突出。因此，需更好发挥品牌引领作用、推动供给结构和需求结构升级，激发企业创新创造活力，促进生产要素合理配置，提高全要素生产率，提升产品品质，实现价值链升级，增加有效供给，提高供给体系的质量和效率；发挥品牌引领作用有利于引领消费，创造新需求，树立自主品牌消费信心，更好发挥需求对经济增长的拉动作用，满足人们更高层次的物质文化需求，促进我国经济与社会可持续的发展。

从品牌发展与品牌消费角度审视，很多行业面临的所谓产能过剩，根本原因不是缺乏需求，而是高质量、高水平的有效供给不足，品牌引领作用未能充分发挥。因此，需要建立的共识应是品牌乃链接需求与供给的桥梁和中介，以品牌引领我国供给侧改革，是提高中国制造的核心竞争优势，获得市场综合资源的重要手段，品牌应成为引领我国供给侧改革的旗帜，推动区域经济升级、产业升级、产品升级，最后是综合竞争能力的升级。

云南白药牙膏的成功，除了准确抓住市场需求、优质的产品质量外，还有重要的一点就是它的品牌效应，1902年，云南名医曲焕章先生根据明清流传于云南民间的中草药物，创制出具有止血止痛、活血化瘀、解毒消肿、防腐生肌的"曲焕章百宝丹"，即"云南白药"，这个功效奇特的产品一经问世，就因其独特疗效被誉为"伤科圣药"。然而随着社会的发展，越来越多的百年老店渐行渐远，甚至消失在曾经的光环中。20世纪90年代末期，云南白药的形象也开始老化，和很多老字号一样，遭遇了"酒香也怕巷子深"的困境，品牌老化严重困扰着云南白药，散剂包装给人一种民间偏方的低端感受，在使用上也很不方便，30岁以下的消费者中，知道云南白药品牌的不超过50%。1999年，云南白药启动"企业再造"，尝试依托白药散剂，将其与人们的现代生活产生联系，把白药打造成日常生活中人人皆知的品牌。云南白药产品系列化和品牌管理逐步推开，开始在媒体上做宣传，系列化的OTC产品和功能性消费品走向市场。2001年3月，云南白药公司投资450万元成立云南白药集团上海透皮技术研究有限责任公司，专门负责云南白药创可贴与云南白药膏的研究、生产和销售。这两种新产品一方面注重满足消费者使用便利的诉求特征，另一方面充分利用消费者对云南白药品牌认知（止血、镇痛、消炎、愈创）的优势，对传统"散剂"等产品形式进行了深度创新。2004年云南白药又准确抓住市场需求，推出云南白药牙膏，又在后续推出了多款日化产品。从1999年到2007年，云南白药采取品牌延伸和品类延伸的开发战略，先前单一的产品结构得到改观，已经形成了多个系列的产品组合结构，并呈现出一个多品牌运营的品牌矩阵，在传统白药、普通OTC药品、日化产品和药妆市场等诸多领域进行着各种市场机会的拓展和尝试。多品类的协同发展，让云南白药从一个百年药企"老字号"成为一个大健康产业集团的现代品牌。

显然，云南白药的市场成功，是产品品质创新提升基础上的品牌传播引领的结果。如今的云南白药已开始不断由品类引领转向品牌引领，从产品对决向品牌对决转变，更注重品牌内涵的塑造和强化，以品牌带产品，给云南白药注入更多的情感关怀因素，打造"国粹新经典"，再树民族品牌新高秆，"国粹新经典"的品牌内核，也必将引领云南白药大健康产业的企业征程。这不仅对于云南白药来说将是一次历史性的蜕变，对于日化产业的提档升级显然是个强力的刺激与引领。

　　"传承不泥古，创新不离宗"，作为中国传统中草药的代表性品牌之一、一个百年老字号的企业，"云南白药"准确抓住市场需求，不断创新，以质量为核心，以品牌促发展，是国家在经济转型中着力推行的供给侧改革在企业中的典型呈现。随着供给侧改革的深入推行，像云南白药这样的企业会越来越多，以"中国品牌"引领"中国制造"与"中国创造"，必将在经济转型、供给侧改革以及品质革命的大潮中，给中国企业带来深刻的启迪与光明的前景。

（《企业研究》2017年第6期）

从云南白药品牌策略看供给侧结构性改革

品牌传播服务取向的广告产业转型

【摘要】传统广告产业由企业的营销需求和大众传播媒体催生而来，并伴随大众媒体的蓬勃发展而逐渐走向成熟。如今，市场竞争环境和媒介传播环境都发生了巨大转变，构筑于传统大众媒体基础之上的广告产业面临前所未有之变局。传统广告产业业务逐渐萎缩，原本占据广告产业主体身份的广告公司日益被边缘化。广告产业转型势在必行，其面临的首要挑战就是要从广告主需要以及自身作为新兴服务业的主体身份上重新界定自身角色，在逐渐被边缘化的趋势下重获自身存在与发展的空间。那么，围绕广告主品牌引领性发展需求，为广告主提供全面、系统的品牌传播服务就成为广告业转型之必然取向，而品牌传播服务形态也在五大方面获得拓新。

【关键词】广告产业转型；品牌传播服务；服务形态创新

广告的演进历史是与历史进程中的生产技术、社会经济、传播技术等紧密联系在一起的。广告的产业化经营伴随着大众传播时代的到来而出现。19世纪的大众化报纸，20世纪的广播、电视相继成为主流大众传播媒体，促进了广告业的蓬勃发展。而今，互联网、社会化媒体等数字传播媒介打破了传统大众传播媒体的传播逻辑，构筑于传统大众传播媒体基础之上的传统广告业也面临着前所未有之大变局。广告主在新媒体环境中拥有了自主传播的机会和主动权，原来占据广告产业主体身份的广告公司日益被边缘化。广告产业自身的定位取向该何去何从？这必然性地引发业界、学界的广泛关注与思考。本文在梳理广告业演变的传播环境、生产条件、市场环境等发展要素基础之上，从广告产业发展的内在逻辑出发，探求当下环境中广告产业的转型取向。

一、不可逆转的"广告"萎缩

阐述"广告"的萎缩，我们有必要首先简述"广告"从何诞生以及如何发展而来。早期的招牌、幌子、叫卖、实物陈列等广告活动虽拥有部分告知、劝服等广告功能，但都依附于商品载体和人际传播，并未发展出有独立经济价值的广告业。现代意义上的"广告"是由工业革命和以报纸为代表的大众媒介催生而来。18 世纪中叶，开始于英国的工业革命逐渐影响欧洲和北美，机器化大生产使商品产量激增。广告应运而生，满足生产者商品推销的需求，发挥调节市场供求关系的功能。蒸汽印刷机、轮转印刷机等工业革命成果惠及报刊业，使报纸实现了大批复制，价格降低，发行量扩大。交通、通信条件的改善使报纸广泛传播。广告逐渐成为报纸的主要经济来源。这一时期，西方社会对广告的理解是："广告是有关商品或服务的新闻"（News about Product or Service）。随着社会对广告活动需求的增加，广告活动逐渐走向职业化。1841 年，福尔尼·帕尔默在美国开办了第一家广告公司。1869 年美国艾耶父子广告公司成立，开始代理广告业务，标志着广告作为一门职业的诞生。19 世纪末 20 世纪初，专业广告代理的大量涌现，大大加速了广告产业化的历史进程，广告迅速发展成独立的新兴产业。从此，广告产业逐步走上规范化的代理服务，其服务功能也从早期的单纯媒介代理，逐步拓展为以营销为目的，包括市场调查、广告策划与创意、广告设计与制作、广告的媒体发布与效果检测等一系列活动在内的专业服务。美国营销协会在 1948 年提出了一个影响广泛的广告定义，"广告是由可确认的广告主，以任何方式付款，对其观念、商品或服务所作的非人员性的陈述和推广"，该定义描述了现代意义上的广告产业的主要属性。

报纸、杂志、广播、电视等大众传播媒介在20世纪占据着垄断性的传播地位，直到21世纪互联网的逐渐普及应用才将这一状态打破。在大众传播时代，广告产业的运营逻辑主要是基于"二次售卖"原则，即媒体出售媒介产品，吸引大量受众注意力，然后将媒体版面或时间出售给广告代理公司，广告代理公司根据广告主需求制作广告创意作品，投放在相应的媒体上，也就实现了将受众注意力转售给广告主，满足其商品营销的需求。

从媒介传播环境角度来说，广告产业赖以生存的这个运营逻辑是建立在大众传播媒体具有强大而广泛的影响力基础之上的。在大众传播时代早期阶段，行为主义者提出的"刺激－反应"机制盛行，认为对人施以某种"刺激"便会出现某种"反应"行为，该模型也用来理解早期的大众传播效果。1898年，E.路易斯提出的"AIDA模式"认为广告传播效果经过四个相继的阶段产生，即引起注意（Attention）、发生兴趣（Interest）、产生欲望（Desire）、行动（Action）①，该模式也是建立在"刺激－反应"心理机制基础之上的，认为广告是对人的一种刺激，会激发人们的消费行为。中国在20世纪70年代末改革开放之后，广告作为一种新兴事物出现。1992年开始，全社会广告需求激增，中国广告业迎来增幅最大、增速最快的"黄金时代"。②日本学者山本武利在《现代中国的消费革命——改革开放下中国市民的消费·广告意识》中指出：改革开放初期，中国受众对广告有较高的好感度和信赖度，人们喜爱电视广告的程度甚至要超过电视节目。③1992年，上海市的一项广告调查表明，上海市民对广告的关心度和信任度都在80%以上。④广告是当年人们获取生活知识，提高生活品质的重要信息渠道。广告塑造品牌、激活消费市场的作用非常显著。⑤

从市场竞争环境角度来看，早期的商品市场是菲利普·科特勒所说的"以产品为中心的时代"，当时的营销就是把工厂生产的产品全部卖给有支

① 张金海、程明：《新编广告学概论》，武汉大学出版社2009年版，第85页。

② 陈培爱：《创新与开拓——中国广告理论探索30年》，厦门大学出版社2009年版，第6页。

③ ［日］山本武利：《现代中国的消费革命——改革开放下中国市民的消费·广告意识》，日本广告研究所1989年版，第29页。

④ ［日］山本武利：《现代中国的消费革命——改革开放下中国市民的消费·广告意识》，日本广告研究所1989年版，第29页。

⑤ 丁俊杰、陈刚：《广告的超越》，中信出版社2016年版，第13—14页。

付能力的人。这些产品通常都比较初级，其生产目的就是为了满足大众市场需求。①按照吴晓波的说法，"那是一个商品短缺而需求日渐旺盛的年代，只要产品质量过得去，营销手段稍有创新，便可以迅速获得市场青睐"。②丁俊杰指出，所谓的"营销手段的创新"，主要指手段单一的"广告轰炸"。中国20世纪80年代甚至被形容为"一做广告就灵"的年代，因为出现过许多"一条广告救活一个企业""一条广告做成一个企业"的现象；90年代被形容为"大做广告才灵"的年代，只要把大量资金砸在广告上，就能砸出名牌来。③

到21世纪，广告产业畅行有效的各种环境基础条件都有了非常大的变化。媒介方面，互联网逐渐打破了传统媒体的垄断地位，改变了传统媒体大众化、单向化的传播模式，创造了更多媒介接触的机会，赋予普通用户主动权。不仅如此，正如麦克卢汉所说，"新媒介总是以旧媒介为内容"。报纸、杂志、电视、广播等传统大众媒体都成为互联网的内容。这使得现在出现了所谓的"零接触的一代"，他们不看传统四大媒体，唯一信息来源就是网络。④保罗·莱文森指出："我们还可以说，不仅过去的一切媒介是因特网的内容，而且使用因特网的人也是其内容。因为上网的人和其他媒介消费者不一样，无论他们在网上做什么，他们都是在创造内容。"⑤我们正在从将传播的内容灌输给大众的泛播转变为针对群体或个人的需求设计传播内容的窄播。我们正在从单向的媒介转变为互动的媒介。⑥因为这种媒介环境的巨大变化，传统上针对广大匿名受众的大众媒介广告可能是一种行将消亡的传播形式。⑦市场方面，商品经济逐渐从"产品竞争时代"过渡到了"品牌竞争时代"，竞争程度和层次都有了极大变化。陈刚教授将中国市场的发展划分为三个阶段：第一阶段是1997年以前的短缺经济时代，这

①［美］菲利普·科特勒，〔印尼〕何麻温·卡塔加雅、伊万·塞蒂亚万：《营销革命3.0：从产品到顾客，再到人文精神》，毕崇毅译，机械工业出版社2011年版，第4页。

②吴晓波：《激荡三十年》，中信出版社2007年版，第36页。

③陈培爱：《创新与开拓——中国广告理论探索30年》，厦门大学出版社2009年版，第5、19—20页。

④刘国基：《传媒变革的机会与挑战：企业品牌传播》，《广告大观》（综合版），2010年第8期。

⑤［美］保罗·莱文森：《数字麦克卢汉——信息化新纪元指南》，何道宽译，社会科学文献出版社2001年版，第53页。

⑥［美］沃纳·赛佛林、小詹姆斯·坦卡德：《传播理论：起源、方法与应用》，郭镇之、徐培喜译，中国传媒大学出版社2006年版，第4页。

⑦［美］沃纳·赛佛林、小詹姆斯·坦卡德：《传播理论：起源、方法与应用》，郭镇之、徐培喜译，中国传媒大学出版社2006年版，第10页。

时中国市场最主要的是产品经济；第二阶段是1997—2006年，中国市场从短缺型经济转到过剩型经济，这一阶段企业营销重点是终端渠道；第三阶段是2006年之后，品牌成为企业的核心竞争力。①随着竞争加剧，广告业的水平在提升，但其所发挥的营销作用却越来越有限。这一方面是因为人们熟悉了广告这一事物，另一方面是因为日渐繁多的广告轰炸成了信息烟尘，失去了原有的注意力关注度。所以，巴普洛夫的"刺激-反应"模型已经不再适合今天消费者的现实状况，该模式所描述的那个世界已经不复存在了。综上，因为生存基础环境因素的巨大转变，广告不可避免将走向消逝。

行业现实发展状况也已显现出依赖于传统媒体的广告产业正在萎缩。就中国广告市场而言，央视市场研究（CTR)数据显示，2014年至2016年，中国传统广告市场每年都在下降，下降幅度依次为2.0%、7.2%、6.0%。电视广告刊例收入2015年同比下降4.6%，2016年同比下降3.7%。报纸和杂志的刊例收入下降趋势尤为明显。报纸广告刊例收入2015年同比下降35.3%，2016年同比下降38.7%。杂志广告刊例收入2015年同比下降19.8%，2016年同比下降30.5%。广播媒体因中国汽车行业的高速发展，拥有规模相对庞大而稳定的车载听众群，其广告业务下降趋势不甚明显，甚至还有略微的增长。2015年电台广告刊例收入同比下降0.3%，2016年电台刊例收入同比增加2.1%。但据陈刚教授预测，智能语音产品的迅速落地成熟和逐渐规模化将从基础上动摇广播媒体的地位，其广告业务也必将无法避免受到波及。中国拥有最大的传统媒体市场。在互联网普及率更高的国家，传统媒体广告市场所面临的状况就更为严峻。以美国报业为例，2010年美国报业广告收入（含报纸网站收入）相当于1950年的水平，2011年再创1950年以来最低水平。②显然，传统的广告生存空间的萎缩一定意义上已是不可逆转。

二、品牌传播服务：广告产业转型之取向

在传播技术、市场环境、受众广告意识等发生巨变的时代，广告产业突破原有业态进行转型势在必行。这也成为近年来业界和学界共同关注和

---

① 陈刚、王禹媚：《新兴市场、共时性竞争与整合营销传播——整合营销传播在中国市场的发展状况研究》，《广告大观》（理论版），2009年第1期。

② 陈刚：《电视媒体悲剧时代的到来》，《中国传媒科技》，2013年第23期。

思考的一个重要问题，不少广告公司集团和知名广告学者从不同角度提出了广告产业的转型理念。本文梳理具有代表性的几种观点，并在对其进行对比分析基础之上提出本文观点。

唐·舒尔茨教授提出了"整合营销传播"（IMC，Integrated Marketing Communication）理论，认为"整合营销传播是一个战略性的业务流程，企业利用这一流程在一定时间内针对消费者、已有客户、潜在客户以及其他有针对性的内外相关受众来规划、发展、执行和评估品牌的传播活动，使之协调一致、可以衡量，并且具有说服力"。[①]这个定义将营销传播提升到战略的高度，可以看作是对传播业变化的反应和为界定比广告更广的领域而作出的努力，但它并未明晰企业（广告主）该如何具体推进这一过程，因此在实际应用中难以落地。在最近的文章《The Future of Advertising of Whatever We're Going to Call It》中，舒尔茨把"广告"这一术语（以及其自身实践）纳入到"营销传播"这一涵盖性术语下。但同时他也指出，"日益普及的术语'营销'，也正在面临和广告同样的问题，即此概念本身已经几乎成为了一个无用的困扰性概念"。[②]因此，广告业从自身行业特点出发对"整合营销传播"进行了更明确的定义。美国广告公司协会将其定义为："这是一个营销传播计划概念，要求充分认识用来制定综合计划时所使用的各种带来附加值的传播手段——如普通广告、直接反应广告、销售促进和公共关系——并将之结合，提供具有良好清晰度、连贯性的信息，使传播影响力最大化"。[③]这个定义的关键所在是致力于各种促销形式的结合运用，传统广告与公关、促销等被视为营销传播的渠道。中国知名广告人刘国基教授也曾提出，最好连"广告"的概念"革命"掉，直接以"营销传播"的概念来代替[④]，与舒尔茨的观点相似。这种观点照应了广告为营销服务的功能性作用和广告乃是传播活动的本质，但其不足一是广告仍被视为营销传播的独立手段之一，同时符号化广告脱离实物性营销本身就是一种进步，

---

① ［美］唐·舒尔茨，海蒂·舒尔茨：《整合营销传播：创造企业价值的五大关键步骤》，何西军、黄鹏等译，中国财政经济出版社2013年版，第18—19页。

② Schultz D. The Future of Advertising or Whatever We're Going to Call It. Advertising Panorama, 2017, 45 (3): 276-285.

③ ［美］乔治·E.贝尔齐、麦可尔·A.贝尔齐：《广告与促销：整合营销传播展望》，张红霞、李志宏译，东北财经大学出版社2000年版，第13页。

④ 刘国基：《新媒体广告产业政策的应对》，《广告大观》（综合版），2008年第6期。

品牌传播服务取向的广告产业转型

而"广告取消观"显然不仅对广告业自身拓展升级未有贡献，而且可以说是一种倒退；二是正如舒尔茨所说，"营销"概念本身也在经历变革，目前对"营销"的界定是混乱的，以"营销传播"来涵盖或替代"广告"，并不能为信息社会所需要的广告信息服务业转型的实践指明具体方向。

　　陈刚教授认为传统的广告服务已经无法满足新的传播环境中企业营销传播的需要，他把新媒体时代的营销传播概括为以人的智慧与数字技术相结合为基础的"创意传播管理"（CCM，Creative Communication Management）。①创意传播管理是在对数字生活空间的信息和内容管理的基础上，形成传播管理策略，依托沟通元，通过多种形式，利用有效的传播资源触发，激活生活者参与分享、交流和再创造，并通过精准传播，促成生活者转化为消费者和进行延续的再传播，在这个过程中，共同不断创造和积累有关产品和品牌的有影响力的、积极的内容。②陈刚教授在这一理论中提出了许多富有创见的概念，包括"数字生活空间""生活者""沟通元"等，表现了其对当今时代广告传播环境和消费者角色转变的深刻洞见。创意向来被视为广告的核心，传统广告业凭借富有独特创意的广告作品吸引受众注意，激发购买需求和行为。创意传播理论注意到了在新媒体时代传统广告形式的转变导致创意方式的变化，在数字生活空间中，创意要从"沟通元"——一种凝聚了生活者最感兴趣的内容和最容易引起讨论和关注的话题的文化单元入手，激发生活者热烈地分享、讨论和参与。但该理论主要适用于那些为企业提供互联网等新媒体平台之上的营销传播服务的广告业务。互联网营销传播服务固然是当今广告产业增长最快的版块，一些学者也提出广告业将迎来"数据化转型"，基于大数据平台的创意传播能够更好地了解消费者（生活者），与其良好互动，并进行精准营销。但是，互联网和数据化营销并非广告产业唯一的业态，传统媒体和众多专业化广告公司以及企业自身仍然是广告产业的重要部分。同时，创意传播管理强调的是传播内容，重在传播途径，也就是拉斯韦尔"5W"模式中的"Says what"和"In which channel"，但内容为谁传播、为何传播则缺乏说明清晰的价值取向，主体性不明确。

　　张惠辛教授指出，我们正置身于整个中国品牌营销传播发生转型的大

---

　　① 陈刚：《第四类广告公司 VS 创意传播》，《广告大观》（综合版），2008年第5期。

　　② 陈刚：《创意传播管理》，机械工业出版社2012年版，第56—57页。

背景下。这个转型的一个重要标志，是广告的话语开始挣脱广告行业的狭隘的视野，而成为广告公司、广告主与媒体建立全社会共同的一个话语平台。同时品牌的营销传播也开始挣脱广告的狭隘空间。①张惠辛教授将之概括为一个超越广告的时代，并在2007年正式出版《超广告传播：品牌营销传播的新革命》一书，提出了"超广告传播"这一理论话语。这一理论注意到了广告业原有的边界正在被打破，但在广告前加上前缀的"超广告"依然不能清晰指明广告业的发展取向，其内涵依旧是模糊的。

除学界提出的广告产业转型的话语理论之外，业界也结合实践构建了营销理论模型，可以看作是对传统广告产业转型的一种探索。奥美创建了"360度品牌管家理论"，认为品牌是消费者所有相关经历的总和，在360度管理过程中，必须预见消费者与品牌的每一次接触机会，分别设计需要传达的信息，加强品牌在人们生活中的融入度，实现品牌与消费者的联结最大化。智威汤逊提出了"全方位品牌传播"，将具有洞察力的策略和突破性的创意天衣无缝地熔接在一起，再发展为创意出色且高度灵活的广告作品，使其适用于任何媒介。可以看出，这两家全球知名4A公司所提出的理论都聚焦于品牌，一切营销活动都围绕塑造品牌展开；同时理论也明显秉承了舒尔茨所提出的"整合"思想，洞察消费者生活，重视其与品牌任何可能的接触点。这两种模型都超出了传统广告的边界，是对广告业转型的积极探索，也非常具有实用价值，但不足是这种观点仅仅是一种实务操作方法，并不能作为对整个广告产业的一种主体性角色定位，而广告产业首先面临的困惑就是要从主体身份上重新界定自身的角色，在逐渐被边缘化的趋势下争得自身存在的合理性。

正由于"品牌传播服务"在广告业务中越来越显示出一种清晰度，因此最新的"广告"内涵探讨也鲜明地体现出"品牌传播"内涵。如陈刚等所给出的广告最新定义为："广告是由一个可确定的来源，通过生产和发布有沟通力的内容，与生活者进行交流互动，意图使生活者发生认知、情感和行为改变的传播活动。"②而中美合作的几位专家的广告定义则是：广告是品牌"介入/相关的"用户媒介行为、达成"意图/有助品牌"而产生的联

① 张惠辛：《品牌的超广告传播策划》，《中国广告》，2006年第5期。
② 陈刚、潘洪亮：《重新定义广告——数字传播时代的广告定义研究》，《新闻与写作》，2016年第4期。

结与互动。①这里的"可确定的来源"可视作品牌，而"联动与互动"则视作传播；也就是说，如上两个最新的广告定义的本质内涵即"品牌传播"。如上，在对已有广告产业转型相关理论的探讨基础之上，我们提出本文观点：广告产业转型之取向为品牌传播服务。以下从三方面来阐述广告产业向品牌传播服务转型的合理性。

（1）企业需要以"品牌"为聚焦点的传播

从某种意义上说，如今企业之间的竞争就是品牌之间的竞争，企业无不奋力传播品牌，以求在品牌红海中突围，抢占消费者心智中那狭小的阶梯。菲利普·科特勒提出："品牌是一个名称、术语、符号、图案，或者是这些因素的组合，用来识别产品的制造商和销售商。它是卖方做出的不断为买方提供一系列产品的特点、利益和服务的允诺。"②也就是说，企业向消费者传递（主动和被动）的所有信息，包括产品、服务、活动、事件、文化等，都负载于品牌这一符号，没有品牌符号，也就无从辨认其来源，无法构成有效传播。而消费者对企业所有的认知与认可也都凝结于品牌之上，形成对品牌整体的评价。所以，对于企业而言，其需求升级到了以"品牌"为聚焦点的传播。为此，国务院专门出台文件，强调"发挥品牌引领作用推动供需结构升级"③。同时，消费者的传统角色已经发生转变，他们对品牌从理性和感性上都有更高的要求，甚至可以切身参与到品牌的共建过程中，与品牌产生产品上、情感上的关联。菲利普·科特勒提出营销3.0时代概念，即价值驱动营销时代，在这个新的时代中，营销者不再把顾客仅仅视为消费的人，而是把他们看作具有独立思想、心灵和精神的完整的人类个体④，这一点与上述提到的陈刚教授的"生活者"的观点不谋而合。以"品牌"为导向的传播相比于"广而告之"的广告思维更多地注入了人文性，具有价值的追求，超越了工具性，更有利于塑造个性化形象，传播有温度、有趣味、有人情味的与消费者生活经验相关的内容，契合当

---

① 顾明毅、姜志彬、李海容：《朝向品牌传播未来的广告定义研究辨析》，2017"首届品牌传播青年学者论坛"参会论文。

② [美]菲利普·科特勒等：《市场营销导论》，俞利军译，华夏出版社2001年版，第212页。

③ 国务院办公厅：《关于发挥品牌引领作用推动供需结构升级的意见》，http://www.gov.cn/zhengce/content/2016-06/20/content_5083778.htm.

④ [美]菲利普·科特勒、[印尼]何麻温·卡塔加雅、伊万·塞蒂亚万：《营销革命3.0：从产品到顾客，再到人文精神》，毕崇毅译，机械工业出版社2011年版，第4页。

今人们的消费心理。

（2）企业需要多样化快速有效的"传播"

传统广告传播模式乃是一种"信息邂逅"，即广告信息对于毫无准备的消费者是不期而遇的。新媒体的应用带来了一种新的广告传播模式——"搜索满足"，即消费者为了消费需求主动进行广告信息搜索并获得满足。[①]《消费者王朝与顾客共创价值》中提到，消费者不再盲目地被商家引导，而是主动积极地搜集各种有关信息。[②]电通适时地提出了具有互联网特质的"AISAS模型"，重点关注了用户搜索（search）和人人分享（share）带来的变革力量。在这种传播环境中，企业不仅需要传统媒体上大规模的品牌传播，扩大品牌的知名度；同时也需要企业网站、微博、微信、论坛类部落、实体店、网店、企业领导人、活动、事件等多样化的传播。广告产业要从传统的大众化、单向度的传播向丰富的一对一、人际化传播转变。舒尔茨说过，未来的营销在于产品与消费者在每一个接触点的有效接触。在这个新媒体时代，这是箴言，也是警句。因为，网络的传播速度几乎没有时间延迟，信息可以瞬间在以个人为节点的庞大网络中快速传递，这是一把双刃剑。当品牌在某一接触点形成有效传播，就会凭借用户分享迅速产生良好口碑；反之，一旦在某一节点出现任何负面接触，则会短时间内引起广大舆论，损害品牌形象，如2017年12月26日在微博上爆出的一段"暗访知名五星级酒店"的视频就让香格里拉、喜来登等高级酒店品牌形象一落千丈。所以，品牌主在新媒体环境中一定需要快速响应地主动传播。而传统广告产业作为中介，企业需要花费大量时间在与广告公司的沟通上，导致广告服务的执行常常是滞后或延迟的。

（3）企业需要专业细致的品牌传播"服务"

广告产业是服务性行业，凭借自身的专业化能力服务于企业的营销传播。现如今，随着互联网的发展，广告产业业态变得越来越不像广告产业，各种互联网科技公司的精准推荐系统比广告更有效用，企业的In-house团队比广告公司更加高效、更懂品牌，媒体跨过广告代理商直接与品牌主合作……英国登广告者协会（ISBA）、营销集团奥利佛（Oliver）与市场研究

① 舒咏平：《"信息邂逅"与"搜索满足"——广告传播模式的嬗变与实践自觉》，《新闻大学》，2011年第2期。

② ［美］菲利普·科特勒，〔印尼〕何麻温·卡塔加雅、伊万·塞蒂亚万：《营销革命3.0：从产品到顾客，再到人文精神》，毕崇毅译，机械工业出版社2011年版，第11页。

咨询公司思考未来（Future Thinking）联合发布的一项报告称，62%的广告主正弱化与广告公司的合作关系，开始注重驻场（On-site）或内部（In-house）广告制作。在这种"去乙方化"的趋势下，广告产业一定要打破传统广告思维模式，调整自身角色定位，来适应不断变化的企业需求。其合理化的主体性定位即是：品牌传播服务者。广告的概念正在淡化，但企业都比以往任何时间更加需要品牌传播，能够提供以品牌传播为导向的专业化服务者将会受到企业欢迎。比如，央视在2016年推出了"国家品牌计划"项目，创新性地将"大国"思维渗入广告经营，一方面使2016年央视广告招标额实现了增长，另一方面项目的实施也成功地为中国各行业代表性企业塑造了良好国家品牌形象。央视广告经营管理中心主任任学安表示，其广告经营管理中心定位更加清晰，就是由单一的广告销售升级为全方位的品牌传播。事实上，央视广告中心承担的无疑即为品牌传播"服务"者的角色。

在未来，传统媒体、传统广告公司、互联网科技公司以及企业In-house团队等将成为广告产业中主要的传播主体。它们各自拥有自身的专业优势，如传统媒体的大规模影响力，传统广告公司的创意能力，互联网科技公司的数据分析能力，企业内部团队的快速反应能力等。它们虽身份不同，但在营销传播的系统中都有一个共同的角色，就是企业的品牌传播服务者，这就明确了自身在"5W"传播系统中"Who"的主体性定位。各类品牌传播服务者应在发展自身优势专业能力基础上，敢于突破自身边界，寻求合作共赢，共同为企业品牌传播服务。

三、品牌传播服务形态的五大拓新

当广告产业以"品牌传播服务"进行再定位、理念再调整，其服务对象、服务产品、服务方式在带来一片全新视野的同时，也必然引发品牌传播服务形态上的拓展与创新，这集中体现在如下五大领域：

（1）基于大数据的品牌闭环管理

数字化时代来临后，社会经历了这样一个过程：信息—数据（大量的）—信息爆炸（从量变到质变）—信息形态的变化（大数据）。[1]舍恩伯

---

① 倪宁：《大数据时代的传播观念变革》，《西北大学学报》（哲学社会科学版），2014年第1期。

格指出，大数据是当今社会所独有的一种新型能力，即以一种前所未有的方式，通过对海量数据进行分析，获得有巨大价值的产品和服务，或深刻的洞见。①大数据是全样本采集和分析，物联网、云端、移动互联网、PC、平板电脑、可穿戴设备等各种终端以及传感器都是大数据的来源，形式可以包含书籍、相册、电子邮件、社交媒体、电话、视频、电子游戏、导航应用、地理位置等。②大数据时代使品牌管理更加科学化，因为企业可以实时搜集和分析有关品牌的所有可获得数据，及时掌握各个节点上用户对品牌的态度反应情况，然后根据反馈结果调整品牌传播策略。显而易见，品牌管理渗入了"控制论"的思想，它是一个周而复始的闭环系统。只不过，在没有大数据技术时，我们只能依靠随机抽样获取小规模样本数据来以此推断估测整体情况。现在，大数据时代可以让品牌管理实现实时的、全样本监测和反馈，实现对品牌的科学闭环管理。具体来说，品牌大数据闭环管理涉及的环节有：市场调查与数据挖掘、数据分析与问题诊断、产品优化与创新对策、品牌提升与品牌再定位、品牌内涵与内容资源的创意与创作、品牌传播资讯的艺术设计与通道保障、品牌传播的系统策划、品牌传播载具（媒体）的系统整合、品牌传播的精细化管理、品牌传播效果的调查，到此环节之后再从第一环节的市场调查与数据挖掘重新开始，回环往复。

（2）需求丰富化的品牌再定位

品牌的定位并非是一劳永逸的事情，品牌在发展过程中会面对许多正在变化的情况，比如市场竞争环境发生变化、消费者价值取向和偏好发生改变、最初定位过于模糊不清、原品牌形象衰老等。尤其在当今时代，人民日益提升的美好生活需求使品牌延伸、更新、再创变得更为频繁。因此，品牌就有了丰富的再定位需求，以顺应时代发展，保持品牌活力，赢得竞争优势。如此，品牌再定位也就成了品牌传播服务者的一块主营业务。众所周知的靠品牌再定位赢得巨大成功的品牌有"王老吉"和"百雀羚"，而这两个品牌的再定位都是广州成美营销顾问公司的杰作。王老吉再定位之前已销售多年，但品牌定位一直模糊不清，导致消费者对其认知混乱，一

---

① [英]维克托·迈尔-舍恩伯格、肯尼思·库克耶：《大数据时代：生活、工作与思维的大变》，盛杨燕、周涛译，浙江人民出版社2013年版，第4页。

② 谭辉煌：《大数据背景下广告的形态变迁、价值和产业转型》，《临沂大学学报》，2015年第1期。

直局限在当地范围销售。2003年，成美将红罐王老吉凉茶定位为"预防上火的饮料"，将广告语定为"怕上火，喝王老吉"。截至2013年，其年销量从2002年的1.8亿元跃至360亿元，已超过可口可乐在中国大陆的年销量。百雀羚的初始定位为"经典国货"，作为化妆品，此定位让它与时尚感绝缘，大部分消费者都是喜爱国货的中老年女性，被年轻消费者贴上"过时"的标签，这也就无法与国内外一线化妆品品牌有效竞争。2009年，成美将新品百雀羚草本护肤定位为"天然无刺激的化妆品"，将广告语确定为"百雀羚草本，天然不刺激！"按此定位，仅七年时间，百雀羚年销量由2009年的2亿元增至2016年145亿元。2015年，百雀羚的年销量已超越巴黎欧莱雅和玉兰油在大陆的年销量，成为中国化妆品第一品牌。在为品牌提供再定位服务的过程中，成美也顺利实现了转型，原"广州成美行销广告公司"2005年更名为"广州成美营销顾问有限公司"，宣布公司聚焦于为客户制定品牌定位战略，不再承接广告业务。可以说，随着人们需求的丰富性、多样化发展，企业市场的细分、调整将越来越频繁，而体现到广告战略上，就是丰富化的品牌再定位业务的大量存在。

（3）传播信息再造的品牌内涵优化

品牌自身是营销信息传播的根源，无论人们以什么样的方式和态度接收品牌信息，最终人们消费和体验的还是品牌的产品和服务。有效的品牌传播会让优质的品牌更快赢得市场，同时也会让劣质品牌更快地走向消亡。所以，品牌传播最关键的首要步骤是对品牌内涵本身的优化，而信息传播则是随着品牌内涵的优化自然地进行更新再造传递给消费者的。一个企业的领导人价值观、公司文化等根本理念会自然地投射到品牌之上，这对于塑造品牌的人格化气质是至关重要的。而现在，在众多的市场选择中，人们寻找的其实就是与自己志同道合的品牌。以微信为例，"微信之父"张小龙一直坚持"好的产品会自己说话"，微信团队一直做的工作就是坚持尊重用户和个人的初心，把微信做成一个最好的工具，不断改进那些可能会给用户带来困扰的缺陷。在2018年1月15日举办的微信公开课上，张小龙传达了他的产品理念，透露了微信接下来会推出企业微信帮助用户解决工作内容占据个人微信的问题，推出公众号App以便从PC端操作解放出来，鼓励用户探索线下生活而非沉迷手机，恢复公众号赞赏并直接打赏作者等。可以看到，微信在达到将近十亿用户的时间点，仍然不忘初心，坚持优化品牌内涵。而这些借助张小龙的公开课活动，以及新闻媒体、自媒体对该事件的报道传递给无数微信用户，使用户对其更为认同，对未来产品更加期待。所以，品牌传播服务需要向品牌上游延伸，而不必仅固守"传播"这一环节。许多企业都需要懂品牌、懂用户的专业品牌服务者的帮助。比如，阳狮集团旗下的BBH公司，设立了联合营销项目"Zag"，既帮助企业提出产品概念、设计品牌，也帮助企业营销和配送产品，结果大受好评。可以说，品牌内涵的优化，超越了传统广告仅把注意力放在信息从制作与传播上，而是将注意力、创造力向前延伸至信源，因为信源得到优化，后面的品牌传播势必更富有效果。

（4）O2O一体化的品牌聚合传播

平板电脑、智能手机等移动互联网终端以及移动支付工具的普及应用逐渐将online（线上）和offline（线下）生活无缝链接在一起，我们在线上虚拟空间和线下实体空间随意进行切换，在这种融合空间中进行信息互通和消费购买。Online作为一种媒介，一方面承担品牌信息传播扩散功能，主要通过微博、微信公众号、电子会员卡、团购App、B2C电商平台、搜索引擎、地图软件等等渠道；同时利用各种线上渠道进行数据搜集分析，进行精确的品牌传播和客户管理；另一方面承担线上支付功能，主要通过银行网银、支付宝、微信支付等工具。Offline作为一种场景，为消费者提供品牌展示和体验服务。Online和Offline都属于品牌接触点，品牌无疑要力求在所有接触点上进行有效传播，对消费者产生黏性效果。随着这种O2O一体化的融合空间成为人们生活空间的实际样态，企业也要开展适应这种线上线下一体化布局的品牌聚合传播，通过活动、新闻、广告等信息的传播，带动线上线下互动，达到推广品牌、促进销售等效果。这也对品牌传播服务者提出了相应要求，它们要能够为企业制定系统化、可执行的O2O一体化品牌传播运营方案。这种基于新媒体的品牌传播职业服务空间主要有，搜索优化服务、量化数据服务、媒介事件服务、新闻传播服务、载具整合服务、危机管理服务等。现在已有不少专业化公司提供O2O品牌传播方案，如阿里云、腾讯云、Hishop、蜂窝媒等。

（5）品牌自媒体矩阵规划与指导代理

新媒体因为应用便捷、传播迅速、影响面广等优势，逐渐成为品牌传播的得力媒介。不少品牌凭借自媒体矩阵的传播塑造了个性化品牌形象，赢得了忠实粉丝。例如，小米科技公司建立了MIUI论坛，借助"为发烧而生"的理念吸引了大量科技粉，论坛用户之间、用户与品牌官方之间的互动使之成为一个黏性很强的粉丝部落。小米董事长雷军及高管们也都成为品牌代言人，不仅个人微博拥有上千万粉丝，还在发布会、演讲会、媒体采访等平台充分展现个人魅力，为品牌注入感性内涵，如踏实努力、追求极致等，其言其行通过自媒体传播最终都凝结于品牌之上。自媒体对品牌而言最大的好处是可以尽最大可能地拓展品牌与生活者的接触点，产生与生活者有效接触及互动，传播品牌信息，塑造品牌形象，增进品牌与生活者之间关系。鉴于各自媒体平台拥有不同的用户属性和内容属性，品牌需要综合应用各平台优势，形成自媒体矩阵，包括官方网站、网上旗舰店、品牌微博、企业家微博、高管微博、微信公众号、微信服务号、品牌微电影、品牌App、多媒体新闻、品牌直播等。而自媒体矩阵的组建、运营则需要专业的品牌传播理念和策略指导，以发挥最大品牌传播效果。因此，品牌自媒体矩阵规划与指导理应是品牌传播服务者的业务版块，其主要业务范畴包括：品牌自媒体矩阵建设与年度运行策略规划、品牌及其相关关键词词条的维护与更新、品牌官网及其移动端内容的制作与上线、品牌新品进入电商网店的营销话语创作、品牌阶段性视频信息的艺术性制作与上线、品牌官微及其企业高管自媒体的内容聚合、品牌新闻获得的多新闻点内容创作与发布、品牌微危机与危机应对的自媒体信息制作等。这些品牌主自媒体矩阵规划与指导代理，无疑均需要有专业性的公司提供一体化代理服务；这无疑就是品牌主"去乙方化"之后再次向更高层次的新兴服务产业提出要求，并派生出的全新业务。

可以说如上五大品牌传播服务形态，既包含了传统的广告业务，也将新型广告产业正在创新实践以及富有创新空间的品牌传播服务内容均包含进来了。或许并不周密，但却对广告产业全新转型的方向与产品形态进行了一次探路，以期有助于新时代广告实践与理论的发展。

（《广告研究》2018年第1期）

后 记

　　本书是我的第二部论文集，收录的论文是我自2010年以后所发表，收入本书时，略有删改。此前由华中科技大学出版社出版的论文集《品牌传播论》，主要是我自2001年后关于广告、品牌传播、传播学的探索与思考。顾名思义，上一本论文集的重心在于"品牌传播"的概念提出、实践运用以及理论要点；而目前"品牌传播"已被学界与业界广为接受并运用，一大批企业设置了品牌中心、品牌专员、品牌官，又有一大批广告公司转型甚至改名为品牌传播机构，是为业界的认同；而冠有"品牌传播"关键词的学术论文每年均呈递增式增长，"品牌传播论坛"及"中国品牌传播青年学者论坛"相继举办，则显示品牌传播逐渐成为一门显学。

　　这次论文集命名为《论国家品牌传播》，也同样可以顾名思义地表达出本著作的重心所在。即：将品牌传播研究的重心由企业产品品牌上升到国家品牌之上。这是作为中国学者关注品牌研究、关注中国自主品牌研究必然的逻辑演进。因为发展中的中国众多自主品牌正大踏步走向国际市场，并努力在国际竞争中取得品牌主动；唯有如此，才不会在国际贸易中受制他人，且在造福全球消费者的同时，也将有效地传播着中国国家形象以及华夏文明。而要很好地建构中国自主品牌，作为来源国的中国国家品牌就起到背书作用。如此我们就可以深层次地认识到国家同样是硬实力与软实力相综合的品牌，表达了这个国家既不妄自菲薄又不盛气凌人，且取信于人、平等竞争、共同发展的理念，并能让全球不同地区的民众予以由衷认可。为此，这本论文集就由"国家品牌传播""品牌传播与新媒体广告"两部分构成。在后一部分，乃是就"品牌""品牌传播"以及品牌传播中新媒体广告关系作出理论性思考；因为我深知，唯有将"品牌传播"理论基础打得更牢固，国家品牌传播也就更便于在高层面从容自如地拓展建构。

信息社会，每个主体均在以其内在的个性魅力绽放着光芒、证实着自身存在，这就是品牌及其传播所勾勒出来的、犹如秋夜星空般的全新社会形态。因此，本论文集的出版谨希望读者能用一种新视角审视自身、他人、产品、组织乃至国家，或许会产生别样的感悟。论文集中有多篇在发表时署名是与他人合作的，但我收录的前提必须是自己起主要作用；凡是合作人为主所撰写均未收入，毕竟自己研究品牌懂得知识产权与个人品牌密切相关。由于时代变革太快，加上国家品牌传播研究又需要与时俱进，因此在结集中论文所涉及的一些资料与命题或已不够新颖，但却是一种真实的历史存在，唯此恳望各位读者见谅。

安徽师范大学是我的母校，其新闻传播学科的创建我也曾参与其中，自然寄托着我缱绻的情思。2016年我有幸被聘为安徽师范大学的特聘教授，这也给了我一个从学者角度回报母校的机会。因此，在花津河畔走过、走进新闻传播楼给学生们上课或讲座成为我的新享受；而这部最新论文结集出版，与我受聘后努力促成"国家品牌传播论坛"举办一样，也成为我与母校的新纽带。借此，我要向使我的学术生命力再次延伸的安徽师大新闻传播学院杨柏岭院长、胡靖书记以及校领导致以由衷感谢！当然，本书诸论文的最初面世还需归功有关期刊编辑、主编们的慧见，在此也特致感激之情。

舒咏平

2018年秋·芜湖花津河畔

论国家品牌传播